함께 읽으면 좋은 저자의 책

성령을 따라 하는

일상의 결정들

135×210mm | 268쪽

'언제까지 기다려야 하나요?', '인정받고 싶은 게 잘못인가요?', '또 용서하고 믿어 줘야 하나요?' 등 삶에서 자주 만나는 12가지 결정의 순간들을 사도행전에서 뽑았다. 말씀과 이익 사이에서 매일 갈등하는 그리스도인이 하나님의 것을 선택하도록 돕는다.

위선 가득한
그리스도인을 향한 경고

텅 빈 경건

128×188mm | 212쪽

마태복음 23장의 '7화(禍) 선언'을 통해 '텅 빈 경건'을 버리고 '참된 경건'으로 돌이키도록 이끄는 책이다. 율법을 주신 하나님의 마음은 다 사라지고, 지켜야 하는 규칙만 붙들고 있는 교회가 하나님의 마음을 먼저 알고 복음의 본질을 회복하게 해준다.

홈페이지 www.duranno.com
페이스북 www.facebook.com/durannobooks
두란노몰 mall.duranno.com

디자인 호유선

하나님의 숨결

하나님의 숨결

지은이 | 김병삼
초판 발행 | 2022. 12. 23.
19쇄 발행 | 2023. 12. 21.
등록번호 | 제1988-000080호
등록된 곳 | 서울특별시 용산구 서빙고로65길 38 두란노빌딩
발행처 | 사단법인 두란노서원
영업부 | 2078-3352 FAX | 080-749-3705
출판부 | 2078-3331

책 값은 뒤표지에 있습니다.
ISBN 978-89-531-4359-3 03230

독자의 의견을 기다립니다.
tpress@duranno.com http://www.Duranno.com

두란노서원은 바울 사도가 3차 전도여행 때 에베소에서 성령 받은 제자들을 따로 세워 하나님의 말씀으로 양육하던 장소입니다. 사도행전 19장 8-20절의 정신에 따라 첫째 목회자를 돕는 사역과 평신도를 훈련시키는 사역, 둘째 세계선교(TIM)와 문서선교(단행본·잡지) 사역, 셋째 예수문화 및 경배와 찬양 사역, 그리고 가정·상담 사역 등을 감당하고 있습니다. 1980년 12월 22일에 창립된 두란노서원은 주님 오실 때까지 이 사역들을 계속할 것입니다.

그리스도인의 성장과 성숙을 위한

매일만나 365

하나님의 숨결

김병삼 지음

두란노

목차

여름
땀 흘리고 자라나다

가을
열매 맺고 추수하다

겨울
메마른 가지, 기다리다

오늘날 왜 카테큐메나테인가?

2020년, 아무도 예상하지 못했던 전 세계적인 질병의 심각성이 드러나기 시작했습니다. 성도 간의 교제와 예배들이 차단되던 그때 많은 이들의 마음에 암흑이 젖어 들고 숨이 막힐 것만 같은 고통이 찾아왔습니다. 함께하는 것은 금지되었고 우리가 해 왔던 많은 일들이 가로막혔습니다. 교회가 할 수 있는 일은 없을 것만 같았습니다.

그러나 오히려 이 기간은 저와 교인들이 하나가 되어 영적으로 함께 호흡하는 시간이 되었습니다. 코로나19 사태 첫해, 우리는 오스왈드 챔버스를 묵상하며 365일을 지냈고, 지난해에는 함께 성경통독을 하였습니다. 그리고 2023년, 이제 우리는 초대교회의 세례예비과정인 '카테큐메나테'(catechumenate, 갈 6:6; 눅 1:4; 고전 14:19; 행 18:25 참고)를 함께 묵상하며 영적으로 다시 태어나 단단한 신앙의 나무가 되는 여정을 떠나고자 합니다.

박해와 온갖 위협 속에서도 그리스도인으로 다시 태어나고자 했던 초대교회의 예비 교인들은 세례를 받고, 입교하기까지 길고도 까다로운 과정을 거쳐야만 했습니다. '세례 예비자'로 선택된 이들은 공동체와 함께하며 약 2~3년의 세례예비과정을 가졌습니다. 이 기간에 교리와 도덕적 가르침 등을 듣고, 그리스도인으로서의 신앙과 삶에 대한 다양한 질문들을 스스로에게 던지고 결단하는 시간을 가진 것입니다. 공동체는 이 사람이 가르침을 잘 숙지하고 있는지, 2~3년 동안 삶에 '실제적인 변화들'이 있었는지를 중점적으로 보며 검증하였습니다. 공동체의 검증까지 통과한 이는 '세례 지원자'가 될 수 있었고, 일련의 과정과 서약을 거친

지원자들은 세례와 첫 성찬에 참여함으로써 참 그리스도인으로 다시 태어날 수 있었습니다. 이러한 다시 태어남의 전 과정을 '카테큐메나테'라고 합니다.

이처럼 세례를 받는 과정은 온 공동체가 함께하며 한 개인이 그리스도인으로 다시 태어나도록 하는 매우 중요하고 은혜로운 과정이었습니다. 그러나 주후 313년, 로마 제국에서 기독교가 공인되고 세례 과정이 간소화되면서 수많은 사람이 깊은 고민과 다시 태어나는 과정 없이 너무나도 쉽게 세례를 받고, 허울뿐인 '그리스도인'이 되었습니다. 신앙이 채 여물지 않은 상태에서 다시 태어나지 못한 '그리스도인'들이 오늘날까지 이어져 오고 있는 것입니다. 우리의 신앙의 모습은 어떠합니까? 여러분의 호흡에서는 하나님의 숨결이 느껴집니까?

"야훼 하느님께서 진흙으로 사람을 빚어 만드시고 코에 입김을 불어넣으시니, 사람이 되어 숨을 쉬었다"(창 2:7, 공동번역).

창세기 2장 7절의 말씀처럼 진흙에 불과한, 즉 텅 빈 육체뿐인 우리가 숨을 쉬는 사람으로 다시 태어나기 위해서는 하나님의 숨결이 필요합니다. 여러분과 함께 나누고 싶은 하나님의 숨결을 이 책에 담았습니다. 세상으로 가빠진 숨을 멈추고 하나님으로 숨 고르기 하는 365일 '세례자 여행'에 여러분을 초청합니다!

2022년 12월

김병삼

첫 걸음 :

죽음에서 생명으로

01월
두 가지 길

02월
하나님 사랑

01월

두 가지 길

° 태초에 하나님이
천지를 창조하시니라
_ 창 1:1

생명의 길, 죽음의 길 January 01

• 예레미야 21:8

두 가지 길이 있습니다. 하나는 생명의 길이고, 다른 하나는 죽음의 길입니다. 즉 복된 길과 저주의 길입니다(신 11:26, 30:15; 시 1편). 생명의 길은 하나님과 이웃을 사랑하는 것입니다(신 6:5; 레 19:18; 마 22:38-39). 예수님이 말씀하신 '사랑'을 묵상하며 행하고, 하나님의 온전하심과 같이 우리도 온전하게 되는 것입니다(마 5:38-48).

죽음의 길은 여호와를 경외하지 않는 자들의 길입니다. 하나님의 말씀에 눈과 귀를 닫고(사 1:19-20, 6:9-10), 하나님의 통치를 거부하고, 돌이키지 않는 자들의 길입니다(렘 4:1-2). 그들은 성령을 거스르고 육체를 따릅니다(갈 5:17). 오만한 자들의 자리에 앉고 헛된 일을 꾸미며 성령을 모욕합니다(시 1:1; 마 12:31). 육신의 소욕을 따르는 삶은 살인, 간음, 정욕, 음행, 도둑질, 우상숭배, 교만, 시기, 분노, 나태, 탐심, 탐식, 정욕, 음행, 호색, 주술, 원수 맺는 것, 분쟁, 당 짓는 것, 분열, 이단, 투기, 술 취함, 방탕의 열매를 맺습니다(십계명, 칠죄종, 갈 5:19-21).

복된 길은 하나님이 주신 계명들의 본의와 본심을 깨닫는 것입니다. 지금, 이곳에서 계명들을 묵상하고, 성령으로 살아가는 것이요(출 20:1-17; 요 13:34, 14:17-21), 여호와의 율법을 즐거워하여 그 말씀을 주야로 묵상하는 것입니다(시 1:2; 신 6장). 천지를 지으신 여호와를 경외하여 창조의 순리, 삶의 원리를 깨닫는 것이며(잠 1:7), 죄와 악의 겉모양뿐 아니라 그 근원이 되는 마음을 살피며 끊어 내는 것입니다. 하나님께로 피하며, 하나님께로 돌이키며, 하나님의 다스림 가운데 들어가는 것입니다(시 2:12; 마 4:17).

하나님은 생명의 길을 가도록 새 영, 새 마음을 약속하셨습니다(겔 36:26-27).
이 땅에 예수님이 오심으로써 그 모든 약속이 성취되었습니다. 마침내 하나님의 나라가 드러났으며(마 4:17), 아버지께로 갈 수 있는 생명의 길이 열렸습니다(요 14:6). 성령께서 우리 안에 거하셔서 우리를 생명의 길로 인도하십니다(요 14:16-17, 15:26).

나는 어떤 길 위에 서 있습니까?

❶ 나의 삶에는 어떤 열매들이 맺히고 있습니까?
❷ 생명의 길, 어떻게 갈 수 있습니까?

January 02 하나님과 동행하기

• 에베소서 4:22-24

성경은 두 종류의 사람이 있다고 말합니다. 구습을 따르는 '옛 사람'과 의와 진리의 거룩함으로 지음 받은 '새 사람'입니다. 새번역 성경은 '옛 사람'을 "지난날의 생활 방식대로 허망한 욕정을 따라 살다가 썩어 없어질" 사람으로 묘사합니다. 옛 사람은 하나님과 관계없이 홀로 사는 사람이고, 새 사람은 하나님과 동행하는 사람입니다.

하나님과의 동행에는 전제 조건이 있습니다. 하나님의 방식(God's way)으로 사는 것입니다. 나를 지으시고, 내 삶의 목적을 가장 잘 아시는 하나님의 길, 영원한 생명의 길을 걷는 것입니다. 허망한 욕정의 길, 썩어 없어질 길은 결국 죽음의 길입니다. 에녹은 '므두셀라를 낳은 후' 하나님과 300년을 동행했습니다. '므두셀라'란 '창 던지는 사람'이란 뜻입니다. 부족을 보호하기 위해 창을 들고 불침번을 서던 사람을 가리킵니다. 그가 죽으면 부족 전체가 죽는다는 의미에서 '그의 죽음 뒤에 '심판'이 온다'로도 읽혔습니다. 에녹은 아들을 낳은 후 '심판'에 관해 생각하게 되었고, 심판을 생각하니 하나님을 생각하게 되었습니다. 인간은 심판과 죽음 앞에서 가장 진지하고 신중해지는 법입니다.

에녹은 하나님과 동행했습니다(창 5:21-24). 동행은 일치입니다. 내 뜻과 욕심을 버리고, 하나님의 성품과 인격을 닮아 가며 하나님과 함께 걷는 것입니다. 하나님과 일치하는 과정을 통해 우리는 '거룩해'질 수 있습니다. 하나님의 형상을 따라 지음 받았던 처음 모습을 회복해 갑니다. 참다운 나, 나의 제자리를 찾아야만 비로소 우리는 참된 복, '원복'(Original Blessing)을 누릴 수 있습니다.

우리는 그리스도의 장성한 분량까지 자라나야 합니다(엡 4:13). '새 사람'을 입는 것만이 아니라 '그리스도의 장성한 분량'까지 자라는 과정이 중요합니다(엡 4:13, 24). 절대적인 하나님의 말씀 위에 설 때, 의와 진리의 길로 걸어갈 수 있습니다. '끝까지' 생명의 길로 걸으려면 매 순간 하나님과 동행해야 합니다.

나는 하나님과 동행하고 있습니까?

❶ 날마다 하나님과 함께 예수의 길, 생명의 길을 걸어가고 있습니까(요 14:6)?
❷ 하나님과 일치하며, 닮아 가며, 하나님의 형상을 회복해 가고 있습니까?

최악의 선택 January 03

• 창세기 3:1-9

여러분의 인생에서 최악의 선택은 무엇입니까? 성경에서 찾아보자면 아담과 하와가 '선악과'를 따먹은 사건이 아닐까요? 아담과 하와는 하나님과 그분의 인도하심을 의심했습니다. 하나님께 등을 돌린 순간, 죽음의 길로 들어서게 되었습니다. 아담과 하와에게는 그 선택이 최선이었을지 모릅니다. 그러나 우리는 '무엇이 옳은 선택인가' 알 수 없습니다. 그 선택이 가져올 미래도 알 수 없습니다. 최선의 선택을 하려고 노력하지만, 하나님 없이 선택한 인생은 마치 '터진 웅덩이'를 파듯 아무것도 채워지지 않음을 경험할 뿐입니다(렘 2:13).

중요한 선택의 순간들, 그 가운데 하나님이 계셨습니까? 인간적인 선택을 하면 인간적인 결과를 얻지만, 하나님 중심의 선택을 하면 하나님의 역사를 경험합니다. 아브라함과 조카 롯은 '선택'에 있어 사뭇 다른 모습을 보였습니다(창 13장). 아브라함은 하나님을 따라 본토, 친척, 아비 집을 떠났지만, 롯은 안목의 정욕을 따라 소돔과 고모라를 택했습니다. 아브라함과 헤어진 후에 롯이 하나님을 예배했다는 이야기는 없습니다. 오늘도 우리는 수많은 선택을 합니다. 그 중심에 누가 있습니까?

"하나님과 같이 되어 선악을 알 줄 하나님이 아심이라(창 3:5)." 아담과 하와는 하나님 자리에 앉아 스스로 선악을 판단하려 했습니다(창 3:5). 그러나 되레 늘 선택의 상황에서 갈등하며 번민하는 존재, 동시에 '후회'를 달고 사는 존재가 되었습니다. 하나님을 떠난 인간은 자신의 존재 이유와 의미를 모르게 되었고, 삶의 방향을 잃은 채 숨어 버리는 인생이 되었습니다. 하나님과의 관계뿐 아니라 모든 관계가 단절되고 말았습니다. 선택은 자유일지 모르지만, 결과에 대한 선택권은 우리에게 없습니다. 안타까운 결과들은 그대로 우리 삶의 족적이 됩니다.

내 인생에 최악의 선택은 무엇입니까?

❶ 왜 선택했으며, 어떤 결과를 얻었습니까?
❷ 선택의 순간에 하나님이 그 가운데 계셨습니까?

January 04 죄의 근원 살피기

• 마태복음 15:16-20

우리는 겉으로 드러나는 죄에 집중하는 경향이 있습니다. 그러나 하나님은 죄의 근원을 살피시는 분입니다. "입에서 나오는 것들은 마음에서 나오나니 이것이야말로 사람을 더럽게"(마 15:18) 한다고 말씀하십니다. 오스왈드 챔버스는 '깊이 뿌리박혀 잘 뽑히지 않는 죄, 너무 깊이 있어 잘 드러나지 않는 죄'를 가리켜 '고정된 죄성'이라 불렀습니다. 하나님은 우리 존재 자체를 흔들어 행위뿐 아니라 감정과 생각, 영적인 차원까지 낱낱이 보게 하십니다.

죄의 근원인 마음을 살피지 않으면, 피상적인 회개만 하게 됩니다. 문제를 근본적으로 해결하지 않으면, 죄도 회개도 반복하게 됩니다. 보이지 않는 곳에서부터 시작되는 죄들을 알아차리고 잘라 내는 훈련이 필요합니다. 그래서 교회는 '죽음에 이르는 7가지 죄: 칠죄종'(七罪宗)에 관해 가르쳐 왔습니다. 근원이 되는 죄 7가지는 교만, 시기, 분노, 나태, 탐심, 탐식, 정욕을 가리킵니다. 성령께서 조명해 주시지 않으면, 죄인 줄 모르거나 죄지은 줄 모른 채 살게 됩니다. 경건의 훈련은 인간의 노력이 아닌 하나님께 속한 것입니다.

이사야는 하나님 앞에서 자신의 부정함을 보았습니다(사 6:7). 그리고 죄를 깨달음으로써 죄 사함을 얻게 되었습니다. 이러한 죄를 가리켜 성 암브로시우스는 '복된 죄'(felix culpa)라는 표현을 썼습니다. 나의 죄를 발견하고 깨닫게 하시는 은혜를 뜻합니다. "하나님이여 나를 살피사 내 마음을 아시며 나를 시험하사 내 뜻을 아옵소서 내게 무슨 악한 행위가 있나 보시고 나를 영원한 길로 인도하소서"(시 139:23-24).

나는 성령으로 '모든 죄'를 살피며 깨닫고 있습니까?

❶ 죄를 발견하고, 회개하는 것이 복됨을 깨닫습니까?
❷ 행위뿐 아니라 죄의 근원까지 깨닫게 하시길 간구합니까?

교만, 패망의 선봉 January 05

• 신명기 8:14-20

지식의 근본은 '여호와를 경외하는 것'입니다(잠 1:7). 창조주 하나님의 뜻을 바로 알 때, 나의 존재와 인생의 목적을 비로소 깨닫게 됩니다. '경외'란 두려워하고 존중하는 마음입니다. 경건한 마음으로 하나님의 말씀을 듣고 순종하는 것입니다. 이와 정반대 개념이 '교만'입니다. 교만은 라틴어로 '수페르비아'(superbia), '높이 둔다'는 뜻입니다. 하나님과 자리를 다투는 무섭고도 어리석은 죄입니다. 교만한 자는 하나님과 상관없이 제멋대로의 인생을 삽니다. 제멋대로 사는 인생은 패망하고 넘어질 수밖에 없습니다(잠 16:18).

교만한 자는 하나님을 잊어버립니다(신 8:14). 하나님을 잊으면 하나님을 바라보지 않게 되고, 하나님의 도우심도 구하지 않습니다. 히스기야는 하나님의 은혜와 이적을 경험하고도 교만하여 하나님을 잊었습니다. 결국엔 또다시 위험에 처하고 말았습니다(대하 32:24-26). 교만은 하나님보다 나를 더 바라보게 만들며, 하나님의 대적자가 되게 합니다(렘 50:31).

교만한 자는 삶의 온갖 문제들에 부딪힙니다. 자신의 존재 목적을 모르는 사람은 누군가의 인정을 통해 존재의 의미를 찾으려 합니다. 직위, 지위, 재산, 학벌 등으로 자기 가치를 드러내려 합니다. 교만은 자만, 자기 과시, 자기 정당화, 도덕적·영적 우월 의식 등으로 본인과 주변 모두를 힘들게 만들며 불화합니다. 결국, 교만한 자는 하나님과 자기 자신, 이웃 모두를 잃게 됩니다.

하나님을 제대로 알 때 나를 알 수 있습니다(신 8:14-20). 하나님은 영원하신 왕, 홀로 하나이신 하나님이며(딤전 1:17), 유일하신 주권자요 만왕의 왕이며 만주의 주이십니다(딤전 6:15). 하나님을 아는 자는 나보다 하나님을 더 바라보게 됩니다. 그러므로 하나님을 경외하는 '예배의 절정'에서 진정한 '나'를 발견하게 될 것입니다. 여호와를 경외하는 자에게 참 지혜가 주어지기 때문입니다.

나는 나보다 하나님을 더 바라보고 있습니까?

❶ 하나님을 제대로 알고, 기억하며, 전심으로 '예배'합니까?
❷ 하나님과 다투며 하나님/나 자신/이웃 모두를 잃은 것은 아닙니까?

January 06 교만 이기기, 겸손과 낮아짐으로

• 신명기 8:14-20

교만은 스스로 영광 받으려는 허영심입니다. 교만한 자는 사람들의 시선을 끌어 인정받고 칭찬받고 존경받으려 합니다. 하나님은 라오디게아교회를 향해 부요한 것처럼 보이나 실상은 곤고하고 가련하고 벌거벗었다고 책망하셨습니다(계 3:17). 하나님 앞에서 가면을 벗어버리고 자신을 적나라하게 볼 줄 알아야 합니다. 나의 눈, 사람들의 눈이 아닌 하나님의 눈이 중요합니다.

겸손은 자신을 향하던 시선을 하나님께로 옮기는 것입니다. 겸손한 사람은 하나님을 인정합니다. 하나님 앞에 자신을 낮춥니다. 겸손은 자기 비하나 경시가 아닙니다. C. S.루이스는 겸손과 경시를 이렇게 구분합니다. "겸손은 자신을 덜 중요하게 생각하는 것이 아니라 덜 생각하는 것이다." 하나님은 이스라엘 백성들로 하여금 40년 동안 광야를 지나게 하셨습니다. 그들의 마음이 더 낮아지길 원하셨기 때문입니다(신 8:14-20). 어떤 도움도 바랄 수 없는 광야에서 이스라엘은 비로소 하나님 한 분만 바라보게 되었습니다. 하나님이 어떤 분이신지 알게 되었습니다.

겸손이란 곧 감사하는 마음입니다. 우리는 단 한 순간도 하나님 없이 존재할 수 없습니다. 하나님과 함께하는 것, 하나님과 동행하는 것만이 유일한 소망입니다. '감사하다'라는 고백의 의미가 무엇입니까? 내가 아닌 '바로 당신 덕분에' 이런 혜택을 본다며 시인하는 것입니다. 하나님을 향한 감사와 찬양이 끊이지 않도록 하십시오. 하나님을 하나님으로 인정할 때, 하나님만 바랄 때 교만을 이길 수 있습니다.

나는 겸손과 낮아짐으로 교만을 이기고 있습니까?

❶ 나의 눈이 아닌 하나님의 눈으로 매사를 바라봅니까?
❷ 하나님 없이는 소망이 없음을 진심으로 인정합니까?

시기, 뒤틀리고 비뚤어진 시선 January 07

• 야고보서 3:13-16

시기는 '보는 것'에서 시작됩니다. 시기(envy)는 '자세히 보다'라는 뜻의 라틴어 '인비디아'(invidia)에서 유래됐습니다. 다른 이들의 행복을 보면 불행해지는 것이 시기입니다. 질투와 시기는 비슷한 듯 다릅니다. '나'에게 초점이 있는 '질투'는 부러움을 기반으로 한 경쟁, 열정 등을 불러일으키는 긍정적인 측면이 있지만, '남'에게 초점이 있는 '시기'는 상대방을 결국 망하게 만들려는 야비하고 추악한 마음의 죄입니다. 시기는 멀리 있는 남보다는 가까운 지인, 가족 사이에서 발생하고, 월등한 사람보다 비슷한 형편이나 배경을 지닌 사람과 비교하는 것입니다. 야고보는 시기를 세 가지로 구분합니다(약 3:15).

❶ 세상적 시기 '세상적'이란 '지배욕'을 상징합니다(막 10:35-45). 예수님은 세상을 구하기 위해 모든 것을 내려놓고 십자가를 짊어지러 가시는데, 제자들은 서로 분내고 시기하며 자기 영광과 높은 '자리'를 좇았습니다.

❷ 정욕적 시기 시기는 '욕심'에 뿌리내리고 있습니다. 욕심은 죄를 낳고, 죄는 결국 사망을 낳습니다(약 1:15). "만일 서로 물고 먹으면 피차 멸망할까 조심하라"(갈 5:15). 자기 분복에 만족하지 못하고, 욕심을 품어 무언가 집착하면 삶의 균형이 깨집니다. 밤낮 성공만 뒤쫓게 되고 상대방을 모방하려다가 오히려 그 이상을 넘지 못하고 맙니다.

❸ 마귀적 시기 시기는 '열등감과 비교의식'으로부터 옵니다(삼상 18:6-17). 시기는 단순한 심리적 감정이 아닙니다. 성경은 사울이 '악령'에 사로잡혔다고 말합니다. 사탄의 도구로 쓰이는 것입니다. 시기의 영이 덮치자 사울은 자신의 장점을 보지 않고, 다윗에게만 주목합니다. 그를 죽이려고 인생의 전부를 겁니다.

서로 '시기'하며 피차 망하고 있지 않습니까?

❶ 남을 망하게 하는 데 온몸과 온 마음을 쏟고 있지 않습니까?
❷ 남을 주목하느라 나의 분복, 나의 장점을 잃고 있지는 않습니까?

January 08 시기 이기기, 하나님의 눈으로

• 사무엘상 18:6-17

시기는 카멜레온 같습니다. 때로는 두려움과 경외로, 의분으로, 아첨이나 거짓말로, 악에 받친 모함 등으로 나타납니다. 과도한 경쟁과 증오, 뒤틀린 욕구와 탐욕, 냉소와 험담, 혐오와 나태 등의 감정과 죄들로 연결됩니다. 이 모든 것은 타인과 자신을 바라보는 뒤틀리고 비뚤어진 시선에서 비롯됩니다. 시기는 나의 시선을 거두고, '하나님의 눈'으로 자신과 타인을 바라볼 때 극복됩니다.

사울과 다윗은 각각의 사명과 은사가 있었습니다. 하나님은 하나님의 형상대로 사람을 지으시고, 사람마다 각기 다른 달란트를 주셨습니다. 열심히, 믿음으로 살아갈 때 성공하며 만족할 분복이 나와 너, 우리 모두에게 있는 것입니다. 남의 뒤만 좇느라 나의 달란트를 사장시키지 마십시오(삼상 18:9). 달란트 비유에서 주인은 다른 사람과 비교하여 평가하지 않고 자신이 내어준 것에 대해서만 평가합니다(마 25:14-30).

나는 하나님이 창조하신 매우 독특한 존재입니다. 다른 누군가를 시기할 필요가 없으며, 그저 '나' 자신이면 됩니다. 세상이 매기는 등수가 그 사람의 가치와 존재 이유를 모두 담아내지는 못합니다(삼상 18:7). 사탄은 오로지 '1등'만이 위대한 인생을 사는 것처럼 착각하게 만듭니다. 그러나 하나님은 있는 그대로의 나를 사랑하십니다.

나의 가족, 이웃, 동료들을 인정하고 축복해 주십시오. 사울은 평생 다윗을 시기하여 그를 죽이고 파괴하기 위해 내달렸지만, 결국 파괴된 것은 사울 자신의 인생이었습니다. 반대로 다윗은 사울에게 쫓기면서도 하나님의 질서와 순리에 순복했습니다. 사울을 인정하고 섬겼으며 자신이 해야 할 일들을 묵묵히 해 나갔습니다(삼상 22:2, 23장, 24:10). 하나님의 눈으로 사울과 자신을 바라봤기 때문입니다. 하나님은 다윗을 사랑하셨고, 그와 함께하셨으며, 그에게 은혜를 베푸셨습니다.

나는 하나님의 눈으로 나와 너, 우리를 바라보고 있습니까?

❶ 하나님이 나에게 주신 독특한 아름다움과 은사는 무엇입니까?
❷ 나, 너, 우리를 향한 하나님의 계획을 인정하며 축복합니까?

분노, 왜곡된 사랑 January 09

• 창세기 4:1-15

분노 자체가 악이나 죄는 아닙니다. 분노는 기본적인 감정입니다. 하나님도 분노를 통해 사랑과 거룩함과 의로움을 드러내십니다(시 7:11; 롬 1:18). 그러나 성경은 '성내지 말 것'을 누차 강조합니다(잠 14:17, 16:32). 성내는 사람은 하나님의 의를 이루지 못하기 때문입니다(약 1:20; 민 27:12-14). 분노는 그 힘과 영향력이 매우 파괴적입니다(마 5:21-22; 요일 3:15).

놀랍게도 분노의 동기는 '사랑'입니다. 분노는 사랑하는 대상이 위협당한다고 느낄 때 나타나는 반응입니다. 그 대상을 지켜 내기 위해 격하게 반응하는 것입니다. 사람들은 자신의 이기심과 유한함, 왜곡된 사랑으로 인해 분노합니다. 제대로 평가받거나 인정받지 못하고, 무시당한다고 느낄 때, 반박당하거나 거절당할 때도 분노의 감정을 표출합니다. 그러나 하나님은 불의에 분노하시고, 당신이 사랑하시는 피조물들의 안전과 평강과 기쁨을 지키고자 분노하십니다.

가인도 왜곡된 사랑과 자기애로 인해 분노했습니다(창 4:6). 가인은 자신의 제사가 거부당한 것을 부당하다고 여겼습니다. 하나님이 자신을 불공평하게 대하신다고 느꼈습니다. 분노가 치밀어 오르자 가인은 동생 아벨을 '적'으로 간주하고, 끝내 살인을 저지르고 맙니다. 분노는 행동으로 이어지기 마련입니다. 죄의 소원이 죄악의 행동으로 옮겨지는 것입니다. 그 때문에 하나님은 "죄를 다스릴지니라"(창 4:7)라고 말씀하십니다.

가인은 아벨 때문에 자신이 손해 보고 있다고 생각했습니다. 아벨이 축복받았으므로 자신은 축복받지 못했다고 생각한 것입니다. 그러나 오해입니다. 하나님은 특정한 '누군가'의 예물이 아닌 '합당한' 예물을 받으십니다. 만일 가인이 자신을 돌아보았더라면 어땠을까요? 가인은 아벨과 함께 더 훌륭한 제사를 드릴 수도 있었을 것입니다.

나는 무엇을, 어떻게
사랑하고 있습니까?

❶ 어떤 것을 빼앗기면 격분하게 됩니까?
❷ 나를 공격적으로 만드는 사람이나 상황은 무엇입니까?

January 10 분노 이기기, 성령 충만함으로

• 시편 37편

분노는 이기심과 자기애를 바탕으로 합니다. 누군가로부터 받은 상처, 좌절된 욕망들, 망가진 자존심들이 표출되고 의지와 결합하여 복수, 징벌 등의 실제적 행동으로 연결됩니다. 단지 분노의 감정만이 아니라 이성까지도 복수와 보복에 동원하게 됩니다. 분노를 이기기 위해 스스로 감정을 억제해 보지만 이러한 '거짓 온유'는 결국 한 번에 폭발해 버리고 맙니다.

분노를 이기기 위해서는 성령의 지배를 받아야 합니다(성령 충만, 엡 5:18). 나의 옛 자아는 그리스도와 함께 십자가에서 죽었습니다(롬 6:4-5). 이제 우리는 '믿음'으로 살아갑니다(갈 2:20). 신뢰하지 못하면 맡길 수 없고 내 것을 내려놓을 수 없습니다. 의로우신 하나님, 잘못된 것을 바로잡으시며 모든 주권을 가지신 하나님을 믿을 때, 나의 감정과 의지를 내려놓을 수 있습니다(시 37:3-5, 13, 33, 39-40). 우리가 참 그리스도인이라면 절체절명의 위기가 왔을 때, 엄청나게 분노하게 되는 순간에도 성령의 지배를 받아야 합니다.

말씀을 묵상하며 성령으로 하나님의 뜻을 구하고 경청하십시오. 의로운 분노이든 불의한 분노이든 곧바로 행동으로 연결되는 것은 매우 위험합니다(시 37:27). 그 순간 하나님과 씨름하는 더 큰 영역으로 들어가야 합니다. 즉 멈추고, 침묵하며, 하나님과 함께 '되새김질'하는 것입니다(시 37:7-8, 31, 34). 쉽지 않지만, 분명 매우 값진 일임을 깨닫게 될 것입니다(시 37:6, 9-11, 18, 23-24, 37).

분노의 근원을 알아차리고, 악순환의 고리를 끊어야 합니다. 나는 왜 분노하고 있습니까? 하나님의 분노는 거룩하고 순수한 동기에서 시작되며, 사랑의 성품과 살리심의 의지로 표출됩니다. 하나님을 닮고자 하는 자는 분노까지도 그분을 닮아야 합니다. 상처와 자존심, 거절과 거부로 인한 분노가 일 때에는 십자가를 묵상하십시오. 예수님은 우리를 속이고 참소하며, 분노하고 복수하게 만드는 모든 죄와 사망의 법을 십자가에서 끊어 버리셨습니다.

나는 분노하는 순간에
성령의 지배를 받습니까?

❶ 나는 왜 화가 났습니까? 나는 무엇을 사랑하고 있습니까?
❷ 하나님과 씨름하며 하나님과 함께 되새김질합니까?

나태, 사랑하지 않는 죄 January 11

• 역대하 29:6-11

나태를 뜻하는 헬라어 '아케디아'는 '돌보지 않다, 무책임하다'란 뜻이 있습니다. 이스라엘은 하나님과의 관계 단절로 큰 고통을 받았습니다. 백성이 '게을러' 하나님을 찾지 않았기 때문입니다. 게으른 사람은 늘 '비법이나 요령'을 찾습니다. 힘든 길은 가기 싫고, 대가를 치르기도 싫기 때문입니다. 또 게으른 사람은 하나님의 말씀이 아닌 주변의 소리를 듣습니다(잠 22:13). 그러나 인생살이에는 어떤 비법도 없습니다. 하고 싶은 일을 하려면, 해야 할 일을 해야만 합니다.

신앙적 게으름은 하나님과의 단절을 불러옵니다(대하 29:7-9; 삼상 1-4장). 하나님과 소통하지 않을 때 나태하게 되고, 영적 분별력과 민감성을 잃게 됩니다. 하나님은 이를 '악하다'고 말씀하십니다(대하 29:6; 마 25:26). 하나님과 단절되면, 인간은 이기적으로 사고하게 되며 결국 모든 관계가 파열음을 내기 시작합니다.

나태의 특징은 의욕과 활력을 잃어버리는 것입니다. 나태한 사람은 알려고 하거나 신경 쓰거나 즐기거나 미워하거나 추구하거나 그 어떤 것도 '하지 않습니다'. 무언가를 할 의지는 없고, 하지 않겠다는 의지만 강합니다. 도로시 세이어즈는 나태를 가리켜 "죽어야 할 어떤 이유도 없기 때문에 그저 살아 있는 죄"라고 했습니다.

게으름의 반대말은 근면(diligence)**입니다.** 근면이란 단어는 사랑하다(diligere)라는 라틴어로부터 왔습니다. 즉, 나태는 사랑하지 않는 것입니다. 하나님으로부터 받은 부르심도, 창조의 동역자가 되는 사명도, 그들에게 주어진 일상과 관계들도 그에게는 아무 의미가 없습니다. 생계와 생존을 위해 어쩔 수 없이 무언가를 하지만 마음과 열정은 거기 없습니다. 매일 똑같은 일상을 반복하고 할 일을 하면서도 정작 우울하고 지루해하며 자기 연민에 빠지게 됩니다.

나의 삶은 나태합니까,
근면(사랑)합니까?

❶ 관계, 사명, 일상 등을 대하는 나의 태도는 어떻습니까?
❷ 내 삶에서 '하지 않음'으로 짓고 있는 죄는 무엇입니까?

January 12 나태 이기기, 사랑과 신실함으로

• 출애굽기 3장

나태하지 말아야 할 이유가 있습니다. 하나님이 우리를 '택하셨기' 때문입니다. 우리에게는 '해야 할' 사명이 있습니다. 매튜 폭스는 게으름을 이기는 방법은 '부지런해지자는 결심'이 아니라 '우리 안에 있는 불꽃을 다시 발견하는 것'이라고 했습니다. 그 불꽃을 다시 살려야 합니다. 모세는 불타는 떨기나무 가운데서 하나님을 만났습니다. 그의 내면에 소명의 불꽃이 다시 일기 시작했습니다. 생존을 위해 도망하는 자의 인생에서 하나님이 주신 소명과 은사를 펼치는 사명자의 인생으로 바뀐 것입니다.

사명이 회복되면 삶에 생기가 돕니다. 삶의 목표가 분명해지고 삶의 태도가 달라집니다. 나를 붙잡고 늘어지던 과거의 망령들이 사라지고(출 2장), 자신이 있어야 할 자리를 되찾습니다. 제자리를 지키지 못하는 게으름으로부터 일탈이 시작됩니다. 일탈이 반복되다 보면 어느새 습관이 됩니다. 우리에게는 '신실함'이 필요합니다. '헌신'(獻身)은 드릴 '헌'(獻)에 마음 '심'(心)자가 아닌 몸 '신'(身)자를 씁니다. 즉 헌신이란 말이나 마음이 아니라 땀을 흘리는 수고입니다. 게으르면 헌신할 수 없습니다. 신실함은 거창한 것이 아니라 '매일, 한 걸음씩'입니다. 평생 기도는 '오늘' 새벽기도에서부터 시작되며, 평생 거룩은 '오늘' 작은 유혹을 말씀으로 이겨 내는 것으로부터 시작됩니다.

오스왈드 챔버스는 《거룩과 성화》에서 이렇게 말합니다. "사랑은 우리에게 아무것도 요구하지 않고, 다만 순수한 일상의 행동을 요구한다. 사랑은 우리가 하나님을 위해서 모든 것을 하도록 하며 그것을 실천하도록 이해시킨다. 필요한 것은 우리가 이미 행한 선한 행동들에 무엇을 더하는 것이 아니라, 단지 하나님을 향한 사랑으로 행하는 것뿐이다." 나태는 사랑으로, 신실하게, 사명을 꾸준히 행할 때 이겨 낼 수 있습니다.

나의 사명은 무엇입니까?

❶ 내가 있어야 할 자리는 어디입니까?
❷ 오늘, 지금, 여기서 시작할 일은 무엇입니까?

탐심, 악마적 욕망 January 13

• 디모데전서 6:6-12

탐심의 정체는 우상숭배입니다. 하나님보다 더 사랑하는 것이 생기면, 하나님께 집중하지 못하고 하나님의 뜻도 분별하지 못합니다. 그러므로 탐심이 있는 사람은 경건의 삶을 살지 못합니다. 경건은 '하나님을 생각하는 것'인데, 욕심이 하나님과 그 사람 사이를 가로막기 때문입니다. '자족하는 마음'에는 경건의 유익이 있습니다(딤전 6:6). 그러나 '부하려 하는 마음'에는 "시험과 올무와 여러 가지 어리석고 해로운 욕심"이 있으며 결국에는 멸망에 이르게 합니다(딤전 6:9).

탐심은 악마적 욕망입니다(Evil Desire, 골 3:5). 하나님이 주시는 창조적 욕망은 비전으로 발전하지만, 인간의 욕심은 죄를 낳고, 사망으로 이어집니다(약 1:15). 탐심은 인간의 한계를 넘어서고자 하는 잘못된 욕망입니다(창 3:5-6). 아담과 하와는 탐심으로 선악과를 먹었고, 그로 인해 수치로 두려워하며 하나님의 낯을 피해 숨었습니다(창 3:10). 그들은 하나님을 '돕는 자'가 아닌 '대적자'로 인식하기 시작했습니다.

우리는 두 주인을 겸하여 섬기지 못합니다(마 6:24). 하나님과 동행하든지 아니면 대적하든지 둘 중 하나입니다. 중간지대는 없습니다. 하나님은 이스라엘 백성들에게 만나를 주시면서 그들을 '시험'하셨다고 했습니다(출 16:4). 일용할 양식에 대한 감사, 매일의 감사가 있는지 보신 것입니다. 일용한 것에 자족하는 사람은 매일 하나님을 인정하며, 매일 은혜를 경험하며, 매일 감사하게 됩니다. '양식'의 근원이신 주님을 잊고, 내가 '양식'의 주인이 되는 순간, 우리는 하나님을 하나님 되시도록 하지 못합니다.

탐심은 더 많이 갖길 원하는 저열한 이기심입니다. 탐심은 인격을 앗아가고, 물질의 노예로 만듭니다. 영적으로 타락하여 도덕성을 상실하면 물질(우상) 숭배자가 됩니다. 급기야 구원을 상실하게 됩니다. "삼가 모든 탐심을 물리치라 사람의 생명이 그 소유의 넉넉한 데 있지 아니하니라"(눅 12:15).

나의 생각과 마음을 지배하는 것은 무엇입니까?

❶ 하나님과 그분의 비전으로 이어지는 창조적 욕망입니까?
❷ 생각하고 바랄수록 죄와 사망으로 이어지는 탐심입니까?

January 14 탐심 이기기, 전적인 신뢰로

• 누가복음 12:13-34

어떻게 하면 탐심을 버릴 수 있을까요? 모든 것이 주께로부터 왔음을 인정해야 합니다(대상 29:14). 헌금에는 두 가지 의미가 있습니다. 첫째는 헌금을 하면서 우리에게 이미 허락해 주신 축복을 인식하는 것이고, 둘째는 헌금하는 순간 이 돈의 소유권이 누구에게 있는지를 분명히 하는 것입니다. 하나님은 헌금을 통해 물질의 소유권을 훈련시키십니다. 특히 십일조는 '내 모든 소유가 하나님의 것'임을 확인하는 수단입니다.

우리는 하나님의 청지기입니다. 우리가 가진 것은 하나님이 우리에게 맡겨 주신 것입니다. '내 소유'와 '나에게 맡겨진 것', 겉으로 보기엔 별 차이가 없는 것 같습니다. 그러나 나에게 맡겨진 것을 내 소유로 여기는 순간 욕심이 생깁니다. 욕심이 생기면 움켜쥐게 되고, 이것은 곧 물질의 노예가 되어 감을 뜻합니다. 그러나 하나님은 말씀하십니다. "어리석은 자여 오늘 밤에 네 영혼을 도로 찾으리니 그러면 네 준비한 것이 누구의 것이 되겠느냐"(눅 12:20).

탐심을 버리려면 하나님에 대한 전적인 신뢰가 필요합니다(시 23편). 다윗은 '여호와는 나의 목자시니 내게 부족함이 없다'고 고백합니다. 탐심은 '부족하다'는 생각에서 생기는 마음입니다. 부족함이 없다고 느끼는데 탐심이 생길까요? 다윗의 만족은 하나님에 대한 전적인 신뢰와 인정에서 나왔습니다. 매일의 삶 속에서 하나님의 주 되심을 인정할 때 자족할 수 있습니다. "너희 아버지께서는 이런 것이 너희에게 있어야 할 것을 아시느니라"(눅 12:30)라는 예수님의 말씀을 믿으십시오. 우리는 내일도, 모레도 먹이실 주님을 신뢰하며 '일용할 양식'을 구할 수 있습니다(눅 11:3).

나는 모든 것이 주께로부터 왔음을 인정합니까?

❶ 어제 나를 먹이신 주님이 오늘도, 내일도 먹이실 것을 믿습니까?
❷ 하나님이 맡기신 것을 주님 뜻대로 쓰시도록 내드립니까?

탐식, 몸(성전)에 짓는 죄 January 15

• 마태복음 4:1-4

음식은 늘 우리에게 유혹이 됩니다. 예수님이 공생애를 시작하시기 전, 제일 처음 유혹받으셨던 부분도 바로 음식에 관한 것이었습니다. 음식은 생존을 위한 아주 기본적인 욕구이므로 가장 큰 유혹이 될 수 있습니다. 탐식에는 여러 종류가 있습니다. 음미하거나 감사할 틈도 없이 너무 빨리 먹어 치우는 속식, 과도한 욕심이나 집착으로 게걸스럽게 먹는 폭식, 까다롭게 먹는 미식, 사치스럽게 먹는 호식 등 음식에 의한 즐거움에 끌려다니는 것이 탐식입니다. 음식은 단순히 생존을 넘어 정치, 경제적 지위를 가늠하게 하는 지표가 되기도 하고, 음식이 차려진 식탁은 각종 교제의 장이 되기도 합니다.

탐식은 본능을 자극하고, 육체의 소욕에 굴복하게 만듭니다(갈 5:17). 사탄은 공생애를 시작하시는 예수님을 육체의 소욕에 굴복하시도록 유혹했습니다. 유혹은 예수님이 40일 금식을 마친 직후, 곧 본능을 죽이고 하나님의 음성에 따라 살기 위해 행하신 경건의 훈련 직후에 찾아왔습니다. 훈련과 유혹은 맞닿아 있습니다. 사탄은 인간의 허점을 공략합니다. 탐식은 인간의 본능을 가장 직접적으로 자극할 뿐만 아니라 육체의 소욕을 가장 적나라하게 드러내게 합니다. 아담과 하와나 엘리의 아들들은 모두 자신이 먹어야 할 것 이상을 탐내는 죄에 빠졌습니다(창 3:6; 삼상 2:12-29). 탐식은 결국 영적 타락을 불러옵니다.

탐식은 우리 몸을 더럽힐 수 있습니다(고전 6:12). 우리 몸은 성령이 거하시는 전이므로 거룩하게 유지해야 합니다. 무엇이든 먹을 수 있지만, 모든 것이 유익한 것은 아닙니다. 성령을 거스르는 탐식은 다른 죄들로 연결됩니다. 단지 '음식'의 문제가 아니라 음식으로 인해 뻗치게 되는 욕망이 문제입니다(고전 8장). '음식'을 매개로 방탕, 타락, 쾌락 등의 감각이 되살아날 수 있습니다. 술이 문제가 아니라 성전이 망가지는 것이 문제입니다(엡 5:18). 인간은 선악을 분별하여 음식의 정도와 먹는 장소를 선택하고 절제할 만큼 선한 존재가 아닙니다.

나는 음식에 지배당하고 있습니까?

❶ '음식'과 관련된 문제들이 나의 영과 육을 압도하고 있습니까?
❷ 내가 절제하거나 끊어야 할 '음식 관련 습관/죄'는 무엇입니까?

January 16 탐식 이기기, 감사와 훈련과 나눔으로

• 요한복음 6:47-58

예수님은 말씀으로 유혹을 물리치셨습니다. 육적인 것에서 탈피하여 영적인 것을 추구하는 것이야말로 탐식을 물리치는 좋은 방법입니다. 세상은 떡으로 사는 것을 최고의 가치로 삼지만, 성경은 사람이 '하나님의 말씀으로 사는 존재'임을 분명히 합니다. 만일 먹는 것이 삶의 목표였다면, 예수님은 돌들로 떡 덩이를 만드셨을 것입니다. 예수님은 하나님의 일을 이루기 위해 육체의 소욕을 제거하는 것이 중요함을 보여 주셨습니다.

우리의 식탁은 감사와 회복의 장입니다. 식사 기도는 대개 천편일률적이거나 형식적으로 드리기 쉽습니다. 그러나 음식을 주신 하나님, 음식이 있기까지 수고한 손길들을 떠올린다면, 우리 식탁은 감사의 장이 될 것입니다. 과도한 탐식으로 인해 식물의 유전자가 조작되고, 생태계가 파괴되는 일들이 벌어지고 있습니다. 바른 식탁은 검소한 식탁입니다.

금식도 좋은 훈련의 방편입니다. 금식은 단순한 고행이 아니라 음식과 인생의 의미를 새롭게 조명할 수 있는 경건의 훈련입니다. 우리가 영적인 존재라는 사실과 세상에 속했으나 하나님의 손길 아래 있음을 기억하게 합니다. 또 금식함으로 욕망과 혈기로부터 자유로워질 수 있습니다. 토마스 아 켐피스는 세상 물질의 맛에 깊이 빠져 영적인 열망을 잊어버리지 않게 해 달라고 기도했습니다.

음식의 절제는 나눔과 사랑으로 연결됩니다. 교회는 주님의 식탁을 함께 나누는 신앙 공동체이며, 예수님의 보혈로 형제자매 된 자들의 배고픔을 돌봐야 하는 '밥상 공동체'입니다(행 2:42-47). 성찬은 'Breaking, 찢어지는 빵과 부어지는 포도주'로부터 시작됩니다. 우리는 성찬을 가리켜 그리스도의 몸에 '참여'(participation)한다고 말합니다. 예수님의 살과 피에 참여하는 자마다 생명을 얻습니다. 성도는 떡을 떼면서 자신의 '몸'도 떼어 주는 사람입니다. 그러므로 넉넉한 음식은 탐식의 대상이 아닌 생명 나눔의 기회입니다.

나의 식탁은 주님의 식탁과 닮았습니까?

❶ 감사와 회복의 장이며 훈련의 장입니까?
❷ 찢어지고 부어지며 나누는 생명의 식탁입니까?

정욕, 왜곡된 성욕 January 17

• 디모데후서 2:20-22

'정욕'(헬, 에퓌뒤미아)**은 금지된 것을 갈망하는 욕구를 말합니다.** 단순한 성욕 또는 신체적 감탄이나 평가는 아름다움에 대한 기본적 욕구이며 자연스러운 반응입니다. 그러나 정욕은 죄로 변질된 반응으로서 왜곡된 성욕입니다. 즉 전인격적 사랑의 헌신이나 윤리적인 책임감 없이 성적 쾌락만을 추구하는 강렬한 육체적 욕망을 말합니다.

정욕은 하나님이 금하신 것을 성적으로 갈구하게 합니다. 정욕은 매우 강력하며 절대 채워지지 않습니다. 거룩한 생활과 의지, 노력으로 되지 않으며, 하나님의 도우심이 아니고는 결코 극복할 수 없습니다. 정욕은 하나님의 그릇인 우리를 더럽힙니다. 정욕으로부터 자유하지 않는 한 하나님의 사람으로 쓰임 받을 수 없습니다. 정욕은 '현실 도피의 죄악'이라고도 불립니다. 다윗이 밧세바를 범하게 된 상황을 살펴보면, 영적으로도 육적으로도 잘못된 궤적에 들어선 것을 볼 수 있습니다(삼하 11:1-5). 건강한 일상을 떠남으로써 성욕이 정욕으로 변질된 것입니다. 다윗은 깊은 참회에도 불구하고(시 51편), 큰 죗값을 치러야 했습니다(삼하 12:10-12).

정당한 관계, 인격적인 관계가 아름답습니다. 정욕에는 육체적·정신적·영적인 자아를 주고받는 윤택함이나 친밀함이 전혀 없습니다. 단지 성욕을 채우기 위한 만남만 남게 됩니다. 정욕은 인간의 존엄성과 하나님이 허락하신 아름다운 가정을 파괴합니다. 나아가 성적 도착은 더 자극적인 것을 추구하지만 만족을 얻지 못하게 하고, 허무로 치닫게 합니다.

나는 아름답고 인격적인 관계를 추구합니까?

❶ 하나님이 허락하신 윤택하고 친밀한 참된 관계를 누립니까?
❷ 정욕이 결국엔 값비싼 대가를 요구한다는 사실을 깨닫습니까?

January 18 정욕 이기기, 예배자의 삶으로

• 시편 51편

정욕은 그대로 놔두면 걷잡을 수 없게 됩니다. 정욕에 넘어진 즉시 회개해야 합니다. 다윗이 밧세바를 탐한 것은 갑작스러운 일이 아니었습니다. 그는 이미 많은 아내와 첩을 둔 상태였습니다(삼하 5:13). 다윗은 죄를 깨달은 즉시 하나님 앞에 깊이 참회하며 회개했고, 하나님은 그를 용서하셨습니다. 다윗은 자신의 의지만으로는 정욕을 다스릴 수 없음을 인정하고, 자기 안에 정한 마음을 창조하시고 구원의 기쁨을 회복시켜 달라고 간구했습니다. 하나님과 단절된 인간에게 기쁨과 평안은 존재하지 않습니다.

정욕은 피해야 합니다(창 39장). 사탄의 꼬임은 네 단계를 거친다고 합니다. 1단계, '누구나 하는 것이니까.' 2단계, '작은 것이니까.' 3단계, '아직 젊으니까.' 4단계, '딱 한 번만.' 사탄의 꾐에 걸리면 죄가 점점 더 커지게 마련입니다. 그러므로 정욕을 이기는 가장 좋은 방법은 요셉처럼 '피하는 것', 즉 '달아나는 것'입니다. 정욕의 근처를 맴돌면서 정욕을 극복하겠다는 생각은 아주 위험합니다.

요셉은 하나님과 사람 앞에 자신을 분명히 드러냈습니다. 사람들은 하나님이 요셉과 함께하심을 어떻게 알았을까요(창 39:2-3)? 요셉 스스로 하나님께 속한 사람임을 분명히 밝혔기 때문입니다. 그는 늘 하나님을 의식했습니다. 그래서 보디발의 아내가 유혹할 때, '내가 어찌 하나님께 죄를 지으리이까'라고 답할 수 있었습니다. 내가 하나님의 자녀임을 당당히 드러낼 때, 하나님도 나를 인정해 주십니다(마 10:32).

거룩한 일에 분주해야 합니다(갈 5:6-18). 영적 수준이 도덕적 수준을 결정합니다. 하나님을 섬기는 일, 하나님이 맡겨 주신 일을 잘 감당하십시오. 맡겨 주신 자녀, 배우자, 부모님을 섬기는 일에 마음을 다하십시오. 죄짓지 않으려는 것은 소극적인 태도입니다. 악을 행하지 않을 뿐 아니라 선을 행해야 합니다(벧전 3:6). 어디서든지 '예배자'가 되십시오. 시험에 들지 않게 깨어서 기도하십시오.

나는 예배자로서 살아가고 있습니까?

❶ 하나님과 사람 앞에 나의 소속을 분명히 밝히고 있습니까?
❷ 하나님을 붙좇는 예배자로서 죄를 피하고 있습니까?

십계명은 실제다 January 19

• 출애굽기 20:1-2

십계명은 상징이 아닌 실제입니다. 시대가 변했다고 인간의 본성까지 변하지는 않습니다. 유목민 시절의 법이 오늘날에도 유효할까 하고 의심하는 사람들도 있겠지만, 십계명 정신은 오늘도 여전히 유효합니다. 십계명은 엄격한 규율이 아닙니다. 하나님은 인격적인 관계 속에서 백성을 위해 십계명을 주셨습니다. 하나님은 애굽 땅, 종 되었던 집에서 인도하여 구원해 주신 '나의' 하나님입니다(출 20:2).

하나님은 출애굽 후 언약을 맺으며 십계명을 주셨습니다. 해방을 조건으로 노예 계약을 맺으신 것이 아니라 종이었던 이스라엘을 해방시키신 후 언약에 초대하시어 백성이 자유의지로 선택하고 결정하게 하신 것입니다. 하나님은 이스라엘이 다시금 사람의 노예, 거짓 우상의 노예, 죄의 노예가 되지 않기를 바라셨습니다. 참으로 사람답게 살 수 있는 법, 하나님의 순리대로 사는 복된 삶으로 인도하는 사랑의 법, 그것이 십계명입니다.

십계명은 하나님과의 관계(제1-제4계명), 사람과의 관계(제5-제10계명)를 모두 다룹니다. 흥미로운 것은 모든 계명이 제1계명을 향하고 있다는 사실입니다. 인간사, 현실세계의 모든 이슈, 해결 방안들이 '하나님'을 향하고 있습니다. 제5-제10계명에 담긴 내용들을 제1계명을 향해 풀어 가다 보면, 인간을 향한 하나님의 뜻과 방법과 방향까지 발견하게 됩니다. 결국, 십계명은 우리를 억압하는 법이 아니라 어떻게 살아가야 하는지를 깨닫게 하는 법입니다.

십계명 중 어느 것 하나 쉬운 계명이 없습니다. 그러나 십계명에는 우리 삶 구석구석을 살피고, 만지고, 인도하시려는 하나님의 진심이 담겨 있습니다. 삶의 현장에서 하나님의 계명을 적용할 때, 때로 손해를 감수하거나 힘겹고 치열한 싸움을 해야 할 때도 있을 것입니다. 그러나 하나님이 하실 것입니다. 출애굽 구원을 이루신 하나님이 이후의 삶도 인도하겠다고 약속하셨습니다. 그 약속이 바로 십계명에 담긴 사랑의 언약입니다.

나에게 '십계명'은 어떤 법입니까?

❶ 하나님의 법이 내 삶에 실제 역사할 것을 믿습니까?
❷ 십계명에 담긴 하나님의 간절함과 사랑을 깨닫습니까?

January 20 사랑과 생명의 법

• 누가복음 10:38-42

십계명은 단순히 법령이나 규칙이 아닙니다. 우리는 십계명을 묵상하며 하나님의 마음을 깨닫습니다. 또한 하나님과의 친밀한 교제로 들어가게 됩니다. 율법은 주로 '지킨다'는 말과 함께 사용되지만, 예수님은 율법의 완성은 '사랑'이라고 말씀하셨습니다(마 22:36-40). 율법을 지키는 것보다 우선해야 할 것은 율법에 담긴 하나님의 마음과 뜻을 헤아리는 것입니다.

마르다를 향한 말씀도 '먼저 마음과 뜻을 헤아리라'는 것이었습니다(눅 10:41-42). 스캇 솔즈는 《예수님처럼 친구가 되어 주라》에서 이를 이렇게 풀이합니다. "마르다야, 세상을 바꾸려고 하기 전에 먼저 나를 통해 네가 변해야 한다. 남들에게 영향을 미치기 전에 먼저 네가 내게 영향을 받아야 한다. 세상을 더 좋게 만들려고 뛰어다니기 전에 나를 통해 네가 더 좋은 사람이 되어야 한다. 나를 섬기고 먹이려면 먼저 내가 너를 섬기고 먹이게 해야 한다."

우리 힘으로 계명을 다 지킬 수 있을까요? 하나님 없이는 불가능합니다. 그러므로 계명을 지키려고 열심을 내는 것보다 주님과의 관계가 우선입니다. 예수님이 마리아를 칭찬하신 것은 그녀가 '아무것도 하지 않고' 예수님의 말씀만 들었기 때문이 아닙니다. '다른 일을 하다가도' 예수님이 말씀하시면 들어야 한다는 것을 알았기 때문입니다. 열심보다 중요한 것은 순종이며 방향입니다. 주님 없이 분주한 24시간보다 주님과 함께하는 1시간이 우리 삶을 좌우합니다.

'마음'이 중요하다고 해서 '행동'이 덜 중요하다는 뜻은 아닙니다. '교리보다 하나님의 사랑을! 정의보다 하나님의 은혜를!'이란 구호는 참 그럴듯해 보이지만, 사실 그 둘은 떼려야 뗄 수 없는 관계입니다. 교리와 정의 안에 사랑과 은혜의 큰 뜻이 포함되어 있기 때문입니다. 하나님의 '마음'을 안다는 것은 '법 없이 사는 것'이 아니라 '법의 참 의미를 깨닫는 것'을 말합니다. 행하되 제대로 행하는 것입니다. 하나님의 마음을 깨달을 때, 계명이 본래 모습을 회복하게 됩니다.

나는 계명들을 어떻게 지키고 있습니까?

❶ 혼자서 열심히 노력합니까, 하나님과 함께합니까?
❷ 마음(행동)뿐입니까, 행동(마음)도 함께입니까?

왜 주지 않으실까? January 21

• 출애굽기 20:17

모든 죄는 보이지 않는 곳에서부터 시작됩니다. 제10계명(네 이웃의 집을 탐내지 말라)의 차별성은 '행위'가 아닌 '마음'을 다룬다는 점에 있습니다. '탐내다'라는 말에는 대상에 대한 기쁨과 사랑이 함축되어 있습니다. 이는 소유하고 싶은 감정으로 연결됩니다. 문제는 탐심이 '타인의 것'에 대해 느끼는 감정이라는 점과 매우 악한 행동으로 연결된다는 데 있습니다. 탐심은 우리 삶을 지옥으로 만듭니다. 지옥을 '무저갱'으로도 표현하는데, '바닥이 없다'는 뜻입니다. 탐심은 아무리 채워도 끝이 없습니다.

인류 최초의 범죄는 '탐욕' 때문에 일어났습니다. 아담과 하와는 하나님이 금하신 나무를 탐하다가 결국 손을 대고 말았습니다(창 3:6). 탐욕은 자신에게 있는 온갖 아름답고 풍성한 것보다 금기된 것에 온 마음을 쏟게 합니다. 가나안 정복을 시작한 이스라엘의 첫 번째 죄 역시 '탐욕' 때문이었습니다. 하나님은 모든 전리품을 여호와께 온전히 바치라고 명령하셨지만(수 6:17-24), 아간은 하나님의 것을 도둑질했습니다. '전리품을 온전히 바치라'는 하나님의 명령은 앞으로 이스라엘이 누리게 될 축복의 '주권'에 관해 가르치기 위함이었습니다. 복은 단순히 '소유'하는 데 있지 않고, '누구에게서, 어떻게' 받았는지를 알 때 비로소 복이 되는 것입니다.

탐심은 결국 믿음과 관계됩니다. 나를 향한 하나님의 전적인 선하심을 믿는 것이 믿음입니다. "영접하는 자, 곧 그 이름을 믿는 자들에게는 하나님의 자녀가 되는 권세를 주셨으니"(요 1:12). 주님을 내 삶의 주인으로 고백하는 순간, 우리는 자녀의 권세를 얻습니다. 즉 모든 유산을 상속받을 자격을 얻는 것입니다. 우리는 놀라운 권세와 축복을 아직 다 맛보지 못했지만, 축복받은 자의 여유와 자족으로 살아갑니다. 소유를 허락하시는 하나님의 주권과 그분의 선하심을 신뢰하지 않으면, 비교하게 되고 불평불만을 터뜨리게 됩니다. 탐심은 도둑질할 가능성의 문제만이 아니라 하나님의 주권과 계획에 대한 불신앙의 모습이기도 합니다.

나는 내 모든 소유의 권리가 주께 있음을 인정합니까?

❶ 나에게 있는 아름답고 풍성한 것들은 무엇입니까?
❷ 소유하고 싶으나 허락하지 않으시는 것은 무엇입니까? 왜일까요?

January 22 소유권 훈련

• 신명기 24:19-22

하나님이 금하시는 탐욕의 대상은 무엇일까요? '네 이웃의 집'에 있는 것 중에서도 집, 아내, 남종, 여종, 소, 나귀 순으로 나와 있습니다(출 20:17). '집'은 건물보다 포괄적인 개념입니다. "여호와께서 노아에게 이르시되 너와 네 온 집은 방주로 들어가라 이 세대에서 네가 내 앞에 의로움을 내가 보았음이니라"(창 7:1). 여기서 집은 아들, 며느리, 모든 재산을 포함합니다. 당시에는 아내도 소유의 개념이었기 때문에 탐욕의 대상으로 지정되었습니다.

제10계명은 제7계명과 제8계명을 포괄한 것으로 보입니다. '간음하지 말라'(제7계명), '도둑질하지 말라'(제8계명)는 남의 것을 탐하여 빼앗고 훔치는 행동을 금하는 계명입니다(출 20:14-15). 제10계명이 다른 점은 그러한 행동을 불러일으키는 내면의 탐욕, 즉 탐심 자체를 금하고 있다는 것입니다. 인간의 탐욕은 끝이 없습니다. 사회적 부정, 불의, 부패가 이로부터 시작됩니다. 그래서 성경은 물질과 소유에 관한 생각과 태도를 바로 하라고 가르칩니다(눅 12:15, 21). 소유 자체가 나쁜 것은 아닙니다. 그러나 마음의 우선순위가 바뀔 때, 물질은 득보다 독이 됩니다. 그렇다고 '물질'을 포기하라는 것이 아닙니다. 물질에 대한 '주권'을 포기하라는 것입니다.

우선순위가 바로잡히면, 물질을 사용하는 방식이 달라집니다(신 24:19-22). 하나님을 우선으로 하면 말씀에 비추어 삶을 조정하지만, 세상 가치를 우선으로 하면 필요와 유불리에 따라 하나님과의 관계를 조정하게 됩니다. 원하는 것과 필요한 것을 구분하십시오. 출애굽과 광야 훈련에서 배운 가장 큰 교훈은 '하나님이 필요한 것을 주신다'라는 믿음입니다. 우리의 간구가 참된 필요에서 비롯되었는지 아니면 탐욕에서 비롯되었는지 분별해야 합니다. 예수님은 "우리에게 일용할 양식"을 구하라고 가르쳐 주십니다(마 6:11). 매일 하나님과의 관계 속에서 일용한 것을 구하며 자족하는 훈련을 하십시오. 원하는 것이 아니라 공급하시는 것 속에서 하나님과의 인격적인 만남을 가지십시오.

나는 물질(소유)의 복을 받을 준비가 되어 있습니까?

❶ 하나님이 필요한 것(만큼)을 주신다는 믿음이 있습니까?
❷ 어떻게 소유하고, 어떻게 사용하고 있습니까?

가장 먼저 얻어야 할 것 January 23

• 예레미야 2:13

'소유'에 관한 묵상은 하나님과의 관계를 돌아보는 좋은 기회입니다. 탐욕은 공의로우신 하나님, 자비로우신 하나님께 불만을 품게 만듭니다. 그런 의미에서 제10계명은 하나님과의 관계에 관한 제1-제4계명과도 연결됩니다. '하나님만으로 만족할 수 없다!' 인간은 자기 욕망이 채워지지 않으면, 그것을 채워 줄 만한 다른 신들을 끊임없이 만들어 냅니다. 자기 욕망과 기대를 우상에 그대로 투사합니다. 늘 목마르지만 채워지지 않는 지옥, 거짓 신들과 우상에 둘러싸인 지옥 가운데 살게 되는 것입니다.

욕망으로 인한 공허함은 우리에게서 '쉼'을 빼앗아 갑니다. 하나님이 허락하신 것들은 모두 이유가 있습니다. 우리 삶의 '여백'은 인생을 위한 하나님의 선물입니다. 그러나 인간이 탐욕에 빠지면, 그 여백마저 효율과 유용으로 채워 버립니다. 얼마를 더 벌 수 있는지, 얼마나 더 공부할 수 있는지, 얼마나 더 즐길 수 있는지를 따지면서 세상과 타협하고, 결국 하나님과의 관계까지도 조정해 버립니다.

무엇이 우리 삶을 만족하게 할까요? 하나님은 우리 필요를 가장 잘 아시며, 완벽하게 채워 주시는 분입니다. 이미 받은 복을 헤아려 보십시오. 하나님은 적시·적소에 적합한 것을 적법하게 받게 하셨습니다. 놀라운 사랑과 관심으로 나를 먹이고 입히고 돌보신 하나님을 기억하십시오. 감사를 잃는 것은 은혜와 사랑을 기억하지 못한 까닭입니다. 하나님의 사랑을 의심하지 마십시오. 독생자 예수 그리스도의 피 값을 치르게 하실 만큼, 하나님께 나는 가치 있는 존재입니다(롬 8:32; 사 49:15).

헛된 것을 조금 더 얻으려 근원에서 떠나지 마십시오(렘 2:13). 십계명의 열 번째 금령은 죄냐 아니냐의 차원을 벗어나 한눈팔던 나를 주께 집중하게 하는 사랑의 계명입니다. 한 사람이 두 주인을 섬길 수 없습니다. 스탠리의 고백처럼 "기도에서 가장 먼저 해야 할 것은 하나님을 얻는 일"입니다. 하나님을 얻을 때 다른 모든 것이 뒤따라옵니다(시 23:1).

내가 가장 먼저 얻고 싶은 것은 무엇입니까?

❶ 내 눈과 마음을 사로잡고 있는 것은 무엇입니까?
❷ 하나님이 적시·적소에 허락하셨던 은혜와 사랑을 기억해 보십시오.

January 24 거짓말을 금하신 이유

• 출애굽기 23:1-3

본래 제9계명은 '위증'을 피하기 위한 것이었습니다. 당시 재판은 증언에 의존했기 때문에 말에 따라 사람이 죽기도 하고 살기도 했습니다. 따라서 위증을 피할 법적 장치로서 2인 이상의 증인이 요구되었습니다. 사형 판결이 내려지면 결정적 영향을 미친 증인이 앞장서서 형을 집행했으며, 만약 위증이 판명되면 위증한 자가 사형을 당하게 되어 있었습니다(신 19:18-19). 사실을 알고도 고의로 말하지 않는 것 역시 죄로 간주했습니다. 그로 인해 누군가 큰 피해를 볼 수 있기 때문입니다(레 5:1).

하나님은 왜 거짓말을 금하셨을까요? 우리의 거짓말이 이웃을 해칠 수 있기 때문입니다(신 19:19, 새번역). 성경에서 거짓말이 용인되는 경우들이 있습니다. 아기 모세는 가족의 거짓말 덕분에 목숨을 건졌습니다(출 2장). 사무엘은 사울을 대신할 왕을 세우러 가면서 하나님이 시키신 대로 "제사를 드리러 왔다"고 거짓말을 했습니다(삼상 16:2). 요나단도 다윗을 살리기 위해 거짓말을 했습니다(삼상 20:27-29). 이 거짓말들의 공통점은 하나님이 하시는 일들 가운데 있고, 생명을 위한 것이며, 사랑이 전제되어 있다는 점입니다.

한편, 예수님은 바리새인들의 이중적인 모습을 책망하셨습니다. 위선도 일종의 거짓말입니다. 바리새인들은 겉으로는 선량한 척, 종교적인 척하지만, 내면은 사악한 사람들이었습니다. 정의의 기치를 높이 들고 개혁을 부르짖는 사람들 중에 종종 개혁의 대상이 되어야 할 사람들이 있음을 보게 됩니다. 우리는 하나님과 자기 자신과 사람 앞에 정직해야 합니다. 그러나 자신의 감정에 충실한 것을 꼭 정직이라고 볼 수는 없습니다. 내 만족과 이기심에 기반을 둔 솔직함은 상대방의 감정을 상하게 만듭니다. 정직은 남의 허물을 들춰내는 것이 아니라 자기 허물을 고백하고 인정하는 것입니다. 진실을 말하는 것과 생각을 모두 드러내는 것은 다른 차원입니다. 주관적 사실이 꼭 진실은 아니기 때문입니다.

나의 입술은 생명을 살리고 있습니까?

❶ 생명을 살리는 말, 사랑의 말을 하고 있습니까?
❷ 진실과 정직의 말이라고 오해하며 사용했던 언어들이 있습니까?

어떤 증인이 될 것인가? January 25

• 누가복음 24:45-53

정직한 삶은 변화된 자의 삶입니다. 우리는 정직한 삶의 대가나 복을 기대하곤 합니다. 정직으로 인해 손해를 본 경우에는 더 큰 물질로 채워 달라며 기도하기도 합니다. 그러나 정직한 삶 자체가 의미 있고 행복한 것입니다. 그 자체로 복입니다. 당장은 손해를 볼 수도 있겠지만, 정직한 자는 영생을 얻게 될 것입니다.

우리는 거짓말이 하나도 이상하지 않은 세상에 살고 있습니다. 그렇게 해서 좋은 자리를 얻고 자산을 늘리는 사람들도 많습니다. 단지 거짓말하지 않으려고만 하면, 가능하지도 않거니와 지키는 내내 고역일 것입니다. 하나님에 대한 믿음과 계명에 대한 이해가 필요합니다. "율법이 들어온 것은 범죄를 더하게 하려 함이라 그러나 죄가 더한 곳에 은혜가 더욱 넘쳤나니"(롬 5:20). 율법적인 신앙은 죄책감만 더할 뿐입니다. 우리에게 필요한 것은 율법적인 삶이 아니라 은혜의 삶입니다. 무엇을 하지 않는 삶이 아니라 구원받은 백성, 은혜를 아는 백성으로서 해야 할 일이 무엇인지 알고 사는 것입니다.

구약의 증인은 죄를 증언했습니다. 그러나 신약의 증인은 예수님의 십자가와 부활과 승천을 전하는 복음을 증언합니다. 은혜받은 자의 삶은 거짓 증거를 하지 않는 것이 아니라 복음을 증거하는 것에 방점이 찍힙니다. 예수님은 '부활의 증인'이 되라고 명령하십니다(눅 24:48). 땅끝까지 이르러 내 증인이 되라고 말씀하십니다(행 1:8). 예수님의 증인을 뜻하는 헬라어 '마르투스'(martus)는 순교자(martyr)의 어원이 됩니다. 예수님의 부활을 증거하는 것이야말로 거듭난 그리스도인의 정직입니다. 순교자는 생명을 걸 만큼 믿는 것에 확신이 있는 사람입니다. 단순히 거짓말하지 않는 사람이 아니라, 하나님의 사랑을 증거하지 않고는 견딜 수 없는 참 증인이 되기를 소망합니다.

나는 정직의 기쁨을 누리고 있습니까?

❶ 손해에 집중합니까, 주님이 주실 참된 복에 집중합니까?
❷ 계명의 압박에서 벗어나 증언자의 삶을 누리고 있습니까?

January 26 도둑질, 나와 상관없는가?

• 사무엘하 12:1-15

사람들은 왜 도둑질할까요? 남에게 손해를 끼치더라도 자기가 이익을 보려는 마음 때문입니다. '도둑질하다'에 쓰인 히브리어 '가나브'는 '타인의 것을 그의 동의나 인지 없이 가져오는 것'을 말합니다. 동서고금을 막론하고, 각 법전은 도둑질을 엄격히 금하고 있으며 가혹한 형벌을 내리기도 했습니다. 그런데도 도둑질은 여전히 만연한 죄입니다.

누구든 교묘하게 도둑질할 수 있습니다. 도둑질은 세상에서 워낙 흔히 일어나는 일이라 '다른 사람에 비하면 난 아무것도 아니야' 하고 변명하거나 도둑질인지 인식조차 못 하는 경우도 있습니다. 다윗도 나단이 찾아와 가난한 사람의 양 새끼를 빼앗은 부자 이야기를 했을 때, 그것이 자기 이야기인 줄 몰랐습니다(삼하 12:1-4). 심지어 그 부자가 '4배'나 배상해야 한다면서 노발대발하기까지 했습니다(삼하 12:6). 출애굽기의 배상법에 따른 명령입니다(출 22:1). 남의 일일 때는 법으로 명확히 판단할 수 있는데, 사안을 내 위주로 생각하니 죄라 여기지 않는 것입니다.

우리는 알게 모르게 도둑질에 동참하곤 합니다. 유통 과정에 문제가 있음을 짐작하면서도 파격 세일하는 물건을 구매합니다. 유실물을 습득하고도 주인을 찾지 않거나 소극적으로 찾다가 결국 자기 것으로 취하기도 합니다. 누군가의 실수로 수중에 들어온 것은 내 잘못이 아니니 굳이 돌려줄 필요가 없다고 여깁니다. 불법 복제, 타인의 성과나 아이디어를 가로채기, 위조나 변조로 혜택 챙기기, 약물 복용으로 메달 따기, 보험금 부풀려 수령하기 등 얼마나 많습니까?

성경은 대가 없이 취한 모든 소득을 도둑질로 봅니다(약 5:4). 뇌물을 바치는 일(출 23:8), 정직하지 못한 상거래(잠 21:6), 무게와 부피를 속여 장사하는 행위(암 8:4-6), 고리대금(출 22:25), 십일조와 헌물을 드리지 않는 것(말 3:8) 등도 모두 도둑질의 범주에 속합니다.

나는 도둑질과 상관없는 사람입니까?

❶ 인지하지 못한 채 무감각하게 행하던 도둑질은 없습니까?
❷ 도둑질을 방조하거나 동참할 때 어떤 핑계들을 댑니까?

정당한 대가인가? January 27

• 디모데전서 6:17

함무라비 법전에는 도둑질한 자를 사형에 처하라고 기록하고 있습니다. 그러나 성경은 '도둑질'에 대한 가혹한 형벌을 피하고 있습니다. 대부분 경제적으로 궁핍한 이들이 저질렀던 범죄이므로 도둑질이 들통나거나 붙잡히면 상황에 맞는 배상법을 적용하게 했습니다. 종류에 따라 2배, 4배, 5배 등으로 갚게 했으며 도둑맞은 이후에 본 손해까지 셈하여 배상하게 했습니다(출 22:1, 4).

오늘날 형법은 가해자의 범죄 행위에 대한 처벌에만 집중합니다. 그러나 성경의 법은 가해자로 하여금 도둑맞은 자의 상실감과 손해 보는 과정에서 느꼈던 고통을 똑같이 경험하게 만듭니다. 도둑질에 대한 물질적, 정신적 대가를 모두 치르게 하여 같은 죄를 반복하지 않도록 하는 것입니다. 만일 도둑질한 자가 죄를 자백하고 참회한다면, 도둑질한 것에 20% 더해서 배상하게 하여 이들에게도 만회할 기회를 주었습니다. 죄의 자백은 참회의 첫걸음이며, 실질적인 배상과 진심어린 용서가 모든 관계 회복의 시작입니다.

제8계명을 지키는 것은 보이지 않는 곳에서부터 시작됩니다. 돈을 지나치게 사랑하면, 남의 것을 탐하게 됩니다(딤전 6:10). 자족할 줄 모르는 탐심은 남의 것을 취해서라도 채우려는 욕망을 불러일으킵니다. 아굴은 평생 하나님께 "헛된 것과 거짓말을 멀리하게 하시고, 가난하지도 부하지도 않도록"(잠 30:7-9) 구했습니다. 탐욕에 물들어 죄를 지을까 두려워한 지혜자의 기도입니다.

정당한 대가를 추구하십시오. 일하기 싫으면 먹지도 말라고 했습니다(살후 3:10). 이름만 걸어놓고 이익을 얻는 자리는 과연 하나님 법에 적법할까요? 세상의 가치관, 옛 삶의 양식에서 완전히 빠져나오지 않으면, 영적 감각이 무뎌지게 됩니다. "도둑질하는 자는 다시 도둑질하지 말고"(엡 4:28) '돌이켜야' 합니다. 하나님과 동행하는 자는 모든 물질과 소유에 관한 하나님의 주권을 인정합니다(빌 4:6-7).

나의 소망과 삶의 목적을 어디에 두고 있습니까?

❶ 나와 배우자와 자녀를 위해 어떤 기도를 하고 있습니까?
❷ 하나님이 주신 것에 자족하고 있습니까?

January 28 간음은 죄다

• 데살로니가전서 4:1-8

어느 시대에나 간음은 있었습니다. 그래서인지 성경에도 간음의 다양한 사례가 구체적으로 기록되어 있습니다(신 22장). "간음하지 말라"는 제7계명의 주목적은 '결혼'을 지키라는 것입니다. 즉 이 계명은 신명기 22장에서 언급된 혼전 성관계나 강간 같은 사건보다 '결혼과 가정'의 소중함에 초점을 맞추고 있습니다. 간음은 사람을 망치고 가정을 파괴하고 나라를 타락하게 만듭니다. 초대교회 당시 로마 제국에는 성적 문란과 부도덕한 범죄가 만연했습니다. 예수님을 영접한 기독교인 중에도 기존 삶의 방식과 문화에 여전히 젖어 있는 사람들이 있었습니다. 데살로니가 교인들 중 일부는 여전히 옛 사람과 세속적인 방식대로 살아가고 있었습니다. 바울은 성도들에게 그리스도인으로서 구별된 삶을 살라고 권면합니다(살전 4:1-8).

현대 사회는 간음을 로맨스로 포장합니다. 사랑이란 이름으로 정당화한다고 해도 간음은 죄입니다. 미국인들이 가장 시대착오적인 계명으로 제7계명을 꼽을 만큼 우리는 간음이 흔하디흔한 세상에 살고 있습니다. 그러나 십계명이 처음 주어진 모세 시대나 초대교회 시대나 우리가 살고 있는 현대에도 제7계명은 하나님의 자녀로서 분명한 태도를 취해야 할 신앙의 표지임이 틀림없습니다.

간음은 심판의 대상입니다. 성경은 "간음하는 자"는 "무지한 자"라고 말합니다(잠 6:32). 왜냐하면 "자기 영혼을 망하게" 하여 "상함과 능욕을 받고 부끄러움을 씻을 수 없게" 될 것이기 때문입니다(잠 6:32-33). 또 "음행을 피하라 사람이 범하는 죄마다 몸 밖에 있거니와 음행하는 자는 자기 몸에 죄를 범하느니라"(고전 6:18)라고 경계하며 "모든 사람은 결혼을 귀히 여기고 침소를 더럽히지 않게 하라 음행하는 자들과 간음하는 자들을 하나님이 심판"(히 13:4)하실 것이라고 경고합니다.

간음에 관한 나의 입장은 무엇입니까?

❶ '간음'에 대한 세상의 인식은 어떠합니까?
❷ 성경이 말하는 '간음'과 그 결과는 무엇입니까?

결혼의 신성함 January 29

• 마태복음 19:6

'간음하지 말라'는 '결혼의 신성함을 지키라'는 뜻입니다. 결혼은 하나님이 제정하신 거룩한 의식, 즉 성례(聖禮)입니다. 그래서 주례 목사는 하나님을 대신하여 "그런즉 이제 둘이 아니요 한 몸이니 그러므로 하나님이 짝지어 주신 것을 사람이 나누지 못할지니라"(마 19:6)라고 선언하고, 신랑·신부는 "죽음이 우리를 갈라놓을 때까지… 부부로 살아갈 것을 약속합니다"라고 서약합니다. 그런데 현대인들은 '죽음이 우리를 갈라놓을 때까지'라는 구절이 마음에 걸리는가 봅니다.

교회에서는 왜 이 어려운 서약을 꼭 집어넣은 것일까요? 소중한 결혼을 지키는 것은 신앙과 관계됩니다. 사랑과 결혼에는 위기가 찾아오기 마련입니다. 상처받고 견디고 회복하는 과정을 겪습니다. 이때 필요한 것이 아가페의 사랑입니다. 사랑이 식을 때, 인간의 법은 빠져나갈 구멍을 찾게 하지만, 하나님의 법은 지켜야 할 더 소중한 것이 있음을 일깨웁니다. 사랑이 전부가 아니며, 사람을 사랑하게 되는 것이 더 소중하다는 것입니다.

'사랑은 죄가 아니다!' 세상의 항변입니다. 사랑은 죄가 아니지만, 사랑의 대상을 잘못 선택하는 것은 죄가 될 수 있습니다. 제7계명(간음하지 말라)의 핵심은 사랑의 대상을 '잘못 선택한 자'를 향한 엄중한 경고입니다. 그 사랑이 아무리 순수하고 열정적이라 해도, 사랑의 대상이 잘못되면 결국 타락의 길, 죽음의 길을 가게 됩니다. 성경은 결혼의 신성함, 곧 부부간의 신뢰를 저버리는 자는 남자든 여자든 관계없이 엄단할 것을 규정합니다. 구별되지 않은 거룩함, 신성함은 없습니다.

성경의 사랑은 깊고 넓은 행복을 향하고 있습니다. 제7계명은 깨어진 가정의 아픔을 경험한 이들, 성적인 폭력으로 형언할 수 없는 고통을 받았을 이들에게도 새로운 삶과 관계에 관한 기준과 희망이 됩니다. 사랑이라는 이름으로 행해지는 모든 폭력들이 죄임을 선포하는 것, 그것이 제7계명에 담긴 법정신이기도 합니다.

나는 결혼의 신성함을 믿습니까?

❶ 세상이 주는 사랑의 본질과 목적은 무엇입니까?
❷ 하나님이 주시는 사랑의 본질과 목적은 무엇입니까?

January 30 하나님이 사용하지 않으신다

• 골로새서 3:2-6

예수님은 간음을 행위가 아닌 마음의 문제로 보십니다. "또 간음하지 말라 하였다는 것을 너희가 들었으나 나는 너희에게 이르노니 음욕을 품고 여자를 보는 자마다 마음에 이미 간음하였느니라"(마 5:27-28). 여기서 "음욕을 품고"의 '품다'를 원어로 보면, '암탉이 알을 품는다'라는 뜻입니다. 시간이 지나면 암탉이 품은 알에서 병아리가 나오듯이, 마음에 음욕을 품다 보면 상황과 유혹에 따라 간음이란 결과가 나올 수 있다는 말씀입니다.

마음속 음욕을 제어할 장치는 무엇일까요? 유혹의 원천은 자기 자신입니다(약 1:13-14). 하나님 탓, 상황 탓, 남 탓할 일이 아닙니다. 자기 안의 욕심과 정욕이 악한 유혹과 만나면, 하나님의 영역 밖으로 뛰쳐나가는 사건이 벌어지곤 합니다. 죄는 원천적으로 봉쇄해야 합니다. 그러나 하나님과 동행하는 삶이 아니면 불가능한 일입니다. 늘 내 안에 성령이 계심을 기억하십시오. 아무도 보지 않는 곳에서도 거룩해야 합니다. 하나님은 "나는 너희의 하나님이 되려고 너희를 애굽 땅에서 인도하여 낸 여호와라 내가 거룩하니 너희도 거룩할지어다"(레 11:45)라고 말씀하십니다. 간음과 음욕은 '이기는 것'이 아니라 자신을 '지키는 것'입니다.

세상에는 거룩하지 않아도 성공하는 경우들이 있습니다. 그러나 하나님은 깨끗하지 않은 그릇, 즉 거룩하지 않은 자는 사용하지 않으십니다. 그런 자는 하나님이 절대 함께하시지 않기 때문입니다. 하나님이 사용하시는 사람이 되어 선한 영향력을 발휘하고 싶습니까? 선한 영향력은 순전함과 온전함에서 나옵니다. "잘하였도다 착하고 충성된 종아 네가 적은 일에 충성하였으매 내가 많은 것을 네게 맡기리니 네 주인의 즐거움에 참여할지어다"(마 25:21).

나는 하나님께 사용될 준비가 되어 있습니까?

❶ 속마음까지 성령께 온전히 내어 드립니까?
❷ 죄의 생각과 죄의 자리로부터 나 자신을 보호하고 있습니까?

법과 제도의 문제가 아니다 January 31

• 민수기 35:9-34

살인하지 말라. 간단한 명령 같지만 복잡합니다. 전쟁[특히 성전(聖戰)이라면]에서 적군을 죽이는 행위, 낙태, 안락사, 자살, 사형제도 등을 어떻게 바라봐야 합니까? 여러 질문들이 제6계명과 함께 얽혀 있습니다. 제6계명은 '생명을 바라보는 시각'에 대한 문제입니다. 생명에 관한 가치 기준은 사람이나 집단마다 다르지만, 가장 중요한 것은 모든 생명을 지으신 하나님의 기준입니다.

왜 살인하면 안 됩니까? 죽임당하길 원하는 사람은 아무도 없기 때문입니다. 생명을 빼앗는 자는 상대를 자신만큼 중요한 존재로 생각하지 않기 때문에 죄를 범합니다. 살인은 하나님의 것을 도둑질하는 것과 같습니다. 모든 생명은 창조주 하나님께 속하였기 때문입니다. 하나님의 허락 없이는 어떤 생명도 손댈 수 없습니다. 그렇다면 이 계명을 어디까지, 어떻게 적용해야 할까요? 성경은 합법적 살인, 즉 사형을 인정하고 있습니다(민 35:20-21, 30). 그러나 이는 무고한 생명을 보호하는 데 방점이 있습니다(민 35:19). 혹 희생자가 생기지 않도록 판결부터 실행까지 여러 제도적 장치를 마련해 두었습니다(민 35:12, 24, 30).

하나님은 도피성 제도를 마련하셨습니다. 구약시대에는 악의 없는 살인, 우연한 살인, 실수에 의한 살인, 즉 과실치사의 경우에 도피성으로 피할 수 있었습니다. 하지만 도피성이 곧 무조건적인 용서를 의미한 것은 아닙니다. 도피성 제도는 살인자를 '보호'한다는 의미도 있지만, 한동안 그곳에 '구금'한다는 의미도 있기 때문입니다. 고의가 아니더라도 살인은 간과할 수 없는 큰 죄이므로 숙고하고 참회할 시간을 가지라는 것입니다. 하나님은 모든 생명을 소중히 여기시는 분입니다. 사형제도나 도피성 제도 모두 생명을 보호하기 위해 허락하신 것들입니다. 그러나 인간은 법과 제도의 선한 의도까지도 변질시키며 이기적으로 해석하고 적용하며 이용하곤 합니다. 결국, 문제는 법과 제도가 아닌 그것을 운용하는 인간에게 있습니다.

율법에 담긴 하나님의 본의와 본심은 무엇입니까?

❶ 명령의 행간에 담긴 하나님의 의도가 깨달아집니까?
❷ 현실에 적용할 때 악용될 소지는 무엇입니까?

02월

하나님 사랑

° 나는 너를 애굽 땅, 종 되었던 집에서
인도하여 낸 네 하나님 여호와니라
_ 출 20:2

살인의 범주들 February 01

• 마태복음 5:21-22

살인은 꼭 생물학적인 죽음만을 의미하지 않습니다. 성경은 간접적 살인, 사회적 약자에 대한 박해도 살인으로 봅니다. 아합은 나봇을 직접 살인하지 않았습니다. 아내인 이세벨이 꾸미고, 장로들을 통해 거짓 증인을 세워 법을 이용해 죽였습니다. 그럼에도 하나님은 엘리야를 통해 "네가 죽였다"고 말씀하십니다(왕상 21:19). 사회적 약자들을 학대하고 삶의 가능성을 빼앗는 정치적, 법적 살해도 살인입니다(시 94:6).

영혼을 죽이는 것도 살인입니다. 다른 말로 '존재론적 살인'이라 부를 수 있습니다. 오늘 본문에서 예수님은 '라가', 즉 '바보, 가치 없는 자'라고 상대방을 험담하고 욕하는 사람들은 지옥 불에 들어가게 될 것이라 말씀하십니다(마 5:22). 형제에 대한 인격적인 살인도 '라차흐'(죽이다)와 동일하게 취급하시겠다는 것입니다. 신명기에서는 처녀를 강간한 것도 살인으로 봅니다(신 22:25-27). 생물학적 죽음만이 아니라 삶의 의미를 상실하게 만들고 하나님과의 관계를 단절시키는 것 역시 살인입니다.

모든 인간의 생명은 소중합니다. 하나님은 모든 인간을 만드셨습니다. 모든 인간, 모든 생명은 하나님께 속했습니다(시 24:1). 그들은 하나님의 형상을 지니고 있으며(창 9:6), 그리스도께서 피 값으로 구원하신 자들입니다. 특별히 성도들의 몸은 하나님의 영이 거하시는 거룩한 성전이므로(고전 6:19-20), 자신과 타인으로부터 마땅히 보호받아야 합니다(자살, 술, 담배, 마약, 환경 오염 등). 결국, 제6계명의 초점은 '행동' 자체가 아니라 생명을 귀히 여기고, 그 생명의 주권자이신 하나님을 인정하는 데 있습니다. 살인은 하나님의 형상을 파괴하며 구원 사역의 의미를 퇴색시키는 것입니다.

나는 생명을 살리고 있습니까?

❶ 내가 가진 권한과 지위로 누군가를 살리고 있습니까?
❷ 나의 언어와 행동은 누군가를 살리고 있습니까?

February 02 살인하지 말고, 사랑하라

• 마태복음 5:43-48

혹시 우리는 살인의 방조자가 아닙니까? 제6계명을 묵상하며 깨닫는 것은 사회에서 일어나는 수많은 살인에 우리 한 사람 한 사람이 일조하고 있다는 사실입니다. 직접 사람을 죽이지는 않습니다. 그러나 죽어 가는 자들을 방치하고 수수방관합니다. 우리의 무관심과 무정함으로 영혼들이 죽어 가고 있습니다. 이러한 맥락에서 '살인하지 말라'는 계명은 '사랑하라'로 읽힙니다.

잔혹한 범죄, 전쟁으로 사람들이 죽어 갑니다. 이로 인해 많은 사람들이 분노하고 아파합니다. 그러나 그런 일은 어느 날 갑자기 일어나지 않습니다. 누군가 울부짖고 도와달라는 징후들이 있었음에도, 우리는 무관심했고 냉담했고 책임을 회피하며 분산했습니다. 결국, 큰 재앙이 우리 모두를 덮치게 되는 것입니다. 로라 슐레징어와 스튜어트 보겔이 공저한 《십계명에서 배우는 인생》이란 책에는 '600만+1'이라는 도전적인 개념이 나옵니다. 유대인 600만 명이 학살당할 때 유럽 국가들은 침묵했고 살인을 '방조함'으로 '살인'했습니다. 숫자가 늘어나면 늘어날수록 한 사람의 죽음은 가볍게 취급됩니다. 그러나 그 더해지는 사람 '+1'이 나라면 어떨까요?

원수라도, 살인자라도 사랑해야 합니다(마 5:43). 율법에 따르면 살인자는 죽임당해야 마땅합니다. 그러나 율법을 완성하신 예수님은 "원수를 사랑하며 박해하는 자를 위해 기도하라"고 명하십니다. 보복과 같은 행동양식으로는 문제의 본질이 해결되지 않기 때문입니다. 예수님은 새로운 삶의 양식으로 새 계명을 주셨습니다. 하나님은 원수인 우리를 사랑하셔서 우리를 받아 주셨습니다(롬 5:10). 예수님은 동일한 방식으로 서로를 사랑하라고 명하십니다(요 13:34). 원수들에게도 회개할 기회, 하나님 앞에서 새로운 삶을 결단할 기회를 주는 것입니다. 누군가가 아니라 바로 나로부터 사랑해야 합니다. 그리스도인들에게 가장 중요한 것은 무언가를 잘했는가가 아니라 영혼을 구했는가입니다. 사랑만이 사람을 살립니다.

나는 '사랑하고' 있습니까?

❶ 무관심, 무정함 가운데 죽어 가는 이들은 누구입니까?
❷ 그들을 살리기 위해 구체적으로 어떻게 사랑해야 할까요?

부모를 경외하라 February 03

• 출애굽기 20:12

사람과 관계된 계명들이 '부모 공경'으로 시작되는 것은 왜일까요? 제1-제4계명은 하나님과의 관계를 담은 계명들로, '하나님만 섬기라'로 시작됩니다. 제5-제10계명은 사람과의 관계를 담은 계명들로, '부모를 공경하라'로 시작됩니다. 하나님을 사랑하지 못하면, 뒤이은 계명들도 소용없고 하나님을 벗어나게 됩니다. 부모 공경에 담긴 묵상들 없이는 인간들과의 관계 역시 어긋나는 일들이 발생합니다.

성경에는 사랑하라는 명령이 여러 번 나옵니다. 하나님 사랑, 이웃 사랑, 원수 사랑. 그런데 부모를 사랑하라는 말씀은 없습니다. 부모는 사랑의 대상이 아니라 공경과 경외의 대상이라는 뜻입니다. 성경에서 '경외'라는 말은 모두 하나님께 쓰였지만, 그 외에 유일하게 주어로 오는 존재가 '부모'입니다. "너희 각 사람은 부모를 경외하고"(레 19:1). 왜 부모를 경외해야 할까요? 나에게 생명을 주신 분이기 때문입니다. 하나님은 생명을 창조하셨고, 부모는 생명의 통로가 되었습니다. 우리는 하나님으로 인해 존재하며, 내 삶의 의미도 그분으로부터 나옵니다. 부모를 공경하지 않는 것은 궁극적으로 생명의 원천이신 하나님을 공경하지 않는 것이며, 부모에게 불경하는 것은 곧 창조주 하나님께 불경하는 것입니다.

하나님은 우리를 창조하시고 사랑하시되 끝까지 사랑하십니다(요 13:1). 부모도 마찬가지로 자녀를 낳을 뿐 아니라 복된 삶을 살도록 사랑으로 양육합니다. 그 사랑만으로도 공경받기에 마땅합니다. 부모에게 범한 죄는 하나님께 범한 죄와 같은 형벌을 적용했습니다. 즉 돌로 쳐서 죽이는 것입니다(출 21:15, 17; 신 21:18-21). 이 법이 실제 적용된 경우는 드물었을 것입니다. 사형에 처해질 걸 알면서 자식을 고발할 부모는 없기 때문입니다.

나는 부모님을 공경하고 경외합니까?

❶ 어떤 마음, 어떤 방법으로 공경하며 경외합니까?
❷ 공경과 경외를 가로막는 방해물은 무엇입니까?

February 04 부모가 된다는 것

• 에베소서 6:1-3

제5계명은 '부모 됨'에 관한 계명이기도 합니다. 언제나 부모로만 살아온 사람이 없고 언제까지 자식에만 머물러 있을 사람도 없습니다. 부모도 누군가의 자식이었고, 자식들도 부모가 되는 때가 오기 마련입니다. 부모의 가장 중요한 책임은 무엇일까요? 물질적인 풍족함이나 좋은 환경을 제공하는 것도 중요하지만, 무엇보다 '신앙의 유산'을 물려주어야 합니다(신 6:6-9). 그리스도인들에게 가정은 가장 중요한 신앙교육의 장이며, 부모는 가장 훌륭한 종교 교육가입니다. 자녀들은 부모로부터 신앙의 첫걸음을 배우며 하나님을 경외하는 성도로 살기 시작합니다.

'난 내 자녀를 위해 최선을 다하고 있어!' 부모가 하기 쉬운 착각입니다. 내 방식대로의 최선은 아닙니까? 부모의 잘못된 사랑으로 오히려 자녀를 향한 하나님의 뜻과 목적이 막히는 경우들을 봅니다. "아버지는 자녀들의 마음을 상하게 하거나, 화를 돋우지 말고, 주님의 훈계와 가르침으로 잘 키우십시오"(엡 6:4, 쉬운성경). 성경은 "주님의 훈계와 가르침으로"라는 기준을 제시합니다. 부모는 자녀가 주님의 기준에서 벗어났을 때 단호히 책망할 수 있어야 합니다. 동시에 자신이 주님의 기준에서 벗어났을 때 속히 인정하며 하나님께 돌이킬 수 있어야 합니다.

부모를 공경하는 자는 '장수'의 축복을 받습니다(엡 6:3). 오래, 길게 인생을 산다는 차원의 문제가 아닙니다. 부모를 공경하고 공경받는 일이 자자손손 이어진다는 의미입니다. 부모 공경을 가르치고 본을 보인 부모와 가르침대로 부모를 공경하는 자녀 모두가 하나님의 복을 누리게 됩니다. 결국, 제5계명은 부모를 넘어 가정 전체를 아우르는 복된 계명인 것입니다.

우리 가정은 신앙의 대를 잇는 믿음의 가문입니까?

❶ 부모와 자녀 모두 주님의 훈계와 가르침을 기준으로 삼습니까?
❷ 자기 방식대로 최선을 다해 자녀를 사랑하는 것은 아닙니까?

순종의 흔적이 있는가? February 05

• 마가복음 7:9-13

모든 부모가 좋은 부모는 아닙니다. 공경받을 만한 자격이 없는 부모, 증오를 불러일으키는 부모도 있습니다. 우리는 아동학대나 불의한 일에 자녀를 이용하는 부모에 분노합니다. 그럼에도 성경은 부모를 공경하라고 명령합니다. 공경에 쓰인 히브리어는 '카베드'(kabed)입니다. 이 말은 '무겁게 여기다, 비중 있게 생각하다, 중요하게 여기다'라는 뜻입니다. 부모 공경은 우리 삶에서 부모를 비중 있게 고려하는 것입니다. 이러한 공경에도 중요한 전제가 붙습니다. 바로 "주 안에서"라는 말씀입니다. 부모 공경에도 예외가 있습니다. 하나님 말씀을 지키지 말라고 명령하는 부모의 경우입니다.

한편, 신앙이 부모 공경을 소홀히 하는 핑계가 될 수 없습니다. 예수님 당시에도 안식일 계명을 준수한다는 핑계로 부모 공경을 게을리하는 사람들이 있었습니다. 또한 '고르반, 즉 하나님께 드린 바 되었다'라고 하며 물질로 부모를 공양하지 않는 사람도 있었습니다. 부모가 불신자여서 신앙생활과 부모 공경을 병행하는 것이 고단하고 힘들다 해도 최선을 다해야 합니다. 성경은 하나님께 대한 의무와 부모에 대한 의무 모두를 중시합니다.

나의 삶에 나타나는 순종의 흔적이 축복입니다. 부모를 공경하기 위한 경제적 헌신의 흔적, 시간적 헌신의 흔적, 마음을 다하는 순종의 흔적들이 내 삶에 각인되어 있습니까? 바울은 자신의 몸에 예수의 흔적이 있다고 고백합니다(갈 6:17). 예수의 길, 그리스도인의 길을 걸어가며 감내해야 했던 아픔을 가리킵니다. 부모님을 위해 흘린 '피, 땀, 눈물'의 흔적이 우리 삶에 축복으로 연결됩니다.

나에게는 어떤 순종의 흔적이 있습니까?

❶ 내 삶에서 부모님(공경)은 어느 정도의 비중입니까?
❷ 경제적·시간적으로 마음을 다하는 순종의 흔적이 있습니까?

February 06 복된 멈춤

• 출애굽기 20:8-11

우리는 왜 안식일을 지켜야 할까요? 하나님은 안식일을 위반할 경우 엄히 다스리라 명하실 정도로 제4계명을 중시하셨습니다(출 31:15). 이는 안식일을 통해 우리에게 반드시 이루실 일이 있다는 방증이기도 합니다. 이날은 그리스도인의 정체성과 연결됩니다. 그리스도인들은 6일간 창조하시고 제7일에 안식하신 하나님의 사이클대로 살아갑니다. 안식일의 히브리어 어원 '샤바트'의 뜻처럼 하나님이 허락하신 '휴식, 멈춤'을 통해 창조의 순리, 원복을 누리게 됩니다.

하나님은 안식일을 복되게 하시고 거룩하게 하셨습니다(출 20:11). 아브라함 헤셸의 《안식》이란 책은 참된 안식에 대한 통찰을 제시합니다. 세상을 창조하신 하나님이 거룩하게 하신 것은 '안식일'이 유일합니다. 장소나 대상이 아니라 '그날, 그 시간'을 거룩하게 구별하셨습니다. 우리는 대부분의 인생을 '공간의 일'로 살아갑니다. 어느 학교, 어느 직장에 다니는지가 중요하고, 어떤 평수, 어떤 자동차를 탈지 결정하고 소유하는 일에 많은 시간과 물질을 씁니다. 그런데 하나님은 안식일을 통해 '시간의 일'을 일깨우십니다.

안식은 사람들을 위해 주신 시간입니다. '쉰다'는 것은 생계와 생업을 필두로 주로 해 오던 모든 일, 생각과 삶의 방식, 의식의 흐름들을 완전히 멈추는 것입니다. 너무 빨리 달려가 떠밀리던 삶에서 멈춰 서서, 지금 내가 서 있는 자리를 확인하게 됩니다. 내 삶이 하나님 나라의 흐름 안에 있는가, 하나님의 법에 적법한가, 영생에 비추어 가치 있는 일인가를 확인하게 됩니다.

'멈추기'는 쉽지 않습니다. 멈추면 도태될 것 같고, 뒤처질 것 같은 불안감이 밀려옵니다. 시간을 가치로 환산하는 것에 익숙한 사람들에게는 감수할 손해가 빠르게 계산됩니다. 눈앞의 인생, 공간의 일만 바라보는 이에게는 이 쉼이 결코 기쁘지 않습니다. 그러나 영생을 바라보는 눈이 열린 자, 하나님 안에 거하는 복을 경험한 자에게는 결코 포기할 수 없는 복된 날, 거룩한 날이 될 것입니다.

나는 안식일을 지키라는 하나님의 뜻을 깨닫습니까?

❶ 내 삶의 속도는 몇 km이며, 무엇을 향해 달려가고 있습니까?
❷ 너무 빨라서 보지 못하는 것, 놓치는 것은 무엇입니까?

안식, 참된 쉼 February 07

• 창세기 2:3

여러분은 안식일 준수에 어떤 기대를 가집니까? 안식일에 입은 각종 손해를 하나님이 갑절의 물질로, 은혜로, 능력으로 채워 주시길 기대하고 있지 않습니까? 안식일은 하나님과 친밀히 교제하기 위해 구별된 날입니다. 하나님과의 교제와 교통이 없는 삶은 중심을 잃고 맙니다. 길에서 벗어난 줄도 모른 채 잘못된 길을 한참 동안 전속력으로 달려가는 것과 같습니다.

제4계명이 하나님에 관한 법과 사람에 관한 법 사이에 위치한 이유가 여기 있습니다. 하나님과 인간 사이, 신앙과 삶 사이, 생각과 행동 사이를 이어 주는 끈이 바로 안식일 계명입니다. 하나님 안에서 멈추고 안식하며 하나님의 법에 자신을 비추는 사람은 중심을 잃지 않으며 바른길을 걸어갑니다. 하나님의 창조 사역은 제7일에 하나님의 축복으로 '완성'됩니다. 6일간의 창조와 제7일의 안식이 함께할 때 비로소 우리 인생은 온전해지고 완성됩니다.

안식일은 우리의 좁은 시야와 세계관을 하나님 크기로 확장합니다. 안식년을 맞아 밭과 포도원을 쉬게 하면 당장 손해 보는 것 같습니다(레 25:4). 그러나 회복된 땅으로부터 더욱 건강하고 풍성한 소산물이 맺힙니다. 안식은 '노는 것'이 아닙니다. 멈추고 안식하며 하나님 안에서 건강한 영, 혼, 몸으로 충전되는 시간입니다. 회복의 시간 없이 늘 소진될 뿐이라면, 우리 안팎은 인간의 목소리와 감정으로 가득하게 될 것입니다.

안식일을 '거룩하게' 지킨다는 것은 무엇일까요? 안타깝게도 거룩한 날(Holy Day)이 노는 날(holiday)이 되어 버렸습니다. 우리는 안식일을 미뤄 두었던 일을 해결하거나 취미 생활을 양껏 하는 날처럼 생각합니다. 안식일은 일상에서 '끄집어내어지는 날'입니다. 과도한 업무, 가사 노동, SNS, 이메일, 스마트 기기, 각종 중독, 얽매인 루틴들을 '중지'하는 것입니다. 모든 것을 멈추고, 하나님과 창조의 순리와 자연 속으로 들어가는 날입니다.

나에게 안식일은 어떤 날입니까?

❶ 내가 생각하는 안식(일)의 정의는 무엇입니까?
❷ 나에게 안식일이 있습니까? 주로 무엇을 하며 보냅니까?

February 08 하나님으로 숨 고르기

• 마가복음 2:23-28

안식일은 '하나님을 위해' 구별하는 날입니다. 하나님이 우리를 창조하신 이유와 목적, 원복을 향해 내 삶을 조정하는 날입니다. 우리는 안식일과 예배를 통해 하나님의 선하시고 기뻐하시고 온전하신 뜻을 분별합니다(롬 12:1-2). 이는 하나님이 천지를 창조하셨으며, 복 주시길 원하시며, 주님으로부터 온 모든 것이 옳다는 확신과 믿음이 있어야만 가능합니다(히 11:6).

하나님은 안식일을 통해 '살리기'를 원하십니다. 안식일 정신은 금지가 아니라 사랑입니다. 그러나 바리새인들은 '안식'의 깊은 뜻을 계명 안에 가두었습니다. 안식일에는 '하지 말 것'보다 무엇을 '할 것인가'에 초점을 두어야 합니다. 안식일을 거룩하게 지키는 것이 하나님의 기쁨이라면, 그 기쁨 안에는 분명 인간을 향한 복이 담겨 있습니다.

안식일은 '기억'하여 쉬는 것입니다. 기억한다는 것은 구별하고 의미를 곱씹는 것입니다. 하나님은 6일 동안 우리 삶을 새롭게 창조하실 것입니다. 빛이 비치고 질서가 생기며 풍요와 화목으로 이끄실 것입니다. 그리고 제7일에 모든 것을 중지하고 하나님을 바라보십시오. 멈추고 하나님 안에 안식하는 것 자체가 이미 복입니다. 복이 아니라 거룩을 추구하십시오. 그 안에 복이 담겨 있습니다.

안식일은 하나님의 숨결이 깃든 날입니다. 출애굽기 31장 17절을 새번역으로 읽어 보면, "나 주가 엿새 동안 하늘과 땅을 만들고 이렛날에는 쉬면서 숨을 돌렸기 때문이다"라는 표현이 나옵니다. 우리는 안식일에 하나님의 숨을 들이마시게 됩니다. 하나님의 숨이 공급될 때 우리는 생령으로 살게 됩니다(창 2:7). 인생의 숨을 고르고, 조용히 하나님 안에 거하십시오. 하나님이 우리의 인생을 새롭게 창조하실 것입니다

안식일에 깃든 하나님의 숨결을 경험합니까?

❶ 세상으로 가빠진 숨을 멈추고, 하나님으로 숨을 고르고 있습니까?
❷ 우리의 영을 새롭게 하시며 가꾸시는 하나님의 창조를 경험합니까?

하나님의 이름 February 09

• 시편 61편

유대인들은 감히 하나님의 이름을 부를 수 없었습니다. 가장 신성한 날로 여기던 욤 키푸르(대축제일, 속죄의 날, 단식하며 회당에서 종일 참회 기도를 하던 날)에 예루살렘 성전에서 대제사장만 하나님의 이름을 부를 수 있었습니다. 하나님의 이름은 '말로 표현하기에 너무나 거룩한 이름'이었기 때문입니다. 그래서 유대인들은 기도할 때나 말씀을 읽을 때 주님의 이름을 '아도나이'(주님) 혹은 '하쉠'(그 이름)이란 말로 대신했습니다.

이름을 부르는 것은 대상에 대한 지배권이 있음을 뜻합니다. 하나님은 아담에게 동물의 이름들을 짓게 하셨습니다(창 2:19-20). 이는 그에 대한 권리를 아담에게 부여하셨다는 의미입니다. "여호와의 이름을 망령되게 부르지 말라"는 것은 하나님을 마음대로 움직이고 지배하려는 불순한 의도를 품지 말라는 말씀입니다. 금령으로 못 박은 것은 이러한 가능성 자체를 애초에 차단하려는 단호한 의지로 읽힙니다. 제3계명을 준수하지 않으면, 즉 하나님의 하나님 되심을 인정하지 않으면, 하나님과의 관계가 깨어지게 됩니다.

하나님의 이름을 부르는 것은 매우 귀한 일입니다. 여호와 이레(창 22:14), 여호와 라파(출 15:26), 여호와 닛시(출 17:15), 여호와 삼마(겔 48:35), 하나님의 이름에는 그분의 놀라운 성품과 능력이 담겨 있습니다. "주의 이름을 경외하는 자가 얻을 기업을 내게 주셨나이다 … 내가 주의 이름을 영원히 찬양하며 매일 나의 서원을 이행하리이다"(시 61:5, 8). 여호와 하나님이라고 할 수 있는데 굳이 주의 '이름'을 반복하여 사용하는 것은 그 이름에 능력이 있기 때문입니다. 예수님도 "내 아버지의 이름으로 행하는 일들이 나를 증거하는 것이거늘"(요 10:25)이라고 말씀하셨고, 제자들도 "나사렛 예수 그리스도의 이름으로 일어나 걸으라"(행 3:6)고 선포했습니다.

나는 하나님의 이름에 담긴 성품과 능력을 깨닫습니까?

❶ 성경에 언급된 하나님의 이름들에는 어떤 의미들이 담겼습니까?
❷ 그 이름에 담긴 하나님의 성품과 능력을 묵상해 보십시오.

February 10 망령되이 일컫는다는 것

• 출애굽기 20:7

망령되이 일컫는다는 것은 '허탄하다, 거짓되다'라는 뜻입니다. 하나님의 이름을 무가치하고 거짓되며 악한 일에 사용한다는 의미입니다. "언어는 존재의 집이다"(하이데거). 인간이 어떤 언어를 사용하느냐에 따라 그 사람이 누구인지가 드러납니다. '할렐루야, 주님, 아멘' 우리 입에 늘 믿음과 감사의 언어가 머물러야 하지만, 혹 습관적으로 무감각하게 사용하고 있지는 않은지 살펴야 합니다. 우리 입은 하나님께 영광을 돌릴 수도, 하나님의 이름을 더럽힐 수도 있습니다.

하나님의 존재와 능력을 부정하는 말들이 그러합니다(시 10:4). 하나님의 역사와 존귀하심은 감출 수 없기에 곧 드러납니다. 그러나 망령되이 일컫는 말들로 인해 하나님을 향하던 영혼들이 하나님께 등 돌릴 수도 있습니다. 하나님의 명성에 피해가 간다는 것은 대단히 큰 죄입니다. 불신자들이 무지로 인해 하나님과 그분의 역사를 조롱하는 일들도 있습니다. "우리는 우리 이웃에게 비방거리가 되며 우리를 에워싼 자에게 조소와 조롱거리가 되었나이다"(시 79:4). 그들은 죗값을 받겠으나 혹 나의 언어와 행위가 하나님을 욕되게 한 것은 아닌지 돌아봐야 합니다.

하나님의 이름으로 거짓 맹세하는 것도 망령되이 일컫는 말입니다(레 19:12). 나의 결심과 주장에 권위를 부여하기 위해 하나님 이름을 사용하는 경우가 있습니다. 순수한 의도였다고 해도 그 결심이나 주장이 잘못될 경우 하나님의 이름이 모욕당할 수 있습니다. 인간은 모두 약속을 지킬 만한 선함이나 능력이 없습니다. 하나님의 이름으로 맹세하는 것은 인간의 교만이며 자기 과신입니다(렘 5:2).

내 이익을 위해 하나님의 이름을 사용하지 않습니까(행 19:13)? 제자들이 주의 이름으로 능력 행하는 것을 본 마술사들이 이를 흉내 내려 했습니다. 그러나 정체를 알아챈 악령들에게 도리어 압도당합니다. 하나님은 시험하는 자들이 아니라 그 이름의 능력을 믿는 신실한 자들을 통해 역사하십니다.

나는 하나님의 이름을 망령되이 일컫지 않습니까?

❶ 하나님의 이름에 마땅한 영광을 돌리고 있습니까?
❷ 나는 언제, 어떤 상황에서 하나님의 이름을 부릅니까?

이름이 거룩히 여김을 받으시오며 February 11

• 마태복음 6:9

제3계명은 구약과 신약에서 달리 적용됩니다. 구약의 법이 부정적 의미의 '금지법'이었다면, 신약시대에는 긍정적 의미의 '실천법'으로 새로이 읽힙니다. 예수님은 주기도문을 통해 '하나님의 이름이 거룩히 여김을 받도록 살라'고 명하십니다. 나의 삶에서 하나님의 이름이 인정되도록 살라는 것입니다. 이는 하나님의 능력이 구체적으로 드러나는 삶, 그 능력을 체험하는 삶을 살라는 뜻입니다.

'축복'의 히브리어 '바라크'는 '무릎을 꿇다'라는 의미입니다. 즉 '하나님을 향한 존경, 등을 굽히거나 절하는 것'을 가리킵니다. 결국, 축복은 하나님을 인정하며 주께 나와 자복하고 순복하는 것입니다. 하나님의 이름 앞에 무릎 꿇는 것이 복된 삶입니다. 모든 삶에서 여호와 하나님의 주권을 인정하십시오. 하나님의 이름이 내 삶의 전 영역에 드러나게 하십시오. 이를 통해 일상적인 모든 일에 하나님의 능력과 복이 임하게 됩니다. 평범한 일상이 특별하게 변하고, 거룩한 하나님 나라로 끌어올려지게 됩니다. 삶의 모든 영역이 합력하여 선을 이루게 됩니다(롬 8:28).

우리는 아직 다 살지 않았고, 인생은 여전히 진행 중입니다. 인생을 끊어서 보면 비극이고, 나락을 경험하는 것 같아도 우리 인생은 모두 주님의 뜻 안에 있습니다. 우리의 과거, 현재, 미래를 아시는 하나님은 이미 그 선하신 뜻을 작정해 놓으셨습니다. 하나님의 이름을 거룩히 여기는 자들은 조바심을 내지 않습니다. 하나님의 이름에 능력이 있음을 믿기 때문입니다. "두려워하지 말라 내가 너와 함께함이라 놀라지 말라 나는 네 하나님이 됨이라 내가 너를 굳세게 하리라 참으로 너를 도와주리라 참으로 나의 의로운 오른손으로 너를 붙들리라"(사 41:10).

나는 하나님 이름의 능력을 진심으로 신뢰합니까?

❶ 평범한 일상에서도 하나님의 이름을 선포하며 드러냅니까?
❷ 나의 불신과 연약함에도 선으로 이끄실 하나님의 이름을 신뢰합니까?

February 12 하나님을 가두지 말라

• 출애굽기 32:1-10

제2계명은 우상에 대해 다룹니다. '너희를 위하여 새긴 우상'은 다른 신들이 아니라 하나님의 모습을 형상화하는 것을 가리킵니다. 인간은 불안함 때문에 형상을 만들려 합니다. 모세가 십계명을 받으러 가 있는 동안, 백성들은 조바심을 내다가 결국 금송아지를 만듭니다(출 32장). 하나님은 그들을 목이 뻣뻣한 백성이라 책망하시며 진노하고 진멸할 것이라 말씀하십니다(출 32:8-10).

왜 하나님은 당신의 형상을 만들지 말라고 하셨을까요? 백성들은 하나님과 그분의 명령을 거부하고, 자신들의 기대와 소망을 담아 형상을 만들었습니다. 하나님을 형상 안에 가둔 것입니다. 그들은 가시적이고 현실적인 하나님, 내 상식선에 있는 하나님, 예상 가능한 범주의 하나님을 섬기고 싶었습니다. 그러나 하나님은 "나는 스스로 있는 자"(출 3:14)라고 말씀하셨습니다. 하나님은 우리의 능력과 예상을 뛰어넘으시는 분입니다. 하나님은 나를 위해 마음껏 일하시기 위하여 경직된 틀을 부수라고 말씀하십니다. 나무, 강, 돌, 동물의 형상은 딱 그것만큼만 기능할 수 있습니다. 우상은 유한하고 허탄합니다(사 41:29, 44:9). 하나님은 보이지 않고 만질 수 없기에 무한하신 분, 형언할 수 없는 참 하나님이십니다.

이 세상의 그 무엇으로도 하나님의 존재와 신비를 다 드러낼 수 없습니다. 내 미천한 경험과 앎을 절대화하거나 전부인 것처럼 하나님을 제한하지 말아야 합니다. 결국, 제2계명은 내 방식대로의 예배, 내 방식대로의 믿음에 대한 경종입니다. 예수님은 참되게 예배하는 자들이 영과 진리로 예배할 것이라 말씀하셨습니다(요 4:23-24). 하나님은 경험이나 장소나 인간이 정해 놓은 제도에 갇히신 분이 아닙니다.

내가 만든 우상은 무엇입니까?

❶ 내가 기대하며 바라는 하나님 상이 있습니까?
❷ 물질/자녀/질병 문제를 해결해 주실 분으로만 대하지 않습니까?

하나님은 그럴 만한 분이시다 February 13

• 출애굽기 20:4-6

성경은 하나님과 우리 사이를 부부로 비유하곤 합니다. 하나님은 질투하시는 하나님입니다(출 20:5). 십계명의 가장 중요한 원리는 "The Lord, Your God"입니다. 하나님은 나의 하나님이 되겠다고 선포하시며 다음과 같이 선언하십니다. "I will not share your affection with any other god!"(The Living Bible). 그 어떤 존재도 하나님과 나 사이의 깊은 사랑의 관계에 끼어들 수 없다는 말입니다.

'그를 보면 마치 당신을 보는 것 같아 사랑하기로 했어.' 이 말에 동의할 배우자 분들 있으십니까? 남편 혹은 아내에 대한 사랑을 배우자 닮은 누군가에게 표현한다는 것은 굉장히 이상한 일입니다. 하나님 닮은 무언가가 아니라 하나님을 사랑하면 됩니다. '절하다, 섬기다'(출 20:5)에 쓰인 히브리어 '티쉬타흐웨'는 하나님 앞에 굽히고 하나님 이름으로 비는 것을 뜻합니다. 헛된 형상들을 마치 하나님인 듯 대하는 것이 우상 숭배입니다.

하나님과 우리는 주인과 종의 관계로도 비유됩니다. 종은 두 주인을 섬길 수 없습니다(눅 16:13). 종의 입장에서는 '다른 것을 사랑하지만, 하나님도 역시 사랑한다'라고 항변할 수 있습니다. 그러나 주인의 입장은 어떨까요? 주인과 종의 관계가 돈독할수록, 종에게 베푼 사랑과 은혜가 클수록 주인의 섭섭함은 더욱 클 것입니다.

하나님은 나를 지으시고 죄에서 구원하신 분입니다. 독생자의 피 값으로 나를 속량하시고, 나를 새로운 생명, 새로운 삶으로 이끌어 주신 나의 '주님'이십니다. 나에게 신실함을 요청하시는 것이 과하거나 불합리한 일입니까? "나는 너희의 하나님이 되려고 너희를 애굽 땅에서 인도하여 낸 여호와라 내가 거룩하니 너희도 거룩할지어다"(레 11:45). 하나님은 나의 "주인(master)"이 되길 원하십니다. 하나님은 신실과 사랑에 기반을 둔 인격적 관계를 원하십니다. 우리가 그분에게 온전히 속하여 풍성함과 평안을 누리기를 원하십니다.

나는 하나님을 어떤 분으로 대하고 있습니까?

❶ 나의 삶, 우선순위 안에서 하나님은 어디쯤 계십니까?
❷ 하나님과 나 사이에 끼어드는 존재는 무엇입니까?

February 14 우상을 제거하라

• 시편 121:1-2

하나님은 제2계명을 지키는 자에게 천대까지 은혜를 베푸십니다(시 121:6). 무엇이 은혜일까요? '자기중심적'인 인간들은 스스로의 욕망을 채우고자 우상을 만듭니다. 그러나 욕망은 끝까지 채워지지 않습니다. 욕망을 추구하는 인생은 하나님과 멀어집니다. 하나님과 함께하려면 하나님으로부터 눈 돌리게 만드는 것, 우리 안에 있는 욕망을 모두 제거해야 합니다. 모든 것을 끊어 내면 죽을 것 같고 삶의 낙이 없을 것 같지만, 곧 내면에서 샘솟듯 솟아나는 놀라운 기쁨을 경험하게 될 것입니다.

우상이 제거되면 현존하시는 하나님을 만나게 됩니다. 욕망의 우상을 제거하면, 눈에 보이지 않는 하나님을 의식하게 됩니다. 어디에나 계시는 하나님을 신뢰하며 매사에 하나님의 주권을 인정합니다. "하나님이 이르시되 이리로 가까이 오지 말라 네가 선 곳은 거룩한 땅이니 네 발에서 신을 벗으라"(출 3:5). 왜 그곳이 거룩합니까? 하나님이 계시기 때문입니다. 하나님을 섬기는 사람들에게는 밟는 모든 땅이 거룩하고도 구별된 곳이 됩니다. 성막은 고정되어 있지 않고 이동했습니다. 이스라엘은 그들이 머무는 곳마다 중심에 가장 먼저 성막을 세웠습니다. 하나님의 임재가 구체적인 삶의 중앙에 머무는 것입니다.

하나님을 어떤 장소나 형상에 가두고 있지는 않습니까? 우상 숭배자들은 우상이 있는 장소나 형상에서 멀어지면, 거룩함을 잃어버립니다. 신앙과 삶, 겉과 속이 다른 이율배반적인 모습을 보이는 것입니다. 하나님은 어디에나 계신 분입니다. 모든 땅이 하나님을 예배하는 장소요 거룩한 곳입니다. 언제 어디서나 예배자로 사십시오. 모든 우상을 제거하고 하나님만 경배하며 하나님 중심적인 삶을 사십시오. 천지를 지으신 하나님이 어떤 상황에서든 여러분의 도움이 되실 것입니다(시 121:1-2).

내가 있는 곳 어디서나 하나님을 예배하고 있습니까?

❶ 교회와 세상에서 신앙과 삶이 일치된 모습으로 살아갑니까?
❷ 하나님 중심적 삶을 위해 제거해야 할 우상은 무엇입니까?

하나님은 하나님이시다 February 15

• 출애굽기 20:3

제10계명부터 거꾸로 십계명을 짚어 봤습니다. 십계명을 주신 하나님의 본심과 본의 그리고 십계명을 주신 하나님이 어떤 분이신지에 관하여 좀 더 핵심 속으로 들어오게 되었습니다. "너는 나 외에는 다른 신들을 네게 두지 말라"(출 20:3). 우리의 신앙은 이로부터 시작됩니다. 제1계명은 그네를 타기 위해 제일 처음 시작하는 발 구름과 같습니다. 발을 구르며 그네를 타면 점점 더 높이, 점점 더 힘차게 올라가게 됩니다.

하나님은 어떤 신도 용납하지 않으십니다. 하나님은 피조물이 아니시므로 어떤 형상으로도 존재하길 원치 않으십니다. 형상을 갖는 모든 것은 '규정'되며, 틀과 한계를 갖게 됩니다. 그러므로 '형상'에 매달릴 것이 아니라 무한하신 참 하나님의 이름을 부르십시오. 그 이름에 무한한 하나님의 능력이 있습니다. 이름이 거룩히 여김을 받으시도록 모든 순간에 신뢰로 위임하며 순종하는 삶을 사십시오. 하나님을 깊이 이해하고, 믿음으로 바라보면 하나님의 질서가 보입니다. 나의 삶이 하나님의 질서와 창조 순리 안에 있음을 깨닫고 인정하게 됩니다. 나에게 주신 모든 것이 선물로 인식되고, 선을 향하고 있음을 고백하게 됩니다.

하나님은 하나님이십니다. '나 외에는 다른 신들을 네게 두지 말라'는 것은 하나님과 나 사이에 다른 존재가 들어올 수 없다는 말입니다. 하나님은 그 어떤 것에도 밀려나거나 가려지실 분이 아닙니다. 하나님은 최고이며 제일이시므로 그 자리를 대신할 존재는 없습니다. 앤드류 머레이는 《부활의 주와 함께하라》에서 이렇게 말합니다. "하나님 최고, 하나님 제일이라는 말은 하나님이 첫 번째이시고, 그다음에 두 번째, 세 번째, 네 번째가 존재하는 것을 말하고 있지 않다. 그렇게 되면 두 번째, 세 번째, 네 번째가 기회나 상황이 되면, 하나님의 자리를 바로 차지하고 들락거리게 된다. 하나님 제일은 하나님만이 유일하게 하나님 되시며 그분이 전부가 되신다는 사실을 말하고 있다."

하나님 최고, 하나님 제일의 삶을 살고 있습니까?

❶ '하나님은 하나님이시다'라는 말이 진심으로 고백됩니까?
❷ 하나님을 대신할 다른 존재, 플랜 B가 있지 않습니까?

February 16 너희 하나님은 나 여호와니라

• 출애굽기 20:3

하나님을 이용하지 마십시오. 하나님의 이름을 붙이고, 성령을 빙자해 자신이 원하는 것을 추구하는 경우를 봅니다. 그것이 하나님의 자리를 대신하는 것입니다. "성령은 내 마음대로 살도록 내버려 두지 않으셨습니다"(마더 테레사). 한 제자가 늘 열심히 기도하는 스승에게 물었답니다. "그 정도면 괜찮은데, 왜 그리 열심히 기도하십니까?" 스승이 답했습니다. "나는 늘 하나님께 지려고 열심히 기도하지."

하나님은 하나님이십니다. 과학과 기술이 발전할수록 기상 관측의 정확도가 높아지지만, 기상 상황을 바꿀 수는 없습니다. 인간의 지혜가 뛰어나도 창조주의 능력을 넘어설 수 없는 것입니다. 그러므로 하나님 외에 다른 신을 두지 말라는 것은 축복의 계명입니다. 헛된 열심과 어리석음을 속히 내려놓고 하나님을 주님으로 고백할 때, 그분의 놀라운 지혜와 능력을 경험할 수 있기 때문입니다.

제1계명은 단지 순서가 아니라 계명의 '기본 원칙'을 제시하고 있습니다.
십계명은 선택의 문제가 아니라 선언이요 명령입니다. 그 첫 번째 명령이 "나 외에는 다른 신들을 네게 두지 말라"인데, 명확한 뜻은 '하나님만을 예배하라!'는 것입니다. 사탄은 자신을 경배하면 세상 모든 것을 준다고 유혹하지만, 예수님은 사안의 본질을 정확히 파악하고 계셨습니다. "사탄아 물러가라 기록되었으되 주 너의 하나님께 경배하고 다만 그를 섬기라 하였느니라"(마 4:10).

'전쟁 앞에 무신론자는 없다'라는 말이 있습니다. 인간의 실존은 의존적이며 신을 지향하게 되어 있습니다. 문제는 어떤 신을 섬기며 살아가는가입니다. 어거스틴은 이렇게 고백했습니다. "오, 주님! 우리의 영혼은 당신 안에서 쉼을 얻기까지 불안에 떠옵니다." 그 어떤 것도 우리에게 참 평안과 만족, 기쁨을 주지 못합니다. 하나님을 대신할 수 있는 것은 전혀 없습니다.

하나님을 섬기고 있습니까, 이용하고 있습니까?

❶ 하나님의 말씀에 내 삶과 생각을 조정합니까?
❷ 혹시 나의 생각과 계획에 하나님의 말씀을 덧붙입니까?

하나님만 예배하라 February 17

• 시편 99편

'하나님만 예배한다'라는 말 속에는 예배를 위한 가지치기가 전제되어 있습니다. 'Before God!' 하나님 앞에 있는 '무엇들'을 제거하지 않고는 결단코 하나님의 백성이 될 수 없습니다. 우리는 농부이신 아버지께서 나의 삶을 가지치기하며 가꾸시는 은혜를 경험합니다(요 15:1-2). 하나님은 내가 예배자로 살도록 나의 삶을 조정하고 교정해 가십니다. 하나님의 뜻, 시간, 방법이 최선임을 경험한 사람들은 하나님 편에 섭니다. 하나님을 예배하며 하나님의 뜻을 묻게 됩니다. 이를 통해 삶의 자리에서 매일 하나님을 만나고, 매일 하나님의 구원을 경험합니다.

하나님을 예배하면 삶을 긍정하게 됩니다(고후 1:18). 진리와 지혜의 근원이신 하나님과 마주 설 때, 내 존재, 내 인생의 의미와 목적을 발견하게 됩니다. 하나님의 존재를 인정하면 하나님의 섭리들이 보이기 시작합니다. 내가 이해하지 못하니 하나님의 역사가 없다고 여기는 게 아니라, 내가 이해하지 못하더라도 하나님의 선하심이 내 삶에 닿아 있다고 인정하게 되는 것입니다.

하나님을 예배하면 하나님의 뜻대로 살아갑니다. 하나님을 예배하면 하나님의 선하시고 기뻐하시고 온전하신 뜻이 무엇인지 분별하게 됩니다(롬 12:2). 신앙은 나의 부족함과 연약함을 인정하는 데서 시작합니다. 나의 욕망과 못된 성품, 죄의 경향을 십자가에 못 박고 예수로 사는 사람, 성령의 인도하심을 받는 사람이 그리스도인입니다. 하나님을 예배하지 않고는 욕망과 유혹에서 자유롭지 못합니다. 기도하는 삶을 살지 못하고, 하나님의 뜻을 알지 못합니다. 그러므로 하나님을 예배한다는 것은 축복입니다. 오직 한 분이신 하나님, 거룩하신 하나님의 속성이 나의 삶을 거룩하고 복되게 바꿀 것이기 때문입니다.

하나님만 예배하고 있습니까?

❶ 하나님만 예배하며 경험하게 된 변화는 무엇입니까?
❷ 예배하면서도 아직 제거하지 못한 것이 있습니까?

February 18 예배, 하나님의 기쁨

• 마가복음 12:28-31

'많은 계명 중 무엇이 첫째입니까?' 이것은 어느 계명이 가장 중요하냐는 질문이었습니다(막 12:28). 예수님은 하나님을 사랑하고 네 이웃을 네 자신과 같이 사랑하라고 말씀하십니다. 하나님을 사랑하는 것은 '예배'를 통해, 이웃 사랑은 '섬김'을 통해 가장 잘 표현될 수 있습니다. 예배자들이 섬김의 사역을 감당하기 위해서는 '훈련'이 필요합니다. 우리는 하나님의 임재를 경험한 예배자로서 예수님의 말씀으로 훈련되어 성령의 능력으로 세상을 섬기는 참 그리스도인, 참 제자가 되어야 합니다.

우리는 예배를 통해 하나님 사랑을 가장 잘 표현할 수 있습니다. 사랑을 표현하는 일은 내 방식이나 내 기쁨이 아니라 상대방이 원하는 방식, 상대방의 기쁨을 헤아리는 데서 시작됩니다. 우리는 하나님을 위해 하나님을 찬송하는 자로 지음 받았습니다(사 43:21). 하나님은 자신을 경외하는 자, 그 인자하심을 바라는 자들을 기뻐하십니다(시 147:11). 그분을 예배하는 자들을 찾으십니다(요 4:23).

예배의 핵심은 하나님을 기쁘시게 하는 것입니다. 예배 방식은 서로 다를 수 있습니다. 영과 진리로 드리는 예배인가가 중요합니다. 서로 다른 문화적 배경과 삶의 환경과 상황이 있을 수 있고, 때로 나에게 익숙하지 않은 형식과 순서가 있을 수 있습니다. 그럼에도 영과 진리라는 기준에서 볼 때, 예배는 음악이나 스타일 이상의 것입니다. '오늘 예배 은혜로웠어'라는 고백이 하나님과의 깊은 교제와 관계에서 온 것인지, 내 눈과 귀, 마음과 생각의 흡족함에서 온 것인지 구별해야 합니다.

우리는 예배를 통해 하나님에 대한 신뢰를 표현합니다. 하나님의 사랑, 예수님의 십자가·부활의 은혜, 성령의 내주하심을 깊이 경험하고 묵상한 예배자들은 자신이 거듭난 존재임을 되새깁니다. 언제, 어디서나 길 되신 예수님만 따를 것을 고백합니다. 늘 성령께서 말씀하시는 바에 나의 전 존재로 최선을 다해 반응할 것을 결단하며 또 다른 예배의 자리, 일상으로 파송됩니다.

나는 하나님의 기쁨을 위해 예배하고 있습니까?

❶ 예배를 드리며 내가 기대하는 바는 무엇입니까?
❷ 나는 어떤 예배에 가장 은혜받습니까?

예배, 온전한 준비로 February 19

• 레위기 1:1-9

예배자는 관객이나 시청자가 아닙니다. 목회자와 찬양대, 임사 맡은 자들은 예배를 '돕는 자'입니다. 하나님 앞에 서 있는 우리 한 사람, 한 사람이 예배드리는 주체이며 하나님의 임재를 경험하는 당사자입니다. 예배에는 방관자가 없습니다. 구약시대, 하나님께 제사드리러 나오는 자는 '누구든지' 소나 양을 제물로 바쳐야 했습니다(레 1:2). 제물을 바치는 이유는 '대속' 때문입니다. 하나님은 '거룩'하시기 때문에 죄와 함께하실 수 없습니다. 하나님 앞에 나와 예배드리기 위해서는 먼저 죄의 문제를 해결해야 하는 것입니다. 하나님은 우리와 함께하시기 위해 피, 곧 대속의 죽음으로 주께 나아갈 길을 만들어 주셨습니다.

제물은 제사장이 아니라 제물을 드리는 자가 잡습니다. 가져온 제물을 잡을 때 제물의 피가 튀고, 그 피 냄새가 진동합니다. 살아있는 동물의 꿈틀거림과 생명이 서서히 빠져나가는 죽음을 오감으로 느끼게 됩니다. 제물을 드리는 자는 제물을 통해 자신의 죽음을 경험합니다. 죄의 삯이 사망인 것을 되새기며, 오늘도 나를 살리신 하나님의 은혜와 사랑에 감사하며 감격합니다. 오늘 나의 예배에도 이러한 묵상과 회개, 하나님께 대한 감사와 감격이 있어야 합니다.

제사드리는 자는 '흠 없는' 제물을 준비해야 합니다(레 1:3). 흠 없는 제물은 값이 많이 나갔습니다. 흠이 있는지 없는지 살피는 시간과 정성도 필요했습니다. 예배에는 철저한 준비와 희생이 요구됩니다. 하나님은 예배에 임하는 예배자의 마음을 아십니다. 어떤 마음인지, 어떤 제물을 준비했는지, 어떤 자세로 예배드리고 있는지 모든 시종을 알고 계십니다. 그래서 하나님은 가인이 아닌 아벨의 제사를 받으셨습니다(창 4:3-4; 히 11:4). 만일 가인이 땅의 소산 중 '가장 좋은 것으로' 드렸다면 어땠을까요? 하나님은 예배자의 영·혼·몸이 예배를 위해 철저히 준비되었는지를 보십니다.

나는 온전히 준비된 예배를 드리고 있습니까?

❶ 예배를 위해 나의 영·혼·몸은 어떤 준비를 하고 있습니까?
❷ 예배를 통해 죽음과 소생의 기쁨을 경험하고 있습니까?

February 20 예배는 구별이다

• 창세기 4:1-7

하나님이 받으시는 예배와 받지 않으시는 예배가 있습니다. 하나님이 받으신 아벨의 예배, 하나님이 받지 않으신 가인의 예배, 오늘 우리에게 말씀하시는 바는 무엇일까요? 두 예배의 차이는 '구별된 예배인가'에 있습니다. 아벨은 첫 새끼(the one)를 드렸지만, 가인은 자신이 가진 것 중 하나(one of them)를 드렸습니다.

하나님은 이스라엘을 '구별'하여 부르셨습니다. 그들의 하나님이 되시려고, 그들의 예배를 받으시려고 이스라엘을 애굽에서 구별하여 출애굽 시키신 것입니다(레 22:31-33). 구별된 예배에는 내 삶에 베풀어 주신 하나님의 구원과 은혜에 대한 감사의 고백이 있습니다. 하나님께 나의 마음과 생각이 이미 집중된 상태이기 때문입니다. 그러나 구별되지 않은 예배에는 비교와 원망, 욕망의 간청, 거래가 담깁니다. 나의 시선, 마음, 생각이 여전히 세상과 사람들을 향해 있기 때문입니다. 예배는 모든 것이 하나님과의 관계에서 보이고, 해석되는 것입니다.

예배에 실패한 가인은 몹시 분하여 안색이 변했습니다. 《메시지》 성경에는 "Cain lost his temper and went into a sulk"라고 되어 있습니다. 가인이 단단히 삐친 것입니다. 하나님은 가인을 향해 "네가 선을 행하면 어찌 낯을 들지 못하겠느냐"(창 4:7)고 물으십니다. 예배의 실패는 누군가 때문이 아니라 내 탓입니다. 하나님은 이 예배가 실패한 원인이 가인 자신에게 있음을 분명히 말씀하십니다.

나의 어떤 모습이 예배의 실패를 가져올까요? "선(right thing)을 행하지 아니하면"(창 4:7). 이는 '예배가 옳지 않았다'와 '예배자로 살지 못했다', 둘 다로 해석될 수 있습니다. 그 뒤에 "죄를 다스릴지니라"라는 말이 나오기 때문입니다. 하나님은 구별되지 않은 예배, 또 회개 없이 죄의 모습 그대로 드리는 예배를 받지 않으십니다. 더욱 무서운 것은 예배에 실패하면, 죄가 그의 삶을 다스린다는 것입니다. 예배의 실패는 곧 삶의 실패로 연결됩니다. 예배에 실패한 이들은 육의 소욕을 따라 행하게 됩니다.

나는 하나님께 구별된 예배를 드리고 있습니까?

❶ 나의 시선, 마음, 생각이 어디를 향하고 있습니까?
❷ 예배자로서 삶에서 선을 행하고 있습니까?

예배, 온전한 죽음으로 February 21

• 레위기 1:1-9

번제는 완전히 태워서 드리는 제사입니다. 이에 담긴 예배의 의미는 '완전한 죽음'입니다. 내가 완전히 죽었음을 인정하며 나의 자아를 철저하게 부인한다는 의미가 그 안에 담겼습니다. 예배에 쓰이는 히브리어 '티쉬타하바'와 헬라어 '프로스퀴네오'는 '경배하다, 절하다, 섬기다'라는 뜻이 있습니다. 하나님이 창조주 되시며 내가 피조물임을 깨달을 때, 하나님께 하늘과 땅의 모든 권세가 있음을 깨달을 때, 하나님의 크신 사랑과 은혜를 깨달을 때 우리는 저절로 머리를 숙이며 그분께 경배하게 됩니다.

예배는 나를 위한 의식이 아닙니다. 개업 예배, 돌 예배, 칠순 예배, 목사 안수 예배, 은퇴 찬하 예배, 졸업 예배 등 수많은 예배가 있습니다. 만일 예배에 붙은 '수식어'가 강조된다면, 그것은 예배가 아닙니다. 예배는 그들의 건강과 성공을 기원하거나 축하를 위한 의식 중 한 순서가 아닙니다. 영적인 측면도 마찬가지입니다. 예배를 통해 은혜받고 생명을 공급받는 일은 귀하지만, 그것 자체가 예배의 본질은 아닙니다. 예배는 하나님께, 하나님을 위해 드리는 것입니다. 하나님과의 온전한 교제와 교통 가운데 자연스럽게 하나님의 은혜와 생명이 공급되는 것입니다.

우리는 하나님 앞에서 나의 더러움과 죄를 온전히 보게 됩니다. 제사를 드리는 자들은 당사자가 직접 제물을 잡고, 가죽을 벗기며 각을 뜹니다(레 1:6). 또한 내장과 정강이를 물로 씻습니다(레 1:9). 내장은 더러운 것이 가득 차 있어 냄새가 고약한 부위입니다. 내장과 제물을 깨끗이 씻듯 하나님 앞에서 나의 더럽고 추악한 죄들을 낱낱이 드러내고, 깨끗이 씻음받으십시오. 가죽을 벗겨 내듯 하나님과 사람 앞에 나를 감추고 가리기 위해 썼던 체면과 위선의 가면을 벗겨 내십시오.

우리는 예배하며 온전한 죽음을 경험합니다. 제물을 잡고 각을 뜨며 나의 전 존재가 조각조각 찢기고 해체됩니다. 내가 죽어야 하나님이 기뻐하시는 거룩한 산 제물이 될 수 있습니다.

나는 온전한 죽음으로 예배합니까?

❶ 하나님께 예배드립니까, 내 만족을 위해 예배합니까?
❷ 내 전 존재를 드러내고, 찢고 해체하며 예배드립니까?

February 22 영적 예배, 거룩한 산 제물

• 로마서 12:1-2

어떻게 영적인 예배를 드릴 수 있을까요? 죄 된 인간의 본성으로는 불가능합니다. 하나님의 모든 자비하심이 아니고는 내 삶의 주인, 내 삶의 방식이 달라지지 않습니다. 내주하신 성령께서 조명해 주시지 않으면 하나님의 선하시고 기뻐하시고 온전하신 뜻을 분별할 수 없습니다. 결국, 영적인 예배는 나의 자격이나 능력이 아니라 하나님으로만 가능합니다.

하나님은 영(spirit)이십니다(요 4:24). 하나님의 일, 하나님의 깊은 것에 통달하는 것은 성령으로만 가능합니다(고전 2:10-11). 하나님은 사물(things)이 아니십니다. 영이신 하나님은 시간과 공간의 제약을 받지 않으십니다. 그러므로 우리는 언제 어디서나 예배할 수 있습니다. 하나님은 영이시므로 겉모양에 속지 않으십니다. 보이지 않는 곳까지 다 아시는 하나님께는 솔직하게, 영과 진리로 나아가야 합니다.

우리는 나 자신을 '거룩한 산 제물'로 드려야 합니다. 산 제물이 된다는 것은 찢기고 죽임당한다는 뜻입니다(레 1:5-6). 나의 자아, 죄 된 본성, 옛 사람은 십자가에 못 박혀 죽었습니다. 나는 예수로 거듭난 그리스도인입니다. 거듭난 사람은 새로운 삶의 양식으로 살아갑니다. 예배는 우리에게 새로운 삶의 방식(way of life)을 보여 줍니다. 성령께 내 모든 것을 위임할 때, 하나님이 내 모든 삶을 조정하시고, 나를 새로운 피조물로 재창조하십니다(고후 5:17). 이 세대를 본받지 않고, 하나님의 선하시고 기뻐하시고 온전하신 뜻을 분별하며 성령으로 살아가게 하십니다. '찢어지는 빵과 부어지는 포도주'가 되십시오(오스왈드 챔버스). 주님의 손길을 거부한 인생은 으깨지지 않은 포도알, 찢기지 않은 빵에 불과합니다.

나는 거룩한 산 제물로 드려지고 있습니까?

❶ 예배를 통해 내 삶의 주도권을 주님께 온전히 위임합니까?
❷ 더욱 찢기고 부서지고 으깨져야 할 부분은 무엇입니까?

예배, 온전한 헌신으로 February 23

• 레위기 2:1-2, 11-13

소제는 고운 가루로 드리는 제사입니다. 제물은 제사 전에 미리 곱게 빻아 준비해야 했습니다(레 2:1). 그러므로 예배는 일상에서 시작됩니다. 많은 이들이 '예배'하면 공예배를 떠올리기 쉽습니다. 예배 시간에 참석하는 것에 큰 의미를 둡니다. 그 때문에 부서지지 않은 일상의 덩어리 그대로 하나님 앞에 나아옵니다. '거룩'은 세상과 교회를 구분하는 개념이 아닙니다. 세상과 교회 어디에서나 날마다 하나님 앞에서 내 삶을 곱게 빻는 거룩한 예배자로 살아야 합니다.

곡식을 곱게 빻는 데는 많은 시간과 노력, 정성이 필요합니다. 소제는 내 자아와 전 존재를 완전히 부수고 해체한다는 의미가 있습니다. 나는 온데간데없고 하나님께 드려지는 분골쇄신의 헌신과 충성만 남는 것입니다. '고운 가루'들이 모인 공동체는 '찢기고 부어지는' 가운데 경험한 하나님의 은혜를 나누며 서로를 안아 줍니다. 이물감 없이 아름답게 섞이고 어우러집니다. 그러나 자기 부인과 헌신이 없는 이들의 공동체는 서로 섞이지 않고 자기 의만 드러내며, 서로 파괴하고 부수는 파멸로 귀결됩니다.

소제에는 누룩이나 꿀을 넣을 수 없었습니다(레 2:11). 꿀은 고대 사회에서 이방 신에게 바치는 제물로 쓰였습니다. 또한 겉에 발라 그럴듯하게 꾸미는 위선을 상징하기도 합니다. 누룩은 반죽을 발효시켜 본래보다 부풀게 하는 습성이 있습니다. 하나님은 겉만 그럴듯하게 꾸민 제물, 과장되고 변질된 제물을 원치 않으십니다.

소제에는 소금을 치게 되어 있었습니다(레 2:13). 소금은 부패를 방지하는 방부제 역할을 합니다. 자신은 완전히 녹아 사라지되, 이로써 무언가 계속 존재하도록 만드는 것입니다. 소금은 또한 감칠맛이 나게 합니다. 짜지 않은 소금은 소금이 아닙니다(막 9:50). 헌신과 충성의 모양은 있으나 실상은 헌신도 충성도 아닌 경우들이 있습니다. 예배와 봉사와 헌신에서 내 모습, 내 이름이 소금처럼 완전히 지워질 때 참다운 예배, 참다운 헌신이 됩니다.

나는 온전히 헌신하는 예배자입니까?

❶ 나의 예배와 헌신에서 배제해야 할 꿀과 누룩은 무엇입니까?
❷ 내 모습, 내 이름, 내 자아가 완전히 녹아 사라졌습니까?

February 24 언제 어디서나 예배

• 출애굽기 3:5

'예배'에 담긴 원어적 의미는 세 가지가 있습니다. 첫 번째 의미는 '절하다, 순복하다'(히, 티쉬타하바; 헬, 프로스큐네오)입니다. 영광과 권위를 지닌 존재에 대한 내적인 마음이 외적으로 드러나는 것을 뜻합니다. 하나님을 어떤 분으로 인지하고 있는지가 내 언어와 행동에 그대로 표현되는 것입니다. 두 번째 의미는 '사역, 봉사, 일'(히, 아바드)을 뜻합니다. 아담이 에덴동산을 경작한 것, 제사장과 레위인이 성소에서 사역하고 제사드리는 것에도 '아바드'가 쓰였습니다. 몸으로 드리는 예배, 헌신, 봉사를 가리킵니다. 마지막 의미는 '두려워하다, 경외하다'(히, 야레)입니다. 하나님을 경외하면 그분의 권위를 인정하게 되고, 그 말씀에도 순복하게 됩니다.

즉, 예배는 하나님께 나의 '전 존재'로 최선을 다해 반응하는 것입니다. 하나님께 나의 영·혼·몸을 다해 최선으로 반응하는 것입니다. 공예배든 삶의 예배든 하나님께 반응하는 모든 시간과 장소가 예배의 자리가 됩니다. 하나님은 모세에게 "네가 선 곳은 거룩한 땅이니 네 발에서 신을 벗으라"고 말씀하셨습니다. 하나님이 계신 곳은 거룩한 곳입니다. 하나님은 언제 어디에나 계시므로 우리가 선 모든 시간과 공간이 거룩한 것입니다.

그러므로 평범한 일상, 봉사, 섬김, 사역도 예배입니다. 《하나님의 임재 연습》으로 유명한 로렌스 형제는 평신도 수도사로서 수도원 부엌에서 음식을 만들고 설거지를 했습니다. 그에게 부엌은 하나님의 임재가 가득한 성소였습니다. 내가 서 있는 자리에 나의 사명도 있습니다. 그 자리에 세우신 뜻과 목적대로 하나님께 최선을 다해 반응하는 것, 그것이 예배입니다. 그러므로 우리의 사역, 봉사, 섬김은 일이 아니라 예배입니다. 일은 때로 버거운 짐과 의무로 느껴지기도 하지만, 예배는 매 순간 하나님의 임재와 도우심을 경험하게 합니다.

나는 언제, 어디서나 예배드리고 있습니까?

❶ 공예배/사역/일상에서 하나님의 임재를 경험하고 있습니까?
❷ 모든 곳에서 최상의 하나님께 최선으로 반응하고 있습니까?

예배, 온전한 회개로 February 25

• 레위기 4:27-31, 5:14-16

속죄제와 속건제는 '죄의 문제'를 다루는 제사입니다. 속죄제와 속건제는 모두 죄를 깨닫는 '즉시' 드려야 했습니다. 다음날, 다음 제사까지 미루지 말아야 합니다. 죄는 즉시 처리되어야 하기 때문입니다. 속건제는 하나님께 제물을 바치는 것으로 끝나지 않고, 반드시 죄진 물건에 5분의 1을 더하여 피해자에게 배상해야 했습니다. 자신의 죄에 대해, 상대방이 입은 손해와 피해에 대해 진심으로 회개하며 사죄해야 함을 뜻합니다.

인간은 부지중에도 많은 죄를 짓습니다. 죄인 줄도 모르고 지날 때가 있습니다. '몰랐다고' 지은 죄가 없어지거나, 죄의 심각성이 사라지는 것이 아닙니다. 죄의 문제가 해결되어야 하나님께 온전한 예배를 드릴 수 있으므로 죄를 깨닫는 것도 은혜입니다. 예수님은 예물을 제단에 드리려다가 형제에게 지은 죄가 떠오르면, 즉시 그 문제를 해결하고 와서 예배를 드리라고 말씀하셨습니다(마 5:23-25). 우선순위를 분명히 해야 합니다. 예배드리는 것은 그 무엇보다 중요하지만, 예배자로서의 준비가 먼저입니다. 우리가 드리는 예배가 참된 예배가 될 수 있도록 죄를 깨닫는 은혜를 먼저 구하십시오.

예배와 삶은 분리될 수 없습니다. 예배는 삶에 영향을 미치며, 삶 또한 예배에 영향을 미칩니다. 우리의 속 깊은 아픔과 눈물까지 다 아시는 전지하신 하나님은 내가 예배드리는 동안 나로 인해 고통받는 형제자매의 아픔 그대로를 알고 느끼십니다. 내가 기쁨으로 예배드린다 해도 하나님은 그 예배를 온전한 기쁨으로 받으실 수 없습니다. 예수님을 영접한 삭개오는 자기 소유의 절반을 가난한 자들에게, 누구의 것을 속여 빼앗은 것은 네 배나 갚겠다고 약속합니다(눅 19:8-9). 거듭난 삶은 하나님과의 관계뿐 아니라 이웃과의 관계, 구체적인 삶의 변화까지 동반합니다.

나는 온전한 회개로
하나님 앞에 나아갑니까?

❶ 하나님 앞에 죄를 깨닫는 은혜를 구하고 있습니까?
❷ 나로 인해 눈물과 고통 속에 있는 지체들이 있지 않습니까?

February 26 거룩을 경험하라

• 이사야 6:1-8

웃시야는 유다를 강병부국으로 이끈 왕이었습니다. 그는 재위 52년 긴 세월 동안 군사적·경제적으로 안정적인 통치를 지속했습니다. 하나님의 놀라운 능력이 웃시야와 함께하셨기 때문입니다(대하 26:15). 그러나 그는 권력에 도취되고 교만해져서 성전을 더럽혔습니다. 직접 향단에 분향하려 한 것입니다. 그는 예배자의 자리에서 벗어나 관리자로서 성전과 예배, 하나님을 통제하려 했습니다. 그 즉시 왕의 이마에 '나병'이 생겼습니다(대하 26:16-19). 아무리 위대한 자도 하나님의 거룩함 앞에는 작은 자입니다. 하나님은 그분의 거룩함을 훼손하는 자를 결코 좌시하지 않으십니다.

이사야는 웃시야가 죽던 해 하늘 보좌를 보게 됩니다(사 6:1). 만국의 왕, 만유의 주재, 참 왕이신 하나님을 뵌 것입니다. 이사야는 거룩함 앞에서 자신의 부정을 발견합니다. 거룩을 경험하지 못한 자는 자신이 부정하다는 사실조차 인식하지 못합니다. 거룩은 죄를 드러나게 하지만, 이는 심판과 죽음을 위한 고발이 아닙니다(사 6:5). 용서와 새로운 생명을 주시기 위한 정결의 과정입니다(사 6:6-7; 요 3:17). 거룩함은 비난과 거절이 아니라 대화와 용납으로 귀결됩니다. 치유와 회복으로 이어집니다. 하나님의 거룩함을 본 자들은 정결케 되며 거룩에 참여하도록 요청받습니다(사 6:8).

하나님이 아닌 이상 어떻게 거룩하게 살 수 있겠습니까(레 19:2)? 그러므로 경건의(Godly) 훈련이 필요합니다(딤전 4:7-8). 거룩한 하나님을 닮아 가며 하나님의 형상을 회복하는 것입니다. 육체의 소욕이 아니라 성령을 따라 행해야 합니다. 작은 죄 하나, 가벼운 타협이 우리 삶 전체를 오염시킵니다. 거룩에 쓰인 영어 Holy는 Whole과 Healthy에 근간을 두었다고 합니다. 거룩에 참여하는 것은 무거운 짐이 아닙니다. 거룩에 참여하며 하나님을 닮아 갈 때, 우리의 영·혼·몸, 전 존재가 건강을 누리게 됩니다. 거룩하라는 명령은 그리스도인이 누릴 복입니다.

나는 거룩을 경험하고 있습니까?

❶ 거룩하신 하나님 앞에서 나의 죄와 부정을 깨닫고 있습니까?
❷ 거룩에 동참하며 나의 영·혼·몸이 건강해지는 것을 경험합니까?

• 레위기 7:15-18

화목제는 이웃과 함께 축하하고 감격하는 제사입니다. 화목제는 하나님의 은혜에 감사할 때(감사제), 서원한 일을 이루게 되었을 때(서원제), 예기치 않은 즐거운 일이 생겼을 때(낙헌제) 드리는 제사입니다. 화목제의 특징은 하나님께 드리는 예배가 이웃에게로 이어진다는 점입니다. 수직적인 관계의 회복은 수평적인 관계의 변화로 연결됩니다. 제물을 함께 나누어 먹고 마실 때, 하나님이 행하신 일에 대한 감사와 감격이 주변에도 전파됩니다. 예배는 '나눔'을 통해 완성됩니다.

화목제물을 먹는 데에는 규정이 있었습니다. 감사제는 그날이 지나기 전에, 서원제나 낙헌제는 다음 날까지 제물을 다 소진해야 했습니다. 기한을 넘기도록 남아 있는 제물은 모두 불태워 버려야 했습니다. 만일 규정을 무시하고 남은 제물을 먹으면 하나님께 저주를 받고, 드린 제사도 무효가 됩니다. 소 한 마리가 보통 1,300~1,500근이 된다고 하니, 제사장의 몫을 떼어 내도 나눌 고기의 양이 엄청났을 것입니다. 하루 이틀 만에 모두 소진하기 위해서는 주변에 있는 모든 사람, 심지어 '미운 사람'에게까지도 나눠 줘야 했을 것입니다.

화목제는 하나님이 만들어 주신 화해의 장입니다. 여전히 어색하고, 아직은 웃을 수 없는 사람들과도 함께 앉아 먹고 마시며 기쁨을 나눠야 합니다. 억지로 짊어지는 십자가일지라도 순종하는 자리에 하나님의 뜻이 이루어집니다. 제물을 나누는 기간이 너무 짧게 느껴집니까? 일주일쯤으로 정해 주셨다면, 더 많은 사람과 나눌 수 있지 않았을까요? 감사와 감격, 즐거움이 절정인 순간에도 나눌 수 없다면, 시간이 지나도 나눌 수 없습니다. 예배드릴 때, 하나님이 주신 마음과 생각 그대로 즉시 행동하십시오. "우리의 문제는 하나님의 영이 말씀하시고 나서 긴 토론으로 들어가는 것이다"(헨리 블랙커비, 《하나님을 경험하는 삶》).

나의 예배는 이웃과 삶으로 이어집니까?

❶ 수직적인 관계, 수평적인 관계가 균형 잡혀 있습니까?
❷ 예배를 통해 나에게 주신 마음과 생각이 있습니까?

February 28 예배인가, 소비인가?

• 시편 145:1

요즘 사람들이 가장 선호하는 신이 있다고 합니다. 바로 '자신'입니다. 미국의 대통령이었던 토머스 제퍼슨이 성경 두 권을 주문했습니다. 복음서를 펴서 예수님에 관한 구절 가운데 마음에 들지 않는 구절을 면도칼로 일일이 도려냈습니다. 그랬더니 원문의 10% 정도가 남았습니다. 제퍼슨은 자신의 민주주의 철학에 부합하는 예수님을 재탄생시켰습니다. 이렇게 재탄생된 예수님은 묘하게도 제퍼슨을 닮아 있었습니다(스카이 제서니, 《종교에 죽고 예수와 살다》).

시편은 하나님을 '나의 왕'으로 고백합니다. 다윗은 왕이신 하나님을 높이며 송축했습니다. 나의 예배는 하나님의 이름을 높이고 있습니까, 하나님의 이름을 송축하고 있습니까? 간혹 성경 구절을 인용하며 예수님에 관해 말하고 있지만, 말하는 이와 닮은 예수님을 듣게 되는 경우가 있습니다. 주객전도를 경계해야 합니다. 내 주장과 삶을 대변하기 위해 성경과 예수를 이용하는 것은 예배가 아니라 '소비'입니다.

'소비자가 왕이다!' 우리가 자주 듣는 말입니다. 소비자는 원하는 것을 얻을 권리가 있고, 이를 위해 돈을 지불합니다. 그런데 예배도 소비 행위로 보는 시각이 있습니다. 마치 '쇼핑'하듯 만족하는 교회, 만족하는 설교를 찾아 이곳저곳을 다닙니다. 시간과 물질을 투입구에 넣고 원하는 것을 눌러 얻는 자판기처럼 생각합니다. 이는 예배가 아니라 선택적 소비입니다. 예배자의 자세가 아니라 소비자 마인드입니다.

예배는 주의 이름을 '높이는'(exalt) 것입니다. exalt는 lift라는 단어보다는 훨씬 극적인 의미에서의 높임입니다. '깃발을 든다'는 말처럼 모든 사람이 볼 수 있도록 높이 든다는 뜻입니다. 예배란 그 중심에 하나님의 이름이 드러나는 것입니다. 하나님이 잘 드러나기 위해 나의 모든 것을 내리고, 가리고, 감추어야 합니다. 나의 의도와 욕망을 비우고, 온전히 하나님의 뜻이 드러나야 합니다.

나는 예배드리고 있습니까, 소비하고 있습니까?

❶ 원하는 설교/예배/교회를 찾아 '쇼핑'하고 있지는 않습니까?
❷ 자판기 앞의 소비자입니까, 하나님 앞에 선 예배자입니까?

좋은 것인가, 궁극적인 것인가? February 29

• 시편 145:1

"내가 아이와 함께 저기 가서 예배하고"(창 22:5). 아브라함의 예배에는 입례송도 특주도 없었습니다. 3일을 걸어 모리아산에 가고, 하나님께 순종한 것뿐이었습니다. 아브라함의 순종이 더욱 귀한 것은 '3일'의 시간 때문입니다. 이삭에 대한 마음, 이 일로 생기게 될 여러 문제, 유혹과 시험이 3일 내내 그를 괴롭혔을 것입니다. 그러나 아브라함은 모리아산에 도착했고, 말씀하신 그대로 행했습니다.

'어떻게 하면 좋습니까?' 우리가 자주 하는 질문입니다. 정말 몰라서이기도 하지만, 하나님의 뜻이 바뀔까 싶어 주저하며 묻는 질문이기도 합니다. 하나님 앞에 말이 많아지는 것은 이 선택에 문제가 있음을 나도 알기 때문입니다. 그래서 종교적 행위로서의 예배에는 일종의 '거래'들이 올라옵니다. '한 번만 더 기도해 보자!'며 뜻을 꺾지 않습니다. 예배는 하나님과 그분의 뜻을 향하는 것입니다. 그 본질을 잃고 나면, 종교의식만 남게 됩니다.

예배는 '주의 이름을 송축'하는 것입니다. 영어 성경(KJV, NASB)에는 송축에 bless라는 단어가 사용되었습니다. bless(축복하다)에는 '무릎 꿇다'라는 뜻이 담겨 있습니다. 주님께 무릎 꿇으십시오. 거짓 종교는 악으로 하나님과 경쟁하지 않고, 온갖 '좋은 것'들로 하나님 자리를 대신하게 합니다. 사탄은 좋아하는 것을 위해 궁극적인 하나님을 이용하게 만듭니다. 하나님은 궁극적인 분이시며, 궁극적인 분 안에 좋은 것들이 있습니다(약 1:17).

하나님은 우리에게 '좋은 것' 주시기를 간절히 원하십니다. 그래서 우리를 부르시고 최선과 최상의 자리로 보내십니다. 이것이 '소명'이며 '사명'입니다. 인간은 때로 사명조차 내가 원하는 것을 정당화하는 도구로 이용합니다. 그러나 하나님은 사명이란 이름으로 우리를 이용하지 않으십니다. 사명을 수행하면 보상을 주시는 것이 아닙니다. 좋은 것을 누리게 하시려고 그 자리로 보내신 것입니다. 사명의 자리가 곧 복된 자리입니다.

나는 궁극적인 하나님께 예배하고 있습니까?

❶ 참으로 예배합니까, 하나님과 거래합니까?
❷ 내가 무릎 꿇고 경배하는 대상은 무엇입니까?

봄 :

밭을 갈고
씨를 뿌리다

03월
만남

04월
거듭남

05월
믿음

06월
변화

03월

만남

° 심령이 가난한 자는 복이 있나니
천국이 그들의 것임이요
_ 마 5:3

너희는 나를 누구라 하느냐? March 01

• 마태복음 16:13-16

예수님에 대한 고백은 신앙과 인생의 분기점이 됩니다. 유대인들에게 예수님은 랍비요 선생님이었습니다. 예수님을 선생으로 여기면, 그분의 가르침을 격언이나 지혜로 받아들이게 됩니다. 새로운 라이프스타일을 위한 조언 혹은 처세 정도로 여기게 됩니다. 내가 말씀을 판단하며 취사선택하고 조합하는 주체가 됩니다. 삶의 주도권이 여전히 내게 있는 것입니다. 윤리적·도덕적 가르침과 예수님의 말씀 사이에 차별성이 없으며 말씀대로 살려는 의지도 오롯이 자신에게 달려 있습니다. 이러한 신앙은 종교 의식과 고행으로 점철됩니다.

그리스도인의 정체성은 '그리스도'로부터 시작됩니다. "나는 하나님의 아들 우리 주 예수 그리스도를 믿습니다!"(사도신경). 우리는 예수님을 '그리스도'로 믿는 사람들입니다. 스탠리 존스의 《인도의 길을 걷고 있는 예수》에 나오는 글입니다. 한 의사가 임종을 앞두고 있었습니다. 그리스도인 의사가 곁에서 "그리스도를 믿고 모든 것을 그분께 맡기라"고 전했습니다. 죽어 가던 의사는 경이로움에 가득 차서 조용히 그 음성을 들었습니다. 새벽이 밝아 오자 임종을 앞두었던 의사가 기쁨으로 말했습니다. "나는 평생 '무엇'을 믿어야 할지 고민했습니다. 그런데 이제 알겠습니다. 문제는 '무엇'이 아니라 '누구'였습니다."

"주는 그리스도시요 살아 계신 하나님의 아들이시니이다"(마 16:16). 예수님은 그리스도이십니다. 예수님은 이스라엘이 구약시대부터 간절히 바라온 메시아, 구원자이십니다. 하나님이신 예수님이 이 땅에 오심으로써 하나님의 뜻이 이 땅에서도 이루어지게 되었습니다. 예수님이 오시므로 하나님과 그분의 나라가 우리 가운데 밝히 드러났습니다. 믿음으로 예수님을 영접하여 하나님의 다스림 가운데 들어간 자는 천국 백성으로 거듭나게 됩니다. 구원을 누리게 됩니다.

나에게 예수님은 누구십니까?

❶ 나는 예수님을 어떤 분으로 받아들입니까?
❷ 나는 예수님의 말씀을 어떻게 받아들입니까?

March 02 예수님은 '주'이시다!

• 마태복음 16:13-16

'하나님의 아들'이란 호칭은 신적 존재, 즉 메시아임을 나타냅니다. 한 분 하나님, 하나님의 독생자 예수를 믿는 믿음에는 핍박이 따릅니다. 하나님의 나라와 세상의 나라가 충돌하고, 온 세상의 왕과 세상의 권세들이 충돌합니다. 초대교회 성도들도 큰 박해를 당했습니다. 그리스도인들은 '익투스'라는 물고기 문양으로 자신의 정체를 은연중에 알렸습니다. 익투스는 '예수 그리스도, 하나님의 아들, 구세주'의 헬라어 앞 글자를 딴 단어입니다. 그들은 '예수 그리스도'에 목숨을 걸었습니다. 그 이름에 담긴 놀라운 의미와 능력을 알았기 때문입니다.

예수님은 빌립보 가이사랴에 이르러 "너희는 나를 누구라 하느냐"고 물으셨습니다. 빌립보 가이사랴는 헤르몬산에서 내려오는 풍부한 물이 흐르는 아름답고 번영한 도시였습니다. 로마 황제 가이사에게 바쳐진 도시였으며, '판'(Pan)을 섬기는 거대한 신전이 자리 잡은 곳이기도 했습니다. 예수님은 권력과 물질, 화려한 우상 앞에서 "너는 나를 누구라 하느냐"고 물으십니다. 영적으로 충만한 주일 예배 시간에 물으신 것이 아닙니다. 세상의 가치와 성공과 부 앞에서 예수님을 실제 어떤 분으로 대하고 있는지를 묻고 계십니다.

찰스 콜슨은 매우 흥미로운 말을 했습니다. "1세기에 만약 당신이 공공장소에서 '예수는 하나님이시다!'를 외쳤다면, 아무도 화를 내지 않았을 것이다. 그러나 만약 당신이 '예수는 주시다!'라고 외쳤다면, 이것은 폭동을 일으키는 일이다." 당시 '주'(퀴리오스)는 황제를 칭하는 호칭이었기 때문입니다. 예수님을 '주'로 부르는 것은 물질과 소유와 삶의 모든 '주권'이 주께 있음을 인정하는 것입니다.

예수님은 종교와 교회에 국한된 주님이 아닙니다. 예수님을 믿고 따르는 때는 일주일의 하루, 예배 시간만이 아닙니다. '예수는 주'라는 고백은 곧 나의 전 존재를 맡기고, 언제 어디서나 그분의 방식대로 살아가는 것입니다. 성령의 인도하심에 따라 예수로 보고 듣고 선택하는 사람이 그리스도인입니다.

나는 예수님을 주님으로 고백합니까?

❶ 신앙과 삶, 모든 영역의 주님으로 고백합니까?
❷ 예수님과 그분의 말씀이 내 삶의 기준이며 방식입니까?

나의 주님, 나의 주인 March 03

• 갈라디아서 2:20

예수님이 '나의 주님'이란 말의 의미는 무엇입니까? '주인'이 바뀌었다는 뜻입니다. 예수님을 믿는 순간, 내 삶의 주인이 바뀝니다. C. S. 루이스는 "예수께서 사랑으로 나를 정복해 버리셨다"고 고백합니다. 예수님은 내 죄를 속량하기 위해 십자가에서 죽으셨습니다. 나의 죄와 죄 된 옛 사람은 모두 십자가에서 예수님과 함께 죽었습니다. 예수님의 부활과 함께 나도 새 생명을 얻었고, 새 사람으로 거듭났습니다. 예수님께 내 마음과 삶을 열어 드릴 때, 예수님은 거룩한 영으로 내 안에 들어오셔서 나와 함께하십니다(계 3:20). 이제는 내가 아니라 그리스도로 사는 예수님의 사람이 된 것입니다.

예수님이 나의 주인이 되시면 '삶의 목적'이 바뀝니다. 이제 새로운 주인이신 예수님을 따라 하나님의 뜻과 기준대로 살아갑니다. 정말 예수님을 신뢰한다면, 그분의 말씀에 따르게 됩니다. 믿음은 행함으로 증명됩니다. 참 믿음의 사람들은 세상이 감당하지 못합니다(히 11:38). 하나님을 따름으로써 하나님 크기의 역사를 경험하게 되는 것입니다.

예수님이 나의 주인이 되시면 '신뢰의 대상'이 바뀝니다. 예수를 주로 삼는다는 고백은 '전적인 신뢰'가 있어야 가능합니다. 그분이 진정 내 삶의 주인이시라면, 모든 삶을 내드릴 수 있어야 합니다. 포기와 희생이 아닙니다. 예수님이 누구신지 알게 된 자는 겸손히 무릎을 꿇습니다. 예수님 안에 거함으로써 하나님과 화목을 누리게 됩니다. 한없는 사랑과 은혜, 놀라운 생명과 능력이 내 삶 전체를 덮습니다. '주 되심'의 고백 안에서 우리는 성도의 견인, 즉 우리를 완전한 은혜로 이끄시는 하나님을 경험합니다.

나는 예수님을 나의 주인으로 인정합니까?

❶ 나는 매 순간, 모든 사안에 주님을 떠올립니까?
❷ 나의 믿음은 행함으로 연결되고 있습니까?

March 04 포로 된 자에게 자유를

• 누가복음 4:16-19

하나님이신 예수님은 왜 이 땅에 오셨을까요? "주의 성령이 내게 임하셨으니 이는 가난한 자에게 복음을 전하게 하시려고 내게 기름을 부으시고 나를 보내사 포로 된 자에게 자유를, 눈먼 자에게 다시 보게 함을 전파하며 눌린 자를 자유롭게 하고 주의 은혜의 해를 전파하게 하려 하심이라"(눅 4:18-19). 이는 예수님의 '사명 선언문'입니다. 처절한 심판과 멸망의 한복판에 임했던 희망의 메시지(사 61:1-2)가 암울한 유대 땅에 다시 한번 울려 퍼졌습니다. 하나님이신 예수님은 약속을 이루기 위해 이 땅에 오셨습니다. 예수님은 자기 백성을 "구원할 자"(마 1:21)이십니다.

예수님은 '포로 된 자들을 해방'시키기 위해 오셨습니다. 우리는 무언가에 사로잡혀 노예처럼 살아갑니다. 윤리와 도덕, 사람, 성공과 물질, 감정, 지식과 정보, 내가 만든 규칙들, 쾌락, 권력, 거짓 평화, 참소, 율법적 굴레들, 이를 통해 역사하는 죄와 사망의 권세들…. 포로 됨의 근본은 결국 죄와 욕망의 문제입니다. 예수님은 십자가를 통해 모든 죄와 사망과 억압의 사슬을 푸셨습니다. 진리의 영이신 예수님은 이 땅의 모든 비진리를 멸하실 것입니다. 비진리로 인해 억압되고 노예 된 모든 자를 자유하게 하실 것입니다(요 8:32).

예수님은 '하나님의 형상'을 회복시키기 위해 오셨습니다. 인간은 타락하여 하나님의 형상을 잃었습니다. 만물보다 거짓되고 심히 부패한 마음을 가지게 되었습니다(렘 17:9). 하나님 사랑, 이웃 사랑에 사용해야 할 지정의를 정죄하고 죽이는 일에 사용하게 되었습니다. 예수님은 십자가를 통해 죄의 문제를 해결하시고, 하나님과 화평하게 하셨습니다(롬 5:1). 죄의 종이었던 인간은 예수님을 통해 다시금 하나님의 자녀가 되는 권세를 누리게 되었고(롬 8:15), 하나님의 형상을 회복하게 되었습니다. "그리스도께서 우리를 자유롭게 하려고 자유를 주셨으니 그러므로 굳건하게 서서 다시는 종의 멍에를 메지 말라"(갈 5:1).

나는 예수님 덕분에 참 자유를 누리고 있습니까?

❶ 여전히 나를 사로잡아 종노릇하게 하는 것이 있습니까?
❷ 하나님을 아빠 아버지라 부르며 자녀의 권세를 누리고 있습니까?

눌린 자를 자유하게 March 05

• 누가복음 4:16-19; 마가복음 5:35-43

예수님은 '눌린 자'를 자유롭게 하려고 오셨습니다. 가난하고, 보지 못하고, 질병 가운데 사는 것은 비참하고 힘든 일입니다. 그러나 더욱 비참한 것은 가난과 장애와 질병으로 인해 '눌리는 것'입니다. 예수님은 죽은 소녀를 향해 "달리다굼!" 하십니다(막 5:41). "일어나라. 고난을 딛고 일어서서 운명을 헤치고 나아가라!" 주님이 죽음과 흑암의 권세에 맞서라 명령하십니다. 그리스도인은 사탄과 세상 권세에 구걸하는 자가 아니라 예수의 이름으로 승리를 선포하는 자들입니다.

우리는 '눌림'을 양산하는 시대에 살고 있습니다. 눌림은 하나님으로부터 온 것이 아니라 타락한 인간의 이기심, 자기중심주의가 만들어 낸 산물입니다. 인간은 사람과 상황, 시선과 평가, 죄와 어둠에 사로잡혀 불안해하며 낙심합니다. 이를 가장 잘 묘사한 것이 시편입니다. 시편 기자는 어둠 속에 울부짖습니다. 탄식합니다. 그러나 죽음의 나락, 깊은 고통, 그곳에도 함께 계시는 하나님을 발견합니다. 시인은 그곳에서 발견한 하나님으로 인해 다시금 소망하며 찬양하게 됩니다.

이스라엘도 하나님께 울부짖었습니다. 택하신 백성이 왜 이토록 오랜 시간 고통당해야 하는지 항변했습니다(합 1:2-3). 하나님을 향한 울부짖음은 어둠 속에서도 하나님을 찾기 위해 더듬거리는 간절한 몸부림일지 모릅니다. 결국, 하나님은 사망의 음침한 골짜기에서 나를 만나 주시고, 건져 주십니다(시 23:4).

악이 존재하는 한, 억압과 눌림도 당연히 존재합니다. 믿음으로 자유를 선포해도 세상의 악은 사라지지 않고, 무서운 재앙은 그치지 않을 것입니다. 우리는 고통에 억눌릴 수도 있고, 고통에서 자유롭게 될 수도 있습니다. 눌린 자가 자유케 되는 것은 증오하거나 보복하거나 싸워서가 아닙니다. 예수님을 만난 덕분입니다. 예수님은 이 일을 위해 세상에 오셨습니다.

나는 예수님 덕분에
눌림에서 해방되었습니까?

❶ 나를 짓누르는 상황과 형편은 무엇입니까?
❷ 사망의 음침한 골짜기에도 계시는 하나님을 발견합니까?

March 06 눈먼 자를 다시 보게

• 누가복음 4:16-19; 요한복음 9장

우리가 할 수 있는 최선은 예수님을 만나는 것입니다. 예수님에 관한 설명을 듣는 것보다, 내 상황을 이해하는 것보다 예수님을 만나는 것이 최선입니다. 다 이해할 수 없고, 헤아릴 수 없어도 예수님께 나아가십시오. 예수님은 자신을 증명하기 위해 이적을 행하신 적이 없습니다. 보지 못하는 자를 고치신 것은 그를 구원하기 위함이지, '내가 이렇게 믿을 만한 사람이다'라고 자신을 증명하기 위함이 아니었습니다. 그런데 우리는 예수님이 믿을 만한 분인가, 나를 구원하실 만한 분인가 증거와 표적을 본 후에 만나려 합니다. 만나면 구원받습니다. 만나면 믿게 됩니다.

예수님을 만나면 보게 되고, 보게 되면 믿게 됩니다. 눈멀었던 자가 처음에는 예수님을 '그 사람'이라고 부르더니(요 9:11) 바리새인들과 대화를 주고받던 중에는 '선지자'라고 부릅니다(요 9:17). 그리고 '하나님께로부터 온 자'라 확신합니다(요 9:33). 예수님을 다시 만났을 때 마침내 '주여, 내가 믿나이다'라고 고백합니다(요 9:38). 제자들은 맹인의 상황을 이해하거나 설명하려 했습니다. 당사자나 그 부모 역시 날 때부터 눈멀게 된 이유를 늘 묻지 않았을까요? 그러나 예수님은 이유나 상황을 설명하지 않으셨습니다. 상황을 변화시키셨고, 그를 구원하셨습니다.

'다시 보게'라는 말씀은 본래 볼 수 있었음을 뜻합니다(눅 4:18). 그런데 지금은 보지 못하는 것입니다. 예수님은 우리를 다시 볼 수 있게 하려고 이 땅에 오셨습니다. '하나님이 하시는 일'을 보지 못한 채 '누구의 죄'인지에 집중하고 있던 제자들처럼 우리도 정작 보아야 할 것 대신에 다른 것을 보고 있는 것은 아닙니까? 상황이나 설명보다 중요한 것은 변화와 구원입니다. 원인을 알아 고칠 수 있는 것도 있지만, 알아도 바꿀 수 없는 상황들이 있습니다. '날 때부터'라는 말에 담긴 불치와 불가능이 그렇습니다. 눈멀게 된 이유를 아는 것보다 눈을 뜨는 것이 더 중요하지 않을까요? 예수님은 우리를 구원하기 위해 오셨습니다.

나는 예수님께 무엇을 기대하고 있습니까?

❶ 믿음으로 구원을 바라며 나아가고 있습니까?
❷ 믿을 만한 분인지 표적과 이적을 구하며 테스트 중입니까?

다시 본다는 것 March 07

• 누가복음 4:16-19, 24:13-35

그리스도인은 예수로 인해 눈이 밝아진 사람들입니다(눅 24:31). 죽음, 두려움, 절망, 세상 등에 가려 보지 못했던 주님을 보게 된 것입니다. 예수님을 나의 주인으로 고백하며 하늘과 땅의 모든 권세를 가지신 분의 통치 아래 들어가니, 인간의 헛된 수고로부터도 해방입니다. 주인을 신뢰하며 때마다 주시는 말씀에 순종하는 삶을 살게 됩니다. 나는 죽고 예수로 살아가는 하나님 나라의 삶이 시작되는 것입니다. 하나님의 형상으로 회복되는 것입니다(창 1:26).

이제 내 삶의 목적은 생존이 아닙니다. 예수님 안에 거하는 한 우리의 모든 것은 최선과 최상으로 귀결됩니다. 필립 얀시는 '고통의 속량'(redemption)이라는 표현을 씁니다. 하나님은 선을 이루기 위해 고통을 주시는 것이 아니라, 어떤 고통도 내 삶에 유익하도록 속량하신다는 의미입니다. 내세를 위해 현재를 견뎌 내는 것이 아닙니다. 매 순간 하나님이 나와 함께하심을 경험하기 때문에 또 하루를 살아낼 수 있는 것입니다. 심지어 즐거워하고 기뻐하며 말이지요(롬 5:3-4).

눈먼 자의 고통은 하나님이 선을 위해 허락하신 것이 아닙니다. 구원하기 위해 고통을 주신 것이 아니라 고통 속에서 구원하시는 것입니다. 하나님은 설명될 수 없는 고통에서 우리를 구원하십니다. 속량은 고통을 피한다는 말이 아니라 고통을 '통과'한다는 의미입니다. 고통이 그리스도인만 피해 가지는 않습니다. 고통을 통과해 갈 수 있는 성령의 능력이 우리 안에 있습니다.

하나님은 '다시 보게' 된 인생을 '다시'(re-) 만들어 가십니다. 상처가 깊으면 회복된 후에도 흔적이 남습니다. 때로 욱신거려 아픈 기억을 떠올리게 될 때도 있습니다. 그러나 상처와 아픔의 기억은 예수 그리스도, 보혈의 은혜, 속량의 은혜로 끝맺어집니다. 이로부터 새로운 시작과 새로운 생명으로 나아가게 됩니다. 구원은 아프기 전과 똑같아지는 것이 아닙니다. 그보다 더 나아지는 것입니다. 전에 보지 못했던 '예수님을 보는 눈'이 열렸기 때문입니다.

나는 '다시 보게' 되었습니까?

❶ 나의 삶과 고통에 담긴 새로운 의미를 깨닫습니까?
❷ 이를 통해 나를 어떤 존재로 '다시' 만들어 가고 있습니까?

March 08 보기를 원하나이다

• 누가복음 4:16-19; 마가복음 10:46-52

"네게 무엇을 하여 주기를 원하느냐?" 예수님이 내게 물으신다면, 대답할 준비가 되어 있습니까? '맹인'이자 '거지'인 바디매오는 볼 수 있는 자, 제자라 불리는 자들을 부끄럽게 만듭니다. 그는 처음부터 예수님을 다윗의 자손, 왕으로 인정하며 나아오고 있습니다. 예수님이 부르신다는 말에 겉옷을 내버리며 나아갑니다. 거지인 바디매오에게 겉옷은 전부이며 생명 같은 물건입니다. 동시에 인생의 무게를 상징하는 물건이기도 합니다. 세상의 시선, 냉혹한 현실, 고독하고 추운 밤으로부터 자신을 가려 주고 감싸 주었던 겉옷은 바디매오의 눈물과 아픔이 담긴 물건입니다.

바디매오는 사람을 뚫고 '예수님에게까지' 나아갔습니다. 아무도 바디매오에게는 관심이 없습니다. 다들 자기 관심으로 주님을 바라볼 뿐이었습니다. 심지어 제자들조차 죽음과 부활을 말씀하시는 예수님께 영광의 자리를 요구했습니다(막 10:37). 예수님이 '눈먼 자를 다시 보게 하러 왔다'고 선포하셨음에도 사람들은 눈먼 바디매오가 주께 나아가는 것을 막으려 했습니다. 그러나 바디매오는 돌아서지 않고 꿋꿋이 예수님께 나아갑니다.

"선생님이여 보기를 원하나이다"(막 10:51). 눈먼 바디매오에게 너무 당연한 청 같습니다. 그러나 '눈먼' 우리는 보는 것을 구하지 않습니다. '거지' 바디매오도 구할 것이 많았습니다. 그럼에도 그 모든 필요와 결핍을 뒤로하고, '보는 것'을 먼저 구했습니다. 바디매오는 근본적인 문제를 이미 알고 있었던 것입니다. 예수님은 그의 요청대로 눈을 뜨게 하셨습니다. 바디매오는 눈을 떠 예수님을 보았고, 자기 인생의 방향을 찾게 되었습니다. 그는 예수님이 가시는 길을 따라나섰습니다.

나는 예수님의 질문에 무엇으로 답하고 있습니까?

❶ 나의 필요와 결핍들은 무엇입니까?
❷ 내가 예수님께 간청할 것은 무엇입니까?

예수님을 아는 것은 혁명이다 March 09

• 누가복음 7:22-23

예수님을 주로 고백하는 것은 삶의 방향을 찾았다는 말과 같습니다. 우리가 예수님을 안다는 것은 혼탁한 죄와 어둠과 죽음의 권세가 우리를 둘러쌀 때도 흔들림 없이 나아갈 길을 안다는 것입니다. 우리의 정체성은 그리스도, 즉 예수님으로부터 시작됩니다. 그러므로 꼭 해야 할 질문들이 있습니다. "예수님은 누구신가?", "왜 예수님을 믿는가?", "왜 예수님을 따르려 하는가?", "어떻게 예수님을 따라야 하는가?" 이 질문들을 품고 내주하시는 성령의 조명하심에 따라 말씀을 읽어 가십시오. 모든 말씀이 예수님과 그분의 십자가와 부활 아래 재해석될 때, 나의 존재 목적과 목표가 조정될 것입니다.

예수님을 주님으로 모시면, 나의 전 존재가 변하게 됩니다. 일부분만 받아들여 보수하고 보완하는 게 아닙니다. 의식과 의지만 변하는 것이 아닙니다. 아예 삶의 '주체'가 바뀌는 것입니다. 예수님이 내 삶에 실재하시며, 실제 믿음으로 살게 하십니다. 매 순간 내 안에 계시는 주님을 경험하며, 모든 일에 주님의 구원을 경험하게 됩니다(마 1:21, 23). 이전에는 보지 못했던 것을 보며, 듣지 못했던 것을 듣고, 주저앉았던 자리에서 일어나며, 나음을 입고 깨끗해지며, 생령으로, 회복된 자로 살아가게 됩니다. 혁명적인 변화가 시작되는 것입니다.

예수님을 믿는다는 것은 그분의 모든 것을 믿는 것입니다. 예수님의 존재, 그분의 권위와 권한, 선포와 가르침, 명령과 약속들을 믿는 것입니다. 예수님은 하나님 나라를 위해 이 땅에 오셨고, 십자가를 지셨으며, 부활하셨습니다. 그리고 거룩한 영인 성령으로 우리 안에 거하시며 임마누엘의 복을 누리게 하십니다. 나는 이 모든 것 하나하나에 귀 기울일 준비가 되었습니까? 내 안에 계신 성령과 새로운 삶, 곧 구원의 여정을 떠날 준비가 되었습니까?

나는 그리스도인입니까?

❶ '그리스도인'이라는 이름의 정체성을 깨닫습니까?

❷ 예수님에 관한 질문들에 어떤 답을 갖고 있습니까?

March 10 새로운 창조, 새로운 피조물

• 에스겔 37:1-14

사실 우리는 많은 것을 알고 있습니다. 예수님에 관해, 복음에 관해 많은 선포와 가르침을 들어왔습니다. 우리 안에는 이미 수많은 뼈들이 있습니다. 그러나 그 뼈들이 생령이 되기 위한 과정이 필요합니다. 말씀을 통해 뼈들이 이어지고, 힘줄이 생기고, 살이 오르고, 가죽이 덮여 형상이 이루어져야 합니다. 그 안에 성령의 숨, 곧 생명이 깃들어 역동적인 생령, 새로운 피조물로 살아가야 합니다(고후 5:17).

그리스도인은 예수님을 '주님'으로 고백하는 자들입니다. 예수님을 나의 주님으로 인정한다는 것은 새로운 피조물이 되어가는 과정을 주께 위임한다는 의미입니다. 사도 바울처럼 내 모든 것을 배설물처럼 버려야 합니다(빌 3:8). 나의 가치판단과 우선순위, 지정의, 은사와 재능, 지식과 정보들을 완전히 내려놓아야 합니다. 주인이신 주님께 모두 위임할 때, 주님이 나에게서 제할 것은 제하시고, 고칠 것은 고치시며, 전혀 새로운 조합으로 만들어 사용하실 것입니다. 주님은 최선과 최상을 이끌어 내실 수 있는 분입니다. 나뿐 아니라 주변 상황과 환경까지 합력하여 선을 이루게 하시는 분입니다(롬 8:28).

우리는 성령의 손길을 통해 새로운 피조물로 빚어져 갑니다. 주님은 날마다 흩어진 뼈들을 조합하여 그 하루를 살아 낼 최선의 나로 준비시켜 주십니다. 내가 할 일은 주님께 나의 전 존재를 완전히 내어 드리며 날마다 죽는 것입니다(고전 15:31). 주님의 주권을 인정하는 순간, 변화가 일어나기 시작합니다. 나의 노력이 아닙니다. 예수님을 '인정'하기만 하면 내 삶에 새 일이 시작됩니다. 나의 주님은 천지를 창조하신 하나님입니다. 인간의 원형과 원복을 가장 잘 아시는 분입니다. 주님은 내가 있어야 할 자리, 나의 가치, 내 능력의 최선과 최상을 가장 잘 아시는 창조주 하나님입니다. 내가 하나님을 주로 인정할 때, 하나님이 내 모든 것을 새롭게 창조해 가실 것입니다.

나의 주님이 창조주이심을 믿습니까?

❶ 나는 제자리에서 가치와 능력대로 살아가고 있습니까?
❷ 최선과 최상으로 조합해 가실 성령의 손길을 사모합니까?

생각을 바꾸라 하시네 March 11

• 마태복음 5:1-2

그리스도인은 새로운 삶의 양식으로 살아갑니다. 예수님은 우리에게 구별된 삶과 태도를 요구하십니다. 다윗은 근본적인 죄성을 발견하고, 근원적인 변화를 간청했습니다. "하나님이여 내 속에 정한 마음을 창조하시고 내 안에 정직한 영을 새롭게 하소서"(시 51:10). 의식과 의지의 전환만으로는 우리 삶이 바뀌지 않습니다. 우리 삶의 주체가 완전히 바뀌어야 합니다. 성령께서 새로운 피조물로 빚으실 때, 우리 언어와 행동, 의식과 삶 전체가 변화됩니다.

팔복은 예수를 믿으려는 사람들을 무척 당황스럽게 만듭니다. 지금껏 살아온 삶이나 바람들과 예수님의 말씀이 정면으로 충돌하기 때문입니다. 팔복에 관한 말씀은 다른 가치, 즉 '하나님 나라' 복음의 시작점입니다. 예수님은 '이런 자가 복이 있다'(Blessed are-)고 말씀하시지만, 세상 관점에서는 전혀 복이 아닙니다. 그러나 예수님을 주님으로 모신 자들에게는 진정한 복입니다.

당시 제국에서 통용되던 '관용'의 개념은 '주고받는 것'이었습니다. 관용의 라틴어 어원은 '리베랄리타스'(liberalitas)입니다. 당시 '나눔'은 언젠가 보답할 수 있는 사람에게 먼저 무언가를 주는 행위를 뜻했습니다. 후하게 베푸는 이유는 후하게 받기 위해서였습니다. 고아나 과부나 가난한 자들은 나눔과 관용의 대상이 아니었습니다. 그런데 예수님은 제국의 상식을 뒤엎고 다른 나라, 다른 가치를 선포하십니다. 보답할 수 없는 이들에게 도움의 손길을 뻗고, 원수도 사랑하라고 명하십니다. 우리가 베풀 자비와 긍휼은 '하나님의 자녀'가 되는 것이라고 말씀하십니다.

하나님은 세상의 통념인 리베랄리타스 앞에 새로운 가치를 제시합니다. "너희가 너희를 사랑하는 자를 사랑하면 무슨 상이 있으리요 세리도 이같이 아니하느냐 또 너희가 너희 형제에게만 문안하면 남보다 더하는 것이 무엇이냐 이방인들도 이같이 아니하느냐 그러므로 하늘에 계신 너희 아버지의 온전하심과 같이 너희도 온전하라"(마 5:46-48).

나는 어느 나라에 더 가깝습니까?

❶ 세상의 통념과 하나님 나라의 가치 중 어디입니까?
❷ 내가 생각하는 복은 무엇입니까?

March 12 무엇이 복인가?

• 마태복음 5:1-2; 야고보서 1:17

팔복의 말씀은 축복과 저주를 아주 다른 관점에서 봅니다. 세상 관점과 하나님 나라의 관점이 얼마나 다른지를 새삼 깨닫게 합니다. 예수님이 복되다고 하신 방법과 태도로는 세상에서 성공할 수 없습니다. 그럼에도 하나님은 우리에게 무엇을 택할지 결단하게 하십니다. 예수님은 분명 그것이 '복되다'고 말씀하십니다. 예수님의 간결하고 명확하신 어조에는 세상과의 타협이나 조정의 여지가 조금도 없어 보입니다. 실수가 없으신 하나님, 완전하신 하나님은 또한 사랑이시기 때문에 차선을 주실 수 없습니다. 최선이 아닌 것은 늘 차선입니다.

복이라 생각하지 않으면 지킬 수 없습니다. 지키지 않으면 복을 경험할 수 없습니다. 세상은 팔복이 그저 이상일 뿐이라고 말합니다. 이 말은 팔복이 비현실적이라는 말이 아닙니다. 비현실적인 것 같아 지키지 않겠다는 그들의 판단과 결정이 담긴 말입니다. 복인지 아닌지는 지켜보면 알게 될 것입니다. '무엇이 복인가, 무엇을 택할 것인가?'는 나의 정체성과 삶의 방향을 결정하는 중대한 질문입니다. 어떤 세상에 속할 것인가, 어떤 사람으로 살 것인가를 좌우하기 때문입니다.

팔복은 하나님이 허락하신 최선이자 진정한 복입니다. 그리스도인은 하나님이 복이라 말씀하신 것을 믿음으로 받아들입니다. 심령의 가난, 참된 온유, 깨끗한 마음, 화평 등을 택하고, 성령께 온전히 자신을 내어 드립니다. 하나님의 통치 가운데로 들어갑니다. 하나님 안에 모든 좋은 것이 있습니다(약 1:17). 하나님은 우리에게 결코 아낌이 없으십니다(롬 8:32).

내게 있어 참된 복은 무엇입니까?

❶ 팔복이 하나님의 최선이며, 진정한 복임을 믿습니까?
❷ 나는 어떤 세상에 속해 있으며 어떤 사람으로 살고 있습니까?

가난한 심령 March 13

• 마태복음 5:3

가장 인간다운 삶이란 무엇일까요? "보시기에 좋았더라"라고 하신 인간의 원형, 인간의 삶은 어떤 모습일까 묵상해 봅니다. 하나님이 하나님의 형상에 따라 인간을 처음 창조하셨을 때, 그 모습은 인간적인 동시에 하나님다움에 가장 가까웠을 것입니다. 우리가 회복해야 할 가장 아름답고 본질적인 인간의 모습입니다. 인간은 창조의 순리대로 살 때 가장 행복합니다. 이것이 우리가 누릴 원복입니다.

"심령이 가난한 자는 복이 있나니!" 《메시지》 성경은 이렇게 표현합니다. "벼랑 끝에 서 있는 너희는 복이 있다. 너희가 작아질수록 하나님과 그분의 다스림은 커진다." 성경은 우리의 부유함을 '소유'가 아닌 '하나님의 다스림'으로 보고 있습니다. 예수님은 물질에 관해서가 아니라 삶의 근간에 관해 말씀하고 계십니다. 부자의 삶이 아니라 '부유한 삶'에 관해 말씀하시는 것입니다. 심령이 가난하여 하나님에 대한 갈망이 커질 때, 복 있는 자가 됩니다. 가난한 마음이 하나님으로 가득 채워지게 되는 것입니다. 곧 하나님의 완전한 다스림 가운데 들어가는 그것이 '천국'입니다.

파스칼은 '인간의 정상적인 상태는 병들었을 때'라고 했습니다. 인간은 죽음에 가까이 갈 때, 내가 하나님이 아니라 피조물임을 깨닫고 인정합니다. 하나의 연약한 피조물로서 벌거벗고 가난해집니다. 탐욕과 욕망으로 가득한 인간, 기술과 과학의 힘으로 하나님이 된 듯 교만했던 인간은 자연재해 앞에서 속수무책이 됩니다. '가난함'은 절박함입니다. 그 절박함이 하나님을 더욱 찾고 갈망하게 합니다. 하나님 없이 살 수 없음을 철저하게 깨닫는 것입니다. 스스로 해결할 수 없음을 인정하는 항복과 진심 어린 겸비함이 가난한 마음입니다(롬 7:24). 나 자신이 결코 믿을 만한 존재가 아님을 깨닫는 순간, 우리는 신실하신 하나님께 믿음으로 나아갈 수 있습니다.

나는 가난한 심령을 가진 사람입니까?

❶ 내 마음이 가장 가난했을 때는 언제였고, 왜 가난했습니까?
❷ 지금 내 마음을 채우고 있는 것은 무엇입니까?

March 14 애통, 어두운 밤의 복

• 마태복음 5:4

애통하는 자는 복이 있습니다. 그러나 애통과 원망을 구분해야 합니다. 존 오트버그는 탄식(애통)은 '하나님께' 불평하는 것이고, 원망은 '하나님에 관해' 불평하는 것이라고 정의했습니다. 탄식(애통)은 하나님의 면전에서 이루어지지만, 원망은 하나님 등 뒤에서 이루어집니다. 애통함으로 주께 나아가는 자는 위로를 받습니다. 《메시지》 성경은 '위로'를 '소중한 분의 품에 안기는 것'이라고 표현합니다. 그분의 품 안에서 세상으로는 얻을 수 없는 참 위로와 평안을 얻게 됩니다(요 14:27). 원망은 하나님과의 관계를 파괴하지만, 애통은 더욱 깊고 친밀한 관계로 나아가게 합니다.

우리는 애통을 통해 복으로 나아갑니다. 고통과 애통함 속에서 인생의 의미를 깨닫는 경우가 있습니다. 가가와 도요히코(목사, 사회운동가)는 애통을 통해 사선을 넘게 될 때, 인간은 '인간의 깊은 뜻'을 찾게 된다고 말합니다. 인간이란 단순히 육체가 아니라 그 속에 불멸의 영혼이 있는 존재라는 사실을 깨닫는 것입니다. 밝은 낮에 모든 걸 볼 수 있을 것 같지만, 밤에만 볼 수 있는 것들이 있습니다. 밤하늘을 수놓은 아름다운 은하수, 은하계 끝의 별들…. 우리는 애통이라는 어두운 밤에 하늘나라를 보게 됩니다. 캄캄한 어둠 속에서 하나님을 알아차리는 새롭고도 민감한 감각들을 익히게 됩니다.

예수님이 말씀하시는 애통은 무엇일까요? 애통에 쓰인 헬라어 '펜테오'는 가장 강한 뉘앙스의 '슬픔'으로 죽은 이를 생각하며 애곡하는 것을 의미합니다. 창자가 끊어질 듯한 슬픔입니다. 우리는 결핍과 상실, 욕망과 분함으로 애통해합니다. 무엇을 먹을까, 무엇을 마실까, 무엇을 입을까 하는 범주 안에서 애통해합니다(마 6:31-32). 그러나 예수님은 겟세마네 동산에서 애통함으로 기도하셨습니다(눅 22:44; 히 5:7). 나의 뜻을 누르고 하나님의 뜻을 구하는 애통이었습니다. 예수님은 하나님의 마음과 뜻을 알고자 애통해하신 것입니다.

나는 애통하는 자입니까?

❶ 나는 애통하는 자입니까, 원망하는 자입니까?
❷ 나는 무엇으로 애통해하고 있습니까?

하나님이 위로하신다 March 15

• 마태복음 5:4; 고린도후서 7:9-11

애통하는 것은 그 자체로도 복입니다. 고통과 근심을 '하나님 앞에' 쏟아 놓을 수 있는 것만으로도 복입니다. 부를 수 있는 하나님의 이름이 있는 것이 우리에게 얼마나 큰 복인지요! 더불어 내주하신 성령으로 애통할 수 있음이 복입니다. 성령은 우리의 더럽고 추한 죄를 깨닫게 하십니다. 우리를 둘러싼 구조적인 악들과 죄를 보게 하시고, 민감히 반응하게 하십니다. 우리는 하나님의 마음과 뜻을 깨달아 애통할 수 있습니다. 나의 인생, 나의 슬픔을 위해 울던 자가 하나님의 아픔과 슬픔을 위해 애통하는 자가 되는 것입니다.

바울은 하나님의 뜻대로 하는 근심(애통)이 복되다고 말합니다. 그리스도인들은 근심이 찾아올 때 기뻐합니다. 그 근심을 통해 나의 마음이 하나님을 향하는 간절한 마음, 곧 '가난한 심령'이 되기 때문입니다. 성령으로 죄를 보게 되어 그 심각성을 깨닫게 되면 전심으로 인정하고 뉘우치게 됩니다. 경외의 마음으로 하나님께 돌이켜 은혜를 간구하게 됩니다. 하나님은 이렇게 애통해하며 주께 나아가는 자를 '품에 안아 주십니다.' 위로해 주시는 것입니다.

애통의 응답은 '위로'입니다. 현실적이거나 효율적이거나 유용한 답처럼 느껴지지 않으십니까? 때로 고통과 근심보다 더 힘든 것이 고독과 외면입니다. 곁에서 나를 지지해 주고 응원해 주는 누군가가 있는 것만으로도 큰 힘이 됩니다. 하나님의 위로는 그 이상의 의미입니다. 나를 위로하시는 하나님은 내 눈물과 울부짖음에 담긴 상황과 의미 그대로를 아시는 전지하신 하나님입니다. 나를 품에 안아 주시는 하나님은 천지를 창조하시고 역사를 주관하시는 전능자입니다. 하나님은 하나님이 하셔야 할 일을 늘 정확히 알고 계십니다.

나는 애통해하며 하나님의 품에 안깁니까?

❶ 성령께서 탄식하며 깨닫게 하시는 죄가 있습니까?
❷ 가난한 심령으로 주께 나아가 안기고 있습니까?

March 16 온유, 십자가를 지고

• 마태복음 5:5, 11:29

온유한 자는 가난하고 억압받는 사람입니다. '온유한'에 쓰인 원어는 본래 속임과 착취를 당해도 속수무책인 무력한 자를 뜻하는 단어입니다(시 9-10편). 그러나 하나님은 고아와 과부의 편이시며(슥 7:10; 시 68:5, 146:9), 그들을 구원할 것이라고 선언하십니다(시 37:11; 사 26:6). 그러므로 온유한 자는 고난과 핍박, 무력한 상황에서 하나님께 도움을 구하는 사람입니다. 억압과 고난에 대해 폭력과 복수로 반응하는 것이 아니라 하나님께 위임함으로써 평정을 찾는 사람들입니다.

세상이 볼 때는 참 어리석고 미련한 모습입니다. 세상 사람들은 힘이 있어야 세상을 바꾼다고 생각합니다. 사탄은 '가만히 있으면 얕잡아 볼 것'이라며 우리를 부추깁니다. 그러나 하나님의 방법은 '십자가'입니다(고전 1:18). 하나님은 세상이 가장 무능하고 어리석다고 여기는 방법을 택하셨고, 예수님은 묵묵히 십자가를 지셨습니다. 예수님은 제자들을 향해 '내게 배우라'고 말씀하십니다(마 11:29). 우리는 '쉼을 얻는다'에 방점을 찍기 쉽지만, 예수님은 '나의 멍에를 메고' 내게 배우라고 말씀하십니다.

진정한 온유는 '자기 부인'입니다. 온유함은 하나님의 거룩하심 앞에서 고난과 억압에 어떻게 반응해야 할지 하나님의 뜻을 구하는 것입니다. 하나님의 다스림을 받는 것입니다. 그러므로 온유함은 '십자가'와 연관됩니다. 예수님처럼 하나님의 뜻에 따라 나의 십자가를 지고 가는 것입니다.

온유한 자는 땅을 차지하게 됩니다. 하나님은 이스라엘에 가나안 땅을 주셨습니다. 그곳에 하나님 나라를 건설하시기 위함이었습니다. 하나님은 그분의 통치와 방법에 훈련된 자들을 동역자로 부르셔서 하나님 나라를 다스리는 일에 동참하게 하십니다(계 22:5). 땅은 우리가 속한 모든 '영역'을 뜻합니다. 온유한 자들은 복된 인생과 가정, 일터, 사역의 현장을 얻게 될 것입니다. 부르신 곳에서 주님과 함께 하나님 나라를 확장해 나갈 것입니다.

나는 온유한 자입니까?

❶ 고난과 억압으로 속수무책일 때 나는 어떤 반응을 보입니까?
❷ 하나님 나라의 동역자로서 나를 보내신 '땅'은 어디입니까?

예수님처럼 온유하기 March 17

• 마태복음 5:5, 10:34-39

온유는 침묵이나 외면이 아닙니다. 불의와 부정 같은 불편한 것에 눈감는 도덕적인 무관심이 아닙니다. 나 자신을 위해 물러서는 것이나 비겁함도 온유가 아닙니다. 존 맥아더는 온유에 대해 '부드러움, 억제된 성품일 뿐 연약함이나 무기력이 아니다. 이는 제어된 힘이며 마음을 다스리는 것'이라고 묵상했습니다. 온유는 고난과 억압 앞에 하나님의 뜻을 묻는 것입니다. 하나님의 뜻이라면, '힘'으로 대응하고 싶은 내 의지를 내려놓고, 침묵하고 인내해야 합니다. 하나님의 뜻이라면, '침묵'하며 외면하고 싶은 내 의지를 내려놓고, 불의한 것에 맞서 직언해야 합니다. 진정한 온유는 '하나님 앞에서 자신을 비우는 것'입니다.

온유하신 예수님은 여러 차례 노하셨습니다. 안식일에 악한 의도로 예수님을 주시하던 자들을 향해(막 3:4), 율법으로 의무를 피하려는 자들을 향해(막 7:13-14), 어린아이들을 막아선 제자들을 향해 노하며 꾸짖고 책망하셨습니다(막 10:14). 예수님의 분노는 즉흥적이거나 충동적이거나 감정적인 배출이 아니었습니다. 하나님 아버지의 마음이 담긴 권위 있는 표출이었습니다. 예수님은 이로 인해 불이익과 미움 당함과 육신의 피로를 감수하셔야 했습니다. 그럼에도 하나님의 뜻대로 행하셨고, 고통과 희생을 감당하셨습니다.

온유한 자들은 무엇에 분노해야 합니까? 예수님이 분노하신 것에 분노해야 합니다. 불의와 부정, 생명을 경시하면서도 법적 정당성을 찾아 악을 무마하려는 사안들에 분노해야 합니다. 예수님은 병자들, 세리, 죄인들에게까지 늘 곁을 내어주셨습니다. 나의 삶, 우리의 신앙 공동체 안에는 사회적 약자들을 위한 자리가 넉넉히 준비되어 있습니까? 예수님처럼 온유할 때 갈등과 불이익, 불화와 미움 당함이 있을 것입니다. "세상이 너희를 미워하면 너희보다 먼저 나를 미워한 줄을 알라"(요 15:18). 그럼에도 온유한 자는 멍에를 메고 예수님을 배웁니다. 자기 십자가를 지고, 하나님의 시선과 눈물이 있는 곳을 향합니다.

나는 예수님처럼 온유한 사람입니까?

❶ 침묵할 것에 침묵하며 분노할 것에 분노하고 있습니까?
❷ 온유함으로 인해 짊어져야 할 멍에와 십자가는 무엇입니까?

March 18 먼저 그의 나라와 그의 의를 구하라

• 마태복음 5:6, 6:25-34

갈망하면 채워집니다. 갈망과 채움은 인과관계입니다. 하나님을 갈망하면, 하나님으로 채워집니다. 하나님의 뜻과 하나님의 성품이 우리 안에 충만하게 채워집니다. 그래서 주를 따르는 자는 '주리고 목마른' 자처럼 하나님을 갈망해야 합니다. 혹 주림과 갈증이 없다면, 죽은 것과 마찬가지입니다. "하나님께 입맛이 당기는 너희는 복이 있다. 그분은 너희 평생에 맛볼 최고의 음식이요 음료다"(마 5:6, 《메시지》 성경). 하나님을 바라며 하나님의 선하심을 맛보십시오(시 34:8).

의를 갈망하면 의로 가득 채워집니다. '의'는 '윤리적인 의'와 하나님의 심판과 구원의 기준인 '공의', 둘 다를 가리킵니다. 의를 갈망한다는 것은 매사에 하나님의 기준과 뜻을 간절히 찾는다는 뜻입니다. "예수님이라면 어떻게 하셨을까?" "하나님이 지금 내게 원하시는 것은 무엇일까?" '주리고 목마르다'에 쓰인 원어는 극심한 굶주림과 타는 목마름을 가리킵니다. 현재 분사형으로 쓰여 그 상태가 계속되고 있음을 나타냅니다. 하나님의 뜻과 기준을 갈망하되 끊임없이 계속하여 간절히 찾는다는 의미입니다. 하나님의 의를 구하는 자는 주님의 뜻을 더욱 알고자 합니다. 하나님의 음성을 더욱 듣고자 귀 기울입니다.

의에 주리고 목마른 자들은 '배부를' 것입니다. 배부름은 허기나 갈증을 면하는 정도가 아니라 만족스럽게 포식한다는 의미입니다. 하나님은 하나님의 뜻을 묻는 자에게 꾸짖지 않으시고 후히 주십니다(약 1:5). 해야 할 바와 가야 할 바를 온전히 보여 주실 것입니다. 의를 갈망하는 자는 하나님의 명령에 따를 준비가 이미 되어 있습니다. 그들은 하나님이 보이신 뜻과 기준대로 의로운 삶을 살아갈 것입니다. 의를 구하며 의를 행하는 자, 이는 하나님 나라에 들어갈 조건이며, 하나님 나라 백성에게 나타나는 삶의 모습입니다. "너희는 먼저 그의 나라와 그의 의를 구하라 그리하면 이 모든 것을 너희에게 더하시리라"(마 6:33).

나는 의에 주리고 목마른 자입니까?

❶ 매 순간, 매사에 하나님의 뜻과 기준을 구합니까?
❷ 왜 먼저 그의 나라와 그의 의를 구하라고 하셨을까요?

• 마태복음 5:7, 43-45

긍휼을 뜻하는 히브리어는 '라함'과 '헤세드'입니다. '라함'은 '슬픔, 애통'이란 뜻으로 상대방의 처지나 상황을 이해하고, 상대방의 입장에서 슬픔을 느끼는 것을 의미합니다. '헤세드'는 공감을 넘어 실제 행동을 통해 구체적인 도움을 주는 것을 뜻합니다. 구원하시는 하나님의 '인자'하심을 표현할 때도 헤세드를 씁니다. 예수님은 긍휼히 여기는 자가 긍휼히 여김을 받을 것이라고 하셨습니다. "남을 돌보는 너희는 복이 있다. 그렇게 정성 들여 돌보는 순간에 너희도 돌봄을 받는다"(마 5:7, 《메시지》 성경). 남을 긍휼히 여길 때, '하나님'이 나를 돌보십니다.

긍휼은 하나님과 관계있습니다. 하나님은 우리를 긍휼히 여겨 돌보고 구원하십니다. 그런데 그 긍휼은 '사랑'에서 나옵니다. 우리를 사랑하시기 때문에 긍휼히 여기신 것입니다. 긍휼은 어떤 문제가 발생했을 때 그에 대해 반응하는 것입니다. 한편 사랑은 조건 없이, 있는 모습 그대로 받아들이는 것입니다. 하나님은 우리를 사랑하셔서 도저히 받아들일 수 없는 죄인들을 받아들이셨습니다. 이웃 사랑 역시 받아들일 수 없는 사람과 상황을 받아들이는 것입니다. 그 사람 안에 계신 성령께서 역사하실 것을 믿음으로 받아들이는 것입니다. 조건을 따지거나 자기 의를 내세우면, 참된 긍휼을 베풀 수 없습니다. 이웃을 사랑할 때 비로소 긍휼을 베풀 수 있습니다.

누가복음 15장에는 세 가지 비유가 나옵니다. 잃은 양 한 마리, 잃어버린 동전 한 개, 잃어버린 아들에 관한 비유입니다. 예수님은 대(大)를 위해 소(小)를 희생하지 않으십니다. 사랑의 관점으로는 한 사람, 한 사람이 모두 귀합니다. 창녀, 세리, 죄인들에게도 동일한 사랑과 긍휼을 베푸신 주님의 마음이 나에게도 있습니까? 나 같은 죄인도 구원하신 하나님의 사랑과 긍휼을 깨닫습니까? 가난한 심령을 가진 자, 애통하는 자, 온유한 자, 의에 주리고 목마른 자가 긍휼할 수 있습니다. 그들은 이미 하나님을 갈망하며 그분의 뜻대로 사는 사람들이기 때문입니다.

나는 긍휼히 여기는 자입니까?

❶ '긍휼히 여긴다는 것'은 나에게 어떤 의미입니까?
❷ 나는 누구에게 어느 정도의 긍휼을 베풉니까?

March 20 마음이 청결한 자

• 마태복음 5:8; 누가복음 15:25-31

마음이 청결하다는 것은 무엇입니까? 욕망과 탐욕, 죄와 감정의 부유물이 우리 속을 가득 채우고 있다면, 그것은 가난한 마음이 아닙니다. 의에 주리고 목마른 마음도 아닙니다. 하나님을 갈망하며 내 속의 더러움들을 흘려보내고 비워 낼 때, 하나님으로 채워질 수 있습니다. 하나님을 제대로 볼 수 있습니다. 마음이 청결한 자가 하나님을 볼 수 있습니다.

소통에 실패하는 이유는 자기중심적인 자세 때문입니다. 하나님과의 관계에서도 마찬가지입니다. 내 말이나 생각을 비운 깨끗한 마음(pure in heart)으로 나아갈 때, 하나님과 온전히 소통할 수 있습니다. 하나님의 음성을 제대로 들을 수 있습니다. 소통을 위해서는 입술에서 나오는 말뿐 아니라 상대방의 마음과 생각까지도 헤아려야 합니다. 귀만 열어 놓을 게 아니라 눈빛과 얼굴과 몸 전체로 잘 들어야 합니다. 하나님 앞에서도 마찬가지입니다. 음성을 들을 뿐 아니라, 그것을 말씀하시는 하나님의 마음과 의도와 생각을 헤아려야 합니다. 말씀에만 순종하는 것이 아니라 하나님의 마음과 의도에까지 순종해야 합니다(눅 15:25-31).

하나님은 청결한 척하라고 말씀하지 않으셨습니다. 청결한 그리스도인이 되어야 합니다. 깨끗한 마음으로 주님과 온전히 소통하는 자는 깨끗한 삶을 살게 될 것입니다. 그리고 그의 삶을 통해 하나님이 가장 깨끗하고 선명하게 드러날 것입니다. 교회사 가운데는 자신의 청결함을 살피지 않고, 남의 청결함만 살펴 비난하고 정죄하며 죽음으로 내모는 어둠의 시간이 있었습니다. 예수님은 두 마음을 품은 종교 지도자들의 모습, 정죄와 비난으로 가득 찬 신앙과 삶을 책망하셨습니다.

눈을 감고 하나님께만 집중해 보십시오.

❶ 내 안에서 떠오르는 생각과 감정들은 무엇입니까?
❷ 믿음으로 주께 위임하며 흘려보내고, 비워 내십시오.

한마음인가, 두 마음인가? March 21

• 마태복음 5:8, 21:28-32

마음이 청결한 사람은 하나님을 기준으로 삽니다. 나를 비워 내고 하나님을 온전히 보게 되면, 깨끗함과 더러움이 자연스럽게 분별됩니다. 우리 마음을 깨끗함과 더러움으로 구분한다면, 하나님 앞에 나아갈 사람이 아무도 없을 것입니다. 있는 모습 그대로 하나님 앞에 나아가되 내 마음속에 떠다니는 죄와 욕망의 부유물을 정직하게 확인하고 흘려보내는 소제가 필요합니다. 하나님을 갈망하며 주님 외에 다른 것은 모두 비워 내십시오. 결국, 청결한 마음은 주님을 향한 '하나의 마음'입니다.

두 마음을 가진 사람은 두 모습으로 삽니다. 하나님 제일(God First)의 인생을 지향한다면서도 실제 삶은 전혀 다릅니다. 마치 포도원에 일하러 간다면서 다른 곳에 간 맏아들처럼 말입니다. 반면, 싫다고 했지만 뉘우치고 돌아온 둘째 아들이 있습니다. 예수님은 둘 중 누가 아버지의 뜻대로 했느냐고 물으십니다. 나조차 내가 잘살고 있다고 스스로 속을 때가 있습니다. 삶을 보면, 그 사람의 마음이 보입니다.

부족하고 더러운 나의 모습에 절망하지 마십시오. "오라 우리가 서로 변론하자 너희의 죄가 주홍 같을지라도 눈과 같이 희어질 것이요 진홍같이 붉을지라도 양털같이 희게 되리라"(사 1:18). 하나님은 우리가 복 누리길 간절히 원하시는 분입니다. 마음이 청결한 자가 복 있다고 하신 것은 그렇게 될 수 있기 때문에 하신 말씀입니다. 우리 죄는 예수님의 피로 깨끗하게 씻겼습니다. 이제 때를 따라 돕는 은혜를 얻기 위해 은혜의 보좌 앞에 담대히 나아갈 수 있습니다(히 4:16).

하나님은 무소부재하신 분입니다. 마음이 청결한 자는 언제 어디에 있든 그곳에서 역사하시는 하나님을 보게 됩니다. 하나님의 현장에서 하나님의 일과 뜻을 보니 내가 할 일을 깨닫게 되고, 내가 가야 할 길이 보이는 것입니다. 세상의 눈으로 보면 전혀 불가능한 일들도 하나님을 보면 길이 보입니다. 하나님을 보면 세상과 우리 인생이 보이기 시작합니다.

나는 한마음의 사람입니까, 두 마음의 사람입니까?

❶ 실제 삶을 보았을 때, 나는 어떤 마음을 가졌습니까?
❷ 세상과 삶의 현장에서 하나님(의 역사)을 보고 있습니까?

March 22 화평하게 하는 자, 생명의 살림꾼

• 마태복음 5:9; 창세기 2:15, 19

이 세상에 완벽한 공평이란 존재하지 않습니다. 모두 자신의 기준이 다르기 때문입니다. 이기적인 인간은 결코 정의로울 수 없습니다. 이 문제를 해결할 수 있는 것은 '사랑'뿐입니다. 정의로 시작하여 정의로 끝나면, 잔혹한 비극이 발생합니다. 정의가 사랑으로 채워져야 평화가 옵니다. 그렇다고 아무 문제 없는 것이 평화는 아닙니다. 잔잔한 호수라도 돌멩이 하나를 던지면, 곧 물결이 일고 파장이 멀리까지 퍼집니다. 세상은 전쟁이나 갈등 여부에 따라 평화를 이야기합니다. 그러나 휴전은 일촉즉발로 이어질 수 있습니다. 힘으로 제압된 것은 오래가지 않습니다. 이는 위장된 평화입니다.

예수님이 말씀하시는 화평은 '새로운 관계의 평화'입니다. 의에 주리고 목마른 자는 하나님의 의로움을 기준으로 삼습니다. 마음이 청결한 자는 모든 곳에서 하나님의 뜻과 일하심을 봅니다. 그들은 갈등의 현장에서 하나님 나라의 원형을 떠올립니다. 문제가 아니라 갈등을 불러일으키는 구조 자체에 대한 원인을 보게 되는 것입니다. 세상은 약육강식, 경쟁, 힘과 돈의 논리로 상황을 이끌어 갑니다. 소유와 소속, 계층과 직책으로 이름을 대신합니다. 그러나 하나님은 모두가 함께 하되 분열과 경쟁 없이 조화와 화목을 누리는 참 샬롬의 세상을 창조하셨습니다(창 1:31).

이제 하나님이 세상을 새롭게 창조하실 것입니다. 하나님은 우리를 새 창조의 동역자로 부르시며 각자의 현장으로 보내셨습니다. 현장에 속한 모든 사람이 각각 제자리에서 존재와 가치를 존중받으며, 가진 능력을 충분히 발휘할 수 있도록 '생명 살림'을 시작해야 합니다(창 2:15, 19). 서로 '이름'을 불러 주며 하나님의 형상을 지닌 존귀한 존재임을 인정해야 합니다. "경쟁하거나 다투는 대신에 협력하는 모습을 보여주는 너희는 복이 있다. 그때 너희는 진정 자신이 누구이며, 하나님의 집에서 자신의 자리가 어디인지 알게 된다"(마 5:9, 《메시지》 성경).

나는 새 창조의 동역자로 살고 있습니까?

❶ 갈등의 현장에서 하나님 나라의 원형을 떠올립니까?
❷ 새 창조의 동역자, 생명의 살림꾼으로 일하고 있습니까?

사랑은 힘이 세다 March 23

• 마태복음 5:38-42

사람들은 예수님의 비폭력 사랑법을 오해합니다. 예수님의 사랑과 평화는 정당한 권리를 포기하는 무력한 법이 아닙니다. 월터 윙크는 예수님의 비폭력을 '전투적 비폭력'이라고 했습니다. 당시 정치·종교 지도자들이 예수님을 십자가에 못 박아야 할 정도로 예수님과 그분의 가르침에 엄청난 힘이 있었다는 것입니다. 예수님이 비폭력의 사랑법으로 말씀하신 명령들은 어떤 의미들을 담고 있을까요?

오른편 뺨을 맞은 것은 모욕적으로 맞았다는 의미입니다. 오른손 손등으로 상대방의 오른편 뺨을 치는 것은 노예를 다룰 때 하던 행동입니다. 속옷을 달라는 것은 그것 외에 더 이상 착취할 것이 없음을 뜻합니다. 로마 군인들은 군법상 누군가에게 자기 짐을 대신 지우고, 5리를 가게 할 특권을 가지고 있었습니다. 로마의 속주 백성 중 누구라도 당할 수 있는 불의한 일이었습니다.

그런데 예수님은 왼편 뺨까지 대라고 말씀하십니다. 이는 '나를 노예가 아닌 사람으로 대해 달라'는 요구입니다. 나와 너의 관계를 대등하고 인격적인 관계로 전환하자는 요청입니다. 유대인들은 나체를 금기로 여겼기 때문에 벗은 자보다 그렇게 만든 자를 더 수치스럽게 여겼습니다. 그의 악독함과 잔혹한 착취가 만방에 드러나게 되는 것입니다. 로마 군법이 허용한 특권은 꼭 5리에만 해당하는 것이었습니다. 그러므로 5리를 더 간다는 것은 로마 병사를 당혹스럽게 하는 일이었습니다.

예수님 안에서는 '원수와 사랑'이라는 모순된 두 단어가 조합됩니다. 불의와 부정을 용납하란 말이 아닙니다. 그 상황을 그대로 '받아들이고', 하나님의 기준과 방법대로 그분의 뜻을 이루라는 말씀입니다. 소유로 나누고 차별하는 구조와 관계, 경제 논리와 힘의 논리로 자행되는 모든 착취를 하나님의 방식으로 전환하는 것입니다. 세상의 법 위에 있는 하나님의 법을 행함으로써 약자가 강자가 되는 놀라운 전복이 하나님 나라의 능력이요 사랑의 능력입니다.

나는 사랑의 힘을 믿습니까?

❶ 나라면 세 가지 상황에 어떻게 반응하겠습니까?
❷ 악에게 지지 않고, 선으로 악을 이기고 있습니까?

March 24 하나님의 자녀가 된다는 것

• 마태복음 5:9; 로마서 8:17

화평하게 하는 자는 하나님의 아들이 될 것입니다. '하나님의 아들 됨'이 여러분에게 얼마만큼의 복으로 다가옵니까? 인간은 죄로 인해 하나님과 단절된 존재였습니다(롬 3:23). 그러나 믿음으로 의롭다 하심을 받아 예수 그리스도로 말미암아 하나님과 화평을 이루게 되었습니다(롬 5:1). 우리가 하나님과 화평을 누리는 것은 예수 그리스도께서 화평을 위해 이 땅에 오셨기 때문입니다. 그 결과, 우리는 '하나님의 자녀'가 되는 권세를 누리게 되었습니다(요 1:12).

하나님과의 화평은 하나님과 나 사이의 완전한 회복을 뜻합니다. 하나님과 나는 아버지와 자녀로서 '사랑의 관계'를 형성하게 되었습니다. 나는 사랑받는 존재가 되었습니다. 나의 자리와 가치와 능력을 인정받고 존중받는 존재가 되었습니다. 하나님과 나 사이에 죄라는 큰 장벽이 허물어졌고, 휘장도 찢어졌으니 이제 하나님 앞에 즉시, 직접 나아갈 수 있게 되었습니다. 이제 나는 아버지의 일을 함께 해 나가는 상속자가 되었습니다(롬 8:17).

상속자에게는 영광과 함께 고난도 주어집니다. 하나님 아버지 안에 거하며 팔복의 말씀대로, 하나님의 방식대로 살기는 쉽지 않습니다. 그럼에도 하나님 안에 있으면 가능합니다. 아버지로부터 생명과 지혜와 사랑을 공급받기 때문입니다. 그러므로 아버지와의 관계가 우선입니다. 하나님과 나의 관계가 깨어지면, 나와 너, 인간과 생태계 사이의 모든 관계도 깨어집니다(창 3:9-24). 사명도 방법도 능력도 하나님이 주십니다. 아버지를 따라 평화를 일구는 자들은 그분의 자녀로 인정받을 것입니다. 아버지의 자녀만이 새로운 창조와 생명 살림을 감당할 수 있습니다. 우리가 예수 그리스도로 하나님과 화평하며 자녀의 권세를 누리게 된 것처럼, 화평케 하는 우리를 통해 세상이 아버지께 돌아올 것입니다(눅 15:19-24).

나는 하나님의 자녀로 살아가고 있습니까?

❶ 하나님 아버지와 사랑과 신뢰의 관계 가운데 있습니까?
❷ 아버지를 따라 아버지의 일에 동참하고 있습니까?

주의 인자하심이 생명보다 나으므로 March 25

• 마태복음 5:10-12; 로마서 8:35-36

삶에서 가치를 발견한다는 것은 참 중요합니다. 천국은 마치 밭에 감춰진 보화를 발견하는 것과 같습니다(마 13:44). 세상은 드러난 '밭의 가치'만 생각하지만, 그리스도인은 그 안에 감춰진 '보화'를 봅니다. 예수님은 박해도 복이라고 말씀합니다. 의를 위하여, 하나님으로 말미암아 박해받을 때 천국을 소유할 수 있습니다. 초대교회에서는 그리스도인이 되는 것과 그리스도인으로 사는 것 모두 고난이었습니다. 세례를 받고 그리스도인이 되는 자체가 순교를 결단하는 것과 마찬가지였습니다.

하나님 나라의 복음은 세상 나라와 반드시 충돌합니다. 이 땅에 하나님 나라를 건설해 갈 때, 고난이 없을 리 없습니다. 새로운 피조물로서 새로운 창조에 동참하는 일에 고통이 없을 리 없습니다. 그러니 박해는 교회가 교회답게, 그리스도인이 그리스도인답게 살아가고 있음을 가늠하게 하는 표지입니다. 하나님 나라는 이 세상에 속하지 않았습니다(요 18:36). 박해를 피하는 게 복이지 당하는 것이 무슨 복이겠습니까? 그러나 진정한 복은 박해 가운데서도 하나님과 함께하고 하나님 안에 거하는 것입니다.

"주의 인자하심이 생명보다 나으므로 내 입술이 주를 찬양할 것이라"(시 63:3). 초대교회가 주일예배 때 함께 낭송했던 시편입니다. 그들은 박해와 순교의 위협 중에도 주님의 인자하심을 바라며 찬양했습니다. 그 무엇으로도 끊을 수 없는 하나님의 사랑, 예수 그리스도의 사랑에 붙들릴 때, 어떤 상황에서도 기뻐할 수 있고 송축할 수 있습니다. 이는 천국을 소유한 자들만이 경험할 수 있는 전혀 새로운 기쁨입니다.

나는 진정한 복을 깨달았습니까?

❶ 밭의 가치만 봅니까, 그 속에 감춰진 보화를 봅니까?
❷ 나에게 가장 복된 것은 무엇입니까?

March 26 십자가, 죽음이 시작이다

• 마태복음 21:1-11

기독교 영성의 꽃은 십자가입니다. 예수님이 예루살렘에 입성하실 때, 종려 나무 가지를 흔들며 예수님을 맞이하는 사람들이 있었습니다. 그들은 예수님에게서 무엇을 보았을까요? 무엇을 기대했을까요? 무리는 오랫동안 메시아를 기다렸습니다. 예수님을 보며 로마로부터의 독립을 염원했습니다. 무리는 가난과 배고픔과 목마름을 해결해 줄 메시아를 기대했습니다. 나귀를 타고 입성하시는 예수님을 바라보며 선지자들이 예언했던 메시아를 떠올렸습니다(슥 9:9).

그러나 예수님은 십자가를 향해 가고 계셨습니다. 하나님의 아들이신 예수님은 하나님과 세상을 화평하게 하려고 고난의 길을 걸어가고 계셨습니다. 의를 위하여 핍박받고 박해당하는 길, 죽음의 길로 걸어가고 계셨습니다. 그러나 세상은 고난보다 영광을 보고 있었습니다. 예수님의 마음과 사역을 이해하지 못하니 고난에 동참할 사람도 없었습니다. 예수님이 이 땅에 오신 것은 십자가 죽음을 위해서였습니다. 십자가 대속으로 새 생명을 주시기 위함이었습니다.

기독교의 핵심은 십자가입니다. 예수님은 십자가를 각오하고, 예루살렘에 들어가셨습니다(눅 9:51). 사람들의 열렬한 환영과 환호에도 예수님은 자신의 사명을 잊지 않으셨습니다. 예수님은 부활을 향해 가는 첫걸음, 곧 십자가 죽음을 위해 예루살렘으로 올라가십니다. '죽으라!' 죽는 자만이 부활할 수 있습니다. 온전한 죽음으로부터 거듭남이 시작됩니다. 그리스도인의 새 생명은 십자가와 십자가 죽음에서부터 시작됩니다.

나는 십자가로부터 시작하고 있습니까?

❶ 부활보다 십자가가 먼저임을 깨닫습니까?
❷ 죽음으로부터 나의 사명이 시작됨을 깨닫습니까?

나는 아니지요? March 27

• 마태복음 26:20-30

예수님은 '너희 중의 한 사람'이 나를 팔 것이라 말씀하십니다. 가장 가까이에 있던 열두 제자 중 한 사람이 예수님을 배신한다는 것입니다. 제자들은 몹시 근심하며 "나는 아니지요?" 하고 물었지만, 예수님을 팔게 될 당사자 유다는 그저 '대답'하는 수준으로 반응합니다. 다른 제자들은 '주여!'라고 예수님을 부르지만, 유다는 '랍비여'라는 호칭으로 예수님을 객관화하는 듯한 모습을 보입니다. 유다에게 있어 예수님은 삶의 주인이 아니라 '선생'인 것입니다.

나에게 예수님은 '주님'(master)입니까, '선생'입니까? '주님'의 말씀은 엄중한 명령으로 받지만, '선생'의 말은 취사선택의 대상이 됩니다. 주님을 배신하는 것은 심각한 문제로 다가오지만, 선생을 바꾸는 것은 선택의 문제로 다가옵니다. 그럼에도 제자들이나 가룟 유다나 심각한 건 마찬가지입니다. 예수님을 '주님'이라고 부르면서도 예수님을 걱정하는 제자들은 보이지 않습니다. 그저 "나는 아니지요?"(Surely not I, Lord?, NIV)라고 묻고 있습니다. 잠시 후 일어날 일들로 보건대 그들은 근심과 두려움으로 이렇게 물어야만 했습니다. "혹시 제가 그 사람입니까?"

제자들은 왜 자신은 아니라고 확신했을까요? 어쩌면 확신이 아니라 불안함을 감추려는 의도였는지도 모릅니다. 그간의 성품이나 행적을 떠올리며 가능성 있는 범인을 추리고, 애써 나일 가능성을 외면했을지도 모릅니다. 그의 죄는 그의 죄이며, 나의 죄는 나의 죄입니다. 결국, 범인은 가룟 유다임이 밝혀졌습니다. 그러나 베드로도 다른 제자들도 예수님을 부인하며 도망쳤습니다. "네가 말하였도다"(마 26:25). 예수님의 대답은 가룟 유다에게뿐 아니라 '나는 아니지요?'라고 물었던 모든 제자를 향한 답변 아니었을까요?

나에게 예수님은 어떤 분입니까?

❶ 주님입니까, 선생입니까?
❷ 나는 본문 중 어떤 제자에 가깝습니까?

March 28 열둘 중의 하나, 가룟 유다

• 마태복음 26:14-16

유다에게는 돌이킬 기회가 여러 번 있었습니다. 예수님은 최후의 만찬에서 암시적으로도 명시적으로도 유다를 지적해 주셨습니다. 그러나 유다는 회개의 기회를 받아들이지 않았고, 결국 예수님을 배신했습니다. 예수님을 팔고자 적들과 은밀히 흥정하고(마26:14-16) 실행함으로써(마 26:47-50) 멸망의 자식이요(요17:12), 마귀가 되고 말았습니다(요 6:70).

유다는 예수님을 은 삼십에 팔았습니다(마 26:15). 무슨 권리로 예수님을 넘겨주고 돈을 받았을까요? 유다는 예수님을 주님으로 고백하지 않고 소견대로 판단하고 처분한 것입니다. 유다가 왜 예수님을 팔게 되었는지에 관한 여러 추정이 있습니다. 분명한 것은 예수님이 자기 뜻과 기대와 이상과는 다른 존재라고 결론 낸 것입니다. 예수님의 최측근으로 3년을 동고동락했고, 열두 제자 중 하나였지만 유다는 자기 정체성도, 자신이 따르는 예수님의 정체도 알지 못했습니다.

가룟 유다는 자신만의 예수님 상을 만든 사람이었습니다. 그는 예수님을 주인으로 인정하지 않고, 자신의 기대와 이상을 투영한 우상으로서의 예수님을 믿고 따랐습니다. 그는 제자였으나 '우상 숭배자'였습니다. 예수님이 자신의 정체와 사역을 드러내셨을 때, 이를 받아들일 수 없었던 유다는 예수님을 팔아 버립니다. 유다가 판 것은 예수가 아니라 자기 자신이었는지도 모릅니다. 뒤늦게 뉘우치며 제사장과 장로들을 찾아가 돈을 돌려주려 하지만 거부당합니다. 그는 결국 믿음도 돈도 생명도 모두 잃었습니다.

유다는 예수님의 제자 중 한 사람이었습니다(마 26:14). 특별한 사람이 아니라 '열둘 중의 하나'였습니다. 유다도 처음엔 예수님의 성실한 제자였습니다. 과거의 나도 중요하지만, '지금의 나, 앞으로의 나'가 누구인지가 더 중요합니다. 예수님을 주님으로 고백합니까, 선생으로 고백합니까? 예수님을 주인으로 고백하지 않는다면, 나도 언젠가 유다가 될 수 있습니다.

나는 어떤 제자입니까?

❶ 그동안 나는 어떤 제자였습니까?
❷ 가룟 유다는 왜 예수님을 배신했을까요?

열정과 배신, 동전의 양면 March 29

• 마태복음 26:69-75

하지 말아야 할 일을 했을 때, 우리는 '후회'합니다. 베드로의 통곡에는 후회 이상의 의미가 담겨 있었을 것입니다. 믿음 없다는 책망을 들었지만, 배에서 내려 예수님께 걸어갔던 제자는 베드로가 유일했습니다(마 14:29). 예수님이 십자가에 달려 돌아가신 뒤 용감하게 무덤 안을 들여다봤던 제자도 베드로입니다(눅 24:12). 그러나 그는 예수님을 배신했습니다. 그는 열정의 아이콘인 동시에 배신의 아이콘이기도 합니다.

열정과 배신은 긴밀한 관계에 있습니다. 열정 없는 사람에게는 배신이란 말도 존재하지 않을 것입니다. '열정'을 뜻하는 영어 단어 'enthusiasm'은 'en'과 'theos'의 결합입니다. 즉 '하나님 안에 있는 것'이 '열정'입니다. 그러나 하나님을 벗어난 왜곡된 열정들은 문제들을 야기합니다(롬 10:2). 하나님을 향한 열정인 듯 보이나 실상은 나의 욕망에서 시작된 열심과 열정일 수 있습니다.

베드로는 예수님을 그저 부인한 정도가 아니었습니다. "그가 저주하며 맹세하여 이르되 나는 그 사람을 알지 못하노라"(마 26:74). 베드로의 열정은 두려움과 공포 가운데 배신으로 급선회했습니다. 닭이 울고, 아침이 밝아 왔습니다. 베드로의 어둠이 빛 가운데 낱낱이 드러났습니다. 그러나 베드로는 '예수님을 생각하며' 통곡했습니다. 끝까지 스스로 모든 짐을 지고 자살한 가룟 유다와는 다른 길을 택했습니다.

예수님은 부활 후 베드로를 찾아가셨습니다. 예수님을 세 번 부인한 베드로에게 "네가 나를 사랑하느냐" 하고 세 번 물으십니다. 예수님은 과거 사건으로 발목 잡을 시선들과 스스로의 수치로부터 베드로를 건져 주셨습니다. 예수님이 친히 베드로에게 손을 내밀어 사랑의 관계를 회복시켜 주심으로써 베드로는 사명을 회복할 힘을 얻게 됩니다. 예수님은 사랑으로 베드로의 열정을 바로잡아 주십니다. 베드로는 이로써 십자가에 거꾸로 못 박히기까지 하나님의 소원을 이루는 사람이 되었습니다.

나는 바른 열정을 가졌습니까?

❶ 하나님 안에 있는 바른 열정입니까?
❷ 주님과의 사랑의 관계에 기반을 둔 열정입니까?

March 30 고민의 순간, 결단의 순간

• 마태복음 27:11-26

빌라도는 예수님의 재판이 일생일대의 사건이 될 줄 알았을까요? 우리 인생에는 고민의 순간, 결단의 순간이 찾아옵니다. '고민'은 답을 몰라서 괴로워하는 것이고, '결단'은 답을 알아도 쉽게 결정하지 못할 때 내리게 되는 것입니다. 문제는 결단의 순간에 고민하는 것입니다. 빌라도는 답을 알고 있었지만, 결단하지 못했습니다. 여전히 고민했습니다.

빌라도가 결단하지 못한 이유는 비겁함 때문입니다. 그는 예수님이 무죄란 사실을 알았음에도 감내해야 할 책임과 고통 앞에 머뭇거렸습니다. 빌라도는 남들이 예수님을 그리스도라 부른다는 걸 알고 있었지만, 왜 그렇게 불리는지에는 관심이 없었습니다. 그의 모든 신경은 정치적 생명력을 연장하는 일에 집중되어 있었습니다(마 27:24). 그는 진실이 아니라 주변 사람들의 소리를 더 크게 들었습니다.

빌라도는 자신의 책임을 전가하려 했습니다(마 27:24). 손을 씻으며 무죄를 주장하고, 예수 대신 바라바를 놓아줍니다. 무리 때문이라고 핑계 대고 있는 것입니다. 아담 이래로 인간은 자기 죄를 누군가에게 전가해 왔지만, 자기 죄는 자기의 책임입니다. 빌라도는 직무를 유기하면서도 남들에게 좋은 인정과 평가를 받고 싶어 했습니다. 책임을 회피하면서도 자신을 좋은 사람으로 꾸미는 빌라도는 나와 남을 기만하는 허영에 가득 찬 인물입니다.

빌라도는 대가를 톡톡히 치르게 됩니다. 매 주일 수많은 그리스도인들이 사도신경을 통해 그의 책임을 명확히 묻고 있습니다. 빌라도는 예수님을 십자가에 내주기까지 유지하고 싶었던 자리마저 지키지 못했습니다. 그는 AD 36년, 로마로 소환 조치됩니다. 나의 죄, 나의 책임은 결코 전가되지 않습니다. 회피할 수 없습니다.

결단의 순간, 고민하고 있습니까?

❶ 답을 몰라 고민합니까, 답을 앎에도 고민합니까?
❷ 그럼에도 결단하지 못하는 이유는 무엇입니까?

억지로 지고 가는 십자가 March 31

• 마태복음 27:32

구레네 사람 시몬은 구경꾼 중 하나였습니다. 예수님이 십자가를 지고 골고다로 향하실 때, 길에 서 있던 한 사람(a man)이었습니다. 특별한 누군가가 아니라 무리 중 하나였습니다. 우리와 시몬의 접점이 여기에 있습니다. 우리도 '구레네 시몬'이 될 수 있습니다. 마가는 그를 '알렉산더와 루포의 아버지'로 소개합니다(막 15:21). 바울도 로마서에서 그를 언급합니다(롬 16:13). 시몬은 '지나가는 행인 1'로 남지 않았고, 바울이 특별히 언급할 만한 믿음의 가정을 이루었습니다.

갑자기 예수님의 십자가를 대신 져야 했을 시몬은 황당하고 당황했을 것입니다. 그가 어떤 반응을 보였는지 기록되어 있지는 않지만, 그가 십자가를 졌다는 것, 하나님이 구원 사역에 그 일을 사용하셨다는 것이 중요합니다. 사람들이 정치적 메시아와 군사 행동을 원했을 때, 하나님은 누구도 생각지 못했던 '십자가'라는 방법을 택하셨습니다. 그리고 누구도 생각지 못했던 한 사람(a man), 구레네 시몬을 도구로 사용하셨습니다. 그를 구원의 여정에 초대하셨습니다. 십자가는 미련하고 어리석은 것이 아니라 구원의 능력입니다(고전 1:18).

오늘 내가 'a man', 구레네 시몬입니다. 구레네 시몬은 십자가로 가는 길에 놓인 징검다리 하나만큼의 존재였습니다. 십자가에 못 박히신 분은 예수님입니다. 우리는 그저 '한 사람', 징검다리 하나만큼이면 됩니다. 하나님은 지금, 여기에서, 허락하신 만큼의 십자가를 지게 하십니다. 때로는 억지로 지고 가는 십자가가 되겠지만, 그 십자가가 나를 구원합니다.

은수자 마카리우스가 꿈에 힘겹게 십자가를 지고 가시는 주님을 뵈었습니다. 그는 달려가 "주님, 제발 저에게 십자가를 넘기십시오" 하고 간청했습니다. 거듭되는 간청에도 예수님은 묵묵히 걸으셨습니다. 간청이 반복되자 예수님은 처음 만났던 그 자리를 가리키며 인자한 미소로 말씀하셨습니다. "아들아, 이것은 내 십자가란다. 네가 조금 전에 내려놓은 네 십자가는 저기 있지 않느냐?"

나는 '한 사람'으로서 십자가를 지고 있습니까?

❶ 억지로 진 십자가를 통해 경험한 은혜와 구원이 있습니까?
❷ 지금, 여기에서 나에게 허락하신 십자가는 무엇입니까?

04월

거듭남

° 하나님이 세상을 이처럼 사랑하사
독생자를 주셨으니 이는 그를 믿는 자마다
멸망하지 않고 영생을 얻게 하려 하심이라
_ 요 3:16

십자가 앞, 나는 누구인가? April 01

• 마태복음 27:27-31

마지막까지 예수님 곁에 남은 이들은 소수였습니다. 열광하던 무리는 물론이고 동고동락했던 제자들, 믿음의 동역자도 예수님께 등 돌리고 떠났습니다. 예수님을 바라며, 예수님을 믿는 자들만이 끝까지 남습니다. 내가 믿는 것은 본질입니까, 비본질입니까? 믿음의 본질은 '예수님'을 믿는 것입니다. 그분의 선포와 가르침, 그분이 이루신 구원, 그분의 명령과 약속을 믿는 것입니다. 복음의 핵심은 '하나님 나라, 십자가와 부활, 우리 속에 내주하시는 성령'입니다. 이 중에 무엇을 취사선택할 수 없습니다. 부활과 승리만 선포할 수 있습니까? 십자가와 죽음이 먼저입니다. 십자가를 지기 때문에 부활할 수 있는 것입니다. 죽어야 거듭남을 경험할 수 있습니다.

예수님은 십자가에서 대관식을 치르셨습니다. 제자들이 생각했던 왕의 모습과는 매우 달랐습니다. 군인들이 도열했으나 그분을 조롱하기 위함이었고, 광채 나는 관 대신 가시가 뻗친 면류관을 쓰셨습니다. 주님의 손에는 왕의 규 대신 갈대가 들렸습니다. "그는 근본 하나님의 본체시나 하나님과 동등됨을 취할 것으로 여기지 아니하시고 오히려 자기를 비워 종의 형체를 가지사 사람들과 같이 되셨고 사람의 모양으로 나타나사 자기를 낮추시고 죽기까지 복종하셨으니 곧 십자가에 죽으심이라"(빌 2:6-8).

나는 십자가 앞에 어떤 사람으로 서 있습니까? 우리 안에 여러 모습들이 있습니다. 배신한 제자, 조롱하는 군중, 눈물짓는 여인들, 그분을 못 박는 병사들. 예수님과 십자가의 능력을 의심하고 무시했던 나, 어리석고 미련하다고 여겼던 내가 바로 십자가 주변을 둘러싼 무리 중 하나였습니다. 그분을 십자가에 못 박은 병사 중 하나였습니다. 이제는 십자가를 지고 갈 '한 사람'으로 서야 합니다. 우리의 옛 사람으로 인해 십자가 앞에서 애통해하는 것을 넘어 십자가를 지고 예수를 따르는 자가 되어야 합니다.

나는 십자가 앞에 어떤 사람으로 서 있습니까?

❶ 나의 과거와 현재 모습은 어떻습니까?
❷ 나는 예수님을 믿습니까, 아니면 믿음의 결과만을 바랍니까?

April 02 아버지, 저들을 사하여 주옵소서

• 누가복음 23:34

누군가의 삶을 간명하게 보여 주는 것이 죽음의 순간입니다. 예수님이 십자가에 달린 채 마지막으로 하신 가상칠언(架上七言)을 보면, 예수님이 어떤 분이시며 어떤 삶을 사셨는지 그리고 십자가의 죽음은 무엇을 위함이었는지가 명확히 드러납니다. 예수님이 죽음을 앞두고 십자가에서 하신 첫 번째 말씀은 '용서'였습니다.

"아버지 저들을 사하여 주옵소서 자기들이 하는 것을 알지 못함이니이다"(눅 23:34). 우리는 용서와 사랑을 가장 어려워합니다. "새 계명을 너희에게 주노니 서로 사랑하라 내가 너희를 사랑한 것같이 너희도 서로 사랑하라 너희가 서로 사랑하면 이로써 모든 사람이 너희가 내 제자인 줄 알리라"(요 13:34-35). 예수님은 우리가 사랑할 때 '모든 사람'이 우리를 예수님의 사람으로 인정할 것이라고 말씀하십니다. '많은 사람'이 아니라 '모든 사람'입니다. 용서하고 사랑하는 것이 얼마나 어려운 일인지를 보여 주는 대목입니다.

예수님은 십자가에서 '용서'하셨습니다. 죄 없으신 예수님은 십자가를 지실 이유가 없었습니다. 그런데도 예수님은 십자가를 지셨습니다. 십자가는 억울하고, 비합리적이고, 비논리적입니다. '어떻게 나한테 이럴 수 있어? 왜 내가 그래야 하지?' 그것이 십자가입니다. 조금 버겁거나 힘든 일들은 십자가가 아니라 짐 혹은 수고입니다. 예수님은 '자기 십자가를 지고 나를 따르라'고 말씀하셨습니다.

십자가의 용서에는 아픔과 눈물이 동반됩니다. 억울하고 이해되지 않는 고통일 것입니다. 상대방이나 상황이 변할 것 같지 않아 두려울 것입니다. 반복되는 용서에도 불구하고, 문제가 반복됩니다. 지치고 상처받습니다. 왜 나만 용서하라고 하는지 억울합니다. 그럼에도 하나님은 용서하고 사랑하라고 말씀하십니다. 결국, 우리는 절망하며 울부짖게 됩니다. "나는 할 수 없습니다!" 그렇습니다. 용서는 하나님께 위임해야만 할 수 있습니다. 용서의 첫걸음은 하나님께 간구하고 위임하는 것입니다. "아버지, 저들을 사하여 주옵소서."

나는 용서의 첫발을 내딛습니까?

❶ 나는 용서할 수 없다는 것을 인정합니까?
❷ 용서의 첫걸음, 하나님께 간구하며 위임합니까?

용서, 믿음과 사랑으로 April 03

• 누가복음 23:34; 로마서 5:8

용서는 일방적인 것이 아니라 쌍방이 동참해야 합니다. 하나님은 도저히 받아들일 수 없는 죄인들을 받아들이셨습니다. 이것이 하나님 사랑의 본질입니다. 그러나 거룩하신 하나님은 죄와 함께하실 수 없는 분입니다. 내가 여전히 죄와 함께하는 한 하나님의 사랑이 아무리 크다 해도 용서는 완결되지 않습니다. 하나님은 우리가 아직 죄인 되었을 때, 사랑하기로 결정하셨습니다(롬 5:8). 반성의 기미가 있거나 삶이 변해서 사랑하신 것이 아닙니다. 하나님은 돌아올 수 있는 길을 열어 두셨습니다. 돌아올 것인가는 죄인의 선택입니다(눅 15:20).

사람과 사람 사이의 용서도 마찬가지입니다. "새 계명을 너희에게 주노니 서로 사랑하라 내가 너희를 사랑한 것같이 너희도 서로 사랑하라"(요 13:34). 사랑은 상대방을 받아들이기로 결단하는 것입니다. 마음의 문을 열고, 그가 돌아올 길을 열어 두는 것입니다. 상대방의 변화나 반성과 상관없습니다. 끝까지 사랑한다 해도 상대방이 돌아와야 용서가 완결됩니다. 사랑은 죄를 용납하거나 덮어 주는 것이 아닙니다. 용서의 테이블에 나아가는 이들은 누구나 하나님 앞에서 자기 죄를 정직하게 바라보고 뉘우쳐야 합니다. 어떻게 해야 할지 하나님의 뜻을 묻고 순종해야 합니다. 즉 회개하는 것입니다. 온전한 사랑과 온전한 배제(회개)가 만날 때, 비로소 용서가 완결됩니다. 그래서 십자가는 '용서'의 상징입니다.

용서의 전 과정을 주께 온전히 양도하십시오. 모든 상황과 주권이 주께 있습니다. 우리는 연약하여 사랑할 수 없고 어리석어 회개할 수 없습니다. 성령께 나의 전 존재를 위임할 때, 사랑하게도 하시고 회개하게도 하십니다. 성령께서 나뿐 아니라 상대방 안에서도 역사하실 것입니다. 그러므로 상대방을 받아들이고 사랑한다는 것은 상대방 안에 계신 성령을 신뢰하는 것이며 사랑하는 것과 같습니다. 좋아하지 않지만, 사랑할 수는 있습니다. 사랑은 감정이 아니라 믿음으로 행하는 결단이기 때문입니다.

나는 용서와 사랑을 선포합니까?

❶ 나와 너, 상황을 최선으로 이끄실 주님을 신뢰합니까?
❷ 용서의 전 과정을 주께 위임하며 '사랑'하기로 결단합니까?

April 04 용서의 기쁨

• 누가복음 23:34; 에베소서 4:32

예수님은 끝까지 '사랑'하셨고, 끝까지 '용서'하셨습니다. 그 사랑과 용서가 오늘날 나에게까지 미쳤습니다. 용서는 연쇄적으로 일어나게 됩니다. "서로 친절하게 하며 불쌍히 여기며 서로 용서하기를 하나님이 그리스도 안에서 너희를 용서하심과 같이 하라"(엡 4:32). 만약 예수님이 십자가에서 시비를 가리고 일의 선후를 따지셨다면 하나님의 뜻, 곧 구원의 역사는 완성되지 못했을 것입니다.

용서에는 기적과 기쁨이 담겼습니다. 예수님은 향유 옥합을 깨뜨린 여인에게 "네 죄 사함을 받았다. 평안히 가라"고 말씀하셨습니다(눅 7:37-50). 여인의 삶에 평안이 주어진 것입니다. 사도 바울은 죄 사함을 받고 그 기쁨을 온 세상에 선포하는 이방인의 사도가 되었습니다(딤전 1:13-16; 롬 11:13). 우리도 예수님의 십자가 죄 사함을 통해 영생을 얻었습니다. 사망에서 생명으로 옮겨지는 놀라운 구원을 누리게 되었습니다(요 5:24).

주님은 모든 사람을 사랑하시되 끝까지 사랑하셨습니다(요 13:1). 자신을 배신할 가룟 유다도, 베드로도 사랑하셨습니다. 베드로는 통곡하며 돌이켰지만, 가룟 유다는 스스로 목숨을 끊었습니다. 하나님의 사랑에 어떻게 반응할지는 각자의 몫입니다. 하나님의 용서가 완결되지 않았다면, 그것은 전적으로 죄인의 문제입니다. 어떠한 죄인이라도 주홍같이 붉은 죄를 자백하고 주께 돌이키면 용서와 구원을 누릴 수 있습니다.

많은 사람이 사랑과 용서를 원합니다. 필립 얀시의 책에 나오는 이야기입니다. 스페인에서 한 아버지가 집 나간 아들을 찾기로 결심하고 신문에 광고를 냈습니다. "사랑하는 아들 파코야, 화요일 정오 몬타나 호텔에서 만나자. 아빠는 너를 다 용서했다. 나를 용서해 다오. 아빠가." 그날 호텔에는 무려 800명의 '파코'가 나와서 저마다 아버지를 기다리고 있었다고 합니다. 오직 (예수님의 십자가) 사랑만이 비난과 고통의 악순환과 비은혜의 사슬을 끊을 수 있습니다.

나는 용서의 기쁨을 누리고 있습니까?

❶ 하나님의 끝없는 사랑에 진정한 회개로 나아갑니까?
❷ 서로를 비난하는 악순환을 끊고, 용서의 자리로 먼저 나아갑니까?

구원은 믿음으로 받는다 April 05

• 누가복음 23:33-43

"오늘 네가 나와 함께 낙원에 있으리라 하시니라"(눅 23:43). 구원은 선물입니다. 모든 권한은 선물을 주는 사람에게 있습니다. 구원의 주권은 하나님께 있습니다. 하나님은 모두가 구원받길 간절히 원하십니다. 하나님이 우리를 먼저 사랑하셨고, 부르셔서 구원의 문을 열어 주셨습니다. 이 일을 위해 인간의 몸을 입고 이 땅에 오셨습니다. 그래서 십자가에 달려 죽으시는 그 순간까지도 죄인을 부르고 구원을 베푸신 것입니다.

선물 받는 자가 마땅히 보여야 할 반응이 있습니다. '믿음의 고백'입니다. 부르심이 먼저이지만, 부르심에 응답하지 않으면 구원받을 수 없습니다. 주님은 죄의 경중이나 종류를 심사하지 않으십니다. 비교는 무의미합니다. 같은 상황의 찰나라도 한 강도는 예수님께 응답하여 구원을 받았고, 한 강도는 비방으로 응답을 대신했습니다.

하나님께 구원받지 못할 사람은 없습니다. 하나님께 용서받지 못할 죄도 없습니다. 부르심에 믿음으로 응답하면 됩니다. 구원에 지각은 없습니다. 이미 오랜 세월이 지나 늦었더라도 기회가 있을 때 즉시 응답해야 합니다. 예수님의 십자가는 흉악한 강도들 사이에 세워졌습니다. 거룩하신 하나님의 구원 역사는 세상 한가운데서 펼쳐지고 있습니다. 우리가 인식하지 못할 뿐 혹은 알고도 지나쳤을 뿐 하나님은 늘 세상 곳곳에서 우리를 부르고 계십니다.

구원은 어려운 것이 아닙니다. 한 강도는 예수님을 믿지 않고 조롱하며 비방했습니다. 그러나 다른 편 강도는 예수님께 겸손히 간청했습니다. "예수여 당신의 나라에 임하실 때에 나를 기억하소서"(눅 23:42). 그는 죄 없으신 예수님을 알아보았고, 자신의 죄를 고백하며 믿음으로 주께 나아갔습니다. 구원은 지식이나 선행이나 노력으로 받는 것이 아닙니다. 어린아이부터 배움이 없는 사람까지도 받을 수 있는 것이 구원입니다. 구원은 믿음으로 받습니다.

나는 하나님의 부르심에 응답하였습니까?

❶ 문밖에 서서 두드리시는 예수님께 마음의 문을 열었습니까?
❷ 회개에도 때가 있음을 깨닫습니까?

April 06 십자가로 족하다

• 요한복음 3:1-21

부흥회를 마치고 정리할 때쯤 한 청년이 부흥사에게 다가왔습니다. "목사님! 제가 구원을 받으려면, 무슨 일을 해야 하나요?" 부흥사가 답했습니다. "여보게 젊은이! 너무 늦었네. 이미 늦었다니까." 청년은 당황했습니다. "집회에 너무 늦게 온 것은 저도 잘 알고 있습니다. 그래서 늦었다는 말씀인가요?" 부흥사가 웃으며 답했습니다. "자넨 구원받기 위해 뭔가 해야겠다고 생각하지만, 이미 수천 년 전, 구원의 역사는 십자가 위에서 완성되었다네. 지금 자네가 구원받기 위해 할 일은 하나도 없네. 다만 무릎을 꿇고, 그리스도께서 자네를 위해 행하신 일을 받아들이기만 하면 된다네."

구원은 믿음으로 받습니다. 믿기만 하면 됩니다. 니고데모는 믿는 자마다 영생을 얻는다는 말 뒤에 무언가 더 있으리라고 생각했습니다. 그러나 하나님은 이미 모든 대가를 치르셨기 때문에 우리가 할 일은 믿는 것뿐입니다. 문제는 우리의 '굳은 마음'입니다. 하나님은 죽게 된 이스라엘 백성에게 '놋뱀을 보면 살리라'(민 21:8)라고 말씀하셨습니다. 실제 놋뱀을 쳐다본 사람들은 모두 살았습니다(민 21:9). 굳은 마음이 들어서면, 믿지 않고 순종하지 않습니다. 감사가 사라지고, 이성과 노력이 작동하기 시작합니다.

믿음으로 구원받은 자들이 할 일은 사랑입니다. 하나님은 우리와 함께하시려고 값을 치르셨습니다. 하나님이 말씀하시고 우리가 반응하는, 그 친밀하고 인격적인 관계를 위해 하나님은 우리를 구원하셨습니다. 하나님은 들을 준비와 말씀할 준비가 되셨습니다. 가장 좋은 것을 줄 준비도 되셨습니다(마 7:7, 11). 하나님의 사랑을 의심하지 마십시오. 아버지는 독생자의 피 값으로 구하신 당신의 자녀들에게 아낌없이 주십니다(롬 8:32). 자녀들 속에 성령으로 거하셔서 모든 순간을 함께하십니다. 나는 이방인이 아닙니다(마 6:32). 자녀로서 아버지와 마음껏 사랑을 누리십시오. 십자가면 족합니다. 믿음이면 족합니다.

나는 하나님의 사랑을 온전히 누리고 있습니까?

❶ 예수님이 내 죗값을 이미 치러 주셨음을 믿습니까?
❷ 하나님이 나를 속량해 주신 이유를 깨닫습니까?

사랑하는 이에게, 사랑하는 이를 April 07

• 요한복음 19:26-27

"보라 네 어머니라"(요 19:27). 십자가에서 하신 세 번째 말씀은 인간적인 예수님의 모습을 드러내는 장면 중 하나일 것입니다. 어머니와 아들이 서로 아파하고 절규하는 모습을 바라봐야 하는 것은 십자가가 주는 처참하고도 잔혹한 고통의 일면입니다. 예수님은 요한을 가리키며 자기 어머니에게 말씀하셨습니다. "여자여 보소서 아들이니이다." 요한에게도 말씀하십니다. "보라 네 어머니라." 윤성범(전 감신대 학장) 목사는 예수님을 가리켜 인류 최고의 효자라고 말했습니다. 하늘 아버지에게 효성을 다하기 위해 죽기까지 복종하셨고, 죽는 순간까지 육의 어머니를 부탁하신 분이라고 말입니다.

예수님은 '가장 사랑하시는' 제자에게 어머니를 부탁하셨습니다. 하나님 제일 신앙, 하나님 우선 신앙이 때로 가족이나 가정에 대한 무심함으로 왜곡되는 경우를 봅니다. 예수님은 신앙의 이름으로 자행되는 책임 회피나 게으름이나 기만을 경계하시는 분입니다(막 7:11). 예수님은 십자가 곁에 있던 신실한 제자 요한에게 사랑하는 어머니를 맡기셨습니다. 요한에게는 부담스러운 일인 동시에 영광스러운 일이었을 것입니다.

사명은 부담인 동시에 축복이며 영광입니다. 예수님은 하나님의 뜻대로 행하는 자가 내 형제요 자매요 어머니라고 말씀하신 바 있습니다(막 3:35). 예수님은 신실한 제자들에게 그분이 사랑하는 형제, 자매, 어머니를 맡기십니다. 사명을 받았다는 것은 주께서 나를 그 일에 지명하여 부르셨다는 뜻입니다. 그분의 중요한 일, 무엇보다 사랑하는 사람들을 나에게 맡기셨다는 뜻입니다. 예수님은 가장 사랑하는 이에게 가장 사랑하는 이들을 맡겨 주십니다.

나는 주님께 사명 받은 제자입니까?

❶ 나는 예수님께 어떤 제자입니까?
❷ 예수님이 내게 맡겨 주신 사람은 누구입니까?

April 08 죽음에서 생명으로, 어둠에서 빛으로

• 마태복음 27:46; 요한복음 3:16-21

"나의 하나님, 나의 하나님, 어찌하여 나를 버리셨나이까"(마 27:46). 예수님은 "엘리 엘리 라마 사박다니" 하고 크게 소리 지르셨습니다. 그때 해가 빛을 잃고 세상이 어둠에 덮였습니다. 죄 없으신 주님이 온 세상의 죄를 짊어지고 십자가에 달리셨습니다(히 4:15, 7:26-27; 롬 8:3). 그분과 상관없는 추악한 죄들, 그리고 죄로 인해 하나님과 단절되는 완전한 고독과 고립까지 감당하셨습니다. 죄의 삯은 사망입니다. 하나님과의 완전한 단절입니다. 예수님이 대신 죽으심으로써 우리는 모든 빚을 탕감받았습니다. 하나님과 단절되었던 우리가 화평을 누리게 되었습니다(롬 5:1).

그럼에도 이 삶과 생명에는 끝이 있습니다. 죽음입니다. 이제 이 땅에서 우리에게 주어진 시간은 '돌이킴'의 시간, '거듭남'의 시간입니다. 주님의 십자가를 분기점으로, 죽음의 길을 계속 갈 것인가, 아니면 십자가에서 주와 함께 죽고, 주님의 부활에 연합하여 생명의 삶을 살 것인가를 결단해야 합니다. 우리는 애초에 출발선에도 설 수 없는 죄인들이었습니다. 하나님이 자격 없는 우리를 의롭다 여기시어 출발선에 세워 주셨습니다. 이제 우리는 예수님 안에서 푯대를 향해 힘차게 달려 나갈 기회를 얻게 되었습니다(빌 3:14).

예수님의 십자가로 우리가 나아갈 길 또한 열렸습니다. 흑암 속에 길이 보이지 않던 인생, 두려움으로 주저앉던 인생에 빛이 비치었습니다(요 8:12). 빛이 비치면 어둠은 자연스레 사라집니다. 하나님께로 나아갈 길이 밝히 드러났습니다. 이제 그 길로 걸어가면 됩니다. 내 안에 계신 성령께서 스승이 되어 길을 가르쳐 주시고, 걷는 법을 알려 주실 것입니다(요14:6; 시 119:105).

십자가와 함께 새롭게 출발할 준비가 되었습니까?

❶ 단절에서 화평으로, 죽음에서 생명으로 나아가시겠습니까?
❷ 나의 삶은 어둠 가운데 있습니까, 아니면 빛 가운데 있습니까?

십자가에 달리신 하나님 April 09

• 마태복음 11:28-30

compassion(긍휼)은 라틴어 'com'(함께)과 'passio'(고난당하다)가 합쳐진 단어입니다. 즉 '함께 고난당한다'는 뜻입니다. 긍휼로 번역되는 히브리어 '라훔'도 동일합니다. 라훔은 '자궁'(레켐)이란 단어에서 온 말로 어머니가 뱃속 아기와 함께하듯 하나님이 우리의 모든 것을 함께하신다는 의미입니다. 긍휼하신 하나님은 우리와 함께 고통을 겪으십니다. 하나님은 이 땅의 고통과 아픔에 무심하거나 무지하신 분이 아닙니다. 우리 주님은 십자가를 지신 하나님, 십자가에 달리신 하나님입니다.

성경은 개인과 공동체의 실존을 '배'로 표현합니다. 배가 풍랑을 만나듯 나와 우리 공동체의 삶과 사역에는 실존을 흔들 만한 사건들이 발생합니다(마 14:24). 난파의 두려움과 공포에 사로잡힙니다. 풍랑이 이는 바다 한복판에서 어떻게 살아야 할까요? 예수님은 당신의 쉼 안으로 우리를 초대하십니다(마 11:28-30). '멍에도 주와 함께, 쉼도 주와 함께'하는 삶입니다. 복음서에는 예수님이 '불쌍히 여기셨다'라는 말이 자주 등장합니다. '함께 아파하셨다'라는 뜻입니다. 예수님은 능력을 행하시기에 앞서 먼저 나의 아픔에 공감해 주십니다. 내 아픔 그대로를 느끼시는 긍휼하신 주님이십니다.

하나님의 긍휼을 가장 잘 보여 주는 것이 '십자가'입니다. 예수님은 우리의 모든 고난과 고통을 십자가에서 친히 감당하셨습니다. 이로써 모든 이에게 영원한 생명과 안식을 열어 주셨습니다. 우리가 누군가를 '긍휼'히 여길 때, 즉 그들의 아픔을 진심으로 공감할 때, 우리는 참 생명과 참된 쉼을 전하게 됩니다. 잠시의 떡과 음료와 위로뿐 아니라 영원한 양식이요 영원한 생명이요 영원한 쉼의 근원인 예수를 전하게 됩니다. 예수님이 공감하십니다. 주님의 십자가에 잇대어 나의 십자가를 지고 갑니다. 나와 함께 멍에를 지시는 예수님으로 인해 감당할 수 없던 나의 십자가가 가벼워지고, 비로소 쉼을 누리게 됩니다.

나는 예수님의 긍휼을 경험하고 있습니까?

❶ 예수님이 공감하며 함께 아파하심을 깨닫습니까?
❷ 예수님의 초대에 기쁨으로 응하고 있습니까?

April 10 주의 십자가에 잇대어

• 요한복음 15:1-27, 21:18

우리의 십자가가 주께 잇대어 있으면, 주님이 이끄시는 곳으로 갑니다. 우리가 희생과 헌신을 결단하여 험지로 찾아가는 것이 아니라, 주님을 사랑하여 그 안에 거하면 주님이 가시는 곳에 나도 가 있게 된다는 의미입니다. 우리는 연약한 존재입니다. 우리의 선행과 헌신, 희생과 순교는 주님과 나, 온전한 사랑의 관계에서만 가능합니다. 예수님은 베드로에게 늙어서 남이 띠 띠우고 원하지 않는 곳으로 데려갈 것이라고 말씀하셨습니다(요 21:18). "네가 정말 사랑 안에 있으면, 스스로 택하지 않은 곳이라도 능히 남에게 이끌려 갈 것이다. 나를 사랑하는 사람은 자기가 원하지 않는 곳에도 갈 수 있다(헨리 나우웬, 《예수의 길》)."

예수님은 하나님과 사랑의 관계에 계셨습니다(요 14장). 예수님이 십자가를 지실 수 있던 것은 하나님과 온전한 사랑의 관계에 계셨기 때문입니다. 제자들도 예수님 안에 있으면 모든 것을 할 수 있습니다(요 15:5, 7). 제자로서 삶의 열매를 맺을 수 있습니다(요 15:8). 예수님처럼 친구를 위해 목숨을 버릴 수 있고, 사랑할 수 있습니다(요 15:12-13). 포도나무이신 예수님께 붙어 있을 때, 주님의 십자가에 나의 십자가를 잇댈 때, 우리는 능히 나의 십자가를 지고 그분을 따를 수 있습니다.

성경 곳곳에 "두려워하지 말라"는 말씀이 등장합니다. 주님을 잉태한 마리아에게도, 부활하신 주님의 무덤 앞에 선 자들에게도, 풍랑이 이는 바다에 있던 제자들에게도 '두려워하지 말라'는 말씀이 선포됩니다. "사랑 안에 두려움이 없고 온전한 사랑이 두려움을 내쫓나니"(요일 4:18). 주님 안에 거하십시오. 그분의 사랑 안에 거하십시오. 하나님의 사랑은 완전하시므로 두려움을 뚫고 우리 속에 찾아오십니다. 예수님은 두려워하지 말고, 자기 십자가를 지고 나를 따르라 말씀하십니다. 나의 십자가를 예수님의 십자가에 잇대십시오.

나는 주님과 온전한 사랑의 관계 안에 있습니까?

❶ 주님의 십자가에 잇대어 그분이 이끄시는 곳으로 가고 있습니까?
❷ 사랑으로 십자가를 지고 있습니까, 아니면 두려움으로 지고 있습니까?

다 이루었다 April 11

• 요한복음 19:28, 30

"내가 목마르다"(요 19:28). **참 인간이신 예수님은 목마르셨습니다.** 하나님이 인간의 몸을 입고 이 땅에 오셨습니다. '죽음'으로 우리 죄를 속량하시기 위함입니다(히 2:14-15). 제아무리 착하고 성실한 사람도 죄 없는 자가 없습니다(롬 3:10-12). 모두가 자기 죄로 인해 죽습니다. '죄 없으신' 예수님만이 죽음으로 우리를 속량하실 수 있습니다. 참 인간이신 예수님은 인간이 경험할 수 있는 모든 고통을 십자가에서 친히 감당하셨습니다(히 4:15). 예수님도 아프시고, 힘드시고, 목마르셨습니다.

"다 이루었다"(요 19:30). **십자가 위에서 울려 퍼진 위대한 선언입니다.** 예수님은 죽음 직전에 '다 이루었다'고 말씀하셨습니다. 예수님의 죽음은 실패가 아닙니다. 끝이 아닙니다. 《메시지》 성경(영문)의 표현이 더 와 닿습니다. "It's done… complete." 예수님은 이 땅에서 이루실 모든 일을 완수하셨습니다. 예수님의 십자가를 보고 눈물 흘리는 것은 당연합니다. 그러나 거기에만 머문다면 반쪽짜리 복음에 불과합니다. 십자가는 승리의 상징이기도 합니다. 십자가로 인해 부활도 있는 것입니다.

예수님은 무엇을 다 이루셨습니까? 이에 쓰인 헬라어는 '테텔레스타이'입니다. 이 말은 4가지 경우에 사용되었다고 합니다. 첫째, 종이 주인이 맡긴 일을 다 마쳤을 때, 둘째, 제사장들이 제물을 검수하여 흠 없고 온전한 제물임을 확인했을 때, 셋째, 예술가가 심혈을 기울여 작품을 완성했을 때, 넷째, 상인들이 값을 다 지불했을 때 '테텔레스타이!'라고 외쳤습니다. 즉 예수님은 하나님의 뜻을 완전히 이루셨습니다. 흠 없고 온전한 제물로 자기를 단번에 드리셨으며, 십자가에서 모든 죗값을 치르셨습니다(히 9:26). 예수님의 탄생과 모든 사역이 십자가 죽음을 통해 아름답게 완성된 것입니다.

예수님의 십자가는 나에게 어떤 의미입니까?

❶ 죽음, 슬픔, 고통, 눈물 등의 상징일 뿐입니까?
❷ 십자가가 구원의 능력임을 깨닫습니까?

April 12 복된 삶, 복된 죽음

• 누가복음 23:46

“아버지 내 영혼을 아버지 손에 부탁하나이다”(눅 23:46). 예수님의 마지막 말씀은 하나님께 자기 영혼을 부탁하신 것이었습니다. “Father, I place my life in your hands!”(《메시지》 성경). 그것이 예수님의 마지막 호흡이었습니다. 예수님은 우리의 최후 한마디가 무엇이 되어야 하는지 본을 보이셨습니다. “우리 영혼이 아버지의 손에 있습니다.” 마지막 순간, 우리 영혼을 부탁하며 ‘하나님 아버지’를 부를 수 있는 것이 얼마나 복된 일입니까?

예수님은 제자들에게 “너희는 나를 누구라 하느냐”(마 16:15) **물으신 바 있습니다.** 베드로는 “주는 그리스도시요 살아계신 하나님의 아들이시니이다”(마 16:16)라고 답했습니다. 이는 하나님이 베드로에게 깨닫도록 하신 것입니다(마 16:17). 베드로가 그 깨달음을 붙잡고 좀 더 치열하게 묵상했다면 어땠을까요? 베드로는 결국 예수님을 부인하고 배신했습니다. 예수님에 관한 진지한 성찰은 우리 인생과 신앙의 위대한 전환점이 됩니다. 내 삶의 주인과 주체가 완전히 바뀌는 순간이기 때문입니다.

예수님은 다 이루셨습니다. 예수님은 매 순간 주께 위임하고, 하나님의 뜻대로 살아온 삶을 십자가에서 완성하십니다. 죽음 직전까지, 자신의 영혼까지 하나님께 온전히 위임하신 것입니다. 마지막 순간에 ‘다 이루었다’라고 말할 수 있는 것이 가장 복된 인생, 가장 복된 죽음 아닐까요? 순교자들의 마지막도 마찬가지였습니다. 스데반, 바울, 베드로와 수많은 순교자가 그러했습니다. 그들은 고통스러운 죽음을 맞았을지 모르지만, 그 죽음을 실패라고 말하는 사람은 아무도 없습니다. 그들은 주님 안에 거하는 삶을 살았고, 주님 안에서 마지막 순간을 맞이했습니다. 자신의 영혼을 하나님께 온전히 의탁했습니다.

나에게 복된 삶, 복된 죽음은 무엇입니까?

❶ 주님 안에 거하는 복된 인생을 살고 있습니까?
❷ 복된 죽음을 묵상하며 조정할 부분들을 발견합니까?

죽음, 새로운 시작 April 13

• 누가복음 23:46; 요한복음 19:30

죽음은 끝이 아니라 새로운 시작입니다. 요한복음은 예수님의 죽음을 "영혼이 떠났다"라고 표현합니다(요 19:30). 하나님의 손을 향해 떠나가셨고, 새로운 관계가 시작되었습니다. 아프리카의 한 부족은 죽음에 관해 '떠났다'(departed) 대신에 '도착했다'(arrived)라는 표현을 쓴다고 합니다. 죽음은 이 세상을 떠나는 것인 동시에 새로운 세계에 도착하는 것입니다. 우리말에도 '돌아갔다'라는 표현이 있습니다. 그렇습니다. 우리 영혼이 하나님의 손으로 돌아가는 것, 그것이 죽음입니다.

감리교를 창시한 요한 웨슬리는 88세를 일기로 하나님께 돌아갔습니다. 그는 세상을 떠나기 하루 전 이런 고백을 했습니다. "하나님이 우리와 함께 계신다는 사실 이외에는 아무것도 쓸 것이 없다"(Nothing but that God is with us). 그리고 잠시 후 "가장 좋은 것은 하나님이 우리와 함께 계신다는 것이다!"(The best of all, God is with us!)라고 외쳤습니다. 그리고 다음 날 아침, "안녕"(farewell)이란 말을 남기고, 평화롭게 숨을 거두었습니다. 그는 하나님께 영혼을 맡기고, 하나님이 함께하셨던 순간들을 떠올리며 음미하는 가운데 평안한 죽음을 맞았습니다.

예수님은 십자가 위에서 시편 말씀을 성취하셨습니다. "내가 나의 영을 주의 손에 부탁하나이다"(시 31:5). 이 구절은 유대인 어머니들이 잠들기 전 아이들에게 기도로 가르치는 말씀이라고 합니다. "어두운 밤이 도착하기 전에 제 영혼을 주님의 손에 맡기나이다." 진실한 신자의 삶과 죽음에는 죄와 죽음의 권세가 더 이상 힘쓰지 못합니다. 예수님이 친히 정복하셨기 때문입니다. 날마다 내 삶을 주께 맡기듯이, 나의 마지막 순간도 주님께 온전히 맡기십시오. 이 땅에서 주님과 함께이듯, 그곳에서도 주님과 함께일 것입니다.

나에게 죽음은 어떤 의미입니까?

❶ 언제 어디서나 주님과 함께인 곳이 천국임을 믿습니까?
❷ 나에게 가장 좋은 것, 가장 복된 것은 무엇입니까?

April 14 십자가의 능력, 부활의 증인

• 마태복음 27:54, 28:1-10

십자가에는 능력이 있습니다. 형을 집행한 로마 병사는 십자가 아래에서 예수님을 '하나님의 아들'이라 고백했습니다(마 27:54). 예수님의 십자가 옆에 매달렸던 한 강도도 구원을 얻고 낙원을 약속받았습니다(눅 23:43). 십자가와 부활의 빛 아래에서 예수님을 바라볼 때, 그분이 누구신지 온전히 깨달을 수 있습니다. 부활의 능력을 바랍니까? 부활의 소식은 고난의 현장에 있던 이들에게 가장 빨리 전해졌습니다. 주님의 고난에 동참하는 자, 곧 십자가를 묵상하며 그 길을 따르는 자가 가장 먼저 부활의 영광에 참여하게 될 것입니다.

십자가 자리를 지켰던 자들은 예수님을 사랑하던 사람들입니다. 그들은 예수님을 만나고 예수님의 사랑을 경험함으로써 인생이 바뀐 사람들입니다. 막달라 마리아는 귀신 들렸던 여인이고, 다른 '마리아'는 향유 옥합을 깨뜨린 여인 혹은 나사로의 누이, 혹은 그들만큼 예수님의 극진한 사랑과 긍휼을 경험했던 여인이었을 것입니다. 그리고 십자가 곁에 '요한'이 있었습니다.

그들은 부활 소식을 가장 먼저 듣고, 부활을 목격했습니다(마 28:7-9). 부활 소식을 들었을 때, 그들은 '두려움에도 불구하고 기쁨으로, 빨리 무덤을 떠나 제자들에게 알리려고 달음질'했습니다. 그들은 예수님의 발을 '붙잡고' 경배했습니다. 부활하신 예수님을 꼭 붙들고 있던 여인들의 심정은 어땠을까요? 오래도록 주님과 함께하고 싶지 않았을까요? 그러나 주님은 "가라. 부활의 소식을 전하라!"라고 명령하십니다.

부활 소식을 들은 자들은 세상 속으로 들어가야 합니다. 주님이 살아나셨음을, 지금도 살아계심을 증거해야 합니다. 마치 예수님이 죽으신 것처럼 여전히 왕의 자리에 앉아 있는 자들, 스스로 변화된 삶을 살고자 애쓰는 이들에게 주님이 살아계심을 전하십시오. 예수님은 부활하셨고, 살아계셔서 나를 살피시며, 깨닫게 하시고, 매 순간 인도하십니다.

나는 예수님의 부활을 믿습니까?

❶ 부활하신 주님이 지금도 살아 역사하심을 믿습니까?
❷ 날마다 내 삶을 이끄시는 부활의 주님을 경험합니까?

부활을 경험하는 삶 April 15

• 고린도전서 15:12-20

부활은 나에게 어떤 의미입니까? 부활 신앙은 기독교의 핵심입니다. 참 그리스도인인가를 가늠할 만한 중요한 기준입니다. 부활은 '죽음'을 전제로 합니다. 예수님은 참 인간이셨기에 '죽으셨습니다.' 그러나 예수님은 '죄 없으신' 참 하나님입니다. 예수님은 인간의 죄를 속량하려 인간의 몸을 입고 오신 하나님입니다. 예수님이 모든 죄를 대신하여 죽으심으로써 인간은 죄의 문제에서 해방되었습니다(히 2:14-18). 우리의 옛 사람은 주와 함께 십자가에서 죽었습니다. 예수님의 부활을 통해 우리도 새 생명을 얻어 거듭난 존재가 되었습니다(롬 6:4-5; 갈 2:20).

부활은 새로운 생명, 새로운 삶을 의미합니다. 죄에 얽매인 종의 삶, 곧 죄책감과 두려움에서 벗어나 하나님의 자녀가 되는 것입니다. 내 몸은 예수님의 거룩한 영인 성령이 거하시는 성전이 됩니다(고전 3:16). 내 안에 계신 성령과 함께하는 새로운 삶이 열렸으니 이제는 자녀로서의 권세를 누리며 새 일을 행하는 존재로서 살아가면 됩니다(사 43:1; 벧전 2:9). 전에는 죽고 싶은 인생, 죽음을 두려워하는 인생이었으나 죽음 권세를 이기신 예수님을 힘입어 생명과 천국을 누리며 살아가게 된 것입니다. 물과 불을 만나지 않는 것이 아닙니다. 물과 불을 지날 때도 주님과 함께하는 것입니다. "내가 세상 끝날까지 너희와 항상 함께 있으리라"(마 28:20).

날마다 부활을 경험한다는 것은 부활하신 주님과 함께 살아가는 것입니다. 부활하셔서 살아계신 주님은 모든 것을 다스리고 계십니다. 매 순간 우리를 살피시고 인도하십니다. 부활하신 예수님과 함께하는 사람은 삶의 기쁨과 소중함을 깨닫습니다. 주님은 내가 아뢴 작은 문제 하나도 지나치지 않고 돌보시며 우리를 건지십니다. 날마다 주님을 만나고 날마다 구원을 경험하니 죽음의 순간에도, 죽음 이후에도 주께서 나와 함께하시리라는 견고한 믿음이 생깁니다.

나는 날마다 부활을 경험합니까?

❶ 죽으시고 부활하셔서, 지금도 살아계신 주님을 믿습니까?
❷ 매일 함께하시며, 매 순간 도우시는 살아계신 주님을 경험합니까?

April 16 몸의 부활을 믿는가?

• 요한복음 11:25-26; 고린도전서 15:44

우리는 사도신경을 통해 몸의 부활과 영생을 믿는다고 고백합니다. 그러나 '아는 것'과 '믿는 것'이 늘 동일하지는 않습니다. 그럼에도 '아는 것'은 중요합니다. 마음으로 올바른 지식을 받아들일 때, 건전하고 올바른 신앙으로 나아갈 수 있습니다(롬 10:10). 부활은 '몸은 죽고 영혼만 사는 것'이 아닙니다. 몸도 다시 사는 것이 부활입니다. 부활하신 주님은 의심하는 도마에게 나타나 당신의 못 자국을 만져 보고, 창 자국에 손을 넣어 보라고 말씀하셨습니다(요 20:25). 부활하신 예수님은 제자들에게 '나는 몸을 가졌다'라고 말씀하셨습니다(눅 24:39).

부활하신 '몸'은 어떤 몸일까요? 성경에는 '몸'을 가리키는 두 개의 단어가 있습니다. 첫째, '소마'는 자연적으로 창조된 인간의 신체 상태를 말합니다. 하나님은 인간을 몸과 혼을 구별하여 창조하셨습니다. 둘째, '사륵스'는 '육신'이라는 말로 번역되며 영에 반대되는 개념입니다(롬 8:1-17; 엡 2:3). 하나님을 따라 사는 영적인 사람과 달리 본능적이고 육적인 성격으로 세상 유혹에 쉽게 넘어가는 몸입니다. 부활 후 입게 될 몸은 '신령한 몸'입니다(고전 15:44). 어떤 몸일지는 명확히 알 수 없지만, 소마와 사륵스, 두 몸이 아닌 것은 분명합니다. 몸이 다시 살면, 죄와 유한함으로부터 자유하며 온전히 치유된 몸을 입게 될 것입니다.

어떤 의미에서 우리는 이미 '몸의 부활'을 경험한 사람들입니다. 육신 가운데 살고 있으나 부활하신 주님께서 우리 안에 계심으로써 '신령한 몸'으로 살고 있는 것입니다. 우리는 성령이 거하시는 성전으로서, 영의 것을 따라 사는 거듭난 삶을 살게 되었습니다. '신령한 몸' 또한 '천국'처럼 인간이 생각할 수 있는 것 이상일 것입니다. 자기 한계를 겸허하게 받아들이고, 하나님께 맡기는 것이 믿음입니다. 예수님은 부활을 의심하는 도마에게 나타나 몸을 만져 보도록 하셨습니다. 모르는 것을 인정하고 정직하게 나아갈 때, 주님이 만나 주실 것입니다.

나는 몸의 부활을 믿습니까?

❶ '몸의 부활'에 대한 질문이나 소망이 있습니까?
❷ '신령한 몸'은 나에게 어떤 의미입니까?

영생을 믿는가? April 17

• 요한복음 3:16-18, 36

"영원히 사는 것을 믿습니다"라는 사도신경의 고백은 '죽음'을 전제로 합니다. 하나님은 인간을 흙으로 창조하시고, 그 코에 생기를 불어넣어 생령(生靈)이 되게 하셨습니다. 이 몸에서 영혼이 분리되는 것, 육체에서 영혼이 빠져나가는 것이 '죽음'입니다. 이것이 첫째 사망입니다. '영원히 사는 것'에 대한 고백은 또 다른 죽음을 전제합니다. 영원히 살지 못하는 형벌, 즉 둘째 사망입니다(계 21:8). 영생에는 천국과 지옥이 맞물려 있습니다.

천국은 '하나님의 뜻'이 이루어지는 나라입니다. 하나님 나라는 고통과 불의가 없고, 하나님을 높이고, 다른 이의 가치를 인정하며 하나님께 영광을 돌리는 기쁨이 있는 곳입니다. 하나님의 온전한 다스림이 있는 곳, 우리가 꿈꾸는 완벽한 곳이 천국입니다(계 21장). 지옥은 그 반대입니다. 아담 해밀턴은 '천국을 택하지 않은 자들이 가는 곳'을 지옥이라고 봤습니다. 자기 자신만 생각하는 사람들이 모여 있는 곳, 자기만족만 찾는 사람들이 모인 곳입니다. C. S. 루이스 역시 "지옥은 문이 안에서 잠겨 있는 곳"이라고 말했습니다. 하나님이 그들을 지옥에 보내신 것이 아닙니다. 그들 스스로 선택한 것입니다. 그들은 하나님의 다스림과 구원의 손길을 거부합니다.

천국과 지옥은 이 세상에서 이미 시작됩니다(요 3:18). 우리가 영생을 믿는다는 고백은 '죽음 이후'만의 이야기가 아니라 '현세'를 어떻게 살아갈 것인가의 고백입니다. 하나님의 뜻이 이 땅에 이루어지도록 묻고, 듣고, 순종하며 하나님 나라를 건설해 가는 자들의 고백입니다. 우리는 이 땅에서부터 천국을 누리며 영원한 생명을 소망합니다. C. S. 루이스의 말처럼 이 땅의 삶은 하나님이 우리를 위해 준비해 두신 영생의 삶에 대한 겉표지(cover page)와도 같습니다. '영원한 생명'은 '영원한 심판'의 존재를 상기시킵니다. 영원한 생명과 영원한 죽음! 이 땅에서 해야 할 선택 중 가장 심각하고 중대한 선택이 아닐 수 없습니다.

나는 '영원한 생명'에 담긴 의미를 깨닫습니까?

❶ 지금, 이곳에서 하나님의 다스림을 경험하고 있습니까?
❷ 나는 '영원한 생명'을 선택했습니까?

April 18 부활, 그리스도인의 뿌리

• 골로새서 2:6-7

부활 신앙을 가지면 어떤 삶을 살게 될까요? 철저하게 '가치가 전도된 삶'(upside down kingdom)을 살게 됩니다. 본문은 "너희가 그리스도 예수를 주로 받았으니"(골 2:6)라는 말씀으로 시작합니다. 예수님을 주님으로 모시는 것, 예수님의 십자가와 부활을 믿는 것이 그리스도인의 근본이자 기본입니다.

믿음을 가졌다는 것은 믿음을 가지고 '사는 것'입니다. 누군가를 신뢰하면, 그의 말을 믿고 따르게 되어 있습니다. 그리스도를 주님으로 고백했으면, 실제 그런 삶을 살아야 합니다. 믿음은 주님의 말씀에 '반응'하는 것입니다. 믿음의 결과나 응답에 집착하지 마십시오. 그것은 하나님이 하실 일입니다. 우리가 할 일은 끝까지 한결같은 믿음으로 주님의 뜻을 묻고, 듣고, 순종하는 것입니다. 마지막 때에 믿음으로 하나님 앞에 서는 것입니다.

예수를 주로 받았다는 것은 그 안에서 '행하는 것'입니다(골 2:6). '행하다'의 원어적 의미는 '걷는다'입니다. 매일 걸음마다 그리스도의 주 되심을 인정하며 주님 안에서 걷는 것입니다. 단숨에 달려가는 것이 아닙니다. 매일의 삶에서 주님께 '반응'하고, 내주하신 성령으로 '의'를 행하는 것입니다. 그리스도인은 '부활의 능력'에 깊이 뿌리 내려야 합니다(골 2:7). 뿌리를 깊이 내린 나무는 외부 요인에 쉽게 흔들리지 않습니다. 뿌리를 통해 생명력을 공급받습니다. 부활에 깊이 뿌리내린 신앙은 쉽게 흔들리지 않습니다. 생명 되신 예수, 그분의 거룩한 영으로 인해 배에서 생수의 강이 흘러나옵니다(요일 5:12; 요 7:38).

나의 신앙은 부활에 뿌리내리고 있습니까?

❶ 성령으로부터 날마다 생명을 공급받고 있습니까?
❷ 그저 믿음을 가졌을 뿐입니까, 아니면 믿음대로 살고 있습니까?

선을 넘어서 April 19

• 사도행전 24:5

예수님은 보수와 진보를 넘나드시는 분이었습니다. '율법의 일점일획도 없어지지 않을 것'을 단호히 말씀하시면서도(마 5:18) "…라는 것을 너희가 들었으나 나는 너희에게 이르노니…"라는 표현으로 오랜 전통을 뒤엎는 모습을 보이십니다. 하나님의 말씀은 인간의 기준과 선을 뛰어넘습니다. 그리스도인은 세상의 '선'(lines)에 갇힌 이들이 아닙니다. 모든 인간이 '죽음'이라는 선에 갇혀 살지만, 그리스도인은 그 너머의 부활을 바라보며 살아가는 사람들입니다. 그리스도인은 어둠 가운데 더욱 빛났고, 죽음 가운데 생기를 뿜어냈습니다. 그들의 신앙이 부활에 든든히 뿌리박고 있었기 때문입니다. 기독교 역사는 인간이 그어 놓은 가장 선명하고 명확한 선인 '죽음'을 넘어서는 역사입니다. 그 중심에 부활하신 예수 그리스도와 성령의 역사가 있습니다.

바울은 부활하신 예수님을 만났습니다(행 9:5). 이후 바울은 선을 뛰어넘는 삶을 살았습니다. 사람들이 만들어 놓은 감정, 환경, 상황이라는 제한에 갇히지 않고, '때를 얻든지 못 얻든지' 예수님의 십자가와 부활을 선포했습니다. 헬라인에게는 헬라인처럼, 유대인에게는 유대인처럼, 자유자에게는 자유자가 되어, 종 된 자에게는 종의 모습으로 복음을 전했습니다. 성령이 거하시는 자들에게는 '열정'이 생깁니다. 열정(enthusiasm)의 헬라어 어원, '엔 테오스'는 '신이 우리 안에 있다'는 뜻입니다. 성령께서 우리 안에 임하실 때, 복음에 대한 열정이 솟아오릅니다.

세상은 바울을 '전염병' 같은 자라고 불렀습니다. 전염병은 나나 상대방의 의사와 관계없이 퍼져 나갑니다. 전염병에 걸리는 순간, 퍼뜨린 사람과 똑같은 병에 걸리게 됩니다. 복음도 마찬가지입니다. 전하는 자나 받는 자나 매한가지로 성령의 놀라운 역사 가운데 사로잡히게 되는 것이 복음의 능력입니다. 바울은 단순한 지식 전달자가 아니라 그 자신이 참 그리스도인이었습니다. 바울이 복음과 부활의 능력 안에서 전혀 새로운 존재로 '자리 잡았을'(positioning) 때 그의 삶이 변했고, 복음이 전염병처럼 퍼져 나가기 시작했습니다.

나는 복음으로 전혀 새로운 사람이 되었습니까?

❶ 죽음이라는 선에 갇혀 있습니까, 선 너머 부활을 바라봅니까?
❷ 내 안에 성령께서 주시는 열정이 있습니까?

April 20 믿음이 좋다는 것

• 고린도전서 15:1-11

과연 누가 '믿음이 좋은 사람'일까요? 경건의 모양을 믿음으로 오해하는 경우가 있습니다(딤후 3:5). 경건은 사전적 의미로 '공경하는 마음으로 삼가고 조심함'이란 뜻입니다. 신앙적으로는 '하나님을 두려워하는 것', '하나님께 헌신적인'이라는 의미가 있습니다. 참된 경건은 모양뿐 아니라 능력을 동반합니다. 하나님 앞에서 행하는 경건인지, 사람들에게 보이거나 자기 의를 드러내기 위한 경건인지에 따라 능력의 유무가 드러날 것입니다. 성령으로 행하지 않고는 참된 경건이 나타나지 않습니다. 모양만 취할 뿐 결국은 자신을 위한 노력과 열심이기 때문입니다. 십자가의 죽음 없이는 부활의 능력, 곧 경건의 능력이 나타나지 않습니다.

좋은 믿음과 부활 신앙은 불가분의 관계입니다. 부활 신앙이야말로 '믿음'의 근본이기 때문입니다. 내 삶의 변화는 예수님의 부활과 성령의 역사로부터 시작됩니다. 부활이 아니면 나는 여전히 죄의 어둠과 죽음 가운데 머물러 있게 됩니다. 내 안에 계시는 성령의 존재도 없습니다. 성령이 아니고는 하나님 나라를 누릴 수 없습니다. 부활이 없으면 복음도 헛것이고, 믿음도 헛것이며, 모든 사람 가운데 불쌍한 자가 되어 버리는 것입니다(고전 15:14, 17, 19). 예수님의 부활을 믿는 것에서부터 성령과 구원과 천국의 역사를 경험하게 됩니다.

부활이 내 삶의 능력입니다. 부활하신 예수님은 제자들에게 나타나 맛있는 식탁을 차려 주셨으며 '평강'도 빌어 주셨습니다(눅 24:30, 36). 실의에 빠진 제자에게 찾아가 "네가 나를 사랑하느냐?"라고 물으며 사랑의 손길을 내밀어 주셨고, 사명의 길을 열어 주셨습니다(요 21:15). 부활의 주님이 내 삶을 밝히 비추어 주십니다. 내 삶을 맛있게 변화시키며 관계와 사명을 회복시켜 주십니다. 모든 소망이 끊기고 이젠 끝이라고 생각했을 때, 부활하신 주님이 새로운 시작을 열어 주셨습니다. 성령으로 우리 가운데 임하심으로써 임마누엘의 약속을 지키셨습니다.

내게는 경건의 모양과 능력이 모두 나타납니까?

❶ 나의 믿음과 경건의 모양은 누구를 향하고 있습니까?
❷ 내가 경험한 부활의 능력은 무엇입니까?

옛 사람을 벗고, 새 사람을 입으라 April 21

• 골로새서 3:2-17

성령과 함께하는 믿음의 삶은 성장으로 나아갑니다. 처음에는 성령의 음성에 따라 작은 영역부터 순종하게 됩니다. 하나님을 신뢰함으로써 작은 승리를 맛보게 되면, 순종의 깊이와 넓이가 점차 확장됩니다. 그에 따른 승리와 기쁨도 커집니다. 믿음이 깊어지면, 감정이나 결과에 상관없이 오직 하나님을 깊이 사랑함으로 그분과 연합하며 그 안에 거하게 됩니다. 하나님의 형상과 성품이 그의 신앙과 삶에 자연스레 묻어나게 됩니다.

믿음은 일회적 사건이 아니라 지속적인 결단입니다. 바울은 우리가 '죽었다'고 선포합니다(골 3:3; 롬 6:2). 그럼에도 '날마다 죽는다'고 고백합니다(고전 15:31). 매일 나의 죽음을 인정하고, 성령으로 살아가야 합니다. 믿음은 평범한 일상과 행동에서 드러납니다. 성령이 함께하시면 땅의 것을 버리고 위의 것을 생각하게 됩니다(골 3:1-2). 옛 사람을 벗어 버리고 새 사람을 입은 자로서(골 3:9-14), 분함, 노여움, 악의, 비방, 부끄러운 말, 거짓말 등을 벗어 버려야 합니다. 하나님의 형상을 온전히 회복할 때까지 긍휼과 자비와 겸손과 온유와 오래 참음과 용서와 사랑으로 옷 입어야 합니다.

성령으로 살아갈 때, 완전한 새로움(newness)을 경험하게 됩니다(행 2장). 새 마음과 새 영으로 하나님을 기쁘시게 하려는 자발적인 의지를 갖게 됩니다. 새로운 정체성으로 새로운 삶의 양식에 따라 새로운 사명을 감당하게 됩니다. 살아야 할 이유와 목적을 깨닫게 되는 것입니다. 성령이 임하시면 전혀 새로운 존재, 전혀 새로운 공동체가 탄생하게 됩니다.

나는 어떤 사람, 어떤 행위를 입고 있습니까?

❶ 여전히 입고 있는 옛 사람과 행위는 무엇입니까?
❷ 새로 입어야 할 성품과 행위는 무엇입니까?

April 22 최고의 사명, 사랑에 충성하기

• 요한복음 21:15-18

부활하신 예수님은 베드로를 찾아가셨습니다. 베드로의 실체가 다 드러났는데도 그를 찾아가 다시금 사명을 맡기셨습니다. 예수님이 베드로에게 맡기신 사명은 새로운 것이 아니었습니다. 처음 부름 받을 때의 사명과 동일합니다(마 4:19). 모두 자신의 사명을 명확히 알기를 원합니다. 혹 주님이 이미 사명을 주셨는데 망각한 것은 아닙니까? 나에게 허락하신 자리에 나의 사명이 있습니다. 가정, 일터, 사역 등의 삶의 현장에서 나의 위치와 책임은 무엇입니까? 제자리에서 맡은 역할을 충성스럽게 해내는 것이 우리의 사명입니다.

예수님은 베드로의 사랑을 세 번이나 확인하십니다. 한번은 감정적으로 답할 수 있지만, 두 번째, 세 번째에는 좀 더 생각하게 됩니다. 예수님은 자신과의 관계를 진지하게 점검하길 원하십니다. 친밀한 '사랑의 관계'가 아니고는 사명을 감당할 수 없습니다. 오스왈드 챔버스는 이를 '다 소모하거라'라는 의미로 받아들였습니다. 얼마나 사랑하는지 고백만 하지 말고, 그 사랑으로 '나의 양을 먹이라'는 것입니다.

과연 다 소모하기까지 사랑할 수 있을까요? 나의 자연적 기질이나 능력으로는 불가능합니다. 하나님의 생명력과 사랑과 능력이 나와 내 사명을 지배해야 합니다. 사랑하면 '선택'하지 않고, 그 사랑에 '헌신'합니다. 그 사랑에 충성하는 것이 사명입니다. 선택하려고 하면 또다시 실패하고 실수하게 될 것입니다. 그래서 예수님이 나에게 묻고 계십니다. '네가 나를 사랑하느냐?'

나는 예수님을 사랑하고 있습니까?

❶ 사명과 사역에 몰두합니까, 힘을 다해 사랑합니까?
❷ 나에게 허락하신 자리와 사명은 무엇입니까?

• 호세아 6:1-6

'나는 최선을 다했다.' 우리가 흔히 하기 쉬운 착각입니다. 하나님이 뜻하신 최선인가가 중요합니다. 믿음과 신앙이 성장한다는 것은 하나님과 나 사이의 간격이 줄어드는 것입니다. 간격이 줄어들지 않는다면, 그저 교회를 오래 다닌 것에 불과합니다. 내가 하는 일, 내가 하는 최선이 하나님께도 동일한 의미인가를 물어야 합니다.

지금 내가 하는 것들이 종교적 행위는 아닙니까? 내 방식의 사랑과 호의가 상대방을 늘 기쁘게 만드는 것은 아닙니다. 하나님을 알지 못하는 신앙은 일방적인 종교 행위에 불과합니다. 종교적 행위는 자신이 주도권을 가지며 하나님을 통제하려 합니다. 나의 목적이 달성되지 않으면 '실패'했다고 생각하고 결과들을 애써 외면합니다. 삶이 하나님의 다스림 아래 있다고 믿는 사람은 내 뜻이 아니라 하나님의 뜻을 살핍니다.

스카이 제서니는 "신앙은 '도덕적 공식'이 아니다"라고 말합니다. "이렇게 살면 잘될 것이라…." 선을 행하며 도덕적으로 살았더니 성공했다는 신앙 간증들을 간혹 듣습니다. 착하게 살아도 고난과 고통이 찾아올 수 있습니다. 하나님은 그저 인간들의 보편적 가치 가운데 머무시는 분이 아닙니다. 하나님의 섭리는 역동적이며 신묘막측하여 인간의 생각과 이해를 뛰어넘습니다.

호세아는 "여호와를 알자, 힘써 알자"(호 6:3)**라고 말합니다.** 피상적으로가 아니라 힘써 알자는 것입니다. 하나님은 우리와 '사랑의 관계'를 맺기 원하십니다. 하나님이 어떤 분인지 알고, 그분의 마음과 뜻과 관심을 헤아리며 행동하는 것입니다. 하나님을 안다는 것은 내적인 결속과 결합, 즉 온전한 연합의 관계입니다. 하나님을 아는 것은 하나님을 '사랑'하는 것입니다. 하나님은 제사가 아니라 나와 사랑하길 원하십니다.

나는 하나님을 잘 알고 있습니까?

❶ 나와 하나님 사이의 간격은 어느 정도입니까?
❷ 하나님과 그분의 마음과 뜻과 관심을 알고 있습니까?

April 24 경건의 모양은 있으나

• 디모데후서 3:5

하나님은 제사가 아닌 자비를 원하십니다. 번제는 때마다 반복되었습니다. 일부 백성들은 번제를 일종의 '면죄부'처럼 여겼을 것입니다. '제사드리는 날이면 다 용서받을 수 있으니, 다른 날은 마음대로 살자'는 영적 해이와 타협에 빠졌을 것입니다. 그들은 하나님과의 관계를 한시적인 관계, 곧 얻을 게 있어 만나는 관계로 변질시켰습니다. 그러나 하나님은 진지하고 지속적인 관계, 신뢰를 바탕으로 한 사랑의 관계를 원하십니다.

나에게 예배와 기도는 어떤 의미입니까? 일주일에 한두 번, 나의 필요와 만족을 위해 하나님을 찾는 것은 아닙니까? 예배에 잘 참석하고, 도덕적으로 바르게 살면 큰 어려움이 없을 것으로 생각합니까? 이는 경건의 모양은 있지만, 하나님과 상관없이 제도와 자기 동력으로 운영되는 종교 행위에 불과합니다. 그들을 움직이는 것은 내주하신 성령이 아니라 그 자신입니다. 경건의 능력이 나타날 리 없습니다. 종교의식과 윤리로 점철된 신앙생활은 고행으로 끝나기 쉽습니다.

혹 하나님을 무시하며 살고 있지는 않습니까? 하나님에 관해 무지하면 본의 아니게 하나님을 무시하며 살게 됩니다. 하나님의 의사와 상관없이 하나님을 대하는 것입니다. 내 방식의 사랑과 예배와 헌신을 행하며 스스로 대견해하거나 스스로 책망하기를 반복합니다. 하나님께 인정과 칭찬을 강요하기도 합니다. 하나님을 향한 경외와 존중이나 사랑은 없고 행위와 열심만 있는 것은 아닙니까(호 6:4)?

나의 신앙에서 경건의 모양과 능력이 모두 나타납니까?

❶ 내 삶과 신앙의 주도권은 누구에게 있습니까?
❷ 나에게 예배와 기도와 하나님과의 관계는 어떤 의미입니까?

하나님과 사랑에 빠지기 April 25

• 마가복음 14:3-6

데이비드 플랫은 "오늘날 교회는 좋은 일을 하면서 본질을 잃어 간다"고 말합니다. 좋은 일도 중요하지만, '누구에게 좋은 것인가'가 더 중요합니다. 예수님은 향유 옥합을 깬 여인을 가리키며 "그가 내게 좋은 일을 했다"라고 말씀하십니다(막 14:6). 예수님과 함께 있던 자들은 여인의 행동을 "허비하는 것"으로 보았습니다(막 14:4). 은연중에 자신이 예수님을 어떤 존재로 생각하는지, 얼마만큼의 가치로 보고 있는지를 들킨 것입니다. 여인은 주님을 사랑했습니다. 예수님은 여인에게 향유 옥합을 깨뜨릴 만큼 중요하고 가치 있는 분이었습니다.

사도 바울은 이 사랑을 다음과 같이 고백합니다. "우리가 만일 미쳤어도 하나님을 위한 것이요 정신이 온전하여도 너희를 위한 것이니 그리스도의 사랑이 우리를 강권하시는도다"(고후 5:13-14). 여인은 오로지 주님께만 집중했습니다. 향유 옥합을 깨뜨리는 것도, 붓는 것도, 얼마나 비난받을 것인가도 중요하지 않았습니다. 하나님을 사랑하면, 매사에 하나님과 그분의 말씀만을 의식하며 따릅니다(요 14:15). 하나님에 대한 견고한 사랑과 신뢰 가운데 모든 것을 감당하게 됩니다(롬 8:35-39).

가장 훌륭한 일, 최고의 일은 '하나님과 사랑에 빠지는 것'입니다. 누가복음 7장에는 예수님을 사랑한 여인이 울며 눈물로 그 발을 적셨다고 나옵니다. 주님 앞에 자신의 존재와 과거, 현재를 모두 드러낸 것입니다. 예수님은 그 여인의 사랑만큼 많은 죄가 사하여졌다고 말씀하십니다(눅 7:47). 주님을 가장 사랑하는 사람이 주님께 가장 큰 사랑을 받습니다. 사랑과 사함의 감격 속에 새로운 삶으로 나아가게 됩니다.

나는 가장 좋은 일, 최고의 일을 하고 있습니까?

❶ 나는 하나님과 참사랑에 빠졌습니까?
❷ 매사에 주님과 그분의 말씀을 의식하며 삽니까?

April 26 하나님 안에 거하기

• 히브리서 13:5-6

하나님 안에 거한다는 것은 무엇일까요? 우리는 현상이나 경험에 붙잡혀 삽니다. 안정적인 삶을 위해 물질, 권력, 인맥을 얻으려 애쓰지만, 도리어 그 과정이 우리를 더 불안하게 하고 힘들게 만듭니다. 하나님과의 친밀함을 영적 체험이나 만족으로 가늠하려는 경우도 있습니다. 하나님 안에 거한다는 것은 현상이나 감정을 '감지'하여 느끼는 안정과 평안이 아닙니다(요 14:27). 우리가 하나님 안에 있고, 하나님이 우리 안에 계실 때, 하나님을 향한 의식이 자연스럽게 표출되는 것입니다.

하나님 안에 거하십시오. 하나님 앞에 모든 영역을 개방하고 위임하십시오. 세상 방식에 따라 현상과 경험에 붙잡혀 살던 삶을 버리고 하나님의 방식으로 전환하는 것입니다. 이러한 전환에는 적잖은 불편과 고통이 있을 것입니다. 순교만큼 어려운 것이 '사는 것', 곧 '주님'을 위해 사는 것입니다. 그러나 하나님이 약속하십니다. '버리지 아니하고, 떠나지 아니하리라!'(히 13:5) 우리는 결코 혼자가 아니며 하나님의 돌보심에서 벗어나지 않습니다.

아버지는 농부, 예수님은 포도나무, 우리는 가지입니다. 포도나무에 연결된 가지는 영양분을 공급받고 열매를 맺습니다. 농부이신 아버지가 우리 인생에 불필요한 것들을 가지치기하며 가꾸십니다. 가지가 할 수 있거나 해야 할 일은 없습니다. 그저 연결되어 있으면 됩니다. 하나님 안에 거하기만 하면 됩니다. 가지치기가 아니라 가지 자체가 꺾이면 큰일입니다. 욕심·교만·불신앙이 일면 가지가 꺾입니다. 곧 넘어지고 말라서 죽게 됩니다(약 1:15; 잠 16:5, 18).

나는 하나님 안에 거하고 있습니까?

❶ 나는 무엇으로부터 평안과 안정감을 얻습니까?
❷ 가지치기하고 있습니까, 아니면 가지 자체가 꺾였습니까?

최고이신 그분께 모든 짐을 April 27

• 시편 55:22

우리 인생의 문제와 신앙의 문제는 짐이 아닙니다. 나 혼자 해결하려 할 때 짐이 됩니다. 우리가 쓰러지는 것은 짐 때문이 아니라 그 짐을 맡기지 못하기 때문입니다. 신자와 불신자의 차이가 무엇인가요? 예수 믿는 사람들에게도 불신자가 겪는 똑같은 문제와 역경들이 찾아옵니다. 그러나 성도들에게는 무거운 짐을 맡길 곳이 있습니다(찬 337장).

우리에게 필요한 지혜는 져야 할 짐과 맡겨야 할 짐을 구별하는 것입니다. 하나님이 우리에게 의도적으로 주시는 짐들이 있습니다. '다시 주님께 맡기는 훈련'을 하게 하려고 지우신 짐들입니다. 그런데 주님의 의도와 달리 우리는 그 짐을 '지려고' 합니다. 하나님이 의도하지 않으신 각종 의무와 책임감에서 벗어나십시오. 우리가 할 일은 주님께 맡기는 것뿐입니다.

'불확실성'만큼 무거운 짐이 없습니다. 아무것도 보이지 않고, 아무것도 잡히지 않을 때 우리는 불안을 느낍니다. 영적인 삶은 '불확실성' 속에서도 '확신'을 누리는 것입니다. 하나님을 확실히 믿을 때, 불확실한 우리 인생과 무거운 짐을 주께 넘길 수 있습니다. "수고하고 무거운 짐 진 자들아 다 내게로 오라 내가 너희를 쉬게 하리라 나는 마음이 온유하고 겸손하니 나의 멍에를 메고 내게 배우라 그리하면 너희 마음이 쉼을 얻으리니 이는 내 멍에는 쉽고 내 짐은 가벼움이라"(마 11:28-30).

나는 주님께 짐을 맡기고 있습니까?

❶ 확실한 하나님께 불확실한 내 삶을 맡기고 있습니까?
❷ 주님께 여전히 맡기지 못한 짐은 무엇입니까?

April 28 종교는 무겁고, 관계는 가볍다

• 마태복음 11:28-30

종교는 무겁고, 관계는 가볍습니다. 하나님은 수고하고 무거운 짐 진 자들을 쉬게 하십니다. 하나님은 우리 죄를 낱낱이 기록하고 조사하는 비밀경찰이나 CCTV 같은 분이 아닙니다. 하나님은 이스라엘을 출애굽 시키셨던 것처럼 우리를 각종 '종교적 제도'와 의무로부터 해방시키십니다. 규칙과 고행, 법조문에 얽매여 더 이상 종노릇하지 마십시오. 하나님은 우리를 깊은 '사랑의 관계'로 초대하십니다.

하나님을 믿는 것은 무거운 짐이 아닙니다. 믿음은 하나님 안에 거하며 깊은 사랑의 관계 속으로 들어가는 것입니다. 하나님 안에 거하게 되면 그분의 선하심과 생명력을 공급받게 됩니다. 빛이신 하나님만 바라보니 그 빛이 반사되어 내 삶과 주변 모두에게 비칩니다(마 5:14-16). 어느새 세상의 빛으로 살아가게 되는 것입니다. 우리는 발광체가 아니라 반사체입니다. 주님을 온전히 바라보면, 보름달이 되어 주변을 환히 비출 수 있습니다.

예수님이 주시는 멍에는 쉽고 가볍습니다. 멍에는 소 두 마리가 함께 멥니다. 어미 소와 아기 소가 함께 멍에를 메면 균형이 잘 안 맞겠지요. 누구의 멍에가 더 무거울까요? 어미 소의 멍에입니다. 예수님과 함께 멍에를 메면 우리 멍에는 가볍게 됩니다. 예수님이 최선과 최상의 길로 이끄시니 나는 그저 따라가기만 하면 됩니다. 인생을 대비하고 개척해야 하는 부담과 근심, 걱정과 염려들로부터 자유하게 됩니다. 내가 져야 할 멍에는 그저 순종하며 따라가는 것뿐입니다. 내비게이션도 때로 실수할 때가 있습니다. 그러나 길은 실수하지 않습니다. 주님은 인도자이실 뿐 아니라 '길' 자체이십니다(요 14:6).

나는 예수님이 주시는 멍에를 메고 있습니까?

❶ 예수님과 함께입니까, 아니면 나 홀로 멍에를 메고 있습니까?
❷ 진리와 생명이신 '예수' 길을 걸어가고 있습니까?

최고의 선물, 평안 April 29

• 요한복음 14:27

주님은 우리에게 '평안' 주기를 원하십니다(마 28:9; 눅 24:36). 평안은 주님을 사랑하며 주님께 최선으로 반응하는 자들이 맛볼 최고의 축복입니다. 하나님이 늘 우리에게 요구하며 명령하시는 것이 지나치다고 생각합니까? 주님이 궁극적으로 주고자 하시는 것은 '평안'입니다.

평안은 '관계'와 직접적인 연관이 있습니다. 참된 평안은 보혜사 성령께서 우리와 함께하실 때 누릴 수 있습니다(요 14:26). 상황과 조건에 상관없이 주님께 나를 온전히 내어 맡길 때 주님의 평안을 맛볼 수 있습니다. 주님이 주시는 평안은 세상의 평안과 다릅니다. 단순히 문제나 근심이 해결된다는 의미가 아닙니다. 문제는 또 생기기 마련입니다. 물질이나 지위나 안전이나 권세나 사람을 통한 안정감은 영원하지 않습니다. 주님과의 살아있는 관계 속에서 부족함 없는 생명과 능력을 공급받습니다.

평안을 위해 죄를 정당화하지는 않습니까? 죄가 분명한데도 변명거리를 찾으며 자기 위안으로 삼는 경우가 있습니다. 책임을 전가하거나 상황을 탓하는 것입니다. 나를 정당화하려는 순간, 이기적인 자아는 하나님께 등을 돌립니다. 정직함으로 자기를 부인하고 십자가를 질 때만이 주님을 따를 수 있습니다(눅 9:23). 자기 권리, 자기주장, 인간적 본성 모두를 주님께 내려놓으십시오. 하나님의 얼굴을 피해서는 평안을 찾지 못합니다.

왜 평안을 누리지 못합니까? 주님을 떠나 다른 무언가를 통해 나의 존재 의미를 찾기 때문입니다. 나의 가치를 입증하려고 하기 때문입니다. 예수님은 사역을 하시기도 전에 하나님으로부터 사랑하는 아들, 기뻐하는 아들이라 인정받으셨습니다(막 1:11). 하나님은 우리의 '아버지'이십니다. 있는 모습 그대로 그분께 나아가 자녀의 권세를 누리십시오. 실수 없으신 하나님의 판단과 성령의 인도하심을 신뢰할 때, 어떤 상황에서도 평안할 수 있습니다.

나는 최고의 선물, 평안을 누리고 있습니까?

❶ 평안을 누리지 못하는 이유는 무엇입니까?
❷ 하나님 아버지께 있는 모습 그대로 나아가 안깁니까?

April 30 지푸라기를 붙잡는 믿음

• 예레미야 29:11

'물에 빠지면 지푸라기라도 잡는다'라는 속담이 있습니다. 무엇에라도 의지하고 싶은 절박하고도 다급한 상황을 표현한 말입니다. 물에 빠졌을 때는 힘을 빼고 구조자에게 몸을 맡겨야 살 수 있습니다. 마찬가지로 내 힘을 완전히 빼고, 하나님을 의지할 때 구원을 경험할 수 있습니다. 믿음은 나의 무지와 유한함과 죽음을 인정하는 것입니다. 절망의 끝에서 내 힘으로 발버둥치는 것이 아니라 하나님께 도움을 청하고, 주께 모두 맡기는 것입니다.

하나님을 진심으로 신뢰해야 맡길 수 있습니다. 믿음으로 맡기고 순종하면 하나님을 경험하게 됩니다. 육의 눈으로 볼 때는 절망하고 원망할 것뿐이지만, 영의 눈으로 볼 때는 하나님의 일들이 보이고, 바라며 소망하게 됩니다. 지푸라기가 아니라 하나님의 생각과 뜻을 붙잡아야 합니다(렘 29:11). 주의 뜻대로 실행해야 합니다. 급한 마음에 붙든 것은 나를 살리지 못합니다.

망망대해에서 여러분은 무엇을 붙들겠습니까? 결국은 지푸라기였음을 거듭 확인하는 인생을 살겠습니까? 지푸라기를 의지할 것인가, 아니면 하나님을 의지할 것인가를 결단해야 합니다. 답은 간단합니다. 그럼에도 하나님을 믿는다는 것은 쉽지 않습니다. 우리는 '쉬운 길'이 아니라 '하나님의 길'을 택했습니다. 재앙처럼 보여도 그것이 평안이라 말씀하시면 순복하는 것이 믿음입니다. 하나님은 실수가 없으십니다. 순종의 끝에 주님이 주시는 궁극적인 평안을 맛보게 될 것입니다.

나는 하나님만 붙들고 의지합니까?

❶ 나는 어떤 지푸라기들을 붙잡고 있습니까?
❷ 나는 쉬운 길을 택합니까, 아니면 하나님의 길을 택합니까?

05월

믿음

° 내가 그리스도와 함께 십자가에 못 박혔나니
그런즉 이제는 내가 사는 것이 아니요
오직 내 안에 그리스도께서 사시는 것이라
이제 내가 육체 가운데 사는 것은
나를 사랑하사 나를 위하여 자기 자신을 버리신
하나님의 아들을 믿는 믿음 안에서 사는 것이라
_ 갈 2:20

왜 흔들리는가? May 01

• 민수기 14:1-11

하나님을 믿는 그리스도인에게 가장 힘든 일은 무엇일까요? 샤를 드 푸코는 "하나님을 믿는 것"이라고 답했습니다. 하나님을 믿는다고 하면서도 정작 눈과 마음은 가시적 현상이나 방법들에 빼앗기는 것입니다. 보이지 않는 하나님 대신에 보이는 것을 추구하며 마음을 쏟고 기대하는 것이야말로 우상 숭배입니다. 하나님은 거듭되는 불신앙과 불순종에 "어느 때까지 나를 멸시하겠느냐, 나를 믿지 않겠느냐?"라며 탄식하십니다.

이스라엘은 왜 하나님을 믿지 못했을까요? 백성들은 가나안을 정탐하며 그곳 사람들에게 압도되었습니다. 두려움에 휩싸이자 하나님을 향했던 시선이 분산되고 방향을 잃게 되었습니다. 두려움의 기저에는 '의심'이 있습니다. 그들은 단지 아낙 자손에게 눌린 것이 아니라 하나님에 대한 확신이 없었던 것입니다. 그러나 여호수아와 갈렙은 아낙 자손이 우리의 '먹이'라고 선포합니다. 그들은 하나님의 임재와 능력을 확신했습니다. 진정한 믿음은 하나님과 그분의 강력한 사랑을 믿는 것으로부터 시작됩니다(롬 8:31-39).

이스라엘은 모세와 아론에게 불평했습니다. 두 사람 대신 다른 지휘관을 세워 자신들의 뜻을 이루려 합니다(민 14:4). 사람을 향한 원망 같아 보이지만, 실은 하나님을 향한 불신앙입니다. 모든 상황을 주관하시며 사람을 세우시는 하나님의 주권을 멸시한 것입니다. 보이는 것들은 보이지 않는 것에서 시작됩니다. 영적인 눈을 떠 하나님과 그 역사하시는 손길을 볼 때, 우리는 더 이상 현상에 흔들리지 않습니다.

나는 무엇 때문에 흔들립니까?

❶ 지금 나를 흔드는 문제와 상황들은 무엇입니까?
❷ 하나님과 그분의 능력과 사랑을 확신합니까?

May 02 영적인 눈을 뜨십시오

• 신명기 29:1-9

이스라엘 백성은 출애굽을 경험하고도 하나님을 믿지 않았습니다. 하나님은 그들에게 '깨닫는 마음과 보는 눈과 듣는 귀'를 주지 않았다고 말씀하십니다. 이는 반어적인 표현입니다. 홍해의 기적과 광야에서 샘을 내신 기적과 만나를 주신 기적을 보고도 믿지 못하는 백성들을 책망하고 계신 것입니다. 하나님이 말씀하시지 않거나 능력을 보이지 않으신 것이 아닙니다. 이스라엘이 보려 하지 않고, 들으려 하지 않은 것입니다.

이스라엘은 스스로 인생의 키를 쥐려 했습니다. 자기 지식이나 경험을 가지고 하나님의 역사를 바라보며 판단했습니다. 하나님이 보여 주시는 인생의 항로에 대해 원망하고 불평했습니다(출 14:11). 내 마음대로 키를 잡고 목적지를 바꾸려 했습니다. 하나님을 보는 영적인 눈이 뜨이지 않으면, 하나님과 그분의 일을 볼 수 없습니다. 성경 말씀이 이해되지 않고 하나님이 무엇을 원하시는지도 알 수 없습니다. 방향을 잃고 표류하다가 거대한 풍랑을 만나 흔들리며 파선하게 되는 것입니다.

복된 신앙은 영적인 눈이 열리는 것으로부터 시작됩니다. 영의 일을 이해하지 못하기에 눈으로 확인하고 직접 경험하면 믿겠다는 말을 하는 것입니다. "육에 속한 사람은 하나님의 성령의 일들을 받지 아니하나니 이는 그것들이 그에게는 어리석게 보임이요, 또 그는 그것들을 알 수도 없나니 그러한 일은 영적으로 분별되기 때문이라"(고전 2:14). 하나님은 영이십니다. 영적인 일은 성령으로만 분별할 수 있습니다. 성령으로 우리 삶을 볼 때, 은혜를 은혜로 깨닫습니다(신 29:5).

나는 영적인 눈으로 하나님의 일을 바라보고 있습니까?

❶ 하나님이 보여 주신 항로를 믿음으로 항해합니까?
❷ 육의 눈으로 바라보며 원망하고 불평합니까?

무엇을 믿는가? May 03

• 요한복음 5:39-40

진정한 믿음은 '영생'을 얻기 위한 믿음입니다. 단순히 어떤 것을 믿는다는 개념이 아닙니다. 구원의 확신을 가지고, 영생을 얻기 위해 하나님 앞으로 나아오는가의 문제입니다. 신앙생활과 성경 공부의 목적이 무엇입니까? 예수님을 알고, 믿음으로써 영생을 얻는 것입니다. "너희가 성경에서 영생을 얻는 줄 생각하고 성경을 연구하거니와 이 성경이 곧 내게 대하여 증언하는 것이니라"(요 5:39). 바리새인들은 성경적인 믿음이 아니라 자신들의 믿음을 추구했습니다. 그들은 예수님도, 영생도 원하지 않았을 뿐 아니라 의지적으로 거부(refuse)하기까지 했습니다(요 5:40, NIV).

'영생'은 무엇입니까? 영생이란 죽음이 없는 것입니다. 죽음을 초월하기 때문입니다. 그럼에도 단순히 시간적인 개념만은 아닙니다. 영생의 근거는 예수 그리스도 '자신'입니다(요일 5:11). 하용조 목사는 영생을 가리켜 '단순한 영원불멸이 아니라 하나님의 시간'이라고 말했습니다. 영생하시는 하나님의 인격적인 삶에 동참하며, 영원하신 하나님께 속하는 것입니다.

그리스도인은 이미 영생을 얻었습니다(요 5:24). 영생이신 예수님이 우리 안에 계시기 때문입니다. 우리는 주님으로 인해 부활의 능력과 생명을 누리며 살아갑니다. 육신의 유한함과 문제들에 절망하지 않고, 영원을 소망하며 살아갑니다. 오스왈드 챔버스는 "아무리 연약한 성도라도 그의 모든 것을 '내려놓으면' 하나님의 아들의 거룩한 능력을 체험할 수 있다"라고 말했습니다. 내려놓음은 하나님께 우리 삶을 전적으로 양도(yield)하는 것입니다. 그분이 하시도록(let go) 위임하는 것입니다. 우리가 할 일은 하나님을 믿고, 그분의 말씀에 최선으로 반응하는 것입니다.

나는 무엇을 믿고 있습니까?

❶ 내 소망과 소원을 성취하기 위한 믿음은 아닙니까?
❷ 영생이신 예수를 믿음으로 영생을 누리며 살아갑니까?

May 04 이겨 놓고 싸운다

• 사사기 1:19

하나님은 이스라엘 백성에게 가나안 땅을 주겠다고 약속하셨습니다. 그러나 그냥 주시는 것이 아닙니다. 전쟁을 통해 땅을 점령하게 하셨습니다. 이는 가나안 정복 과정을 통해 지휘관이신 하나님께 순종하는 법을 훈련하기 위함이었습니다. 하나님은 이스라엘이 그분의 약속 안에서 옛 삶의 방식, 즉 죄의 습관을 버리고, 믿음의 군사로 거듭나길 원하셨습니다. 이스라엘을 통해 가나안 땅에 '하나님 나라'를 건설하려 하셨습니다.

그러나 이스라엘은 하나님을 온전히 신뢰하지 못했습니다. 하나님은 분명 유다에게 승리를 약속하신 바 있습니다(삿 1:2). 그러나 유다 자손은 두 번의 전쟁에서 1승 1패의 상반된 결과를 얻었습니다. 하나님의 약속을 믿고 의지하며 전쟁에 임했을 때는 승리했지만, 적의 철 병거에 눈과 마음을 빼앗기고 나서부터는 하나님을 온전히 바라보지 못했습니다. 적의 기세와 자신들의 무력함에 눌려 하나님의 임재와 능력을 제대로 누리지 못한 것입니다.

한계를 넘어서는 순간, 계산은 소용없습니다. 온전히 하나님만을 의지해야 합니다. 하나님이 가리키시는 방향을 향해 힘써 전진해야 합니다. 하나님이 원하시는 방법으로 힘써 반응해야 합니다. 하나님의 능력으로만 싸울 수 있습니다. 때로 상황과 문제에 압도되어 동력 자체를 잃게 되는 경우도 있습니다. 영적 겁쟁이가 되어 전쟁을 시작조차 하지 않으려는 것입니다. 전투 없이는 하나님의 능력도 체험할 수 없습니다. 하나님은 승리를 약속하시고, 전진하라고 명령하십니다. 우리는 이미 이긴 싸움을 하고 있습니다.

나는 하나님을 온전히 신뢰합니까?

❶ 나에게 약속하신 땅(승리)은 무엇입니까?
❷ 나를 주저하게 만드는 적의 무기는 무엇입니까?

예수님께 시선 고정하기 May 05

• 히브리서 3:1

우리는 모두 최고의 삶을 살기 원합니다. 무엇을 바라보고, 무엇을 생각하며 사느냐에 따라 우리의 삶이 결정됩니다. 성경은 '예수를 깊이 생각하라'고 권합니다. 그리스도인(Christian)이면서도 자신의 정체성과 예수님을 별개로 생각하는 사람들이 있습니다. 그리스도인은 '예수님'의 사람입니다. 예수로 보고 듣고 선택하고 결정하는 사람입니다.

믿음은 '이름'의 변화가 아닌 '인격'의 변화입니다. 그리스도인이 된다고 '환경'이 바뀌지는 않습니다. 삶을 바라보는 태도와 관점이 바뀔 뿐입니다. 추상적으로 믿을 것이 아니라, 삶의 주인이신 예수님을 인격적인 관계에서 바라보고 생각하십시오. '거룩한 형제들'은 하나님 나라의 부르심 가운데 있는 사람들입니다. 그들의 인격이 훌륭해서가 아니라 하나님이 그들을 불러 주셨기 때문입니다. 부름받은 우리는 이제 하늘의 거룩한 것을 생각합니다. 하나님의 눈으로 상황과 목표를 바라봅니다.

'거룩함'조차 욕망이나 야망으로 대하지 않습니까? 영적인 것을 추구할 때조차 우리는 유혹에 빠질 수 있습니다. 하나님의 부르심과 뜻을 잊을 때, 거룩한 사명조차도 욕망의 대상이 될 수 있습니다. 예수님은 늘 하나님의 본의와 본심을 기준으로 삼으셨습니다. 그러나 당시 종교 지도자들은 '사랑'의 동기를 잊고, 법령만을 기준으로 삼았습니다.

내 생각을 예수님께 고정하십시오(Fix your thoughts on Jesus)! 예수님께 우리 시선과 생각을 고정할 때만 하나님 나라가 보입니다. 볼 수 있어야 하나님 나라를 향해 달려갈 수도 있습니다. "나의 영혼아 잠잠히 하나님만 바라라 무릇 나의 소망이 그로부터 나오는도다"(시 62:5). 예수님을 바라보면 베드로처럼 물 위를 걸을 수 있지만, 바람을 바라보면 물에 빠지게 됩니다(마 14:29-30).

나는 예수님께 시선과 생각을 고정하고 있습니까?

❶ 주님께 나의 시선을 고정하지 못하는 이유는 무엇입니까?
❷ 지금 내 시선이 고정된 곳은 어디입니까?

May 06 예수님께 집중하기

• 마가복음 9:14-29

우리는 변화산 정상이 아닌 현실에서 살아갑니다(막 9:2-13). 현실은 매 순간 아름답거나 시적이거나 신나지 않습니다. 높은 정상에서 느끼던 희열은 이제 계곡의 일상들로 메워집니다. 우리는 변화산 정상에서 하늘과 땅의 모든 권세가 예수님께 속했음을 확신하게 되었습니다. 그곳에서 하나님의 영광도 보았습니다. 그러나 우리는 일상의 계곡에서 의심하며 흔들립니다.

제자들은 여전히 '문제'에 집중하고 있었습니다(막 9:16, 19). "얼마나 너희에게 참으리요." 꼭 우리를 향해 하시는 말씀 같습니다. 변화산 체험 직후 제자들에게 일어난 사건은 우리가 예배를 마치고 삶으로 돌아간 직후 만날 일들과 동일합니다. 우리는 정상에서뿐 아니라 계곡에서도 예수님께 집중해야 합니다. 어쩌면 계곡에서, 즉 일상과 문제들 가운데서 더욱 예수님께 집중해야 합니다. 집중한다는 것은 산만하지 않게 문제의 본질을 제대로 파악하는 것입니다. 제자들은 군중들, 감시하는 서기관들, 애원하는 아버지로 인해 당황했으며, 상황에 집중하지 못했습니다. 보이고 들리는 것이 너무나 많았습니다.

그러나 예수님은 영혼과 사안의 본질을 직시하셨습니다(막 9:21). 예수님은 원인을 파악하여 치유하셨습니다. 가장 절실했을 아이의 아버지 역시 믿음으로 예수님께 집중했습니다. 예수님은 모든 문제의 답이 되십니다. 기도 외에는 수가 없습니다. 믿음으로 기도하되 문제나 해결방안이나 나의 기대가 아닌 예수님께 집중하십시오. 예수님을 향해 기도의 방향과 내용을 조정하고, 시종을 온전히 맡기십시오. 하늘과 땅의 모든 권세가 예수님께 있습니다.

나는 예수님께 집중하고 있습니까?

❶ 계곡, 곧 일상의 문제 가운데서도 예수님께 집중합니까?
❷ 기도로 주님의 뜻과 때와 방법을 구하고 있습니까?

경건의 훈련 May 07

• 디모데전서 4:6-8

습관은 아주 중요합니다. 하나님과의 관계를 지속적으로 점검하지 않으면, 신앙과 삶이 엉뚱한 곳으로 갈 수 있습니다. 열심과 열정이 있다면 더 큰 일입니다. 더 빨리, 더 멀리 하나님에게서 멀어질 수 있기 때문입니다. 바울은 늘 자기를 쳐 주님께 복종하는 훈련을 했습니다. 열심히 주의 일을 한 후에 도리어 자신이 버림당할까 봐 두려웠기 때문입니다. 나의 열심이 성령으로부터 온 바른 열심인가를 늘 점검해야 합니다.

'신앙생활'은 '실제 생활'입니다. 영적이고 추상적인 무엇, 혹은 허상이 아니라는 뜻입니다. 구체적인 삶의 현장에서 예수 정신으로 살고 있는지, 성경적 가치대로 선택하며 결정하고 있는지 점검해 보십시오. 믿음은 감정이 아닙니다. 주님을 경험한 기쁨과 감격이 진리이신 예수 그리스도에게까지 자라나야 합니다. 하나님의 음성을 듣고 순종하는 믿음의 과정들을 훈련해야 합니다. '하나님 안에서' 시행착오를 겪으며 순전한 믿음의 사람이 되기까지 훈련받아야 합니다.

그리스도인은 성령으로 살아가는 법을 훈련해야 합니다. 우리는 예수님을 통해 하나님의 자녀가 되었습니다(요 1:12; 갈 4:7). 신분이 달라졌으니 그에 따른 직무와 직능도 달라져야 합니다. 하나님 아버지의 자녀로서, 왕의 자녀로서 하나님 나라의 일을 배우고, 내게 주어진 권세를 지혜롭고 덕스럽게 사용하는 방법을 터득해 가야 합니다. 무엇보다 아버지 되신 하나님의 성품과 뜻을 알아야 합니다. 자녀이자 상속자로서 우리의 방향과 의도가 아버지와 같아야 하기 때문입니다. 훈련의 과정, 자녀로서의 삶에는 영광과 함께 감수해야 할 고난도 있습니다(롬 8:17).

나는 하나님의 자녀로 살아가는 훈련을 받고 있습니까?

❶ 하나님 아버지의 성품과 속성을 알고 있습니까?
❷ 자녀로서 영광만 바랍니까, 아니면 고난도 감수합니까?

May 08 성령을 존중하기

• 요한복음 14:26-27

예수님이 승천하신 후, 약속하신 성령이 제자들에게 임했습니다. 성령은 예수님의 거룩한 영이요, 예수님을 부활하게 하신 하나님의 영이요, 진리의 영이십니다(롬 8:11; 고전 12:3; 요일 4:2). 성령은 보혜사(지킬 保, 은혜 惠, 스승 師)로서 위로자요 돕는 이요 변호사요 상담자가 되십니다. 예수님을 믿음으로 영접할 때, 예수님의 거룩한 영인 성령께서 우리 안에 거하십니다(계 3:20).

성령이 우리 안에 계실 때 어떤 일들이 생길까요? 성령은 우리에게 모든 것을 가르치며 주님의 말씀을 생각나게 하십니다(요 14:26). 우리는 부족하고 연약하지만, 성령으로 승리할 수 있습니다. 성령을 존중하며 인도하심을 따를 때, 성령의 열매들이 맺히게 됩니다(갈 5:22-23). 성령의 위대한 강권하심에 사로잡힐 준비가 되어 있습니까? 전문성과 유용성과 효율성에 사로잡혀 여전히 내가 주인 자리에 앉아 있지는 않습니까? 주인 자리를 내드리지 못한다면, 예수님을 '주님'으로 부를 수 없습니다.

성령의 모든 인도하심을 받아들일 준비가 되었습니까? 성령과 친밀하지 않으면 오해나 섭섭함이 생깁니다. 사랑과 신뢰가 없으면 성령의 책망을 받아들이지 못합니다. 성령은 우리 죄와 의와 심판에 대해 책망하십니다(요 16:8). 이는 살리고 평안을 주기 위함입니다(요 14:27). 성령은 우리를 모든 진리 가운데로 인도하길 원하십니다(요 16:13). 진리를 알아 자유롭게 되기를 원하십니다(요 8:32). 성령을 구하십시오. 성령과 온전히 하나가 되십시오.

나는 성령을 존중하고 있습니까?

❶ 주님께 주인 자리를 내드렸습니까?
❷ 성령의 책망까지도 받아들일 준비가 되었습니까?

제한 구역 없애기 May 09

• 갈라디아서 2:20

그리스도인은 '나는 죽고 예수로 사는 사람들'입니다. '죽음'이란 나의 의지와 권리를 주께 온전히 양도한다는 의미입니다. 우리는 때로 주의 일이라는 대의를 앞세워 상대방의 헌신과 죽음을 강요합니다. 자신이 십자가에서 죽었다는 사실을 잊은 사람들의 모습입니다. 자기 죽음을 잊은 자는 여전히 '나' 중심의 삶을 삽니다. 내가 하는 일이 가장 의미 있다고 착각하며 노력과 헌신으로 만족을 채우려 합니다. 헌신하면 헌신할수록 주변의 관계들이 깨어집니다.

나의 의지와 권리를 주님께 온전히 양도했습니까? 자녀, 결혼, 물질, 상처 등과 관련된 영역을 두고 하나님과 흥정하는 경우들이 있습니다. 모든 것을 주님 뜻대로 이루어 달라고 기도하면서도 돌아서서는 하나님이 들어오지 못하게 '제한 구역'을 만드는 것입니다. 99개를 내려놓아도 마지막 1개를 내려놓지 못하면 온전한 믿음이 아닙니다(마 19:21). 얼마나 '많이 믿느냐'가 아니라 '하나님'을 온전히 믿느냐의 문제입니다.

바울은 끊임없이 하나님 앞에 자신을 쳐 복종했습니다(고전 9:27). 그는 어떠한 형편에든지 자족하기를 '배웠다'고 고백합니다(빌 4:11). 끊임없이 내려놓고 위임하며 순종하는 훈련을 통해 믿음을 쌓아 간 것입니다. 또한 내게 능력 주시는 자 안에서 모든 것을 할 수 있다고 고백합니다(빌 4:13). 헬라어 학자 케네스 웨스트는 이 부분을 이렇게 해석합니다. "나는 끊임없이 내게 힘을 불어넣으시는 자 안에서 모든 것을 긍정적으로 맞이한다." 내게 끊임없이 힘을 불어넣으시는 하나님, 그분과의 관계 안에서만 생명과 지혜를 공급받을 수 있습니다. 아름다운 관계와 사역의 열매들을 맺을 수 있습니다.

십자가에서 이미 죽었음을 늘 되새기며 살아갑니까?

❶ 나의 사역과 관계에는 어떤 열매들이 맺혔습니까?
❷ 내가 만든 '제한 구역'들은 무엇입니까?

May 10 날마다 죽노라

• 갈라디아서 2:20; 고린도전서 15:31

십자가 없이는 영광도 없습니다(no cross, no glory). 그러나 축복과 영광을 위해 십자가를 지는 것은 아닙니다. 우리는 십자가에 섣부른 동기와 너무 많은 의미를 부여합니다. 십자가는 수고나 헌신이 아니라 '십자가' 그 자체입니다. 이해되고, 그에 따른 보상이 있기에 지는 것이 아닙니다. 주어진 십자가를 짊어지고, 하나님과 동행하는 것입니다. '왜 나에게 이런 십자가를 주셨을까?' 이를 헤아리고 깨닫는 것도 하나님의 시간 안에 있습니다.

바울은 '날마다 죽노라'라고 고백합니다(고전 15:31). 교만이나 이기심, 탐욕이나 용서하지 못하는 마음은 죽음을 잊은 자들에게 나타나는 표지입니다. 옛 자아, 옛 방식이 어느새 내 신앙과 삶을 잠식해 버리는 것입니다. 날마다 죽음을 상기하며 인정하지 않았다면, 바울은 사도의 직무를 제대로 마치지 못했을 것입니다. 십자가를 지는 것은 단번에 끝나지 않습니다. 끊임없이 지고 가야 할 십자가들이 있습니다.

십자가는 고통인 동시에 기쁨입니다. 주와 함께 십자가를 지지 않으면 고행이 되어 버립니다. 스스로 택한 십자가를 자기 노력으로 감당하면서 자신은 물론 주변 사람들까지 힘들게 만드는 경우를 봅니다. 주님과 함께 십자가에 못 박히십시오. 주님과 함께 주님의 십자가를 지십시오. 그 속에 기쁨과 은혜가 있습니다.

나는 어떤 십자가를 지고 있습니까?

❶ 하나님의 뜻에 따른 십자가입니까?
❷ 하나님과 함께 십자가를 지고 있습니까?

내 안에 그리스도께서 사시는 것이라 May 11

• 갈라디아서 2:20; 역대상 29:11-12

십자가와 나의 죽음이 향하는 바는 단 하나입니다. '내 안에 그리스도께서 사시는 것'입니다. 그리스도인의 정체성은 '내 안에 그리스도께서 사시는 것'에서 시작됩니다. '내가 죽는 것'에서 끝나는 것이 아니라 '예수로 사는 것'으로 나아갑니다. 그리스도인은 자기 삶의 전 영역을 주님께 내드립니다. '하나님의 주권'을 인정하며 하나님의 뜻에 영과 혼과 몸으로 최선을 다해 반응하는 사람입니다.

그리스도인은 모든 일의 시종을 주께 맡깁니다. 나를 지으신 창조주 하나님께 내 인생의 시종을 맡깁니다. 하늘과 땅을 다스리는 권세와 주권을 지니신 하나님께 상황과 형편의 시종을 맡깁니다. 나라는 존재와 나의 인생은 하나님의 위대한 창조 세계 안에 있습니다. '나와 너와 우리'가 창조 순리와 하나님의 섭리 안에 맞물려 있습니다. 그러므로 먼저 그의 나라와 그의 의를 구해야 합니다(마 6:33). 신앙생활은 나의 제자리와 가치 그리고 나의 능력과 사명을 하나님 나라와 그 뜻 안에서 찾아가는 것입니다.

하나님은 무한하시며 무엇에도 제한받지 않으십니다. 하나님은 하나님이 하실 일을 정확히 알고 계십니다. 하나님의 때와 방법과 뜻이 최선이며 최상임을 믿으십시오. 천지 만물과 모든 주권이 주님께 있습니다(대상 29:11-12). 믿음은 하나님의 주권을 인정하고 맡기는 전 과정을 가리킵니다. 나는 하나님이 아니며 유한한 존재라는 사실을 인정하십시오. 하나님의 음성을 듣고 믿음으로 순종할 때, 구원을 얻게 됩니다. 내 안에 계신 그리스도로 살고 있습니까? 주님이 하시지 않으면, 그 어떤 것도 'nothing'입니다.

나는 하나님의 주권을 온전히 인정합니까?

❶ 모든 것의 처음부터 마지막까지 주님께 맡깁니까?
❷ 하나님의 음성을 듣고 믿음으로 순종하고 있습니까?

May 12 성령께서 내 안에 계시는가?

• 로마서 8:26-27; 고린도후서 13:5

성령께서 내 안에 계십니까? 성령이 내 안에 계신 가장 명백한 증거는 '예수님을 주님으로 고백하는 것'입니다(고전 12:3). 이는 성령의 역사입니다. 우리가 하나님을 선택하여 믿은 것이 아닙니다. 하나님이 우리를 먼저 택하셨습니다(요 15:16). 성령은 구체적인 길을 보여 주며 인도하시는 분입니다(요 16:13). 일상과 삶에서 하나님의 음성을 듣게 하시고, 바른길을 택하게 하십니다. 성령의 인도를 받는 자는 하나님의 성품을 닮아 갑니다. 하나님의 사랑과 정의, 긍휼과 자비하심이 그의 삶을 통해 드러납니다.

성령께 붙들린 사람들에게는 놀라운 역사가 일어납니다. 성령이 임한 후 제자들은 새 사람이 되었습니다. 예수님과 그분의 말씀을 온전히 이해하게 되었습니다(행 3:11-26). 학문 없는 범인이었으나 복음에 능한 자들이 되고(행 4:13), 표적과 기사를 행하며(행 5:12), 한마음 한뜻으로 사랑의 공동체를 이루게 되었습니다(행 4:32).

내주하신 성령께 귀 기울일 때 하나님의 음성을 들을 수 있습니다. 우리가 하나님의 음성을 들을 수 있는 것은 '도우시는 성령님'이 계시기 때문입니다. 하나님의 일은 하나님의 영 외에 아무도 알지 못합니다(고전 2:11). 성령으로만 하나님의 뜻을 알 수 있습니다. 우리는 성령의 인도하심에 따라 성경과 기도와 환경과 교회를 통해 하나님의 음성을 들을 수 있습니다.

성령께서 내 안에 거하고 계심을 확신합니까?

❶ 예수님을 주로 고백하며 성령의 인도하심을 받습니까?
❷ 성령을 통해 하나님의 음성을 듣고 있습니까?

하나님의 말씀, 성경 May 13

• 디모데후서 3:16-17

성경은 하나님의 말씀입니다. 성경은 오랜 시간 동안 여러 선지자와 사도들에 의해 기록되었습니다. 성령의 감동에 의해 기록되었기 때문에 성경 66권은 창조에서 종말에 이르기까지 완벽한 일관성을 가지고 있습니다. 성경에 반복되는 말씀이 있습니다. "하나님이 이르시되", "여호와께서 말씀하시되", "이는 나 여호와의 말이니라"…. 성경은 사람을 통해 기록되었지만, '하나님의 말씀'입니다. 성부 하나님의 사랑, 성자 예수님의 십자가 은혜와 부활, 보혜사 성령님의 놀라운 역사가 성경의 지면과 행간들을 가득 채우고 있습니다.

하나님은 성경을 통해 말씀하십니다. '정경'(正經, canon)의 어원인 헬라어 '카논'(kanon)은 '척도, 잣대'라는 뜻이 있습니다. 성경은 모든 것의 기준이 됩니다. 자를 대면 비뚤어진 것들이 드러나듯이 성경에 비추어 보면 진리와 거짓이 판명됩니다. 하나님의 기준과 방법을 알게 됩니다. 그래서 성경은 교훈과 책망과 바르게 함과 의로 교육하기에 유익합니다(딤후 3:16). 우리는 성경을 통해 하나님의 음성을 듣고, 하나님의 뜻대로 우리 삶을 교정해 나갑니다. 말씀대로 순종하여 하나님의 사람으로 온전케 되어 갑니다.

'말씀'이 육신이 되신 분이 예수님입니다(요 1:14). 예수님 안에는 태초에 천지를 창조하신 하나님의 '말씀'의 능력이 있습니다. 성령을 통해 예수님의 말씀을 믿고 하나님의 뜻에 순종할 때, 우리 삶에 새로운 창조가 일어납니다(요 1:1-3). 흑암이 물러가고 빛이 비치며 혼돈 가운데 질서가 생겨날 것입니다. 공허한 삶이 풍성하게 채워지며 생명과 생기로 가득 차게 될 것입니다.

하나님 말씀 속에 담긴 능력을 믿습니까?

❶ 나는 성경이 '하나님'의 말씀임을 믿습니까?
❷ 말씀을 통해 내 삶이 새롭게 창조되어 가고 있습니까?

May 14 성경 묵상하기

• 누가복음 8:4-15

우리는 성경 말씀을 묵상하며 마음 밭을 기경해 나갑니다. 마음의 돌을 제거하고, 딱딱한 심령을 부드럽게 갈아엎으며, 가시 떨기들을 걷어 내야 합니다. 그래야 말씀이 내 안에서 자라기 시작합니다. 묵상은 말씀의 씨앗을 옥토에 떨구는 것과 같습니다. 세상에서 가장 먼 거리는 머리와 마음 사이라고들 합니다. 말씀을 '아는 것'이 머리 차원에 머물러 있는 것입니다. 그 말씀이 마음으로 내려와 온몸에 전달될 때 삶이 변화됩니다.

비움보다 중요한 것이 채움입니다. 내 마음 밭을 깨끗이 소제하는 이유는 하나님으로 충만하게 채우기 위함입니다. 묵상을 통해 참 비움과 채움이 이루어졌을 때, 우리는 하나님이 누구신지 그리고 내가 누구인지 알게 됩니다. 천지 만물의 순리가 창조주 하나님과 그분의 말씀 안에 있습니다. 그래서 성경의 첫 구절은 66권 말씀의 핵심으로 시작합니다. "태초에 하나님이 천지를 창조하시니라"(창 1:1).

작은 씨앗 안에는 큰 나무가 될 모든 것이 함축되어 있습니다. 하나님의 말씀을 '주야'로 묵상할 때, 내 안에 심긴 작은 씨앗이 발아하여 자라가며 믿음의 거목을 이루게 되는 것입니다. 묵상하면 믿음과 행동의 동력을 얻게 됩니다. 하나님이 길과 방향을 보여 주십니다. 묵상의 유익은 실제 묵상하는 사람만이 누릴 수 있습니다.

하나님은 모든 사람에게 말씀하십니다. 의인은 하나님의 말씀을 듣고 반응하지만, 악인은 귀를 막고 하나님의 음성을 거절합니다. 하나님의 말씀이 없는 것이 아닙니다. 들으려 하지 않는 것입니다. 하나님의 음성을 알아듣고 순종하는 것이 복된 삶입니다(시 1편).

나는 묵상의 유익을 누리고 있습니까?

❶ 묵상을 통해 마음을 옥토로 가꾸고 있습니까?
❷ 나를 비워 내고 주님으로 가득 채우고 있습니까?

내 발에 등, 내 길에 빛 May 15

• 시편 119:99-108

성경 묵상은 하나님과의 친밀한 교제입니다. 하나님과 성경의 권위를 인정하고, 경외하는 마음으로 나아가야 합니다. 성경을 임의로 펴서 원하는 답을 얻으려는 조급한 마음이 아니라 하나님과의 '인격적인 대화'를 지향해야 합니다. 무엇보다 믿음으로 하나님의 음성을 들어야 합니다. 동일한 말씀을 주셔도 들을 귀 있는 자만이 주님의 음성을 알아듣고 반응합니다(마 11:20; 히 11:6).

하나님의 말씀은 내 발에 등이요 내 길에 빛입니다(시 119:105). 성경 말씀은 '발에 등'이지 헤드라이트가 아닙니다. 하나님은 걸어갈 만큼만 보여 주십니다. 말씀이 유한한 것이 아니라 인간이 유한합니다. 하나님이 많은 것을 말씀해 주셔도 우리가 다 이해하거나 감당하지 못하는 것입니다. 하나님이 나에게 맞춰 걸음과 보폭을 조정해 주십니다. "내가 네 갈 길을 가르쳐 보이고(instruct) 너를 주목(with mine eye)하여 훈계(guide)하리로다"(시 32:8, KJV). 하나님이 시작에서부터 과정과 나중까지 주관하십니다. 하나님을 신뢰하며 하나님이 보여 주시는 만큼 걸어가십시오.

성경 묵상에는 몇 가지 '일관성'이 있습니다. 하나님은 묵상을 통해 다양한 말씀을 주시지만, 비윤리적인 길, 거룩하지 않은 방법은 결코 보이지 않으십니다. 그분의 '거룩함'을 훼손하는 것이라면 하나님으로부터 온 음성이 아닙니다. 또한 하나님은 당신의 말씀을 반드시 이루십니다(사 14:24). 하나님의 음성을 들은 자는 두 가지로 반응하게 됩니다. 순종 혹은 불순종입니다. 중간 지대는 없습니다. 하나님께 속한 자가 하나님의 말씀을 듣습니다(요 8:47). "내 양은 내 음성을 들으며 나는 그들을 알며 그들은 나를 따르느니라"(요 10:27).

하나님의 말씀이 내 발에 등이요 내 길에 빛입니까?

❶ 오늘 나에게 주신 말씀만큼 순종하고 있습니까?
❷ 하나님의 가르침과 인도하심과 훈계를 받고 있습니까?

May 16 하나님과 홀로 있기

• 마태복음 6:6

우리는 실수를 두려워합니다. 하나님의 사인이나 음성을 분별하지 못할까 봐, 잘못 들을까 봐 두려워합니다. 실수는 실수일 뿐 죄가 아닙니다. 나의 판단과 명철함이 아닌 모든 과정을 인도하실 하나님을 온전히 신뢰하십시오. 하나님은 실수조차 하나님의 섭리 안에 녹여 내십니다. 무지로 인한 실수까지도 훈련과 성장의 도구로 쓰실 수 있는 분입니다. 나의 체질을 아시고, 진심을 아시는 하나님 아버지는 미숙함을 정죄하고 꾸짖으시는 분이 아닙니다. 믿음의 사람들은 시행착오도 '하나님 안에서' 겪습니다.

묵상은 '하나님과 홀로 있기'입니다. 예수전도단의 오대원 목사(David E. Ross)는 에녹을 훌륭한 묵상자로 꼽았습니다. '이 땅 위에서' 사는 동안 하나님께 열중했다는 것입니다. 에녹은 늘 하나님과 동행했습니다. 주와 함께, 주의 길을 걸으며, 주의 말씀대로 '살았습니다'. 에녹은 소란한 세상에서도 하나님과 홀로 있었습니다. 하나님을 진심으로 신뢰하고 사랑하며 말씀에 순종했습니다.

하나님은 '모든 사람'을 말씀의 자리로 초청하십니다. 내가 주님을 초청하는 것이 아니라 그분의 초청에 내가 응답하는 것입니다. 주님이 우리 모두를 부르신 것은 하실 말씀이 있기 때문입니다. 하나님의 음성을 듣는 것은 특별한 은사가 아닙니다. 간절히 청해야만 말씀하시는 것이 아닙니다. 하나님은 모든 사람과 사랑의 대화를 나누기 원하십니다. 우리에게 필요한 것은 '하나님과 홀로 있기'입니다. 묵상은 고요해지면 하는 게 아닙니다. 모든 소리를 차단하고 하나님 앞에 앉는 것입니다.

나는 홀로 하나님 앞에 앉습니까?

❶ 소란한 삶 한복판에서 마음의 기도실을 열고 들어갑니까?
❷ 친밀함과 사랑과 신뢰의 관계를 유지하고 있습니까?

성령으로 기도하기

• 로마서 8:26-27

기도는 쌍방의 인격적인 교제입니다. 성령의 인도하심을 따라 하나님과 교제하는 것입니다. 내 의지로 기도하는 것 같지만, 기도하려는 마음도 하나님이 주시는 것입니다. 성령은 우리가 기도할 바를 알지 못할 때 탄식하며 우리를 위해 간구하시고, 하나님의 뜻대로 기도하도록 우리를 일깨우십니다(롬 8:26-27).

하나님을 조정하려 하지 말고, 하나님께 맞추어 자신을 조정하십시오. 내 생각이나 세상의 조언을 차단하고 골방에 들어가 하나님 앞에 홀로 앉으십시오. 육신의 소리를 차단해야 하나님의 음성을 또렷이 들을 수 있습니다. 성령의 인도하심에 따라 기도할 때, 정욕이나 이기심이 아닌 하나님의 뜻대로 기도하게 됩니다. 하나님을 향한 순복은 절대적인 신뢰에서 나옵니다. 하나님의 성품과 속성을 깊이 묵상한 사람, 하나님의 승리와 구원을 경험한 사람은 기쁨으로 하나님의 뜻을 듣고 행합니다.

성령은 말씀을 통해 기도로 인도하십니다. 성경을 묵상하며 성령께서 깨닫게 하시는 것을 기도로 이어 가십시오. 내가 생각하는 기도 제목과 성령께서 주시는 기도 제목이 다를 수 있습니다. "너희가 기도할 때에 무엇이든지 믿고 구하는 것은 다 받으리라"(마 21:22). 기도의 자리로 인도하실 때는 응답도 예비되어 있습니다. 기도할 뿐 아니라 어떻게 응답하길 원하시는지를 들으십시오. 기도 응답을 받으려면 지금 내가 가장 먼저 해야 할 일이 무엇인지 묵상을 통해 성령의 지도를 받아야 합니다.

나는 성령으로 기도하고 있습니까?

❶ 무엇을 기도해야 할지 성령께 묻고 있습니까?
❷ 응답을 위해 내가 해야 할 일도 듣고 있습니까?

May 18 이렇게 기도하라

• 마태복음 6:5-8

예수님은 위선적이고 종교적인 기도를 경계하라고 말씀하십니다. 종교적인 기도는 하나님과의 친밀함 없이 단지 무언가를 얻기 위해 간구하는 것입니다. 나는 어떤 동기에서 기도하고 있습니까? 은밀한 중에 계신 내 아버지께 기도하고 있습니까? 종교적인 사람은 하나님께 무엇을 얻고자 기도하지만, 복음적인 사람은 하나님을 더 얻기 위해 기도합니다. '은밀함'은 친밀한 사랑의 관계를 의미합니다. 하나님 한 분만 바라며 그분을 더 알기 위해 기도하는 것입니다.

주님은 '중언부언' 기도하지 말라고 말씀하십니다. 세상 사람들은 '누군가는 듣겠지'라는 심정으로 기도합니다. 대상이 명확하지 않으니 때마다 같은 말을 반복하고, 자기 입장과 소원들을 정리하여 전달하는 형태를 띠게 됩니다. 그러나 우리가 기도하는 대상은 명확합니다. 한 분 하나님입니다. 기도는 하나님께 아뢰고, 그분의 말씀을 듣는 인격적인 대화입니다. 미사여구나 많은 말은 기도의 핵심이 아닙니다. 하나님의 음성을 들은 후에 실제 말씀대로 순종하고, 다시 기도의 자리로 나아가 다음 대화를 이어 가야 합니다. 하나님은 이미 응답의 일부로 오늘 우리가 해야 할 일을 말씀해 주십니다. 이를 듣고 순종할 때 우리의 기도와 삶이 날마다 업데이트됩니다.

하나님의 뜻과 계획은 깊고 넓고 큽니다. 하나님 안에서 기도 제목을 찾고, 하나님의 뜻대로 순종하십시오. 나의 기도를 정확히 들으신 하나님은 묵상과 환경과 교회를 통해 날마다 응답으로 이끌어 가실 것입니다. 하나님의 뜻대로 부르심을 입은 자들에게는 모든 것이 합력하여 선을 이룹니다(롬 8:28). 하나님은 현재 일어나는 모든 일 가운데 하나님의 선을 만들어 가고 계십니다.

나는 어떻게 기도하고 있습니까?

❶ 나는 어떤 동기에서 기도하고 있습니까?
❷ 들은 음성대로 삶 속에서 순종하고 있습니까?

우리 아버지 May 19

• 마태복음 6:9

예수님은 우리에게 기도를 가르쳐 주셨습니다. 주님이 가르쳐 주신 기도문은 하나님과 나 사이의 인격적 관계를 중시합니다. 우리가 기도하며 하나님의 음성을 제대로 듣지 못하는 것은 자기중심적인 신앙 때문입니다. 주기도문은 나를 향하던 시선을 하나님 아버지께로 먼저 향하게 만듭니다.

주기도문은 '연합'을 지향합니다. 주기도문에는 '나'라는 표현이 없습니다. 예수님은 개인주의적이며 이기적인 세상 가운데 하나님을 '우리' 아버지라 부르는 공동체 영성을 가르치고 계십니다. '우리'는 국가와 인종과 문화와 세대를 초월하는 '하나님의 가족'을 가리킵니다. 예수님은 성별과 세대 간의 갈등이 충만한 사회를 치유하고 회복할 길을 가르쳐 주셨습니다. 성도들을 향한 하나님의 뜻은 겸손과 온유로 오래 참고, 사랑 안에서 서로를 용납하는 것입니다. 성령으로 하나 되게 하신 것을 힘써 지키는 것입니다(엡 4:1-6).

하나님은 '우리'의 '아버지'입니다. 나의 아버지뿐 아니라 누군가의 아버지도 되십니다. 하나님께 기도할 때, '우리'에 대한 보편적 가치를 잃지 말아야 합니다. 나의 이기적인 기도가 누군가에게 피해나 아픔을 주는 것은 아닌지 살펴야 합니다. '아버지'라는 호칭은 친밀함과 거룩한 초월성을 함께 담아내고 있습니다. 사랑과 친밀함으로 다가가되 하나님의 거룩하심 앞에 경외와 두려움으로 서야 합니다. 진정한 예배자의 자세로 하나님께 기도해야 합니다.

우리는 하나님 아버지의 이름이 거룩히 여김을 받도록 기도합니다(마 6:9). 나를 높이기 위해 하나님의 이름을 이용하는 것이 아닙니다. 하나님의 이름만을 온전히 높이는 것입니다. 이는 거룩한 삶에 대한 결단이기도 합니다. 나와 신앙 공동체의 삶을 통해 하나님의 이름이 온 세상 가운데서 거룩히 여김을 받도록 살겠다는 다짐입니다.

나의 기도는 주기도문의 정신에 부합합니까?

❶ '나'만 위해 기도합니까, 아니면 '우리'를 위해 기도합니까?
❷ 내 삶을 통해 하나님의 이름이 거룩히 여김을 받고 있습니까?

May 20 하나님의 뜻 구하기

• 마태복음 6:10

우리 신앙의 양태가 너무 하늘 중심인 경우를 종종 봅니다. 올리버 웬델 홈스는 "어떤 이들은 너무 하늘만 생각해서 이 땅에 아무런 도움이 되지 않는다"고 말했습니다. 하늘 아버지를 생각하느라 하나님이 창조하신 세상과 하나님이 허락하신 지체들을 간과하고 있지는 않습니까? 이를 악물고 이 세상의 고통을 참으며 '세상을 떠나 천국에 가는 날만 소망한다'는 말도 듣습니다. 세상은 잠시 지나는 거처이며 우리는 모두 나그네 인생이라 말합니다. 맞는 말이지만, 지나치게 치우쳐 왜곡된 하늘 소망입니다.

주님은 하나님 나라를 위해 우리를 이 땅에 보내셨습니다. 오스왈드 챔버스는 영성을 위해 수도원에 들어가기보다 세상 한가운데서 하나님의 뜻을 이루기 위해 치열하게 싸우며 거룩을 이루어 가길 원했습니다. 디트리히 본회퍼도 자신의 저서 《성도의 공동생활》에서 예수님이 자기 형제자매나 친구들과만 사시지 않고, 원수들에 둘러싸여 사셨다고 말했습니다. 우리는 악하고 무질서한 세상 한가운데서 하나님께 더욱 간절히 기도하게 됩니다. 보시기에 좋았던 하나님 나라, 창조의 순리가 다시금 이 땅에 회복되기를 간구합니다.

주기도문에는 그리스도인의 책임이 담겨 있습니다. "하나님의 뜻이 이 땅에서 이루어지기를 바란다면, 우리 뜻을 하나님의 뜻 앞에 내려놓아야 한다. 하나님이 우리의 나라들을 도와주시기를 바라기보다는 이 땅에서 하나님 나라의 종으로 살기로 결심해야 한다"(스카이 제서니, 《예수님의 진심》). 하나님은 당신의 자녀들에게 하나님의 뜻대로 기도하도록 뜻을 알리시고, 특정한 상황들로 이끄십니다. 하나님은 그분의 뜻을 갈망하며 뜻이 이루어지길 기도하는 자들을 사용하십니다. 실제 기도한 대로 하나님의 뜻이 이루어지는 기쁨을 경험하게 되는 것입니다. 하나님은 이 일을 위해 '성령'을 선물로 보내 주셨습니다.

나의 기도는 하나님의 뜻을 구하고 있습니까?

❶ 매 순간, 매사에 하나님의 뜻을 구합니까?
❷ 세상을 등진 채 기도합니까, 세상을 바라보며 기도합니까?

일용할 양식을 주시옵고 May 21

• 마태복음 6:11, 13, 30-33

예수님은 왜 '일용할' 양식을 구하라고 하셨을까요? 하나님은 매일 나와 친밀한 관계 속에 거하길 원하십니다. 하나님은 우리가 매일 그분을 생각하고 의지하며 분복을 풍성히 누리기를 원하십니다. '곳간을 가득 채우는 것'과 '풍성한 인생'을 사는 것이 똑같지는 않습니다. 날마다 주님께 붙어 있는 인생이 풍성한 열매를 맺습니다(요 15:5). '일용할 양식'은 가장 일상적인 것을 뜻합니다. 그날 먹을 빵은 기본적인 양식이요 생존을 위한 필수 요소입니다. 일용할 양식을 구하는 것은 하나님을 향한 믿음으로 가능합니다. 어제 먹이고 살피신 주님이 오늘도 내일도 이어질 미래에도 동일하게 돌보실 것이라는 믿음입니다.

인간의 욕망은 '일용할 양식'에 멈추지 않습니다. 안정감을 누리기 위해 여분을 비축하려 합니다. '필요한 것'과 '원하는 것'을 구별해야 합니다. '필요한 것'이 채워지면 감사하게 되지만, '원하는 것'이 채워지면 또 다른 무언가를 바라며 찾게 됩니다. 원하는 것이 많아지면 늘 결핍과 불안 속에 살아갑니다. 욕망과 집착으로 거칠고 가쁜 숨을 몰아쉬게 됩니다. 개인 간의 갈등뿐 아니라 공동체 간의 갈등이나 국가 간의 갈등도 이로부터 시작됩니다. 일용할 양식에 만족하지 못하여 누군가의 일용할 양식을 빼앗는 가해자가 되어 버립니다.

'일용할 양식'을 위해 기도하십시오. 하나님이 나에게 필요한 것과 필요한 정도를 가장 잘 아십니다. 바울은 하나님에 대한 믿음 안에서 자족하기를 배웠으며, 이러한 자족이 경건에 큰 유익이 됨을 고백했습니다(빌 4:11; 딤전 6:6). "기도하는 법을 배우면 덜 바쁜 삶을 얻지 않는다. 대신, 덜 바쁜 마음을 얻는다. 바삐 돌아가는 바깥세상의 한복판에서도 내적 고요함을 누릴 수 있다"(폴 밀러, 《일상 기도》). 바쁜 세상에서 속도를 줄이고 멈출 수 있는 여유는 '소유'에서 나오는 것이 아닙니다. 하나님과의 관계와 깊은 신뢰에서 나옵니다.

나는 일용할 양식을 구하는 자입니까?

❶ 내가 '원하는 것'과 '필요한 것'은 무엇입니까?
❷ 꼭 필요한 만큼 채우시는 은혜를 경험했습니까?

May 22 우리 죄를 사하여 주시옵고

• 마태복음 6:11-12

주기도문은 앞뒤 구절들이 연결되어 있습니다. 하나님이 '우리 아버지'가 되시고 '거룩하신 분'임을 인정할 때, 우리는 하나님의 뜻을 알게 되며 그분의 뜻을 구하게 됩니다. 하나님의 뜻을 구하게 될 때, '일용할 양식'을 구하는 믿음을 갖게 됩니다. 나에게 필요한 것과 필요한 분량은 하나님이 가장 정확히 아신다는 믿음이 없으면, 우리는 나뿐 아니라 자자손손을 위한 물질과 부를 축적하는 데 온 힘을 쏟게 될 것입니다. 날마다 염려와 두려움, 욕망과 집착 가운데 살아가게 될 것입니다.

우리 몸은 '일용할 양식'을, 우리 영은 '하나님의 용서'를 필요로 합니다. 거듭난 그리스도인이라도 죄에서 자유롭지 않습니다. 날마다 크고 작은 죄를 짓습니다. 그러나 죄의 종이 되지는 않습니다. 그리스도인은 주께서 보혈로 속량하신 하나님의 자녀들이기 때문입니다. 혈기를 부릴 수 있지만, 혈기의 종이 되지는 않는 것입니다. 죄지은 즉시 우리 안에 계신 성령께서 깨닫게 하시고, 회개로 나아가도록 인도하십니다. 뉘우침과 돌이킬 방법들도 성령께서 구체적으로 알려 주시고 이끌어 주십니다. 그러므로 회개는 성도들이 가진 놀라운 은혜요 특권입니다.

죄가 크지만, 하나님의 자비하심이 더 큽니다. 죄 사함을 구하는 기도 속에는 죄의 자백이 전제되어 있습니다. 하나님 앞에 죄를 자백하면 죄의 능력이 사라집니다(요일 1:9). 밝은 빛으로 나아가면 곰팡이들이 더 이상 번지지 못하고 소멸되는 것과 마찬가지입니다. 성령과 함께하는 회개는 주님이 베푸신 은혜를 깨닫게 하고, 주님에 대한 사랑이 자라나게 합니다. 우리의 연약함으로 인해 죄를 단번에 끊어 내지 못할지라도, 성령의 인도하심에 따른 자백과 진정한 뉘우침, 온전한 위임과 순종이 거듭되면서 결국 건강하고 거룩한 삶을 회복하게 됩니다.

나는 죄 사함의 은혜를 누리고 있습니까?

❶ 하나님께 나의 죄를 진심으로 자백하고 있습니까?
❷ 하나님의 뜻을 묻고 순종하며 참으로 회개하고 있습니까?

용서에도 기도가 필요하다 May 23

• 마태복음 6:11-12, 14-15

건강한 영혼은 용서받음과 용서함의 은혜를 모두 누립니다. 용서하지 못하면 하나님이 베풀어 주시는 사랑도 받을 수 없습니다. 하나님이 사랑하지 않으신다거나 그분의 사랑이 부족하다는 뜻이 아닙니다. 용서하지 못하는 영혼, 굳게 닫힌 마음에는 하나님의 사랑이 들어갈 틈이 없습니다. 용서는 내가 할 수 있는 것이 아닙니다. 나의 의지와 노력으로 할 수 없기에 '기도'하라고 가르치신 것입니다. 기도를 통해 용서의 능력을 구하십시오. 성령의 도우심을 구하십시오.

하나님은 세상 기준의 '유책' 이상을 보시는 분입니다. 먼저 나 자신의 죄를 발견하고 인정하며 자백해야 합니다. 내가 온전한 피해자이며 희생자였는지 하나님 앞에 정직히 서십시오. 선택과 결정의 순간, 사안이 진행되는 모든 순간에 하나님과 함께했습니까? 하나님의 뜻과 성령의 인도하심을 따랐습니까? 한편, 용서하지 못하는 마음 가운데는 반복되는 문제와 상처가 있습니다. 혹 '하나님도 이 문제(사람)는 해결하실 수 없을 거야'라고 생각하지는 않습니까? 용서하지 못하는 마음 한편에는 하나님에 대한 불신이 자리 잡고 있습니다.

용서는 미래를 위한 필수적인 과정입니다. 용서는 없던 일로 하거나 그냥 덮어 두는 것이 아닙니다. 상황과 관계와 상처를 모두 하나님께 온전히 올려 드리는 것입니다. 상대방과 상황만이 아니라 나의 내면과 외면 모두를 하나님의 주권에 맡기는 것입니다. 두려움과 아픔으로 하나님께조차 방어적이고 폐쇄적으로 닫아 두었던 그 영역을 열어 드리십시오. 하나님이 상황과 관계 가운데 마음껏 일하시도록 영역과 주권을 내드리십시오. 사랑과 용서는 하나님의 주권에 '나와 너'를 온전히 맡기는 믿음으로부터 시작됩니다.

나는 용서하기 위해 기도하고 있습니까?

❶ 내가 용서하지 못하는 이유는 무엇입니까?
❷ 주님의 능력과 주권을 참으로 신뢰하고 있습니까?

May 24 인도하심 구하기

• 마태복음 6:13; 히브리서 12:1-2

"우리를 시험에 들게 하지 마시옵고 다만 악에서 구하시옵소서"(마 6:13). 주기도문의 마지막 부분은 우리 신앙과 삶에 특히나 중요합니다. 우리의 기도는 죄와 악에서 벗어나는 것 이상이 되어야 합니다. '무언가로부터' 구원받는 것을 넘어 '무엇으로' 인도해 달라는 기도가 되어야 합니다. '우리를 시험에 들게 하지 마시옵고'라는 기도는 우리에게 '의지'가 없다는 뜻이 아닙니다. 그럴 '능력'이 없음을 고백하는 것입니다. 우리는 연약한 존재이기 때문에 늘 주님의 인도하심이 필요합니다.

시험에 들지 않을 능력은 하나님께로부터 옵니다. 우리에게 찾아오는 시험은 결코 가볍지 않고, 무시할 수 없는 것들입니다. 하지만 하나님은 이 시험을 이길 힘을 주시고, 비껴 갈 길을 예비하십니다. 주님은 나를 구하기 위해 십자가에서 죽으셨으며, 부활하심으로 죄와 사망의 권세를 이기셨습니다. 이제 우리는 내주하시는 성령을 통해 부활하신 주님의 능력과 생명을 공급받을 수 있습니다. 하나님의 뜻대로 순종할 수 있습니다. 문제는 우리가 하나님의 인도하심을 구하지 않는다는 것입니다.

하나님의 인도하심은 단순히 말로 기도하는 것 이상의 의미입니다. "주의 도를 내게 보이시고 주의 길을 내게 가르치소서 주의 진리로 나를 지도하시고 교훈하소서"(시 25:4-5). 이러한 상태는 어느 순간에 이루어지는 것이 아닙니다. 끊임없이 훈련받아야만 어떤 상황에서도 반사적으로 고백하게 되는 것입니다. 인도하심을 구하는 것은 그렇게 살겠다는 결단을 동반해야 합니다. 더불어 하나님의 뜻을 묻고 순종하는 일이 몸에 배도록 훈련받아야 합니다. 매 순간 나를 비우고 하나님의 뜻을 채우며 행하는 것, 그것이 주님의 기도입니다.

나는 매 순간 하나님의 인도하심을 구합니까?

❶ 매 순간 인도하심을 구하며 성령으로 살아갑니까?
❷ 인도하심대로 살아가는 훈련을 받고 있습니까?

기도는 삶으로 연결된다 May 25

• 마태복음 6:14-18

우리는 하나님의 관심을 끌기 위해 무언가를 할 필요가 없습니다. 하나님은 이미 우리를 사랑하시며 주목하고 계십니다. 우리 역시 하나님을 사랑하며 신뢰하느냐가 관건입니다. 금식은 단식 투쟁이 아닙니다. 하나님의 긍휼이나 사람들의 인정을 받기 위한 선전 도구도 아닙니다. 하나님은 잘못된 금식을 보시고, "나와 무슨 상관이냐"며 책망하셨습니다(슥 7:5). 예수님은 경건의 훈련을 통해 내 의를 드러내려는 유혹을 경계하십니다.

기도는 하나님께 하는 것입니다. 이방인의 기도는 하나님과 무관하며 자기중심적입니다. 그들은 원하는 것을 원하는 때에 얻으려 합니다. 그러나 그리스도인은 하나님의 뜻 앞에 자기 계획과 생각과 때 등 모든 것을 내려놓습니다. 예수님은 이러한 기도의 온전한 본을 보이셨습니다. "내 아버지여 만일 할 만하시거든 이 잔을 내게서 지나가게 하옵소서 그러나 나의 원대로 마시옵고 아버지의 원대로 하옵소서"(마 26:39).

하나님과의 관계는 삶으로 연결됩니다. "기도에는 하나님이 하시는 일과 너희가 하는 일이 연결되어 있다"(마 6:14, 《메시지》 성경). 본문은 주기도문에 붙은 사족이나 부연이 아니라 기도의 정의(definition)로서 결론에 해당합니다. 하나님 나라와 하나님의 뜻을 향해 기도하게 하신 예수님은 이제 그 뜻대로 살라고 말씀하십니다. '용서'는 하나님 뜻대로 사는 삶의 강력한 표지입니다. '용서'는 노력을 기울여야 할 특정한 사안이 아닙니다. 내 뜻을 비우고 하나님의 뜻을 바라며 순종할 때, 자연히 드러나게 되는 삶의 변화입니다.

나는 기도와 연결된 삶을 살고 있습니까?

❶ 나의 기도는 이방인의 기도입니까, 그리스도인의 기도입니까?
❷ 참 기도자로서의 표지가 삶 속에 드러나고 있습니까?

May 26 전혀 새로운 공동체

• 사도행전 2:42-47

초대교회는 성령으로 한 몸 된 교회였습니다. 철저하게 성령에 붙들린 공동체, 하나님의 통치 아래 운영되는 '하나님 나라' 공동체였습니다. 예수님이 온전히 드러내신 하나님의 뜻을 성령으로 이루어 가는 새로운 공동체가 만들어진 것입니다. 초대교회는 건강하게 부흥하고 성장해 나갔습니다(행 2:47). 단지 사람만 증가한 것이 아니었습니다. '하나님의 사명'에 동참하는 이들이 늘어 가고, '하나님 나라'가 점점 확장되는 참 부흥을 이루었습니다.

세상은 왜 초대교회 공동체를 주목했을까요? 그들에게서 그리스도인의 생활, 곧 변화된 삶을 보았기 때문입니다. 말씀에 기반을 둔 삶, 서로를 인격적인 존재로 대하는 모습, 늘 하나님과 교통하는 경건함, 형제자매 된 이들의 사정과 형편을 살피는 진실됨이 세상 사람들을 감동시켰습니다. 이전에 본 적 없는 전혀 새로운 공동체가 세상 가운데 모습을 드러낸 것입니다. 성령 충만한 공동체에는 기사와 표적이 많이 나타났으며, 세상 사람들은 교회를 경외의 눈길로 바라보았습니다.

세상이 초대교회를 칭송했습니다(행 2:47). 오늘날 깎일 대로 깎인 교회의 위신과 비교되는 모습입니다. 세상은 그들의 건물이나 재정, 인원이나 유력자를 주목한 것이 아닙니다. 그들 안에서 일어난 놀라운 일들과 변화에 주목했습니다. 기독교가 로마 제국에서 공인되기까지 기독교 인구는 전체의 10%를 넘지 않았습니다. 그럼에도 그들은 가장 신실한 사람들로 인정받으며 선한 영향을 끼쳤습니다. 하나님을 진정으로 예배하며, 삶 속에서 신실한 예배자로 살아가는 것이 교회의 본질입니다.

나와 우리 공동체는 어떤 교회입니까?

❶ 우리는 모여서 무엇을 하고 있습니까?
❷ 예수님의 사명과 얼마만큼 닮아 있습니까?

한 성령으로 한 몸 된 교회 May 27

• 에베소서 4:11-16

교회는 건물이 아니라 '회중', 곧 성도들의 모임(에클레시아)입니다. 성경은 교회를 '몸'에 비유합니다. 예수 그리스도께서 교회의 머리 되시며, 성도들은 한 몸을 이루는 지체들입니다. 그리스도의 몸 된 교회는 머리이신 그리스도에게까지 자라나야 합니다. 하나님은 한 성령으로 한 몸 된 교회(지체들)를 통해 당신의 음성과 뜻을 들려주십니다.

교회는 하나님의 역사가 일어나는 현장입니다. 하나님이 그 현장에서 어떤 일을 행하시는지를 볼 때, 우리는 하나님의 뜻을 발견하고 동참하게 됩니다. 교회는 예수 그리스도를 주님으로 시인하는 사람들의 공동체입니다. 그리스도인 안에는 한 성령이 계십니다. 각 지체에게 주신 성령의 음성을 나누며 분별하는 가운데 하나님의 음성과 뜻이 더욱 명확해집니다. 그러므로 모든 지체가 하나님 안에서 건강해야 하며, 그리스도의 장성한 분량이 충만한 데까지 이르도록 '함께' 자라야 합니다. 각자가 하나님의 명확한 음성을 듣고 한마음이 될 때, 사랑 안에서 참된 것을 할 수 있습니다.

하나님은 우리를 교회로 부르셨습니다. 온전한 몸을 이루게 하기 위함입니다. 한 몸에 다양한 지체가 각각의 기능을 담당하듯, 하나님은 다양한 은사를 지닌 서로 다른 성도들을 부르셨습니다. 지체의 우열이나 경중을 가리는 것은 불필요합니다. 지체 하나하나가 건강하고 온전한 몸을 이루는 필수적인 존재들이기 때문입니다. 우리는 새끼발가락이 아플 때 비로소 '아, 새끼발가락이 여기 있었구나' 하고 깨닫게 됩니다. 누군가 돌출 행동을 하거나 문제의 중심에 서 있다면, 그 지체의 아픔을 살피십시오. 생명에 위협이 되지 않는 한, 몸의 그 어떤 부분도 함부로 잘라내지 않습니다. 아픈 부위가 치료받고 회복될 때 온몸이 평안을 얻습니다.

나는 지체들과 함께 성령의 음성을 듣고 있습니까?

❶ 한 성령의 음성을 들으며 한마음을 이루고 있습니까?
❷ 아픈 지체가 회복되도록 돌보며 중보하고 있습니까?

May 28 공동체의 크립토나이트 깨기

• 고린도전서 5:9-13

크립토나이트는 슈퍼맨의 힘을 무력화시킬 수 있는 물질입니다. 1940년대 작가들이 만들어 낸 가상의 물질입니다. 존 비비어는 교회 공동체에도 크립토나이트가 존재한다고 봤습니다. 공동체 전체를 영적 침체와 무기력으로 몰아가는 것, 바로 '죄'입니다. 이스라엘은 아간의 죄로 인해 아이성 전투에서 패배하고 전사자를 냈습니다(수 7장). 이스라엘 전체의 범죄가 아니라 '한 사람'의 죄였습니다. 공동체는 아간의 범죄 사실을 몰랐고, 그의 탐욕에 동조하지 않았음에도 이스라엘 전체가 실패와 영적인 침체를 맞게 되었습니다.

죄는 공동체에 심각한 영향을 미칩니다. 바울은 고린도교회에 있던 음행 문제를 언급하며 당사자가 아닌 리더들을 질책했습니다(고전 5:1-2). 죄는 누룩 같은 전염성을 갖고 있기 때문입니다(고전 5:6). 죄는 공동체를 파괴하며 무력하게 만듭니다. 교회는 죄에 대해 민감하며 민첩해야 합니다. 주님의 사랑으로 '죄인'을 받아들이는 것과 '죄'를 받아들이는 것은 다릅니다. 교회는 죄로부터 누군가를 감춰 주는 것이 아니라 그의 영혼을 살려 내야 합니다(고전 5:5).

한 사람, 한 사람이 모두 깨어 있어야 합니다. 미국의 해군 특수부대 네이비실(Navy SEALs)은 어떤 부대보다 끈끈한 전우애를 자랑한다고 합니다. 그들은 늘 전우를 더 중요하게 생각하기에 후방을 신경 쓰지 않는다고 합니다. 전우들이 뒤를 받쳐 줄 것을 알기 때문입니다. 에베소서에 나오는 전신갑주는 전부 앞을 향하여 있습니다(엡 6:10-18). 뒤를 막는 갑옷은 없습니다. 한 사람, 한 사람이 깨어 전신갑주를 입고 있을 때, 서로를 건강하게 지켜 줄 수 있으며, 이로써 성령의 강력한 부대가 될 수 있습니다.

나와 공동체에 존재하는 크립토나이트는 무엇입니까?

❶ 영적 무기력과 침체를 가져오는 것은 무엇입니까?
❷ 죄를 민첩히 근절하지 못하는 이유는 무엇입니까?

교회를 떠나지 마십시오 May 29

• 고린도전서 1:4, 9

많은 사람이 교회를 떠나고 있습니다. 교회와 관련된 불미스러운 사건 사고 소식을 듣게 됩니다. 세상이 교회를 신뢰하지 않고, 교회의 영적 권위나 영향력도 미미한 시대입니다. 초대교회에도 많은 문제들이 있었습니다. 특히 고린도교회는 모든 문제의 집합소처럼 보입니다. 그럼에도 바울은 교회를 포기하지 않았습니다. 교회는 성령이 거하시는 주님의 성전이요 그리스도의 몸이기 때문입니다. 예수 그리스도께서 교회의 머리이시며, 성도는 한 성령으로 한 몸 된 지체입니다. 각 지체가 몸에 붙어 있는 것은 선택의 문제가 아닙니다(고전 12:12).

교회의 소망은 예수 그리스도입니다. 바울은 그들 안에 계신 주님으로 인해 소망할 수 있었습니다(고전 1:9). 하나님이 망가진 교회를 새롭게 창조하시고, 회복시키실 것을 믿으며 인내로 기도했습니다. 당 짓는 일, 음행, 우상 숭배, 영적 교만, 비방 가운데서도 주님은 성도들과 교제하며 교통하고 계십니다. 교회를 버리거나 포기하지 않고 회복을 위해 오늘도 일하십니다. "교회에 속한다는 것은 불완전한 사람이 다른 불완전한 사람들과 함께 불완전한 공동체를 이루어 예수님을 통해 '함께' 더 나은 미래를 향해 나아간다는 뜻이다"(스캇 솔즈).

마틴 로이드 존스는 "지금은 노래할 때가 아니라 울어야 할 때"라고 말했습니다. 교회 역사에는 오르막길과 내리막길이 교차합니다. 오르막길, 즉 부흥은 되살리는 것입니다. 지금은 사라져 미미한, 그러나 분명 거기 있었던 생명에 다시금 불꽃이 발화되는 것입니다. 부흥의 불꽃은 전적으로 하나님의 역사입니다. 초대교회에 임했던 성령의 역사와 부흥도 패배감과 절망과 두려움으로 뒤덮인 현장 가운데서 시작되었습니다(행 1장). 우리가 교회입니다(We are church). 교회를 떠날 것이 아니라 내 안에 있는 생명력을 회복해야 할 때입니다.

교회의 참 소망은 누구로부터 시작됩니까?

❶ 교회에 대한 주변의 시선은 어떻습니까?
❷ 몸 된 교회에 건강한 지체로 붙어 있습니까?

May 30 교회는 종교 공동체가 아니다

• 골로새서 1:17-23

디트리히 본회퍼는 "교회는 그리스도를 통해 타자를 본다"고 말합니다. 교회는 내 생각과 판단으로 상대방을 대하는 공동체가 아닙니다. 오직 기준은 그리스도입니다. 교회는 이익 단체도 동호회도 정당도 아닙니다. 중심에 계신 예수 그리스도께 연결되어 그리스도의 피로 새로운 가족을 이룬 한 공동체입니다. 교회의 문제는 예수님 중심이 아니라 '같은 종'을 찾아 공동체를 이루려 한다는 것입니다. 예수님께 붙어 있지 않은 공동체는 교회가 아니라 종교 공동체일 뿐입니다.

우리가 진정으로 염려해야 할 것은 무엇입니까? 교회가 사라질 것에 대한 염려가 아니라 진정한 기독교, 곧 진정한 교회를 선언하며 살지 못하는 것을 염려해야 합니다. 사람들이 떠난 것은 '교회'가 아니라 '종교 공동체'입니다. 교회가 그 본질을 회복해야 합니다. 교회의 출발점이신 예수 그리스도로 다시금 옷 입고, 끊임없이 '하나님의 뜻'을 물어야 합니다. 예수님 한 분으로 충분합니다. 믿음으로 순종해야 하며 순종함으로 믿어야 합니다(디트리히 본회퍼).

G. K. 체스터튼은 "기독교는 실패한 것이 아니라 아직 완벽하게 시도되지 않았을 뿐"이라고 말합니다. 진정한 교회에 대한 갈망이 있다면 떠날 것이 아니라 더 깊은 은혜를 사모해야 합니다. "부디 이 은혜의 공동체인 교회를 포기하지 말길 바란다. 교회라는 저수지가 말랐다고 한탄하며 비판하고 떠나려 할지 모른다. 그러나 저수지가 마를 때 해야 할 일은 하나뿐이다. 더 깊이 들어가는 것이다"(필립 얀시). 기독교 신앙은 철학이나 정치적 이념, 도덕이나 라이프 스타일 이상의 의미입니다. 예수 그리스도, 그분은 기독교의 출발점이요 전부이십니다.

예수 그리스도께서 출발점이며 전부이십니까?

❶ 우리가 회복해야 할 교회의 본질은 무엇입니까?
❷ 나는 무엇을 통해 타자와 세상을 바라봅니까?

교회의 존재 이유 May 31

• 사도행전 2:42

교회는 무엇이며 왜 존재할까요? '교회'로 번역되는 헬라어 '에클레시아'는 '회중, 모이는 공동체'라는 어원을 갖고 있습니다. 고린도전서 1장 2절도 교회를 가리켜 '성도들의 모임, 예수를 부르는 자들의 모임'이라고 묘사합니다. 그러나 이는 교회의 모습이지 교회의 목적을 가리킨 것은 아닙니다. 초대교회는 무엇을 하기 위해 모였습니까? 말씀을 듣고, 교제하고, 떡을 떼며, 기도에 힘쓰기 위해 모였습니다(행 2:42).

이는 예수님의 사명과도 연결됩니다. 예수님은 제자들을 택하시고, 성별하시고, 감독(supervision)하시고, 가르치고 교정하여 열매 맺게 하셨습니다. 그들로 선교 공동체, 사역 공동체를 만드셨습니다. 예수님이 관심을 보이신 대상은 죄인, 세리, 병자 등 사회적 약자들이었습니다. 그들을 식탁에 초대하셔서 함께 떡을 떼며 인격적인 교제를 나누셨습니다. "주의 성령이 내게 임하셨으니 이는 가난한 자에게 복음을 전하게 하시려고 내게 기름을 부으시고 나를 보내사 포로 된 자에게 자유를, 눈먼 자에게 다시 보게 함을 전파하며 눌린 자를 자유롭게 하고 주의 은혜의 해를 전파하게 하려 하심이라"(눅 4:18-19). 이는 예수님의 사명 선언문입니다.

교회는 예수님의 사명과 함께할 때 존재 의미가 있습니다. 한 신학자는 교회가 선교적 교회(Mission Church) - 목양적 교회(Ministry Church) - 유지를 위한 교회(Maintenance Church) - 박물관 교회(Museum Church)로 점점 변질되어 간다고 봤습니다. 역동적이던 선교적 교회가 본질과 목적을 잃고 건물과 인원수를 유지하는 데 머물 때, 성령의 역사와 능력을 모두 상실하게 됩니다. 교회는 하나님의 일을 할 때, 곧 예수님의 사명을 따를 때 교회로서 존재하게 됩니다.

나와 우리 공동체는 어떤 교회입니까?

❶ 우리는 모여서 무엇을 하고 있습니까?
❷ 예수님의 사명과 얼마만큼 닮아 있습니까?

06월

변화

내 양은 내 음성을 들으며
나는 그들을 알며 그들은 나를 따르느니라
_ 요 10:27

예수님 중심의 선교 June 01

• 고린도전서 2:1-5

하나님은 바울을 이방인의 사도로 부르셨습니다. 바울은 '하나님의 방법'으로 선교했습니다. 그가 전한 복음의 핵심은 예수 그리스도와 그분의 십자가였습니다(고전 2:2). 복음은 그 자체로 능력이며 탁월합니다. 선교는 복음을 탁월하게 만드는 것이 아니라 탁월한 복음을 선포하는 것입니다. 온 세상에 '하나님의 통치'가 임하도록 복음을 선포하는 것입니다.

종교적인 선교와 하나님 관점의 선교는 다릅니다. 예수님은 '그리스도인'이 되라고 말씀하신 적이 없습니다. 예수님과 그분의 가르침대로 살아가는 사람들이 예수님의 사람, 곧 그리스도인으로 불렸을 뿐입니다(행 11:26). 예수님은 모든 민족을 제자로 삼으라고 명령하셨습니다. 제자로 삼는다는 것은 '교리'를 기준으로 범주 안에 있는가 없는가를 구별하는 것이 아닙니다. 주님과의 관계를 형성하고 친밀한 교제 가운데 그리스도의 장성한 분량에까지 자라가는 것입니다.

선교는 '제자도'와 연결됩니다. 제자는 '교리적'인 사람이 아니라 '하나님의 사랑'을 아는 사람입니다. 얼마나 많은 사람을 우리 안으로 데려오느냐의 문제가 아닙니다. 하나님의 사랑을 진정으로 아는 사람들이 얼마나 많아지느냐의 문제입니다. 교리가 사람을 변화시킬 수 없습니다. 예수님을 영접하고 내주하신 성령과 친밀한 관계에 들어가는 사람만이 변화되며 새로운 삶을 살게 됩니다. 하나님은 한두 시간의 예배와 교리적 지식을 위해 값비싼 은혜를 베푸신 것이 아닙니다. 하나님의 자녀로서 권세를 온전히 누리고, 영원한 생명을 맛보는 천국의 삶을 살게 하기 위한 것입니다. 진정한 선교는 제자로서의 삶을 누리도록 이끄는 것입니다.

나는 어떤 방법으로 선교하고 있습니까?

❶ 복음 자체의 능력과 탁월함을 믿고 있습니까?
❷ 예수님 안에 참된 생명이 있음을 믿고 있습니까?

June 02 예수님과 교통하는 교회

• 요한복음 15:5; 에베소서 4:1-6

나무를 떠난 가지는 아무것도 할 수 없습니다. 나무에 연결된 가지만이 양분을 공급받고 열매도 맺을 수 있습니다. 교회는 늘 생명의 근원이신 예수님께 연결되어 있어야 합니다. 그래야 교회가 교회 될 수 있습니다. 연결되어 있다는 말은 교제하며 소통한다는 의미입니다. 우리는 예배나 기도 시간 외에도 하나님과 연결되어 있습니다. 주는 포도나무요 우리는 그분께 늘 붙어 있는 가지이기 때문입니다. 우리는 내주하시는 성령을 통해 항상 하나님 안에 거하고 있습니다.

예수님과 연결된 자들에게는 예수님의 마음이 나타납니다. 우리는 모두 하나님의 은혜를 입은 사람들이며, 그 은혜는 오늘도 동일하게 누군가에게 임하고 있습니다. 그러나 종종 그분의 마음에 반하는 안타까운 모습을 볼 때가 있습니다. 주님의 사랑과 은혜가 확장되려 할 때, 자격과 소양을 평가하는 심사 위원처럼 행동하는 모습입니다. 교회는 하나님의 은혜와 구원이 온 세상으로 확장되는 일을 위해 부름 받았습니다. 교회의 사명은 건물과 인원을 유지하는 것이 아닙니다. 위대한 하나님의 말씀인 '복음'을 들고, 세상과 소통해야 합니다.

교회는 '한 성령' 아래 '한마음'으로 '한 비전'을 향해 나아갑니다. 예수님과 동행한다는 것은 뜻을 같이하며 한길을 걸어가는 것입니다. 예수님이 가르쳐 주신 기도대로 공동체성을 가지고 날마다 인도해 주시기를 바라며 복음으로 살아가고 있습니까? 교회에는 독특한 소통 방식이 있습니다. 개인이 서로 소통하는 것이 아니라 우리 안에 계신 성령으로 소통하는 것입니다. 각자가 주님께 집중하며 주님과 소통할 때, 한 성령을 모신 공동체 전체가 한마음 한뜻이 됩니다. 우리 안에 흐르는 예수님의 보혈, 예수님의 DNA는 그 어떤 학연과 지연과 혈연보다도 강력합니다.

나는 예수님과 교통하고 있습니까?

❶ 나의 삶에 예수님의 마음과 가르침이 드러납니까?
❷ 성령의 공동체와 한마음 한뜻을 이루고 있습니까?

약속을 믿고 의지하는 교회 June 03

• 사도행전 2:42-47

교회는 모이는 일과 흩어지는 일에 힘써야 합니다. 교회가 최우선으로 해야 할 일은 '모이는 것'입니다. 모이지 않고는 어떤 일도 할 수 없습니다. 그러나 교회의 목적은 '흩어지는 데' 있습니다. 교회는 힘써 모여 예배하며 말씀으로 훈련해야 합니다. 그리고 흩어져서 복음을 전해야 합니다.

초대교회는 작은 공동체로부터 시작되었습니다. 예수님은 승천하시기 전 500여 명의 제자들에게 성령을 받으라고 말씀하셨습니다. 그러나 막상 성령을 기다리며 기도 자리에 있던 사람은 120명에 불과했습니다(행 1:15). 당시 성도들의 환경과 상황은 그리 좋지 않았습니다. 예수님이 승천하시자 눈에 보이는 믿음의 대상이 없어졌고, 유대 지도자들은 예수를 좇는 자들을 핍박했기 때문입니다. 성령을 기다리며 그들이 의지할 것은 주님의 '약속' 외에는 아무것도 없었습니다. 그러나 동일한 위협과 두려움 아래에서도 120명은 약속을 믿고 기도의 자리로 나왔고, 그곳에 있던 모두에게 성령이 임했습니다.

초대교회는 약속을 믿고 의지하는 공동체였습니다. 환경은 우리에게 걸림돌이 되기도 하고, 디딤돌이 되기도 합니다. 좋은 환경에서는 누구나 잘합니다. 좋지 않은 환경에서도 성령과 동행하는 사람들에게서 위대함과 탁월함이 나타납니다. 성령의 능력은 환경을 보지 않고, 하나님이 행하실 일을 소망하며 약속을 믿고 의지하는 교회에 나타납니다. 하나님은 '위기'라는 환경을 통해 역사하십니다. 스데반의 순교로 초대교회가 끝나지 않았습니다. 오히려 흩어진 자들을 통해 복음이 이곳저곳으로 전파되었습니다(행 11:19-21).

나는 약속을 믿고 의지합니까?

❶ 나를 흔들리게 만드는 환경과 상황은 무엇입니까?
❷ 흔들림 없이 예배와 기도의 자리로 나아갑니까?

June 04 환경을 통해 말씀하시는 하나님

• 잠언 3:5-6

우리는 늘 환경을 보면서 판단합니다. 가정, 직장, 사람 등 주변 여건들의 영향을 받습니다. 일반적으로는 바뀐 환경과 상황을 바라보고 판단하기 마련이지만, 믿음의 사람은 환경을 통해 하나님이 말씀하시는 바를 발견하게 됩니다. 하나님의 뜻을 깨닫고 나면 같은 환경과 상황이 전혀 다른 의미로 다가옵니다.

하나님은 환경을 통해 하나님의 음성을 들려주십니다. 불신자든 신자든 환경과 상황을 피할 수 없습니다. 인생의 문제는 누구에게나 동일합니다. 하나님께로부터 온 상황이든, 하나님이 허용하신 상황이든 믿음의 눈으로 봐야 비로소 길이 보이기 시작합니다. 나의 명철함이 아닌 하나님의 지혜로 환경을 바라볼 수 있도록 기도하십시오. 상식과 경험이 전부가 아닙니다. 우리는 창조의 순리와 하나님의 섭리 안에 있는 존재들입니다. 하나님이 상황과 환경을 어떻게 이끌어 가시는지 영의 눈으로 바라보십시오.

어떠한 환경이든 하나님께 의뢰하십시오. 환경에 압도되지 말고, 하나님을 신뢰하십시오. 하나님은 우리의 삶을 긍정하고 계십니다. 하나님은 우리를 사랑하시며 궁극적인 최선과 최상으로 우리를 이끄십니다. 환경에 담긴 하나님의 뜻을 깨닫는 것이 우선입니다. 환경에 대한 나의 입장보다 중요한 것이 하나님의 뜻입니다. 이를 깨달아야 하나님의 의도와 목적대로 반응할 수 있습니다. 범사에 하나님을 인정하십시오. 하나님이 우리의 길을 지도하실 것입니다.

나는 범사에 하나님을 인정합니까?

❶ 현재 내가 맞이한 환경과 상황은 어떠합니까?
❷ 이 환경과 상황에 담긴 하나님의 뜻은 무엇입니까?

사랑, 누구도 피할 수 없는 요구 June 05

• 갈라디아서 5:22; 요한일서 4:7-13

사랑은 그리스도인의 표지입니다. 하나님 안에 거하는 것과 주님이 내 안에 계시는 것의 증거가 '사랑'으로 드러납니다. 즉 성령의 사람에게만 '사랑'이 드러납니다. 본문에서 말하는 '사랑'에 쓰인 원어는 '아가페'로 '주는 사랑, 희생적 사랑, 철저히 상대방의 유익을 구하는 사랑'입니다. 필레오의 사랑, 에로스의 사랑은 조건과 환경이 맞으면 얼마든지 할 수 있습니다. 그러나 아가페의 사랑은 성령의 도우심 없이는 불가능합니다. 그래서 사랑은 '성령'의 열매입니다(갈 5:22).

하나님은 사랑이십니다. 사랑은 하나님이 하시는 많은 일 가운데 하나가 아닙니다. 하나님이 하시는 유일한 일입니다. 성령의 열매가 언급되는 갈라디아서 5장 22-23절을 원어로 보면 성령의 열매는 '사랑'뿐이라고 합니다. 사랑이 여러 유형의 인격, 즉 희락, 화평, 오래 참음 등으로 나타나는 것입니다. 하나님은 사랑이시기 때문에 이 세상을 창조하셨고, 독생자 예수 그리스도를 보내 주셨습니다(요 3:16). 징계도 하나님 사랑의 또 다른 표현입니다(히 12:6, 11). 우리를 돌이켜 살게 하시려는 하나님의 마음인 것입니다.

사랑은 제자 됨의 증표입니다. 예수님은 제자들에게 '사랑하라'는 새 계명을 주셨습니다(요 13:34-35). 서로 사랑하는 자들이 주님의 제자임을 분명히 말씀하셨습니다. 하나님의 사랑은 깊이와 넓이를 알 수 없이 크므로 그 사랑을 받으면 나를 채우고도 남아 주변으로 흘러넘치게 되어 있습니다. 사랑받은 자라면 사랑하는 것이 '마땅'합니다(요일 4:11). 모든 것을 다 한다고 해도 사랑이 없으면 "아무것도 아닙니다"(고전 13:1-3). 인간의 노력으로 하는 사랑의 수고에는 한계가 있습니다. 성령께서 하셔야 끝까지 사랑할 수 있습니다(요일 4:13). 나의 주권을 내려놓고 주님께 모든 것을 온전히 위임할 때, 사랑의 열매가 맺힙니다.

나는 '사랑'하고 있습니까?

❶ 나는 어떤 종류의 사랑을 하고 있습니까?
❷ 내 의지로 사랑합니까, 성령으로 사랑합니까?

June 06 희락, 하나님의 눈으로 바라볼 때

• 요한복음 15:9-11; 야고보서 1:1-5

성령의 열매는 모두 '사랑'에서 파생되었습니다. 희락의 열매도 마찬가지입니다. 우리가 누리는 기쁨은 완전하지 않으며 언제든 빼앗길 수 있습니다. 그러나 하나님의 사랑에서 오는 기쁨은 완전하고 충만(complete, NIV)합니다(요 15:11). 한 목사님이 어린 시절 가족과 함께 동물원에 갔다가 그만 아버지의 손을 놓치고 말았습니다. 동물들을 보며 한참 즐거워했는데, 아버지가 눈에 보이지 않자 그 순간 동물도 놀이기구도 눈에 들어오지 않았습니다. 미아보호소에 도착하여 아버지를 만나 손을 잡는 순간, 다시금 행복해지기 시작했다고 합니다.

하나님 안에서만 참 기쁨을 누릴 수 있습니다. 포도나무 가지는 나무에 붙어 있을 때 열매를 맺고 기쁨이 충만케 됩니다(요 15:11). 사랑은 기쁨의 근원이며 가장 큰 동기를 부여합니다. 하나님께 사랑받는 존재이기에, 영원한 하나님의 현존 안에 머물러 있기에 누리는 기쁨입니다. 육의 눈으로 바라본 나는 불만족스러운 존재일지 모르지만, 영의 눈으로 바라본 나는 하나님이 사랑하시는 자녀입니다. 독생자를 내주실 정도의 값진 존재입니다. 육의 눈으로 바라보지 말고, 하나님의 눈으로 나를 보기 시작할 때, 희락의 열매가 맺히게 됩니다.

참 기쁨은 환경이 아닌 사랑의 관계에서 나옵니다. 성도들은 시험을 만나도 인내하며 기뻐할 수 있습니다(약 1:2-3). 하나님이 사랑으로 나를 지지하시며 성령으로 지도해 주신다는 믿음이 있기 때문입니다. 주님과 동행하며 인내함으로 믿음의 시련을 이겨 낼 수 있습니다. 우리는 하나님의 강력한 사랑 덕분에 어떤 환경에서도 소망할 수 있습니다. 우리를 사랑하시는 이로 말미암아 우리가 넉넉히 이길 수 있습니다(롬 8:37).

나는 하나님의 눈으로 바라보고 있습니까?

❶ 하나님께 사랑받는 존재라는 확신이 있습니까?
❷ 어떤 기준으로 나와 환경을 바라보고 있습니까?

화평, 치열한 삶의 한복판에서 June 07

• 이사야 26:1-4; 빌립보서 4:4-7

'참된 평화'를 주제로 두 명의 화가에게 그림을 주문했습니다. 한 화가는 아주 고요한 호숫가 계곡의 안정된 풍경화를 그렸습니다. 다른 화가는 바위 사이로 떨어지는 폭포를 그렸는데, 폭포 옆 나무 위의 둥지에는 폭포의 우렁찬 소리에도 불구하고 새 새끼들이 고요하게 잠자고 있었습니다. 어느 그림에 진정한 평화가 있을까요? 두 번째 그림이 우리 현실에 더 가까울 것 같습니다. 아무런 방해를 받지 않는 평화란 존재하지 않습니다. 소란함 속에서도 잠들 수 있는 것이야말로 진정한 평화가 아닐까요?

화평은 조건에 의지하지 않습니다. 참 평화는 '주를 신뢰하는 것', 즉 주님과의 관계 속에서 옵니다(사 26:3-4). 아무 일 없이 조용하다고 꼭 화평한 것은 아닙니다. 현실 문제를 외면하거나 회피하는 '거짓 화평'을 경계해야 합니다. 화평은 평화의 수고를 통해 옵니다. 고요한 산속뿐 아니라 치열한 삶의 현장에서도 맺어야 할 것이 화평의 열매입니다. 예수님은 고통의 절정인 십자가 한복판에서 자기 영혼을 하나님께 맡기셨습니다(눅 23:46). 한없이 작은 자신을 인정하며 하나님 안에 깊이 뿌리내릴 때, 십자가 고통과 죽음 가운데서도 우리는 화평을 맛보게 됩니다(삼상 25:29).

모든 지각에 뛰어난 하나님의 평강을 구하십시오. 생각대로 되지 않을 때, 우리는 조급해하며 염려합니다. 하나님의 때와 방법보다 내 생각과 기대에 사로잡혀 동요하게 됩니다. 하나님은 모든 지각에 뛰어나십니다. 그분께 모든 것을 아뢰고 맡기십시오. 하나님의 평강이 우리 마음과 생각을 지키실 것입니다. 인생의 굴곡과 고통을 내려놓고 하나님의 신실하심을 인정할 때, 우리 삶에 화평의 열매가 맺힐 것입니다.

나는 참된 화평을 누리고 있습니까?

❶ 나의 신앙과 삶에 거짓 화평이 있지는 않습니까?
❷ 하나님께 맡기며 평강을 구해야 할 것은 무엇입니까?

June 08 인내, 하나님의 음성 기다리기

• 요한계시록 3:10; 마태복음 7:7

인내는 단순히 견디는 것이 아닙니다. 분명한 목표를 가지고 참아 낸다는 데서 지구력과 구별됩니다. 오래 참는 것이 성도의 미덕임은 분명하지만, 이유와 목적을 알고 인내해야 합니다. 하나님은 인내의 과정을 통해 나에게 이루실 일이 있습니다. 하나님의 약속과 뜻을 듣고, 믿고, 신실하게 이루어 가실 하나님을 의지할 때, 우리는 끝까지 기쁨으로 인내할 수 있습니다.

인간은 현상과 정서적인 반응에 좌우되기 쉽습니다. 시류와 대세에 편승하여 같은 흐름을 타지 않을 때, 우리는 불안을 느낍니다. 사람들의 조언과 반응에 흔들리기 쉽습니다. 안전과 안정에 대한 욕구는 끊임없이 우리를 무언가 하도록 몰아갑니다. 시시각각 변해 가는 정치·경제·사회 현상은 끊임없는 변화를 촉구합니다. 인내는 이러한 상황에서도 선하신 주님을 믿고, 그분의 손에 나를 맡기는 것입니다. 오래 지속되는 광야의 시간, 메마름과 어두운 밤에도 하나님과 함께 그 과정을 지나는 것입니다. 하나님의 구원과 지도하심에 귀 기울이며 그분에게서 모든 것을 구하고 찾을 때, 인내의 열매가 맺힙니다.

인내는 예수 그리스도와의 관계 속으로 들어가는 것입니다. 욥은 '그분이 나를 죽이신다고 해도 나는 여전히 주를 기다릴 것'이라고 고백합니다(욥 13:15). 욥은 섣불리 의미를 부여하거나 서둘러 결론 내리지 않습니다. 하나님이 나타나실 때까지 오래 참고, 하나님의 음성을 기다립니다. 그럼에도 인내는 연약한 자의 수동적인 반응이 아닙니다. 상황에 대한 나의 판단과 정서적 반응을 멈추되 하나님을 기다리는 것입니다. 하나님이 말씀하실 때 음성대로 즉각 힘써 순종하는 능동적 반응이 인내 안에 포함되어 있습니다.

나는 인내의 열매를 맺고 있습니까?

❶ 나는 지금 무엇을 기다리고 있습니까?
❷ 단순히 견딥니까, 하나님의 음성을 구합니까?

자비, 하나님의 은혜 묵상하기 June 09

• 누가복음 15:11-32

자비는 용서할 수 없는 자를 용서하는 것입니다. 또한 받아들일 수 없는 자들을 받아들이는 것입니다. 이는 단지 사람과 상황을 받아들이는 것이 아니라 그 사람 안에 계신 주님을 받아들이는 것이며, 상황에 담긴 하나님의 뜻과 계획을 믿음으로 받아들이는 것입니다. 자비를 뜻하는 헬라어 '크리스토테스'는 그리스도를 뜻하는 '크리스토스'와 발음이 비슷합니다. 그래서 초대교회는 '그리스도'를 부르며 매우 친절하고 자애로운 분의 이미지를 떠올렸다고 합니다.

하나님은 자비하신 분입니다. 탕자의 아버지는 관습으로도 율법으로도 용서받지 못할 작은아들을 주저함 없이 받아들입니다. 좋은 옷을 입히고, 손에 가락지를 끼우고, 잔치를 배설하여 그의 아들 됨을 확실하게 인정했습니다(롬 8:15). 그러나 맏아들인 형은 동생을 받아들이지 못했습니다. 정죄 의식과 비교 의식에서 오는 우월감이 자비를 베풀지 못하도록 그를 막아섰습니다. 예수님은 아버지의 자비하심과 같이 서로 자비하라고 말씀하셨습니다(눅 6:36). "너희는 그 은혜에 의하여 믿음으로 말미암아 구원을 받았으니 이것은 너희에게서 난 것이 아니요 하나님의 선물이라"(엡 2:8).

적개심과 증오와 분노로부터 자유할 때 자비할 수 있습니다. 다윗은 사울을 피해 오랫동안 도피 생활을 했습니다. 사울의 적개심과 증오와 분노로 인한 피해들을 고스란히 감수해야 했습니다. 그러나 다윗은 사울을 향한 하나님의 뜻과 계획을 존중하며 신뢰했습니다(삼상 24:6). 사울과 그의 행동을 묵상하며 분개하는 것이 아니라, 그럼에도 먹이시고 입히시고 피하게 하시는 하나님의 은혜를 묵상했습니다(시 18편). 다윗은 요나단의 사랑과 은혜 또한 기억했습니다. 그는 보복의 숙청이 아니라 은혜에 대한 응답으로 요나단의 아들 므비보셋에게 자비를 베풉니다(삼하 9장).

나는 하나님의 은혜를 묵상하고 있습니까?

❶ 적개심과 증오와 분노로부터 자유합니까?
❷ 하나님의 은혜를 묵상합니까, 적과 상황을 묵상합니까?

June 10 양선, 나의 권리 포기하기

• 갈라디아서 6:8-10

양선은 선을 행하는 것(doing good), 즉 선함(goodness)입니다. 바울은 성령의 사람들에게 '선한 일'을 하라고 권면합니다. '기회 있는 대로'란 동일한 상황에서 선을 행할 수도 있고, 그렇지 않을 수도 있음을 전제합니다. 또 '모든 이에게'란 선행의 구체적인 대상이 있음을 뜻합니다. 사람은 쉽게 낙심하며 선행을 포기하기 쉽습니다. 그러나 성령의 인도하심을 따르면, 선을 끝까지 행할 수 있습니다.

우리는 왕의 사람들처럼 행해야 합니다(갈 3:27). 그리스도인은 그리스도로 옷 입은 자들로서 공손하고 예의 발라야 합니다. '공손하다'는 뜻의 영어 단어 'courteous'에는 왕궁을 뜻하는 'court'가 있습니다. 즉 왕궁에서처럼 행동하라는 의미가 담겨 있음을 알 수 있습니다. 왕이신 주님 덕분에 신분과 정체성이 바뀐 우리는 새로운 직무와 직능을 행하게 됩니다. 자녀로서 아버지의 성품과 태도를 배우며, 아버지의 뜻대로 행하는 것입니다. 하나님은 사랑으로 우리를 자녀 삼으셨고, 예수님은 우리에게 새로운 신분을 주시기 위해 자기 권리를 포기하면서까지 하나님 뜻에 순종하셨습니다(빌 2:5). 우리에게도 동일한 성품과 태도가 요청됩니다.

선함은 주로 하나님의 성품을 표현할 때 사용됩니다(시 100:5). 선한 목자는 양들을 위해 목숨을 버립니다(요 10:11). 대상이나 환경을 보면 선을 행할 수 없지만, 선하신 하나님을 바라보면 선을 행할 수 있습니다. 생명까지 아낌없이 내어 주신 하나님이 합력하여 선을 이루게 하시리라는 믿음이 있기 때문입니다. 하나님은 나뿐 아니라 온 세상을 사랑하시고, 구원하십니다. 처음 창조하셨던 선한 모습 그대로 세상과 사람을 재창조하시는 하나님과 함께 우리 역시 창조의 동역자로서 선을 행합니다. 내가 원하는 것을 내려놓고, 주님이 원하시는 뜻에 동참합니다. 나와 너, 곧 우리가 창조 세계에 부여하신 가치와 특권을 인정하며 지키는 일에 동참할 때, 우리 삶에 양선의 열매가 맺히게 됩니다.

나는 하나님의 선한 일에 동참하고 있습니까?

❶ 하나님의 선하심과 사랑을 닮아 가고 있습니까?
❷ 하나님이 세상을 가꾸시는 일에 동역하고 있습니까?

충성, 주님의 마음과 분복 헤아리기 June 11

• 마태복음 25:14-23

신실한 믿음의 사람들이 하나님께 충성합니다. 믿음과 충성은 순교의 상황에서 더욱 명확히 드러납니다. 초대교회 당시 서머나교회의 감독이었던 폴리캅은 86세에 순교했습니다. 로마 제국이 그를 회유하려 하자 폴리캅은 다음과 같은 말을 남겼습니다. "예수님은 86년 동안 나에게 한 번도 거짓을 말씀하신 적이 없소. 예수님은 한 번도 나를 배신하신 적이 없소. 내가 어찌 구차한 생을 살겠다고 거짓을 말하겠소?"

종이 신실함을 잃으면 주인인 양 살게 됩니다. 주인이 더디 온다고 해서 안 오는 것이 아닙니다. 주인이 모든 것을 회계하러 올 날이 반드시 옵니다. 예수님도 반드시 오리라고 말씀하셨습니다(마 25:31). 때를 알 수 없다고 신실함과 믿음을 잃으면 본분도 사명도 잃게 됩니다. 그래서 초대 교인들은 '마라나타! 주님 어서 오시옵소서'라고 인사했습니다. 깨어 있지 않으면 영적으로 둔감해지며 신실한 삶에서 멀어집니다.

하나님은 굳거나 인색하신 분이 아닙니다. 주인이 맡긴 한 달란트는 결코 적은 금액이 아니었습니다. 한 사람이 20년 동안 생활할 수 있는 돈이었습니다. 남들과 비교하며 불평하지 마십시오. 하나님은 이미 충분한 분복을 각자에게 주셨습니다. 남의 것을 바라보며 내가 받은 엄청난 달란트를 사장하지 마십시오. 한편, 참된 충성은 하나님의 명령에 따르는 것이지 내가 원하는 일을 열심히 하는 것이 아닙니다. 하나님의 음성을 잘 듣고, 마음과 의도까지 헤아리는 자가 제대로 충성할 수 있습니다. 그러므로 충성의 열매는 하나님과의 친밀한 관계, 사랑의 관계에서 맺힙니다. 순종이 제사보다 낫습니다(삼상 15:22).

나는 하나님의 신실한 종입니까?

❶ 신실한 청지기입니까? 혹시 주인처럼 살고 있지는 않습니까?
❷ 하나님이 내게 주신 달란트는 무엇입니까?

June 12 온유, 주님께 길들여지기

• 민수기 12:1-3; 시편 37:7-11

모세는 미리암과 아론에게서 비방을 받았습니다. 표면상으로는 구스 여인과의 결혼이 문제였지만, 논점은 곧 모세의 지도력으로 옮겨 갔습니다. 모세가 두 사람의 비방에 대해 반응했다는 내용은 없습니다. 다만 모세의 온유함이 모든 사람보다 더했다는 기록만 있습니다. 성경은 우리에게 '분노를 다스리라'고 말합니다. 온유를 뜻하는 헬라어 '프라오테스' 역시 사나운 들짐승이 잘 길들여진 상태를 가리킵니다. 길들여진다는 말에는 오랜 인내와 훈련의 과정이 전제되어 있습니다. 그렇다고 불의에 대해 눈감는 것이 아닙니다. 즉각 반응하는 것이 아니라 하나님의 뜻대로 반응하는 것이 온유입니다.

왜 온유해야 할까요? 원수를 갚는 것이 나에게 있지 않고, 하나님께 있기 때문입니다(롬 12:19). 모세가 본래부터 온유한 사람은 아니었습니다. 혈기로 인해 살인까지 저지른 사람입니다(출 2:11-12). 그러나 모세는 더 이상 육을 따르지 않게 되었습니다. 하나님과 대면하고 교통하며 어느새 하나님을 닮아 가고 있습니다. 두 사람의 비방은 모세를 향했지만, 그 비방을 듣고 행동하신 분은 하나님이었습니다. 결국, 미리암은 나병에 걸렸습니다(민 12:10). 모세는 화를 참는 것에서 그치지 않고, 미리암을 위한 중보자로서 하나님 앞에 나아갑니다(민 12:13).

예수님은 온유한 모습으로 십자가를 지셨습니다. "아버지 저들을 사하여 주옵소서 자기들이 하는 것을 알지 못함이니이다"(눅 23:34). 예수님은 십자가 주변을 둘러싼 모든 사람을 위해 중보하셨습니다. '길들여지는' 것은 경건의(Godly) 훈련을 통해 가능합니다. 인간의 노력과 의지로 되는 것이 아닙니다. 날마다 하나님을 닮아 가며 분노와 보복의 감정을 내려놓을 때, 그리스도인의 삶에 온유의 열매가 맺힙니다. 하나님은 당신의 뜻대로 반응하며 온유의 열매를 맺는 자들에게 하나님 나라를 맡기십니다(마 5:5).

나는 온유한 사람입니까?

❶ 나는 분노를 잘 다스리는 사람입니까?
❷ 하나님이 듣고 행하신다는 사실을 깨닫습니까?

절제, 하나님의 방법대로 달음질하기 June 13

• 고린도전서 9:24-27

절제는 나와 남에게 덕이 됩니다. 절제의 헬라어 '네푸'는 '술 취하지 않은 건전함, 중독으로부터의 자유'를 의미합니다. 절제(節制)의 사전적 의미는 '알맞게 조절함', '방종하지 않도록 자기 욕망을 이성으로써 제어함'입니다. 절제하는 사람은 자기를 지킬 수 있을 뿐 아니라, 분수와 도리를 지킴으로써 상대방에게 실례를 범치 않게 됩니다. 감정이나 분위기에 휩쓸리지 않고, 바르게 분별할 수 있습니다.

인생은 달음질, 즉 마라톤과 같습니다. 마라톤을 하는 동안 여러 변수를 만나고, 환경의 영향을 받습니다. 이는 모든 사람이 겪는 공통 조건입니다. 어떤 상황에서도 최상의 컨디션을 유지하기 위해서는 조절하고 훈련하는 과정이 필요합니다. 절제는 쉽지 않습니다. 인간은 늘 영과 육의 소욕 사이를 오가며 번민합니다(롬 8:13; 갈 5:17; 약 4:4). 우리는 하나님의 음성을 듣고, '푯대와 구간'을 명확히 확인해야 합니다(고전 9:26). 최상의 컨디션으로 구간을 완주하기 위해서는 절제하며 훈련해야 합니다. 불필요한 모든 것을 가지치기해 나가는 것입니다.

바울도 끊임없이 절제하며 달음질했습니다. 바울은 성도들을 훈련시키는 자로서 도리어 자신이 실격(disqualify)되는 일이 없도록 늘 성령께 자신을 복종시켰습니다. 훈련하지 않고도 좋은 성적을 내려면, 불법을 행해야 합니다. 그러나 남보다 빨리 완주한다 해도 발각되는 즉시 메달뿐 아니라 출전 자격마저 박탈당합니다. '빨리'가 아니라 '하나님의 방법대로'가 중요합니다. 하나님의 음성을 들어야 절제할 수 있고, 절제해야 하나님의 음성을 들을 수 있습니다. 육의 소욕을 내려놓고, 가지치기하시는 아버지의 손길에 자신을 맡기는 자, 순전한 몸과 마음으로 푯대를 향해 달려가는 자에게 절제의 열매가 맺힙니다.

나는 어떻게 달음질하고 있습니까?

❶ 달음질하는 푯대와 구간은 어디입니까?
❷ 가지치기하고 제거해야 할 육의 소욕은 무엇입니까?

June 14 성령의 열매, 성령의 은사

• 야고보서 1:17-18

성령의 열매는 구원받은 자들에게 맺히는 열매, 즉 결과적인 의미입니다. 성령의 열매는 성령으로 사는 사람들의 표지입니다. 육의 소욕을 내려놓고 성령께 온전히 순종할 때 성령의 열매가 맺힙니다. 내 시선을 내려놓고 하나님의 시선으로 나를 볼 때, 희락의 열매가 맺힙니다. 나의 권리를 내려놓고 하나님의 일을 추구할 때, 양선의 열매가 맺힙니다. 나의 기준을 내려놓고 하나님의 기준으로 반응할 때, 온유의 열매가 맺힙니다.

성령의 은사와 성령의 열매는 다릅니다. 소년 요셉은 꿈꾸는 은사를 가졌지만, 그것을 사용하기에는 미숙했습니다(창 37장). 오랜 훈련을 통해 하나님이 그의 삶을 조정하고 빚어 가시자 요셉의 삶에 성령의 열매들이 맺히기 시작했습니다. 성숙해진 요셉은 비로소 하나님을 위해 자신의 은사를 쓸 수 있는 사람이 되었습니다(창 41장). 성령의 열매가 맺힐 때, 성령의 은사도 아름답고 덕스럽게 쓰입니다. 주님이 주체가 되시어 최선과 최상으로 사용하시기 때문입니다. 성령의 열매 없이 성령의 은사만을 추구하면, 나 중심과 내 방식대로 은사를 이용하게 됩니다. 결국, 육의 열매인 교만이 맺히게 됩니다.

성령은 나의 상황과 역량을 가장 잘 아십니다. 그래서 내가 감당해야 할 분량만큼만 보여 주시고 인도하십니다. 성령께 모두 맡기면 자유합니다(고후 3:17). 피트 캔트렐은 "자유의 극치는 아무것도 증명해 보일 필요가 없는 것"이라고 말했습니다. 하나님 안에 있으면, 참으로 나다움을 발견하게 됩니다. 그분이 나를 지으셨기 때문입니다. 나를 증명해야 할 이유도 없습니다. 이미 나를 아시기 때문입니다. 주님 안에 거하며 성령의 인도하심을 따르십시오. 내 삶에 성령의 열매와 성령의 은사가 조화롭고 아름답게 드러날 것입니다.

하나님의 손길에 나를 온전히 위임했습니까?

❶ 나는 주님의 손길로 빚어진 훈련된 자입니까?
❷ 내 삶에서 성령의 열매와 은사가 조화롭게 드러나고 있습니까?

성령의 신선한 기름 부으심 June 15

• 요한복음 16:13-15

성령은 진리의 영이십니다. 우리를 매 순간 진리 가운데로 인도하십니다(요 16:13). 하나님은 성령을 통해 당신의 뜻을 우리에게 보이고 들려주십니다. 문제는 우리가 성령과 교제하려 하지 않는 것입니다. 우리에게 필요한 것은 '신선한 기름 부으심'입니다. 어제의 기름 부음이 아니라 오늘의 기름 부으심입니다. 성령은 날마다 우리에게 기름을 부으셔서 과거의 사람으로 머물지 않게 하시고, 현재의 사역을 지속하게 하시며, 미래의 사람이 되도록 도우십니다.

성령의 사람들에게는 주님의 영광이 드러납니다. R. T. 켄달은 자신의 저서 《내일의 기름 부음》에서 세 종류의 사람에 관해 이야기합니다. 영광이 떠난 사람(어제의 사람), 영광이 임한 사람(오늘의 사람), 영광이 임할 사람(내일의 사람). 성령 없이도 사역은 할 수 있습니다. 그러나 성령께서 그와 함께하시지 않으면, 능력도 주님의 영광도 나타나지 않을 것입니다. 주님은 그러한 '어제의 사람' 대신 '내일의 사람'을 찾으실 것입니다. 사울왕 대신 다윗을 찾으신 것처럼 말이지요.

사무엘은 '오늘의 사람'으로 살았습니다. 오늘은 오늘의 말씀으로 살아야 합니다. 어제의 말씀이나 내일의 말씀으로는 오늘을 살 수 없습니다. 과거에 연연하거나 미래를 염려하지 말고, 오늘의 말씀에 집중하십시오. 하나님은 오늘의 말씀 안에 나의 과거·현재·미래를 모두 담아 놓으셨습니다. 오늘 주시는 말씀을 붙잡고 완수하십시오. 사무엘은 판단하지 않고 순종했습니다. 사울에 대한 미련과 다윗에 대한 불확실성에 흔들리지 않고, 하나님을 신뢰했습니다. 하나님은 매일 '오늘의 말씀'을 주심으로써 어제의 나를 치유하시고, 현재의 나를 재창조하셔서 미래의 나로 준비시키실 것입니다.

날마다 신선한 기름 부으심을 받고 있습니까?

❶ '오늘의 말씀'을 듣고 순종하며 완수합니까?
❷ 염려와 불확실성으로 인해 흔들리고 있습니까?

June 16 잃어버린 성령의 역사

• 데살로니가전서 5:19-22; 누가복음 2:41-52

성령과 그분의 역사를 소멸하지 마십시오. 연료가 공급되지 않으면 불이 꺼집니다. 성령과 그분의 역사를 막는 강력한 차단막은 '죄'입니다. 죄는 단지 행위의 차원이 아니라 하나님의 뜻을 묵상하지 않을 때 짓게 되기 마련입니다. 사사시대에 이스라엘에 반복적으로 나타났던 죄의 패턴이 있습니다. 왕이 없어 각자 자기 소견에 옳은 대로 행했다는 것입니다(삿 21:25). 하나님의 주권을 인정하지 않고 눈과 귀를 막을 때, 우리의 발걸음은 곧 죄로 달음질하게 됩니다.

성령보다 앞서 달려가지 마십시오. 삼손은 여인에게 정신이 팔려 주의 영이 떠나신 것도 인지하지 못했습니다(삿 16:20). 요셉과 마리아는 예수님이 곁에 없다는 사실도 모른 채 한참을 걸어갔습니다(눅 2:43-44). 성령과 함께하지 않는 것이 곧 성령을 모르거나 아무 일도 하지 않는 것은 아닙니다. 단지 우리 발걸음이 성령보다 앞서 나가는 것일 수 있습니다. 우리의 열심이 지나치면 어느 순간 성령 없이 걷고 있는 자신을 발견하게 될 것입니다.

잃어버린 성령을 찾으십시오. 요셉과 마리아는 예수님의 부재를 깨닫는 즉시 오던 길을 되돌아갔습니다. 무엇으로 인해 성령과 멀리 떨어지게 되었습니까? 성령은 어떤 상황에서도 우리를 결코 떠나지 않으십니다(히 13:5). 우리가 내주하신 성령을 잊어버려 그분의 능력과 역사를 잃어버린 것입니다. 다시 돌아가십시오. 성령과 동행하는 기쁨을 회복하십시오. 성령을 찾은 증거는 성령의 역사로 드러납니다. 우리 삶에 육의 열매들이 사라지고, 성령의 열매들이 맺히기 시작합니다(갈 5:19-23). 주님의 성품과 능력이 내 삶에 나타납니다.

나는 성령과 함께 걸어가고 있습니까?

❶ 동행하고 있습니까, 성령보다 앞서가고 있습니까?
❷ 내가 돌아가야 할 길을 알고 있습니까?

• 이사야 45:15

우리의 삶에는 늘 기대와 후회가 공존합니다. 인생에는 길이 보이지 않는 순간들이 있습니다. 성령께 물어야 할 때입니다. 이사야는 하나님을 '숨어 계신 분'으로 고백합니다. 보이지 않지만, 그분은 그 너머에서 일하고 계시는 '구원자'입니다. 우리가 물을 때 성령이 가르쳐 주시고, 길을 보여 주실 것입니다(요 14:26). 성령의 인도하심은 선행이나 신실함에 대한 보상이 아닙니다. 박영돈 교수는 "오히려 우리의 실수와 실패에 대한 하나님의 선물"이라고 말합니다. 성령의 인도하심은 시든 영혼을 살리며 절망을 소망으로 바꾸시는 하나님의 은혜입니다.

성령께 어떤 자세로 나아가야 할까요? 모든 소리를 차단하고 골방으로 들어가야 하며, 백지상태로 하나님 앞에 앉아야 합니다. 마음이 정해진 상태에서 성령께 물으면, 원하는 대답이 들릴 때까지 기도하거나 하나님이 응답하지 않으신다고 단정하게 됩니다. 그리고 하나님의 음성을 함부로 추정하지 않도록 주의해야 합니다. 육신의 소욕에 이끌리면 하나님의 음성을 나의 취향과 방향대로 해석하게 됩니다.

삶이 순조로울 때도 매사 성령께 물어야 합니다. 여리고성을 함락시킨 후 이스라엘은 아이성 전투에 대해 하나님께 묻지 않았습니다(수 7:2-3). 승리에 도취하여 자신감이 붙은 것입니다. 기브온 사람들과 조약을 맺을 때도 하나님께 묻지 않았습니다(수 9:14). 겉보기에 큰 문제가 없어 보였고, 그들의 제안이 매력적이었기 때문입니다(수 9:11). 화친이 화근이 되는 순간이었습니다. "인간에게 일어날 수 있는 가장 불행한 일은 미처 준비되기 전에 성공하는 것이다"(마틴 로이드 존스).

나는 성령께 묻고 있습니까?

❶ 백지상태로 하나님 앞에 나아가고 있습니까?
❷ 순조로울 때도 매사에 묻고 있습니까?

June 18 성령 충만을 갈망하는가?

• 로마서 15:13

여러분은 성령 충만을 갈망합니까? 예수님을 영접한 그리스도인들에게는 성령께서 내주하십니다. 내주하시는 것과 성령 충만은 조금 다릅니다. 성령의 인도하심에 따라 하나님의 뜻에 온전히 순종할 때, 성령 충만을 경험할 수 있습니다. 나를 온전히 비워 내어 심령이 가난해질 때, 하나님의 은혜가 가득 채워질 수 있습니다. 나는 죽고 내 안에 계신 성령께서 마음껏 일하실 때, 성령 충만한 상태가 됩니다. 나의 권리를 포기하고 하나님의 주권을 온전히 인정할 때, 성령 충만을 경험합니다.

심령이 가난하다는 말은 곧 '절박하다'(desperate)는 뜻입니다. A. W. 토저는 "우리 속에 성령 충만보다 더 갈망하는 것이 있다면, 결코 충만한 그리스도인이 될 수 없다"고 말했습니다. 하나님을 만나는 장소는 특별한 곳이 아닙니다. 야곱도 모세도 여정 중에 일상의 장소에 임하신 하나님을 만났습니다. 성령 충만은 특별한 순간과 장소가 아닌 우리 삶 한가운데서 일어나는 일이어야 합니다. 성령과 동행하는 것, 성령 충만이 우리 삶 전체를 뒤집어 놓는 일이 되어야 합니다.

성령의 방식을 물어야 하나님 나라 방식대로 살 수 있습니다. 우리의 초점이 하나님께 맞춰져 있을 때, 하나님이 원하시는 삶을 살게 될 것입니다. 하나님은 우리에게 옳은 일보다 먼저 하나님 나라와 하나님의 의를 구하라고 말씀하셨습니다(마 6:33). 옳은 일만 행한다면, 굳이 성령께 물을 필요가 있을까요? 선하고 옳은 일이 모두 하나님의 일은 아닙니다. 진정한 분별은 악이나 사탄의 일을 분별하는 것이 아니라 '성령과 그분의 인도하심을 인식하는 것'입니다.

나는 성령 충만함을 갈망하고 있습니까?

❶ 옳은 것과 하나님의 일은 어떻게 다릅니까?
❷ 성령 충만하지 못하다면, 그 이유는 무엇입니까?

성령의 임재, 성령의 역사 June 19

• 사도행전 2:1-4

성령은 성령의 방식대로 일하십니다. 또한 성령이 임하시면 성령의 역사가 나타납니다. 오순절에 성령이 임하셨을 때, 제자들은 다 같이 한곳에 모여 있었습니다(행 2:1). 성령이 임하시자 다양한 성향과 배경을 가진 120명이 한마음 한뜻을 이루게 되었습니다(행 4:32). 초대교회 역사는 성령의 역사였습니다. 수많은 교회가 초대교회를 지향하지만, 제도나 활동을 벤치마킹한다고 될 일이 아닙니다. 성령의 방식대로 일할 때, 성령의 역사가 일어납니다. 성령 충만할 때, 초대교회에 임한 강력한 역사가 우리 가운데도 나타납니다.

'의외성'은 성령의 고유한 성품입니다(행 2:2). 성령은 '홀연히'(suddenly, NIV) 임하셨습니다. 《메시지》 성경은 'without warning' 이란 표현을 썼습니다. 우리에게는 의외일지 모르지만, 성령은 계획이 있으십니다. 우리가 성령의 방식대로 일하지 못하는 이유는 완고한 마음과 경직된 신앙 때문입니다. 확고한 자기 방식과 신념으로는 성령께 유연하게 반응할 수 없습니다. 성령의 방식과 주권을 인정하며 유연하게 반응하는 자가 성령의 역사를 경험합니다.

성령은 '각 사람'에게 임하셨습니다. 성령의 역사는 공동체성과 개별성 모두를 지녔습니다. 교회는 공동체인 동시에 회중 한 사람 한 사람을 가리킵니다. 성령의 임재를 경험한 하나하나의 인격이 모여 교회를 교회 되게 하는 것입니다. 공동체 안에 있다고 해서 성령의 역사와 성령 충만을 자동으로 경험하는 것은 아닙니다. 각 사람이 내 안에 계시는 성령의 음성을 듣고 반응해야 합니다.

나는 성령의 역사를 경험하고 있습니까?

❶ 나는 성령의 방식대로 일하고 있습니까?
❷ 성령께 유연하게 반응하지 못하는 이유는 무엇입니까?

June 20 성령의 주권 인정하기

• 사도행전 2:1-4

성령의 역사는 성령의 주권에 달렸습니다. 성령이 임하시자 모인 사람들이 각각 다른 언어를 말하기 시작했습니다(행 2:4). '성령이 말하게 하심을 따라' 주신 언어대로 말하게 되었습니다. '언어'를, 그것도 '원하는' 언어를 간청해서 받은 것이 아닙니다. 성령의 주권적인 역사였습니다. 그들은 성령이 충만한 상태였고, 성령의 온전한 지배 가운데 있었습니다.

성령 충만하려면 나의 주권을 내려놓아야 합니다. 내가 원하는 것을 성령께 강요하는 것이 아닙니다. 나의 열심으로 성령의 역사를 경험하는 것이 아닙니다. 성령의 주권을 인정하고, 그분의 방식과 일하심에 맡겨야 합니다. "너희 안에서 행하시는 이는 하나님이시니 자기의 기쁘신 뜻을 위하여 너희에게 소원을 두고 행하게 하시나니"(빌 2:13). 성령께서 내 인생을 다시 쓰기 시작하십니다. 두려움과 실패의 이야기들을 담대함과 승리의 이야기로 바꾸어 가십니다.

팀 켈러의 《탕부 하나님》(The Prodigal God)의 영어 제목을 주목하십시오.
'prodigal'이라는 말의 사전적인 의미는 '무모할 정도로 씀씀이가 헤프다'는 뜻입니다. 하나님의 사랑과 은혜가 상식의 차원을 넘어 무모할 정도로 차고 넘친다는 의미입니다. 하나님은 '무모할 정도'로 우리를 사랑하길 원하십니다. 한이 없는 은혜를 베풀길 원하십니다. 나의 주권을 내려놓는 것이 두렵습니까? 손해 보는 일 같습니까? 내주하시는 성령으로 살아갈 때, 우리 삶에 놀라운 하나님(prodigal God)의 역사가 일어날 것입니다.

나는 성령의 주권을 인정하며 순복합니까?

❶ 내가 원하는 것을 성령께 강요하고 있지는 않습니까?
❷ 차고도 넘치는 하나님의 사랑과 은혜를 갈망합니까?

하나님께 맡긴다는 것 June 21

• 시편 37:1-6

하나님의 뜻에는 궁극적인 최선과 최상이 있습니다. 짐 엘리엇은 '하나님의 뜻에 굴복한다'(surrender to the will of God)라는 표현 대신 '하나님의 뜻을 확정한다'(affirm the will of God)라는 표현을 사용했습니다. '굴복한다'는 표현에 강제, 반항, 군림 등의 이미지가 떠오른다는 것입니다. 마치 도망하려다 잡힌 사람처럼 어쩔 수 없이 항복하는 모습입니다. 그는 '아무리 어리석은 인간이라도 털끝만큼의 분별력이 있다면, 하나님의 뜻을 기쁨으로 확정하고 깊은 만족감을 느낄 것'이라고 확신했습니다.

인생은 우리 마음대로 되지 않습니다(잠 16:9). 인간은 유한하며 인생에는 수많은 변수가 발생하므로 당연한 일까지도 하나님께 여쭈어야 합니다. 하나님의 뜻을 묻고 행하는 데는 주의할 것이 있습니다. 첫째, 하나님이 금하신 것, 하나님의 거룩성을 해치는 것은 하나님의 뜻이 아닙니다. 둘째, 하나님이 허용하셨고 선택해야 하는 문제라면, 때와 방법까지 묻는 것입니다. 전도서 기자는 모든 것에 '때'가 있다고 말합니다(전 3장). 헐 때인지 세울 때인지, 울 때인지 웃을 때인지, 안을 때인지 멀리할 때인지를 하나님께 여쭈어야 합니다. 또한 내가 선호하고 익숙한 방식이 아니라 하나님이 원하시는 방식을 물어야 합니다.

누구나 '나를 향한 하나님의 계획'을 궁금해합니다. 그것을 알면 우리 삶을 온전히 하나님께 맡길 수 있다고 생각합니다. 그러나 주님의 말씀은 헤드라이트가 아니라 '내 발에 등'입니다(시 119:105). 주님은 우리가 걷는 분량과 단계만큼 보여 주십니다. 따라가다 보면 합력하여 선을 이루게 하시는 단계에 이르는 것입니다(롬 8:28). 분명한 것은 하나님이 내 인생의 뜻과 목적을 알고 계시다는 사실입니다(엡 2:10; 시 37:23). 하나님은 자녀인 우리에게 좋은 것을 주시는 아버지입니다(마 7:11). 하나님께 나아가는 자는 '그분을 찾는 이들에게 상 주시는 분'임을 믿으며 나아가야 합니다(히 11:6).

나는 하나님께 온전히 맡기고 있습니까?

❶ 마지못해 맡깁니까, 확신 가운데 기쁨으로 맡깁니까?
❷ 하나님께 때와 방법까지 세밀하게 묻고 있습니까?

June 22 성숙한 그리스도인

• 마태복음 5:46-48

그리스도인의 목표는 무엇일까요? 하나님 아버지의 온전하심과 같이 우리도 온전하게 되는 것입니다(마 5:48). '온전하다'의 원어적 의미는 '성숙'입니다. '성숙'에서 '숙'(熟)은 '익을 숙'으로 아래 점 네 개가 부수인데, '불 화'(火) 자입니다. 음식은 뜨거운 불에 익어 가면서 재료들이 뒤섞여야 맛이 나는 법입니다. 그리스도인의 성숙은 성령으로 살아가는 실제적인 과정과 훈련을 통해 이루어집니다.

그리스도인은 하늘 아버지를 닮아 가는 사람들입니다. 보통 사람들의 상식과 방식대로가 아니라 하늘 아버지의 방식대로 말하고 행동하는 것입니다. 성숙은 단지 몸이 자라고 지식이 쌓이고 노련해지는 것이 아닙니다. 바울은 식자층과 유력자들이 다수 포함되었던 고린도교회에 대해 '그리스도 안에서 어린아이'와 같다고 표현했습니다(고전 3:1). 예수를 믿고 영접하여 성령께서 그 안에 계시지만, 아직 성령과 교통하거나 하나님의 뜻을 듣고 행하는 데는 미숙했던 것입니다.

참 복음과 공동체 안에서 성숙할 수 있습니다. 바울은 아버지의 온전하심을 닮는 비결을 다음과 같이 소개합니다. "우리가 다 하나님의 아들을 믿는 것과 아는 일에 하나가 되어 온전한 사람을 이루어"(엡 4:13). 예수님이 십자가와 부활을 통해 이루신 하나님 나라 복음을 믿고 깨달을 때 성숙해진다는 것입니다. 또한 성숙한 신앙은 건강한 공동체 안에서 깊어집니다. 복음으로 '하나' 된 공동체 안에서 성령의 사람들과 함께 머리 되신 예수님에게까지 충만히 자라가는 것입니다. 교회는 '내 뜻'이나 '네 뜻'이 아닌 '하나님의 뜻'을 이뤄 가는 공동체입니다. 한 성령으로 주님의 뜻을 확인하며, 섬기는 일에 한마음 한뜻으로 임하는 사랑의 공동체입니다.

나는 성숙을 향해 나아가고 있습니까?	❶ 내주하신 성령과 친밀하게 교통하고 있습니까? ❷ 복음을 아는 일과 하나 되는 일에 동참하고 있습니까?

세상 속에서 거듭난 자로 June 23

• 요한복음 3:1-8

내 삶에 거듭남의 열매가 맺히고 있습니까? 복음을 잘 알고 열심히 헌신하기도 하지만 삶에 변화가 없습니까? 거듭남은 의식의 변화가 아니라 주체의 변화입니다. 머리로 깨닫고 의지로 실천하는 것이 아닙니다. 하나님의 주권을 인정하고, 성령의 인도하심대로 사는 것입니다. 우리가 열심을 내야 하는 것은 윤리적인 삶, 도덕적인 선행이 아닙니다. 성령을 통해 하나님의 뜻을 깨닫는 것에 열심을 내야 합니다.

'거듭난다'(헬, 아토덴)는 것은 '하나님께로부터 새롭게 태어난다'는 뜻입니다. 하나님 안에서 새로운 삶을 시작하는 것입니다. 허드슨 테일러가 중국에서 선교할 때 한 청년이 그에게 물었습니다. "신자가 되는 데 몇 년이 걸립니까?" 선교사는 답 대신 질문을 건넸습니다. "얼마 동안이나 불을 붙여야 램프 심지가 빛을 발합니까?" "그야 심지에 불이 붙는 순간부터 빛을 내지요." 청년이 대답했습니다. 선교사는 청년의 손을 잡고 말했습니다. "바로 그것입니다. 하나님이 나를 부르시고 구원하셨다는 것을 깨닫는 순간, 새로운 삶에 비친 그 영혼에서 빛이 타오르게 된답니다."

빛 되신 주님이 내 삶에 들어오는 순간 어둠은 물러갑니다. 하나님께 내 삶의 주권을 내드리는 순간, 성령께서 일하시기 시작합니다. 말씀하시고, 가르치시고, 인도하십니다. 죽음의 권세를 이기신 분이 내 안에 거하시면, 부활의 생명이 내게 깃들고, 죄와 사탄과 죽음의 권세가 나를 떠나기 시작합니다. 육체 가운데 살지만 성령을 통해 영의 일들을 보게 됩니다(갈 2:20). 거듭남은 육체를 입고 세상 가운데서 영적인 삶을 사는 것입니다. 세상의 도성에 속했으나 하나님 나라에 속한 자로 살아가는 것입니다. 하나님의 법과 방식대로, 주님의 목표대로 살아가는 것입니다.

나는 세상 속에서 거듭난 자로 살아갑니까?

❶ 세상과 상관없이 영적인 일에만 몰두하고 있습니까?
❷ 일상과 삶의 자리에서 하나님 나라의 방식대로 살고 있습니까?

June 24 거듭남의 특권

• 요한복음 1:12-13, 3:1-8

육과 영은 완전히 다른 차원의 문제입니다. 예수님은 물과 성령으로 거듭나지 않으면 하나님 나라에 들어갈 수 없다고 말씀하십니다(요 3:5). 참 회개와 믿음으로 예수님을 영접한 자가 거듭난 사람입니다(롬 8:1-2). 거듭난 사람은 전혀 다른 차원의 삶을 살게 됩니다. '하나님께로부터 새롭게 태어난 자'이므로 이제부터 하나님의 자녀로 살아가게 되는 것입니다(요 1:12-13; 요일 5:1).

하나님의 자녀에게 찾아오는 고난들이 있습니다. 하나님 나라의 방식으로 살아갈 때, 세상의 방식들과 충돌하게 됩니다. 주님으로 인해 환난과 박해가 찾아옵니다. 우리의 소속과 진영이 확실해졌으므로 영적 전쟁들이 더욱 심화되기 시작합니다(엡 6:12). 사탄으로부터의 공격은 어떤 의미에서 특권입니다. 아버지의 자녀이자 상속자로서 겪는 고난이기 때문입니다(갈 4:6; 롬 8:17). 영적 전쟁은 선택의 문제가 아닙니다. 바울은 우리가 이미 전투 가운데 있으니 하나님의 전신 갑주를 입고 깨어 기도하라고 권합니다(엡 6:10-18).

고난과 비교할 수 없는 특권과 능력과 영광이 있습니다. 주님의 발아래 모든 권세가 복종하게 되어 있으므로 우리는 세상과 사탄의 권세에 대해 두려워할 필요가 없습니다(엡 1:20-22). 이방인들처럼 근심과 염려에 사로잡히지 말고(마 6:31-32), 주님 안에 거하며 무엇이든 구하며 얻는 특권을 누리십시오(요 15:7). 상황과 환경을 뛰어넘는 주님의 은혜와 평강이 우리 안에 머물 것입니다(벧전 1:2). 염려가 찾아올 때 기도와 간구로 아뢰면, 모든 지각에 뛰어나신 하나님이 길을 보이시며 평강으로 우리 마음과 생각을 지키실 것입니다(빌 4:6-7).

나는 거듭남의 특권을 누리고 있습니까?

❶ 아버지와 친밀하며, 자녀로서의 권세를 누리고 있습니까?
❷ 영적 전쟁에서 승리의 기쁨을 누리고 있습니까?

거듭난 삶, 거듭남의 열매 June 25

• 요한복음 3:1-8; 마태복음 13:1-23

거듭났다고 해서 늘 성령 충만한 것은 아닙니다. 거듭난 사람들이 모두 성화된 삶을 사는 것은 아닙니다. 거듭남의 능력을 온전히 누릴 때 성령 충만한 삶, 성화된 삶을 살아갈 수 있습니다. 즉 성령으로 살아야 성숙한 그리스도인의 삶으로 나아갈 수 있습니다. 거듭나기 전과 후가 별다르지 않다면 거듭남의 특권을 누리고 있는지 돌아보십시오. 성령이 역사하시면 나와 내 삶이 새롭게 창조됩니다. 새로운 피조물로서 새로운 일들을 경험하게 됩니다.

믿음은 행함으로 드러나게 되어 있습니다. "네가 보거니와 믿음이 그의 행함과 함께 일하고 행함으로 믿음이 온전하게 되었느니라"(약 2:22). 니고데모는 예수님을 만난 후 거듭난 자로 살아갑니다. 유대인 랍비요 공회 회원의 신분으로서 예수님과 그분의 사역에 적극적으로 동참하기는 쉽지 않았을 것입니다(요 9:22 참고). 그럼에도 니고데모는 공회 가운데서 예수님을 변호했으며(요 7:51), 예수님이 십자가에 못 박혀 돌아가실 때, 아리마대 사람 요셉과 함께 예수님의 시신을 인수하여 장사지냈습니다(요 19:38-42).

거듭난 자의 삶에는 열매들이 있습니다. 열매는 작은 씨앗으로부터 시작됩니다(마 13:1-23). 씨앗이 발아하여 자라 열매를 맺기까지 때마다 필요한 요소들과 수고가 필요합니다. 밭을 잘 기경하는 일에서부터 돌과 가시 떨기를 제거하는 일, 필요한 양분과 물을 공급하는 일 등…. 성령의 인도하심에 나의 손과 발을 내어 드리십시오. 아버지께서 가지치기하시도록 잠잠히 그 앞에 서십시오. 어느새 열매 맺고 새들이 깃들 만한 큰 나무로 자라날 것입니다(눅 13:19).

나는 거듭남의 열매를 맺고 있습니까?

❶ 거듭난 이후 내 삶에 어떤 변화들이 생겼습니까?
❷ 나의 믿음은 행동으로 드러나고 있습니까?

June 26 좋은 그리스도인 되기

• 요한복음 13:1-20

좋은 그리스도인이 된다는 것이 어떤 것일까요? 누군가 우리 삶을 들여다보고 닮고 싶어 한다면, 좋은 그리스도인이 아닐까요? 예수님은 제자들에게 본(pattern)을 보여 주셨습니다(요 13:15). 행할 바를 몸소 보이셨습니다. 좋은 그리스도인은 예수님이 보이신 대로 살아가는 사람입니다. 독일어로 제자를 뜻하는 단어는 'Nachfolge'입니다. 뒤에서 따른다는 의미입니다. 제자는 예수님을 따라가는 사람입니다.

예수님은 제자들에게 새로운 본(pattern)을 보여 주고 계십니다. 당시 풍습에 의하면, 종이 주인이나 손님의 발을 씻기는 것이 관례였습니다. 선생이자 주이신 예수님이 제자들의 발을 씻기는 것은 이해할 수 없는 행동이었습니다. 예수님은 기존의 관념을 깨시고, 하나님 나라의 새로운 방식을 보여 주십니다. 바로 끝까지 사랑하고 섬기는 것입니다(요 13:1, 5). 십자가 죽음을 앞두고 제자들의 발을 씻기시는 모습은 예수님의 정체성과 영혼에 대한 진정성, 사역의 궁극적인 목적을 드러내 주는 대목입니다.

좋은 그리스도인은 본 되신 예수님을 따라 행합니다. 예수님이 본을 보이신 것은 제자들이 따라 행하길 원하셨고, 세상이 제자들을 보고 따라 살길 원하셨기 때문입니다. 새로운 본에 순종하는 사람들이 생겨나면 세상이 변하기 시작합니다. 나를 새롭게 하고, 세상을 치유할 유일한 길은 예수님이 보이신 새로운 삶의 방식을 따르는 것입니다. 사랑과 섬김입니다. 세상은 그리스도인들에게서 '진정한 믿음' 보기를 원합니다. '경건의 모양이나 행위'가 아니라 부당함과 불의와 불합리함 속에서도 말씀대로 선택하며 반응하는 '경건의 능력'을 보길 원합니다.

나는 예수님을 따르는 제자입니까?

❶ 예수님을 본받아 사랑하며 섬기고 있습니까?
❷ 나는 주변 사람들에게 어떤 그리스도인입니까?

• 요한복음 13:34-35

'관계'라는 말 자체가 상대방을 전제로 하는 단어입니다. 관계는 서로가 서로에게 자신이 누구인지를 말해 주는 거울과도 같습니다. 나의 모습이 상대방을 통해 드러나는 것입니다. 관계 문제를 겪지 않는 사람이 있을까요? 모두와 좋은 관계를 맺기란 쉽지 않습니다. 성경은 좋은 관계의 원칙을 명료하게 제시합니다. "서로 사랑하라"(요 13:34). 좋은 그리스도인은 서로 사랑하는 사람입니다. 서로 사랑하면 세상이 우리를 하나님의 사람으로 인정합니다(요 13:35).

예수님은 사랑의 본이 되셨습니다. 예수님을 배신한 유다, 권력 지향적인 제자들, 십자가 앞에서 곧 흩어질 그들을 예수님은 끝까지 사랑하셨습니다. 예수님의 제자 사랑은 일방적이었습니다. 제자들의 조건과 자격을 보고 사랑하신 것이 아닙니다. 우리의 사랑도 때로 일방적일 수 있습니다. 쌍방 관계가 아니라 일방적으로 베푸는 관계일 수 있습니다. 사람을 보면 지치고 절망하고 낙심하게 됩니다. 끝까지 사랑할 수 없습니다. 그러나 사랑하라고 명하신 예수님을 신뢰하고 순종하면, 상대방을 향하던 시선이 주님께로 옮겨집니다. 나와 상대방 가운데서 역사하시는 주님에게 더욱 집중하게 됩니다.

우리는 때로 주님의 음성을 못 들은 체합니다. 화내거나 공격적인 자세로 관계를 악화시키지는 않지만, 그렇다고 관계를 개선할 어떤 행동이나 의지를 보이지도 않습니다. 외면하거나 무관심하게 구는 것입니다. '꼭 그렇게까지 사랑해야 할까?' 네. 예수님은 '그렇게까지' 사랑하셨습니다. 모든 것을 알고도 제자들의 발을 씻기면서까지, 마지막 만찬에 초대하면서까지, 끝까지 사랑하셨습니다. 성령께서 내 안에서 탄식하며 명령하실 때, 듣고 순종하십시오. 주님이 깨어진 관계들을 회복으로 이끄실 것입니다. 그러므로 하나님과 좋은 관계에 있는 사람이 지체들과도 좋은 관계를 맺을 수 있습니다. 하나님이 주시는 마음과 방법들에 순종할 때, 지체들과 아름다운 관계를 맺어 갈 수 있습니다.

나는 좋은 관계를 맺고 있습니까?

❶ 나는 하나님과 좋은 관계를 맺고 있습니까?
❷ 지체들과의 관계 회복을 위해 주시는 마음과 방법은 무엇입니까?

June 28 복음을 전하는 사람

• 히브리서 4:12-13

복음을 전한다는 것은 하나님 말씀대로 사는 것입니다. 선과 악, 생명과 죽음의 기준이 명확히 드러나는 것입니다. 복음을 전한다는 것은 우리가 있는 그곳에 기준이 세워진다는 의미입니다. 바로 하나님 나라의 기준입니다. 존 스토트는 성경이 사람을 구별하는 조건은 단 한 가지라고 말합니다. '세상 사람인가 아니면 하나님의 자녀인가?' 좋은 그리스도인으로 살아가는 것은 하나님의 자녀로 살아가는 것입니다. 그들의 삶에는 하나님 나라의 표지가 명확히 드러납니다.

복음은 개인과 공동체를 변혁시키는 열쇠입니다. 복음이 선포되는 곳에는 진리와 비진리가 명확히 드러납니다. 본질과 비본질이 구분됩니다. 우리는 하나님의 말씀인 성경을 통해 교훈과 책망과 바르게 함과 의를 깨닫게 됩니다. 온전한 하나님의 사람으로서 성령의 일을 할 능력을 얻게 됩니다(딤후 3:16-17). 복음을 전하는 것은 '좋은 글귀나 격언'을 들려주는 것이 아니라 '방식의 전환'을 요청하는 것입니다. 모든 복음은 하나님의 왕 되심과 주권을 인정하며 하나님의 뜻대로 살아가는 삶으로 귀결됩니다.

복음대로 사는 사람의 삶에는 순전함이 드러납니다. 순전함(integrity)은 '일관성 있는 것'을 의미합니다. 하나님 나라의 명확한 기준대로 살면 나를 통해 하나님의 도가 전해지기 시작합니다. 유형의 언어, 무형의 언어를 통해 하나님의 성품과 능력이 나타나기 시작하는 것입니다. 성령 충만한 그리스도인의 삶에는 성령의 열매가 맺히고, 주님의 성품이 드러나게 되어 있습니다. 사람들은 우리 삶을 보고 복음을 더 듣기 원할 것입니다. 우리 입술에도 준비된 복음이 있어야 합니다. "너희 마음에 그리스도를 주로 삼아 거룩하게 하고 너희 속에 있는 소망에 관한 이유를 묻는 자에게는 대답할 것을 항상 준비하되 온유와 두려움으로 하고"(벧전 3:15).

나를 통해 복음이 전해지고 있습니까?

❶ 삶의 자리마다 명확한 성경적 기준들이 세워지고 있습니까?
❷ 나의 삶과 입술을 통해 하나님의 도가 전해지고 있습니까?

내 양은 내 음성을 들으며 June 29

• 시편 23편

감사의 가장 큰 적은 '염려'입니다. 염려는 불신의 증거이기도 합니다. 하나님을 '믿는다'의 반대말은 '믿지 않는다'가 아니라 '염려한다'입니다. 하나님이 참 주인이시며 아버지 되심을 믿는 자들은 염려하지 않습니다(마 6:31-32). 은혜를 뜻하는 영어 단어 'Grace'는 '감사'를 뜻하는 'Gratitude'와 어원이 같습니다. 하나님의 은혜를 경험한 자는 염려 대신 감사하게 됩니다.

주님은 우리 목자 되시며 우리는 그분의 양입니다(시 23:1). 목자는 지팡이와 막대기로 양을 인도하고 보호합니다(시 23:4). 지팡이는 방향을 제시할 때 사용하고, 막대기는 야생동물로부터 양을 보호하는 용도로 사용합니다. 양이 목자의 음성을 듣고, 지팡이에 따라 움직이기까지는 수많은 시행착오가 있었을 것입니다. 우리가 하나님의 음성과 신호를 분별하며 친밀히 교통하기까지도 많은 시행착오를 겪게 됩니다. 의심하고 염려하며 불신하는 과정들이 있음에도 불구하고, 하나님 안에 거할 때 우리는 비로소 하나님의 섭리를 인정하며 순복하게 됩니다.

양은 목자를 신뢰하며 그 음성을 듣습니다(요 10:27). 목자의 음성을 듣고 따라가면 풍성한 물과 풀을 얻고, 쉼을 누립니다. 시편 기자는 사망의 음침한 골짜기를 지날지라도 해를 두려워하지 않는다고 했습니다(시 23:4). 마찬가지로 내 삶에 죽음의 그림자, 어둠의 그림자가 드리울 때도 나를 구원하셨던 하나님에 대한 신뢰로 두려워하지 않게 됩니다. 혹 실족하고 넘어질지라도 하나님은 결코 나를 버리지 않으시고 찾아와 일으키시고 인도하실 것입니다(눅 15:4).

나는 목자를 온전히 신뢰하는 양입니까?

❶ 염려하며 홀로 물과 풀을 찾아 헤매지는 않습니까?
❷ 목자의 음성과 신호를 분별하는 데에 숙련되어 있었습니까?

June 30 주 안에서 기뻐하라

• 빌립보서 4:4

그리스도인은 구원의 기쁨을 경험한 사람입니다. 성숙한 그리스도인의 삶과 성품에는 기쁨이 드러납니다. 상황과 환경에 상관없이 구원의 하나님으로 인해 기뻐하는 것입니다(합 3:17-18). 이러한 성품은 훈련되는 것입니다(빌 4:9,11-12). 바울은 '주 안에서' 기쁨의 감각을 개발하고, 걸림돌들을 제거해 나갔습니다. 영적 훈련을 통해 기쁨의 거룩한 습관을 습득해 나갔습니다. 바울은 핍박과 박해 중에도 심지어 옥중에서도 기뻐했습니다.

우리의 기쁨은 환경과 사람에 제한되지 않습니다. 환경은 늘 변하지만 주 안에 거한다는 사실은 불변합니다. 하나님의 임재와 성령의 역사는 시간과 공간에 제한되지 않습니다. 바울과 실라가 감옥에서 기도하고 찬송할 때 옥터가 움직이고 문이 열리며 매인 것이 모두 벗어졌습니다(행 16:25-26). 어디에서든 주님을 신뢰하며 주님 안에 거하는 자들에게는 환경을 뛰어넘는 새로운 환경이 열리게 됩니다. 때로 마음이 맞지 않는 사람으로 인하여 근심이 생길 때도 있습니다. 속히 기쁨을 회복하는 방법은 유일합니다. '주 안에서 같은 마음을 품는 것'입니다(빌 4:2). 바로 예수 그리스도의 마음입니다(빌 2:5).

염려는 기쁨을 앗아가는 가장 큰 적입니다. 아직 일어나지 않은 일까지 염려할 때가 많습니다. 내가 모든 것을 대비하고 대처해야 한다는 교만 때문입니다. 아직도 하나님의 주권을 온전히 인정하지 못한 것입니다. 경제적, 실존적 문제 역시도 우리로 하여금 염려하게 합니다. 바울은 주님이 풍성한 대로 모든 쓸 것을 채우실 것이라고 격려합니다(빌 4:19). 하나님은 우리에게 일용할 양식과 자족의 기쁨을 허락하시는 분입니다(마 6:11; 빌 4:11-12).

주 안에서 늘 기뻐하고 있습니까?

❶ 나는 언제, 무엇으로 인해 기뻐합니까?
❷ 내가 기뻐하지 못하는 이유는 무엇입니까?

여름 :

땀 흘리고 자라나다

07월
삶

08월
사역

07월

삶

° 너희는 이 세대를 본받지 말고
오직 마음을 새롭게 함으로 변화를 받아
하나님의 선하시고 기뻐하시고
온전하신 뜻이 무엇인지 분별하도록 하라
_ 롬 12:2

하나님의 마음에 맞는 사람 July 01

• 시편 27편

믿음을 이야기할 때 빼놓을 수 없는 사람이 바로 다윗입니다. 다윗을 표현하는 가장 적절한 말 가운데 하나가 '하나님 마음에 맞는 사람'입니다(행 13:22). 사람의 시선으로 보면, 다윗은 흠이 없는 사람이 아니었습니다. 사무엘이 이새의 아들 중에 기름을 부으려고 할 때, 다윗은 그의 안중에 없었으며(삼상 16:6-9), 오랜 시간 사울왕의 추격을 피해 도망자로 살기도 했습니다(삼상 19-27장). 게다가 그는 살인죄와 간음죄도 지었습니다(삼하 11장).

하지만 그의 마음에는 항상 하나님이 계셨습니다. 그가 하나님 마음에 맞는 사람이 될 수 있었던 유일한 이유입니다. 다윗은 어떤 상황에 있든지 자신이 '하나님께' 선택받은 사람이라는 사실을 잊지 않았습니다. 15년 동안 사울에게 쫓겨 목숨을 구걸하는 광야 생활에서도 믿음을 잃지 않았습니다. 죄를 저지르고 잘못을 깨달았을 때는 철저하게 회개했습니다(시 51편). 고난의 연속이었지만, 그의 삶은 순간순간 믿음을 연습하며 성장하는 시간이었습니다.

시편은 다윗의 '믿음 고백'입니다. 시편 대부분은 하나님을 향한 갈망과 그분이 결국 구원해 주시리라는 믿음과 확신에서 나왔습니다. 시편의 고백을 통해 우리는 다윗의 순종과 회개와 하나님을 의지하는 모습을 볼 수 있습니다. 다윗의 삶은 하나님의 이끄심에 대한 순종이었습니다.

믿음은 주변 상황에 따라 좌우되는 것이 아닙니다. 단지 그 상황 가운데 우리 마음에 무엇이 있느냐가 중요합니다. 우리 삶의 현장은 믿음으로 살아가기에 최적의 장소와 시간이 아닐 수도 있습니다. 다윗과 같은 큰 고난이 아니더라도 일상 가운데 수많은 고난과 유혹이 찾아옵니다. 오히려 믿음을 연습하기에 버거운 '광야'일 수도 있습니다. 하지만 상황보다 더 중요한 것은 우리가 하나님 안에 있느냐는 것입니다.

내 믿음의 현주소는 어디입니까?

❶ 내 삶에서 믿음을 지키기 어려운 영역이나 상황은 무엇입니까?
❷ 그럴 때에도 내 마음에는 항상 하나님이 있습니까?

July 02 비전이 있는 사람

• 잠언 29:18

'묵시'와 '방자히 행하다'는 영어로 각각 'vision'과 'perish'입니다(KJV). 잠언의 저자는 꿈과 비전이 없는 사람들은 마치 배터리가 방전되는 것처럼 서서히 죽어 간다고 말합니다. '방자히 행하다'는 히브리어로 '파라'인데, 여러 가지 의미로 해석할 수 있습니다.

첫째, '재갈을 물리지 않다, 통제되지 않다'라는 뜻입니다. 말에게 재갈을 물리는 이유는 기수가 원하는 방향으로 조절하고, 능력을 제대로 발휘하기 위함입니다. 사도 바울은 은혜를 경험한 후 스스로 몸을 쳐 복종시켰다고 고백합니다(고전 9:27). 믿음으로 본 것을 잡으려고 스스로 재갈을 물렸다는 뜻입니다. 비전이 생기면 자제력과 절제가 있는 삶이 시작됩니다.

둘째, '파라'는 '벌거벗은'이라는 뜻이 있습니다. 꿈이 없는 사람은 쉽게 '노출'되어 악한 자들과 벗하고, 불의한 일들에 쉽게 타협합니다. 그러나 하나님이 주신 믿음의 비전이 분명하면, 눈앞에 보이는 이익에 굴복하지 않습니다.

셋째, '준비되지 않다, 무방비하다'라는 뜻이 있습니다. 열 처녀의 비유(마 25:1-13)에 등장하는 미련한 다섯 처녀처럼 준비되지 않아 우리에게 찾아오는 기회와 하나님의 부르심을 놓치는 경우입니다. 우리 인생이 준비된 대로 되지는 않지만, 기회는 준비된 자에게 찾아옵니다. '파라'는 마지막으로 '교훈을 거부하다'라는 뜻으로 사용됩니다(잠 1:25, 8:33, 13:18, 15:32). 비전이 없는 사람은 지혜나 교훈을 잘 받아들이지 않습니다. 반면에 비전이 있는 사람, 하나님의 묵시를 가진 사람은 정직하게 자신을 봅니다.

하나님과 함께 꿈을 꾸십시오. 허황된 꿈이 아니라 오늘 내 삶을 이끄시는 하나님의 손길을 보는 꿈을 말입니다. 하나님과 동행하십시오. 하나님의 말씀을 따르는 자에게 복이 있습니다.

나에게는 묵시(비전)가 있습니까?

❶ 하나님이 주신 비전은 무엇입니까?
❷ 말씀을 따르지 않고 방자히 행하지는 않았습니까?

형통한 사람 July 03

• 창세기 39:1-6

"형통한 자가 되어"(창 39:2). "형통하다"는 요셉이 인생의 나락으로 떨어질 때마다 등장합니다(창 39:3, 23). 우리 시선으로는 요셉이 한없이 추락한 것처럼 보이지만, 하나님은 요셉에게 형통함을 허락하셨습니다. 삶의 무기력함을 느낄 때, 우리는 하나님께 삶을 바꾸어 달라고 기도합니다. 그러나 하나님은 상황을 바꾸시기보다는 그 상황 속에서 우리 믿음과 마음이 성장하기를 원하십니다. 요셉의 인생에 비추어 보면, 하나님은 요셉에게 일어나는 일뿐 아니라 그 일로 인해 '요셉 안에서' 일어나는 일들에 끊임없는 관심과 사랑을 가지고 계셨습니다.

"내가 아니라 하나님께서 바로에게 편안한 대답을 하시리이다"(창 41:16). 수많은 우여곡절을 겪은 후 바로 앞에 선 요셉의 고백입니다. 보디발은 하나님이 노예 요셉과 함께하심을 보았습니다. 간수장은 죄수 요셉과 함께하시는 하나님을 보았습니다. 이제는 요셉을 통해 바로에게 하나님의 지혜를 보여 주십니다. 요셉은 두려움과 어두움의 골짜기를 지날 때마다 하나님의 인도하심을 경험했습니다.

우리 삶에서 요셉과 같은 경험을 하기가 쉽지 않습니다. 그래서 믿음과 용기는 우리 일상에서 더욱 필요합니다. 나를 공격하거나 비난하는 사람을 사랑할 수 있는 용기, 손해 볼 것을 알면서도 믿음을 지키며 감수하는 용기, 수없이 거절당해도 하나님의 인도하심을 믿고 다시 도전하는 용기…. 불확실한 우리 인생에 두려움이 찾아오는 그 순간에 바로 믿음의 용기가 필요합니다. 형통함은 우리가 있는 그 자리에서 일어나 용기 내어 하나님의 손을 잡을 때 경험하는 것입니다.

"당신들은 나를 해하려 하였으나 하나님은 그것을 선으로 바꾸사"(창 50:20). 요셉의 이 고백이 우리의 고백이 되기를 원합니다. 우리 삶을 향한 아직 끝나지 않은 하나님의 가능성에 문을 열어 두십시오. 하나님을 믿는다는 것은 눈에 보이는 선명한 길을 따라가는 것이 아니라 희미하게 보이는 믿음의 길을 확신을 가지고 걸어가는 것입니다.

하나님이 함께하시는 형통함을 경험하고 있습니까?

❶ 나에게 있는 두려움은 무엇입니까?
❷ 오늘 나에게 필요한 용기는 무엇입니까?

July 04 기다릴 줄 아는 사람

• 요한복음 11:1-16

대기실은 기다림의 장소입니다. 누군가의 도움을 받기 위해 기다리는 그곳에서 우리는 한없이 낮아짐을 경험합니다. 기다리는 것 외에는 할 수 있는 것이 없기 때문입니다. 우리 인생도 대기실에 머물 때가 있습니다. 내 힘으로는 아무것도 할 수 없을 때, 우리는 강력한 믿음의 역사를 경험하곤 합니다. 하나님의 응답을 기다리는 '인생의 대기실'에서 우리는 하나님을 가장 절실하게 찾게 됩니다.

하나님이 하시는 일과 계획에 '지름길'은 없습니다. 우리는 '소명을 이룬다'는 말을 능동적인 의미로 생각합니다. 하지만 하나님이 행하시는 일에 나를 맡기는 수동적인 행동을 통해서 소명이 이루어질 때가 더 많습니다. 가장 수동적인 것 같지만, 가장 능동적인 방법입니다. 육신을 입으신 예수님조차도 가장 중요한 목적을 이루기 위해 기다림의 시간을 견뎌 내셨습니다. '부활'로 가는 지름길은 없습니다. 오로지 '십자가'를 통해서만 갈 수 있습니다.

죽은 나사로를 살리신 사건은 기다림을 가장 잘 설명합니다. 나사로의 누이 마리아는 나사로가 죽은 지 나흘이 지나서야 오신 예수님께 '너무 늦으셨다'고 원망합니다(요 11:21). 그런데 예수님은 늦었다고 생각하지 않으셨습니다. 오히려 나사로가 죽을 때까지 기다렸다가 살리심으로써 하나님을 영화롭게 하셨습니다. 하나님은 단순히 며칠이 아니라 몇 년을 기다리게 하실 때도 있습니다.

그리스도인에게 기다림은 무능력한 시간이 아닙니다. 하나님의 능력을 기대하는 순간입니다. 불가항력적인 일들이 우리 삶에 닥쳐올 때, 그 인생의 대기실에서 마주하는 우리의 연약함은 하나님의 무한한 능력을 경험하게 합니다. 하나님은 우리 삶을 완벽하게 돌보시는 분이기 때문입니다. 기다림의 진정한 의미는 그 시간을 통해 우리 내면에 변화가 일어난다는 것입니다. 영적 변화가 일어나고, 믿음이 성장합니다. 능력은 기다림의 시간이 끝난 후에 나타나는 것이 아니라 그 기다림 가운데서 시작됩니다.

기다림이 은혜임을 인정합니까?

❶ 지금 내가 기다려야 할 것은 무엇입니까?
❷ 기다림을 통해 받은 은혜가 있습니까?

내려놓을 줄 아는 사람 July 05

• 창세기 22:11-18

모든 인생은 나름대로 자신의 계획을 가지고 살아갑니다. 그런데 나의 계획과는 무관하게 하나님이 인생을 몰아가실 때가 있습니다. 갈대아 우르에서 안정된 생활을 하던 아브라함에게 하나님이 무작정 떠나라고 말씀하십니다. 인간적인 눈으로 보면 하나님의 선택에 응답하는 순간 우리 계획은 내려놓아야 하지만, 믿음의 눈으로 보면 새로운 인생을 향해 내 삶을 열어 놓는 것입니다. 내려놓고 하나님이 만들어 가시는 삶을 기대할 때, 우리 삶에 능력이 나타나기 시작합니다.

하나님은 아브라함에게 '큰 민족'을 이루게 하리라고 약속하십니다. 그리고 복이 될 것이라고 말씀하십니다(창 12:2). 내려놓을 수 있는 이유는 하나님이 '꿈'을 주시기 때문입니다. 꿈은 눈에 보이지 않지만, 하나님의 약속을 의지하는 것입니다. 하나님의 약속의 말씀을 들을 때, 아브라함은 아무것도 상상할 수 없었을지 모릅니다. 그러나 내려놓음은 나에게 다가올 결과를 하나님께 기꺼이 맡긴다는 믿음의 고백입니다. 우리가 능력을 상실하는 이유는 그동안 꿈꿔 왔던 계획을 하나님 앞에서 내려놓을 용기가 없어서일지도 모릅니다.

내려놓으면 결과에 집착하지 않습니다. 결과를 내려놓는다는 것은 현재의 과정을 붙든다는 말입니다. 창세기 12장부터는 아브라함의 방법이 아닌 하나님의 방법으로 이끄시는 이야기입니다. 자신의 방법대로 되지 않는 경험을 반복하면서 아브라함은 하나님의 방법을 의지하게 됩니다. 아들 이삭을 제물로 바치라는 하나님의 명령 앞에서 그는 자신의 모든 방법을 내려놓습니다(창 22:2-3). 그때 예측할 수 없었던 결과를 마주합니다. 여호와 이레!

내려놓음의 또 다른 이름은 '항복'입니다. 항복하면 패배합니다. 하지만 하나님께 항복하면 승리합니다. 아들의 죽음에 대하여 아브라함이 항복한 것은 하나님이 죽음보다 크신 분임을 인정했기 때문입니다(히 11:19). 그가 항복하며 모든 것을 내려놓자 하나님은 그에게 믿음의 아버지라는 이름을 주셨습니다.

나는 어떤 계획과 생각을 가지고 있습니까?

❶ 하나님을 의지하고 기꺼이 내려놓을 수 있습니까?
❷ 내가 고백하는 '여호와 이레'는 무엇입니까?

July 06 삶을 조율하는 사람

• 잠언 9:10

우리 삶에는 늘 오르막과 내리막이 있습니다. 평범하지 않은 순간을 맞이하면, 우리가 과연 하나님과 동행하고 있는가를 살펴보아야 합니다. 악기를 조율할 때 기준이 필요하듯이 우리 삶을 조율하기 위해서는 기준이 필요합니다.

첫 번째 기준은 바로 '두려움'입니다. 성경은 '여호와를 경외하는 것'(The fear of the Lord)이 바로 지혜의 시작, 즉 기준점이라고 말합니다. 그분이 우리를 만드셨음을 인정하고 우리 인생도 그분의 손길에 맡겨야 합니다. 불협화음은 자신이 중심이라 착각하며 '내' 소리를 내기 시작할 때 나옵니다. 불협화음이 나기 시작하면, 두려움이 찾아옵니다. 열심히 하고 있지만, 나를 부르신 이의 의도에 맞추지 못하기 때문입니다. 정기적으로 삶을 조율하지 않으면, 시간을 허비하게 되고 환경과 상황에 따라 흔들리게 됩니다.

"거룩하신 자를 아는 것이 명철이니라"(잠 9:10). 우리 삶을 조율하는 또 하나의 기준은 '하나님을 아는 것'입니다. 하나님의 본성은 '거룩'입니다. 거룩하신 분에 대한 지식이 없다면, 우리 노력이 삶을 '패망'으로 몰아가게 될 것입니다. 하나님의 거룩하심을 알면, 우리 인생의 '실패와 성공'은 그렇게 중요하지 않다는 것 또한 알게 됩니다. 삶을 조율하는 가장 좋은 방법은 거룩하신 하나님 앞에 서는 것입니다. 유대인은 하루의 시작을 '저녁'으로 정했습니다. 밤의 적막은 새로운 시작입니다. 어둠과 고독 가운데서 자신을 하나님 앞에 서도록 하는 것입니다.

안식일은 엿새 동안 세상을 창조하신 하나님이 '쉬신' 날입니다. 이 쉼의 시간을 통하여 우리는 거룩하신 하나님과 삶을 조율하는 시간을 가질 수 있습니다. 안식일은 우리가 그리스도인임을 세상에 알리기 위한 날이 아닙니다. 오히려 우리 삶을 거룩하신 하나님 앞에 조율하기 위한 날입니다. 하나님을 아는 것에서, 또한 거룩함을 인식하는 것에서 삶의 조율이 일어나야 합니다. 그것이 우리 삶을 능력 있게 바꾸는 길이기 때문입니다.

나는 하나님을 기준으로
삶을 조율하고 있습니까?

❶ 나는 하나님을 경외합니까?
❷ 내 삶의 기준은 무엇입니까? 하나님입니까, 나입니까?

새로운 관점 July 07

• 마태복음 5:38-48

새로운 관계를 위해 "통념을 뛰어넘는 넓은 관점으로 보라!" 박성민 목사가 그의 책 《완전 소중한 비밀》에서 권면한 내용입니다. 예수님의 가르침을 보면, 당시 통념으로 여기던 사실을 절묘하게 뒤집은 경우가 적지 않습니다. 특히 관계라는 측면에서 더욱 그렇습니다.

"무엇이든 남에게 대접을 받고자 하는 대로 너희도 남을 대접하라"(마 7:12). 당시 존경받던 랍비 할렐은 율법을 해석하면서 "남이 너에게 했을 때 싫은 것들을 남에게도 하지 말라"고 말합니다. 할렐의 가르침과 예수님의 가르침은 강조점이 다릅니다. 할렐의 가르침은 피동적이며 대응적이고 소극적입니다. 내가 당하기 싫은 것은 남에게도 하지 말라는 것입니다. 이와는 대조적으로 예수님의 가르침은 능동적이며 주도적이고 적극적입니다. 남이 나에게 해 주면 좋을 만한 것을 남에게 행하라고 가르치십니다.

"너희를 반대하지 않는 자는 너희를 위하는 자니라"(눅 9:50). 세상이 생각하는 '우리 편'은 누구입니까? 세상은 '우리를 위하지 않으면 우리를 반대하는 이들'이라는 논리로 늘 편 가르기를 합니다. 그러나 예수님은 '우리를 반대하지 않으면 우리를 위하는 자'라고 말씀하십니다. 영어의 'against', 'for'의 차이입니다. 제자들이 생각하는 우리 편과 예수님이 생각하는 우리 편의 범위가 달랐습니다.

'도덕적 위안'이라는 말이 있습니다. 어느 정도의 선행을 통해 자신의 죄책감을 상쇄시켜 보려는 의도입니다. 그리스도인의 책임을 다하지 않으면, 왠지 꺼림칙하기 때문입니다. 그래서 우리는 나름의 기준을 세웁니다. 그러나 그 기준은 자기중심적이어서는 안 되며 성경적이고 예수님 중심적이어야 합니다. 각자 자신의 기준에서 행하는 일이 마음에 위안을 주거나 사람들의 시선을 가릴 수 있을지 모릅니다. 하지만 예수님의 기준에서 행한다면, 새로운 관계와 새로운 삶의 지평이 열릴 것입니다. 그래서 예수님의 삶은 우리에게 늘 도전을 줍니다.

삶에 대한 나의 관점과 기준은 어떻습니까?

❶ 나는 능동적/주도적/적극적으로 생각하고 행동합니까?
❷ 내 기준은 자기중심적입니까, 예수님 중심적입니까?

July 08 정직한 자의 형통함

• 시편 51:6-13

정직한 삶에는 때로 고난이 찾아옵니다. 하지만 가장 정직한 삶이 결국 승리한다는 믿음이 있기에 우리는 정직할 수 있습니다. 우리 사회가 갈수록 부정직해지는 이유는 정직한 자가 성공할 수 있다는 믿음이 없기 때문입니다. 세상은 성공하려면 '옳은 길'이 아닌 '쉬운 길'을 택하라고 합니다. '쉽고 편한 것'을 축복이라고 생각하는 순간, 삶의 고난은 피해야 할 저주가 됩니다.

그러나 성경은 고난이 유익이라고 가르칩니다. 옳은 길을 가기 위해서는 고난의 길을 지나야 할 때도 있기 때문입니다. 성경은 정직한 자가 성공한다고 말하지 않습니다. 단지 정직한 자가 형통하다고 말합니다. '형통함'이란 손해를 보지 않는다거나 편안하게 살 수 있다는 말이 아니라 손해를 보더라도 하나님의 방식대로 사는 것이 의롭고 하나님의 뜻임을 믿는다는 말입니다.

성경은 인간을 완전한 존재로 묘사하지 않습니다. 성경의 위대한 인물들도 실수했습니다. 믿음의 조상 아브라함도, 위대한 지도자 모세도, 이스라엘에서 가장 존경받는 왕 다윗도 수많은 실수를 경험했습니다. 그러나 그들이 믿음의 선진으로 인정받을 수 있는 이유는 자신의 죄와 연약함과 부족함을 인정하고, 하나님을 의지함으로써 '실수'가 '실패'로 끝나지 않게 한 덕분입니다. "하나님이여 내 속에 정한 마음을 창조하시고 내 안에 정직한 영을 새롭게 하소서"(시 51:1). 다윗은 자신의 불의함을 하나님 앞에 감출 수 없음을 알았고, 거짓된 사람은 버리신다는 것도 알았습니다. 그가 원한 것은 부나 권력이 아니었습니다. 하나님이 끝까지 쓰시는 사람이 되는 것이었습니다.

신앙적 관점을 떠나서라도 이 시대는 더 이상 거짓을 용납하지 않습니다. 거짓말은 위기를 잠시 모면하게 할지 모르지만, 언젠가는 들통나 위기에 빠지게 합니다. 결국, 정직한 삶을 훈련하고 연습한 자만이 바로 설 수 있습니다. 우리는 정직한 자의 형통함을 믿습니다.

나는 정직한 자의 형통을 믿습니까?

❶ 나는 정직한 사람입니까?
❷ 나의 실수가 실패로 끝나지 않을 것을 믿습니까?

그리스도인다움 July 09

• 골로새서 3:12-17

우리의 정체성은 '어디'에 있느냐가 아니라 '무엇'을 하느냐에 따라 드러납니다. 골로새서는 "하나님이 택하셔서 거룩하고 사랑받는 자"들은 어떻게 살아야 하는지를 알려 줍니다. 먼저, 사랑받는 자답게 행해야 합니다. 하나님이 우리를 택하셨을 때 우리는 이미 거룩해졌고, 사랑받는 자가 되었습니다. 하나님의 사랑으로 새로운 사람이 된 성도들은 '긍휼과 자비와 겸손과 온유와 오래 참음'을 옷 입고, 불만이 있어도 용납하며 용서할 수 있어야 합니다(골 3:12-14).

이러한 삶의 변화는 인간관계에서 나타납니다. 긍휼의 옷을 입었으면, 고통당하거나 가난한 사람들을 볼 때 긍휼한 마음이 생겨야 합니다. 자비의 옷을 입었으면, 상대방의 필요를 채워 줄 수 있어야 합니다. 겸손의 옷을 입었으면, 늘 하나님 앞에서 자신과 상대방에 대해 올바로 평가해야 합니다. 온유의 옷을 입었으면, 권리를 포기할 수 있어야 합니다. 용납의 옷을 입었으면, 상대방을 수용할 수 있어야 합니다. 마치 그리스도께서 하셨던 것처럼 말입니다.

이 모든 것 위에 사랑을 더해야 합니다(골 3:14). 어떤 은사나 능력이나 선행도 '사랑'이 없으면 아무것도 아닙니다(고전 13:1-3). 사랑이 없는 '덕행'은 그저 자신을 드러내고, 스스로 위로를 받으려는 행동입니다. 진정한 사랑의 눈으로 보고, 근본적인 사랑으로 행동해야 그리스도인다운 영향력을 발휘할 수 있습니다. 그리스도의 평강이 있어야 합니다(골 3:15). 우리가 아무리 선행을 하고, 새로운 관계를 시도하고, 용서하려고 노력해도 마음에 평강을 잃는다면 아무 의미가 없습니다. 그러므로 그리스도의 평강이 우리 마음을 주장하게 해야 합니다. 이 평안함은 사랑으로 행하는 모든 행위와 관계있습니다. 가식이 아니라 진심으로 행할 때, 그리스도의 평강이 우리 안에 있습니다. 그리스도의 말씀이 우리 마음 가운데 확고한 자리를 잡아야 합니다(골 3:16). 또한 무엇을 하든지 다 주 예수의 이름으로 해야 합니다(골 3:17). 모든 삶에서 예수의 이름이 적용되도록 연습하고 실천하는 것입니다. 이것이 바로 그리스도인다움입니다.

나는 그리스도인답게 살아가고 있습니까?

❶ 나는 사랑받은 자답게 살아갑니까?
❷ 내 안에 그리스도의 평강이 있습니까?

July 10 결혼의 의미

• 창세기 2:18-25

인생의 문제를 해결하는 유일한 방법은 하나님의 말씀으로 돌아가는 것입니다. 결혼도 마찬가지입니다. 다양한 이유로 결혼이 터부시되고 있지만, 성경은 결혼을 복되고 귀하다고 말합니다. 결혼의 목적은 나의 부족함을 채우는 것이 아니라 내가 상대방의 '돕는 배필'이 되기 위함입니다. 그렇다면 그리스도인에게 결혼은 어떤 의미일까요? 본문에 나오는 세 가지 동사를 통해 성경이 말하는 결혼의 의미를 찾아볼 수 있습니다.

"연합하다"의 히브리 원어는 '아교로 붙이다'라는 뜻이 있습니다. 남편과 아내 사이에 아무것도 비집고 들어가지 않는 친밀함, 서로에 대한 100% 헌신, 사랑과 신뢰를 의미합니다. 그리스도인이 되면, 예수 그리스도께서 내 삶의 1순위가 되시듯 남편과 아내는 무엇보다 서로를 우선순위에 두고 하나가 되어야 합니다.

"둘이 한 몸을 이루다"는 아주 다른 두 사람이 하나가 된다는 의미입니다. 각기 다른 삶을 살아온, 서로 다른 성격의 두 사람이 만나는 것이 결혼입니다. 월터 트로비쉬는 "두 사람은 그들의 육체나 소유물뿐만 아니라 그들의 사고와 감정, 기쁨과 고난, 희망과 두려움, 성공과 실패도 함께 나누어야 한다"고 말합니다.

"떠나다"란 새로운 질서를 세우기 위해 기존 질서를 버리고 떠난다는 의미입니다. 이제까지 부모에게 의존해 왔던 생활을 버리고, 새로 독립된, 스스로 책임지는 관계를 형성한다는 의미입니다. 이는 부모로부터의 외적인 분리뿐만 아니라 내적인 분리도 포함합니다. 결혼 제도는 결코 우연의 산물이 아닙니다. 또한 인간이 만든 것도 아니며 하나님이 시작하신 것입니다. 최초의 결혼식은 하나님에 의해 에덴 동산에서 거행되었습니다. 예수님도 결혼의 중요성에 관해 거듭 강조하십니다(마 19:4-6; 막 10:5-9). 그리스도인에게 결혼은 새로운 축복의 시작입니다.

나는 결혼에 대해 어떻게 생각합니까?

❶ 성경의 관점에서 보면, 우리 가정은 건강합니까?
❷ 내가 결혼을 통해 얻고자 하는 것은 무엇입니까?

자녀의 도리, 순종 July 11

• 골로새서 3:10-24

살아가다 보면 순종할 수 없는 일들이 많습니다. 부모님과의 관계에서도 그렇지요. 이해되지 않는 상황에서 부모님께 순종하기가 쉽지 않습니다. 나아가 이해할 수 없는 하나님의 말씀과 인도하심에 신앙적으로 어떻게 반응해야 할까요?

순종은 결코 쉽지 않습니다. 그러나 순종은 믿음이 바탕이 되는 신앙적 행위입니다. 자녀로서 후회를 남기지 않기 위해서는 순종할 만한 이유를 찾기보다는 부모이기에 순종하기로 마음먹고 기도해야 합니다. 이 세상의 어떤 어머니와 아버지가 자격이 있겠습니까? 성경은 부모는 존재만으로도 자녀가 순종해야 할 대상이라고 말합니다. 왜냐하면 부모 덕분에 자녀가 존재하기 때문입니다. 순종하기 위해서 부모님의 마음을 이해하려고 노력해야 합니다. 내가 이해할 수 없는 방식이더라도 나를 가장 사랑하는 분이 부모님이라는 사실을 인정해 보십시오.

부모님에 대한 순종은 하나님에 대한 순종으로 연결됩니다. 하나님 앞에 순종하는 마음 역시 동일하기 때문입니다. 아브라함은 하나님의 말씀에 순종했던 대표적인 인물입니다. 하나님은 아브라함에게 아들 이삭을 바치라고 말씀하십니다(창 22:1-2). 아브라함은 그 뜻을 모두 이해할 수 없었지만, 하나님의 선하심을 믿고 순종했습니다. 하나님은 아브라함의 순종을 보시고 그의 믿음을 인정하셨고, 큰 복을 약속하셨습니다(창 22:16-18).

"자녀들아 모든 일에 부모에게 순종하라 이는 주 안에서 기쁘게 하는 것이니라"(골 5:20). 부모에게 순종하면, 부모만 아니라 하나님도 기뻐하십니다. 하나님이 그 기쁨을 이기지 못하고 즐거워하십니다. 우리를 향한 하나님의 계획을 인정하십시오. 우리를 향한 하나님의 계획은 선하십니다. 하나님 앞에서 자기 뜻을 꺾을 수 있을 때, 하나님이 기뻐하십니다. 부모에게 상처와 후회를 남기지 않도록 하십시오. 이것이 곧 하나님의 마음을 기쁘시게 하는 길입니다. 하나님이 기뻐하시면, 하나님의 구원과 축복이 우리 삶에 임할 것입니다.

나는 순종하고 있습니까?

❶ 이해되지 않는 상황에서도 부모님께 혹은 하나님께 순종합니까?
❷ 순종할 때 주시는 하나님의 기쁨과 축복을 기대합니까?

July 12 부모의 역할, 내려놓음

• 누가복음 12:23-32

부모에게 순종하는 것 못지않게 자녀를 노엽지 않게 하는 것도 힘듭니다. 순종하기 위해서 부모의 마음을 이해해야 하듯이, 자녀를 노엽게 하지 않으려면 자녀의 마음을 이해해야 합니다. 내 마음이 아니라 하나님의 마음으로 자녀를 바라보아야 합니다.

"아비들아 너희 자녀를 노엽게 하지 말지니 낙심할까 함이라"(골 3:21). 이 말씀 역시 선택의 문제가 아니라 반드시 지켜야 하는 명령입니다. 그런데 어떻게 하면 이 명령을 지킬 수 있을까요? 우리가 부모님께 받은 상처만큼이나, 우리가 자녀에게 상처를 주는데 말입니다. 부모가 자녀에게 주는 대부분의 상처는 자녀에 대한 미움 때문이 아니라 사랑과 관심 때문입니다. 그런데 생각해 보면 부모의 조바심 때문에, 또 자녀에 대한 믿음이 없어서, 무언가 해 주어야 한다는 강박 관념 때문인 경우가 많지 않습니까?

"까마귀를 생각하고, 백합화를 생각해 보라"(눅 12:24-28). 하나님 아버지께서 자녀인 우리에게 하시는 말씀입니다. '염려하지 마라!' 우리도 자녀를 향한 믿음을 가져야 합니다. 또한 자녀들의 참 부모이신 하나님을 신뢰해야 합니다. 하나님이 책임지실 테니 염려하지 말라고 말씀하십니다. 우리의 염려와 조바심 때문에 자녀에게 상처 주지 말고, 하나님 아버지를 믿고 의지하고 맡기라고 말씀하십니다.

인생은 내 뜻대로 되지 않습니다. 내 생각과 기대대로 되었다면 결코 볼 수 없었을 결과를 하나님이 주십니다. 내 자녀가 내 기대대로 됐다면 결코 경험할 수 없었을 일을 하나님이 계획하고 계십니다. 그렇습니다. 믿음의 문제입니다. 우리의 모든 것을 들으시는 하나님이 우리 요구와 관계없이 우리를 향한 최고의 사랑과 계획을 가지고 계심을 믿는 것입니다. 부모의 역할을 생각하기 이전에 하나님의 자녀로서 하나님을 믿고 신뢰하며 살아가십시오.

나는 자녀를 하나님께 맡기고 있습니까?

❶ 자녀 인생의 주도권을 내가 쥐고 있지는 않습니까?
❷ 내 삶에서 하나님께 더욱 맡겨야 하는 부분은 무엇입니까?

신앙의 유산 July 13

• 신명기 6:1-9

유대인은 전통적으로 날마다 '쉐마'를 낭송하며 신앙을 고백합니다. '쉐마'는 '너희는 들으라'는 뜻입니다. 이스라엘 사람들은 힘겨웠던 애굽 종살이에서 구원하신 하나님의 놀라운 역사를 늘 기억하고 찬양하도록 자녀들을 가르쳤습니다. 이 말씀은 현재뿐 아니라 미래의 의미를 담고 있습니다.

신앙인과 비신앙인은 현재적인가 아니면 미래적인가로 구분할 수 있습니다. 현재의 삶을 살고, 자기 삶에서 모든 것을 이루려는 사람은 미래의 소망이 없습니다. 반면에 기독교적 신앙은 미래지향적 삶을 살게 합니다. 하나님의 축복과 약속은 한 세대를 향한 것이 아니라 늘 미래를 향해 있습니다. 하나님은 아브라함을 믿음의 조상으로 부르셨습니다. 하나님은 아브라함의 세대를 넘어 400년 후에 그의 자손들을 통해 그 아름다운 축복이 이루어질 것이라고 말씀하셨습니다(창 15:5-6, 13-14). 아브라함, 이삭, 야곱, 요셉 등 성경의 인물들은 하나님이 주신 약속의 돌 하나를 놓는 의미 있는 인생을 살았습니다.

하나님은 오늘 나와 자녀의 삶을 통해서도 그 약속을 이어 가고 계십니다. 그러므로 지금 우리가 자녀에게 부모로서 어떤 삶을 보여 주어야 하는지가 중요합니다. 자녀의 성장에 부모의 책임이 큼을 결코 부인할 수 없을 것입니다. 이는 육신의 자녀뿐 아니라 영적인 자녀에게도 마찬가지입니다.

그리스도인의 행동 지침은 여호와 하나님을 사랑하는 것으로 시작합니다. 누군가를 사랑하면 그를 의식하고, 그의 말을 경청하고, 그가 원하는 모습으로 바뀌어 갑니다. 하나님을 사랑할 때도 마찬가지입니다. 그러므로 "여호와를 전심으로 사랑하는 것"은 아주 원론적이고도 원칙적인 기본입니다. 여호와를 전심으로 사랑하는 자녀로 양육하는 것, 이것이 오늘 우리 자녀를 향한 교육의 기본이 되어야 합니다. 하나님을 사랑하는 자녀가 하나님의 사랑을 입을 것입니다(잠 8:17).

나의 신앙은
미래적입니까?

❶ 나는 신앙의 열매만을 보기 원하고 있지는 않습니까?
❷ 자녀(또는 다음 세대) 교육의 우선순위는 무엇입니까?

July 14 행복을 선택한다는 것

• 민수기 14: 28-30

모세와 이스라엘 백성은 약속의 땅, 가나안 앞에 서 있었습니다. 하나님은 모세에게 일러 가나안 땅을 정탐하게 하셨습니다(민 13:1-2). 이미 하나님이 주기로 작정하신 그 땅을 차지할 수 있는지를 알아보라는 게 아니라 어떻게 들어갈 것인지, 그 방법을 찾으라는 말씀입니다. 그런데 이들은 하나님의 약속을 무시한 채 환경만을 바라보고 불가능하다는 판단을 내렸습니다. 이것은 아주 합리적이고, 이성적이며, 계산적인 판단이었습니다. 그러나 하나님을 배제한 상태에서 내린 결정에 더 이상의 해결책을 찾을 수 없어 두려움으로 떨게 되었습니다.

그때 여호수아와 갈렙이 나섭니다. 두 사람이 보기에도 그 땅은 전쟁을 통해 차지하기는 힘들어 보였습니다. 하지만 그들은 그 땅을 주겠다고 약속하신 하나님을 바라봤습니다. "여호와께서 우리를 기뻐하시면…"(민 14:8). 이 말이 하나님을 기쁘시게 했습니다. 이 고백으로 여호수아와 갈렙은 광야에서 40년을 보낸 후에 젖과 꿀이 흐르는 땅에 들어가는 특권을 누리게 됩니다.

하나님은 불신앙으로 기울어져 가는 이스라엘 백성에게 분노하셨습니다. "너희 말이 내 귀에 들린 대로 내가 너희에게 행하리니"(민 14:28). 하나님은 너희가 두려워한 대로 행하겠다고 말씀하십니다. 선택은 그들이 했습니다. 그러니 그 결과에 대한 책임도 그들에게 있습니다.

소망은 눈에 보이지 않지만, 바라는 것입니다(롬 8:24-25). 이스라엘이 부정적인 선택을 할 수밖에 없었던 결정적인 이유는 눈에 보이는 것만 봤기 때문입니다. 그러나 보이지 않는 하나님을 의지했던 여호수아와 갈렙은 소망의 말을 할 수 있었습니다. 하나님은 자기 귀에 들린 대로 행하겠다고 말씀하십니다. 눈에 보이는 것에 연연하면 불평하게 됩니다. 그러나 보이지는 않지만, 분명한 하나님의 약속을 바라보면 소망을 말하게 됩니다.

나는 행복을 선택하고 있습니까?

❶ 나는 현실을 바라봅니까, 소망을 바라봅니까?
❷ 나의 말은 부정적입니까, 희망적입니까?

죽음에 관해 생각하다 July 15

• 디모데후서 4:6-8

죽음을 생각하는 자만이 진지한 삶을 살 수 있습니다. 사도 바울은 수많은 위기 앞에서 항상 죽음을 생각해야 했고, 이제는 죽음이 얼마 남지 않았음을 직감합니다. 그는 지난날을 돌아보며 '선한 싸움을 싸우고, 믿음을 지켰다'고 고백합니다(딤후 4:7). 그의 고백에서 두려움이나 절망은 찾아볼 수 없습니다. 죽음 앞에서 이렇게 당당해지려면, 우리는 무엇을 해야 할까요?

살아가는 목적을 생각해야 합니다. 우리가 살아가는 목적과 이유를 알려면, 하나님으로부터 출발해야 합니다. 하나님이 우리를 지으셨기 때문입니다. 하나님 안에서만 삶의 의미와 목적, 인생의 소중함을 발견할 수 있습니다. 사도 바울이 죽음 앞에서 후회 없었던 비결은 지나온 삶이 만족스러웠기 때문일 것입니다. 그는 예수님의 죽음을 자기 몸에 짊어지고 산다고 했습니다(고후 4:10). 주님을 위해 죽을 수 있는 사람이 주님과 함께 부활에 동참하게 됩니다(빌 1:20-30).

죽음과 친해져야 합니다. 우리가 죽음을 비통하게 받아들이는 이유는 바로 사랑하는 사람들과 영원히 분리된다고 생각하기 때문입니다. 그러나 우리는 죽음을 절망이 아닌 소망으로 받아들일 수 있어야 합니다. 소망을 품고 죽음에 직면할 때, 우리는 성실하고 여유롭게 살아갈 수 있습니다.

죽음을 준비해야 합니다. "죽음은 끝이 아니라 삶의 연장이고 삶의 완성이라는 걸 진정으로 이해하지 못한다면, 편안하게 죽음을 맞이할 수 없어요. 죽음을 정확히 이해하고, 죽을 준비를 충분히 하고, 편안하게 죽는 것. 이게 바로 웰다잉이죠."(한림대 오진탁 교수) 죽음 준비만큼 엄숙한 것은 없습니다. 그 준비는 바로 오늘을 진지하게 사는 것입니다. 죽음 준비는 남아 있는 삶에 대한 태도를 바꾸어 줍니다. 하나님 앞에서 부끄러움 없이 사는 것이 얼마나 아름다운 죽음을 맞이하게 하는지를 늘 가슴에 새기고, 그리스도인다운 삶을 살아가야겠습니다.

나는 죽음에 대해 생각합니까?

❶ 나에게 죽음은 절망입니까, 소망입니까?
❷ 웰다잉을 위해 내가 준비해야 할 것은 무엇입니까?

July 16 온유함을 생각하다

• 마태복음 5:5, 7:1-5

'개혁'과 '온유함'은 전혀 상반된 말일까요? 필립 멜란히톤은 루터 신학을 조직화하고, 루터의 후계자로 거론되던 인물입니다. 그는 루터의 개혁을 지지했지만, 교회를 사랑했기에 끊임없이 루터와 로마 교황청의 화해를 시도했습니다. 이러한 그의 태도는 루터 지지자들에게는 우유부단함으로 비쳤고, 결국 배척당하게 되었습니다. 개혁 시대에 온유함으로 화합을 주장했기 때문입니다. 그런데 '온유한 개혁'은 불가능한 일일까요?

변화와 개혁을 위해서는 필연적으로 '옳고 그름'을 먼저 떠올리게 됩니다. 잘못된 것이 보이지 않으면, 굳이 변화하려 하지 않기 때문입니다. 개혁과 옳음을 이야기하기 위해서는 누군가의 잘못을 지적해야 합니다. 누군가의 허물이 드러나야 개혁을 이야기하는 사람들이 돋보이게 되기 때문입니다. 하지만 사람이 드러나면 드러날수록 하나님의 영광은 사라지고, 하나님 나라는 점점 더 멀어지게 됩니다.

예수님은 "온유한 자는 복이 있다"고 말씀하십니다. '옳은 자'가 복이 있다고 말씀하시지는 않습니다. 또 "의를 위해 핍박을 받는 자는 복이 있다"고 하시지만, '의를 위해 핍박하는 자'가 복이 있다고 하시지는 않습니다. 많은 사람이 교회도 정치도 이 사회도 개혁이 필요하다고 소리를 냅니다. 하지만 정의와 옳음을 주장하는 사람이 많아질수록 세상은 점점 더 삭막해질 뿐입니다.

옳지 않음을 지적하는 것은 그리 어렵지 않습니다. 하지만 옳지 않은 것을 보고 사랑하는 마음으로 괴로워하며 품기는 쉽지 않습니다. 누군가를 향해 손가락질할 때, 손가락 하나는 그를 향해 있지만, 나머지 손가락들은 나를 향해 있음을 기억하십시오. 누군가를 지적하는 손가락질이 많아질수록 내가 설 땅은 점점 더 좁아집니다. 하나님은 온유한 자에게 땅을 차지하는 복을 허락하십니다. "온유한 자는 복이 있나니 그들이 땅을 기업으로 받을 것임이요"(마 5:5).

나는 하나님 앞에서 온유한 사람입니까?

❶ 옳지 않다고 느낄 때 나는 어떻게 반응합니까?
❷ 나는 지적하는 사람입니까, 품어 주는 사람입니까?

숨 고르기 July 17

• 마태복음 6:31-32; 전도서 7:14

숨을 고르기 위해서 일상을 떠나는 '쉼'은 영어로 re-creation입니다. 우리말로 풀면, '숨을 고른다'는 뜻입니다. 그리스도인에게 쉼은 두 가지로 구분할 수 있습니다. 육체적인 쉼과 영적인 쉼입니다. 특히 영적인 쉼은 우리로 하여금 영적 민감성을 유지하게 합니다. 복잡한 일과 가운데서 여유를 잊고 살다가 하나님과 대면하는 시간을 갖는 것입니다.

"형통한 날에는 기뻐하고 곤고한 날에는 되돌아보아라"(전 7:14). '되돌아보다'로 번역된 히브리어 '레아'는 '현실을 직시하고 깊이 생각하다'라는 뜻입니다. 깊이 생각하기 위해서는 잠시 멈춰야 합니다. 일상생활을 멈추고, 주변의 소리를 차단하고, 침묵의 시간 혹은 하나님과 함께하는 시간을 가져야 합니다.

야곱은 인생의 위기에 가던 길을 멈춰 섰습니다. 야곱이 가족과 모든 재산을 가지고 금의환향할 때, 그 앞에는 자신을 죽일지도 모르는 형 에서가 버티고 있었습니다. 야곱은 이 절체절명의 순간에서 여정을 멈췄습니다. "야곱은 홀로 남았더니…"(창 32:24). 가던 길을 멈추고 홀로 남아 하나님의 사람과 씨름하는 사건을 통해 야곱의 인생이 바뀌었습니다. 누군가는 위기의 순간에 바보같이 혼자 남아 무엇을 하느냐고 비웃었을지 모릅니다. 그러나 그 순간, 야곱은 하나님과 대면하며 영적인 칼날을 갈고 있었습니다.

믿음을 가진 자가 쉼도 얻을 수 있습니다. 우리가 쉬지 못하는 이유 중 하나는 내가 아니면 안 된다는 생각 때문입니다. 잠시라도 쉬면 뒤처질 것 같은 초조함과 내일 일에 대한 염려 때문입니다. 그러나 그것은 내가 쉬면 하나님도 일하실 수 없으리라는 착각일 뿐입니다. 오히려 잠시 멈추고 나의 일을 하나님께 맡겨야 합니다. "내일 일을 염려하지 말라"(마 6:34)는 말은 하나님이 하시겠다는 뜻입니다. 내가 쉬는 동안에도 하나님은 일하고 계십니다. 하나님이 하나님의 방법으로 일하시리라 믿을 때, 우리는 비로소 진정한 쉼을 누릴 수 있습니다.

나는 하나님이 주시는 쉼을 누리고 있습니까?

❶ 곤고한 날에 혼자 고민합니까, 하나님 앞에 나아갑니까?
❷ 나를 쉬지 못하게 하는 것은 무엇입니까?

July 18 진정 사랑해야 할 사람

• 시편 139:14-16

성 어거스틴은 유명한 말을 남겼습니다. "인간은 높은 산과 바다의 거대한 파도와 굽이치는 강물과 저 광활한 우주의 태양과 반짝이는 별들을 보고 감탄하면서도 정작 자기 자신에 대해서는 감탄하지 않는다." 이 세상에 놀라운 것들이 많지만 그보다 내가 얼마나 대단한 작품인지를 더 감탄해야 합니다. 하나님은 "하나님의 형상대로"(창 1:26) 사람을 만드셨고 기뻐하며 감탄하셨습니다. 하나님의 시선으로 나를 바라보아야 합니다.

우리는 끊임없이 경쟁하며 살아갑니다. 성공하기 위해 쉴 새 없이 노력해야 하고, 남들보다 탁월해지기 위해 시간을 초 단위로 쪼개어 사용하는 시대에 살아가고 있습니다. 저마다 더 많은 사람에게 인정받기를 원하고, 더 많은 돈을 벌기 원하고, 더 높아지기 위해 달려갑니다. 그렇게 열심히 달려가는데 정작 내 능력은 내가 원하는 목표에 미치지 못할 때가 많습니다. 그래서 스스로를 원망하고 자책합니다.

진정 우리가 해야 할 일은 나 자신을 사랑하는 것입니다. 예수님은 "네 이웃을 네 자신같이 사랑하라"고 말씀하셨습니다. 나 자신을 사랑하지 않으면 이웃도 사랑할 수 없습니다. 나 자신을 더욱 아끼고 기다려 주고 믿어 주어야 합니다. 우리는 각각의 존재 자체로도 충분히 아름답습니다. 스스로 인정하지 못할지라도 하나님은 우리를 아름답게 창조하셨고, 지금도 여전히 사랑하고 계십니다. 우리 모두는 하나님과 사람들에게, 또한 스스로에게 사랑받기 위해 태어난 사람입니다.

나는 나 자신을 사랑합니까?
❶ 나를 지으신 하나님의 은혜에 감사합니까?
❷ 용납하지 못하는 나의 모습도 사랑하기로 결단합니까?

섬기는 자가 되고

• 마가복음 10:35-45

기독교는 중심지가 계속해서 바뀌어 왔습니다. 세계의 종교들은 그 발생지를 중심으로 여전히 강력한 영향력을 행사합니다. 그러나 기독교는 유대에서 출발했지만, 그 중심이 유럽에서 미국으로 이제는 남미와 중국, 아프리카로 이동하고 있습니다. 이러한 중심 이동의 원인은 '권력'과 깊은 관계가 있습니다. 교회가 세상 권력의 핵심에 서면, 하나님은 여지없이 그 축을 옮기셨습니다. 역설적이게도 기독교의 영향력은 교회가 가장 힘없고 고통당하는 자들 곁에 있을 때 가장 강력하게 나타납니다. 기독교의 중심에는 항상 십자가가 있습니다.

제자들 사이에 다툼이 일어났습니다. 그 다툼은 세베대의 아들 야고보와 요한이 주께 나와 '권력'을 구하면서 시작되었습니다. "주의 영광 중에서 우리를 하나는 주의 우편에, 하나는 좌편에 앉게 하여 주옵소서"(막 10:37). 그러나 이에 대한 예수님의 대답은 명료합니다. "너희 중에 누구든지 크고자 하는 자는 너희를 섬기는 자가 되고"(막 10:43). 예수님의 제자들이 세상 권력을 탐하지는 않았을 것입니다. 아마도 예수님의 권력에 힘입어 세상을 바꾸고 싶었겠지요.

더 많은 사람을 섬기려면 더 큰 권력이 필요하다고 여기는 그리스도인이 많습니다. '섬기기 위해'라는 명분 아래 많은 그리스도인이 권력에 대한 욕망을 부끄러워하지 않습니다. 그러나 섬기기 위해 가려는 그 자리는 누군가를 밟고 서야 앉을 수 있습니다. '하나님의 뜻'을 위해서라고 포장하지만, 결국 자신의 권력을 이루려는 속내가 드러나고 맙니다.

예수님은 십자가 위에서조차 권력을 쓰지 않으셨습니다. 능력이 없어서가 아니라 하나님의 방법이 아니기 때문입니다. 예수님의 자리는 섬김의 자리였기 때문에 세상과 자리를 놓고 다툴 필요가 없었습니다. 예수님은 낮은 자세로 제자들의 발을 씻기셨고, 낮은 모습으로 십자가에 달리셨습니다.

나는 어떤 영향력을 발휘하고 있습니까?

❶ 선의로 포장된 나의 욕망을 추구하지는 않습니까?
❷ 낮은 자리에서 섬길 준비가 되어 있습니까?

July 20 시대를 위한 기도

• 하박국 1:1-4

하박국은 악이 성행하는 시대를 보며 의문을 갖습니다. 율법이 제 기능을 하지 못하고 정의가 전혀 실현되지 않으며, 악인이 의인을 이기는 시대(합 1:4)에 왜 하나님은 침묵하시는가? 수많은 사람이 당 시대를 비판하고 부정했지만, 선지자 하박국에게는 다른 점이 있었습니다.

'시대를 보는 안목'이 있었습니다. 똑같은 시대를 살았지만, 똑같은 것을 보지는 않았습니다. 수많은 불의함 가운데 하박국은 하나님의 침묵을 묵묵히 바라보면서 안타까움을 느꼈습니다. 동시대 사람들이 영적으로 무디어 있었던 것과는 달리 그는 영적인 눈으로 세상을 보았습니다. 우리 또한 이 시대가 어떠한지 영적인 눈으로 바라봐야 합니다. 하나님의 말씀이 얼마나 살아있는지, 하나님을 떠난 세대가 어떻게 되는지를 볼 수 있어야 합니다. 하박국은 수많은 악을 목도했지만, 자신이 해결하려고 하지는 않았습니다.

불의한 시대를 보며 하나님께 부르짖었습니다(합 1:2). 하박국처럼 우리도 영적인 눈으로 보고 이 세대를 위해 기도해야 합니다. 광야에서 하나님의 은혜를 잊어버리고 우상을 숭배했던 이스라엘에 하나님이 진노하셨을 때, 모세는 백성을 위해 기도합니다. 하나님은 모세의 기도를 들으시고, 뜻을 돌이키셨습니다(출 32:14). 우리가 문제를 해결할 수 없다면, 그 문제를 놓고도 하나님께 기도해야 합니다.

하박국은 자신이 해결할 수도, 이해할 수도 없는 문제를 들고 하나님께 나왔습니다. 기도는 나 스스로 해결할 수 없는 문제를 하나님께 가지고 나오는 것입니다. 기도하면서도 스스로 해답을 찾으려는 사람은 어리석은 사람입니다. 하박국은 자신이 이해하지 못하는 일, 즉 하나님의 성품과 어긋나는 현실 가운데서 묻고 있습니다. 자신이 품은 삶의 문제를 해결하기 위해 하나님께 진지하게 묻고 있습니다. 해답은 하나님께 있습니다. 내가 해답을 찾으려고 하면 절대로 기도하지 못합니다. 내 생각은 내 능력의 한계를 벗어나지 못하기 때문입니다.

나는 이 시대를 위해 기도합니까?

❶ 현시대에 관해 어떻게 생각합니까?
❷ 하나님께 맡기고 기도합니까?

불의한 이득에는 화 있을진저 July 21

• 하박국 2:9-11

하나님은 불의한 소득을 분명히 심판하십니다. 하박국 당시 바벨론은 점점 부강한 나라가 되어 갔지만, 대부분 남의 것을 빼앗아 얻은 부와 권력이었습니다. 재산은 점점 많아졌으나 이와 함께 불안도 높아져 갔습니다. 언제 다시 빼앗길지 모른다는 두려움 때문에 바벨론은 자신을 보호하고자 높고 튼튼한 성을 건설합니다. 그러나 성을 쌓는 순간, 심판은 시작됩니다. 하박국은 이러한 자들에게 화가 임할 것이라고 예언합니다(합 2:9).

하나님은 불의한 일로 재산을 늘리는 것을 기뻐하지 않으십니다. 나아가 정당하게 모은 재물이라도 올바르게 사용하지 않으면, 불의한 재물을 쌓는 것입니다. 재물은 하나님이 지켜 주실 때 의미가 있습니다. 하나님은 이스라엘에게 또한 우리에게 10분의 1은 하나님께, 30분의 1은 이웃을 위해 사용하라는 '물질 사용의 법칙'을 가르쳐 주셨습니다(신 14:22-29).

교회는 물질을 쌓아 두는 곳이 아니라 나누어 주는 곳이어야 합니다.
교회가 가장 수치스럽게 보일 때는 모은 재산을 자랑할 때입니다. 그리스도인들에게 가장 어리석은 모습 또한 늘어나는 재산을 보며 즐거워할 때입니다. 늘어나는 재산만큼 우리에게 주어진 사명에 최선을 다하고 있는지 돌아봐야 합니다. 아무리 재물을 모은다고 해도 하나님이 허무시면 한순간에 사라지고 맙니다.

물질에 대한 '신앙적 긴장감'을 갖고 살아야 합니다. 물질의 가치를 올바로 아는 것이 신앙입니다. 성경은 늘 물질에 대해 중립적 가치를 부여합니다. 하나님은 그냥 부자가 아니라 정직한 부자를 기뻐하십니다(잠 11:1). 그리스도인은 불의한 것을 불의하다고 말할 수 있어야 합니다. 교회에 모이는 모든 돈은 정직하게 사용되어야 하고, 하나님 앞에서 부끄럽지 않아야 합니다. 물질과 세상의 가치로 성을 쌓고, 그 안에 깃들여 사는 자들에게 화 있으리라는 말씀은 지금도 유효합니다.

나의 재정 생활은 어떻습니까?

❶ 나는 돈을 정직하게 모으고 사용합니까?
❷ 물질 사용의 법칙(1/10-하나님, 1/30-이웃)을 잘 지킵니까?

July 22 믿음의 경주

• 히브리서 12:1-13

히브리서 저자는 신앙생활을 '경주'에 비유합니다. 경주(競走)에는 몇 가지 특징이 있습니다. 이 같은 특징은 신앙의 경주에서도 동일하게 발견할 수 있습니다. 첫 번째로 경주에는 규칙이 있습니다. 경주하기에 앞서 규칙을 배우고, 경주하는 동안은 그 규칙에 순종해야 합니다. 마찬가지로 신앙의 경주에도 우리가 지켜야 할 믿음의 규칙이 있습니다. 바로 "믿음의 주요 또 온전하게 하시는 이인 예수를" 바라보는 것입니다(히 12:2). 우리의 목적지는 하나님 나라이기 때문입니다.

둘째, 경주에는 상이 있습니다. 경주에는 출전 자격이 있는 모든 사람이 참여합니다. "누구든지 주의 이름을 부르는 자는 구원을 받으리라"(롬 10:13). 우리는 주님의 이름을 믿고 시인하는 순간, 구원의 반열에 참여합니다. 그러나 이 구원의 경주에서 모두가 상을 얻는 것은 아닙니다. 하나님을 바라보며 달려갈 길을 최선을 다해 달려가는 사람이 하늘의 상을 받을 수 있습니다.

셋째, 경주를 위해서는 훈련이 필요합니다. 훈련은 습관이 될 때까지 참고 인내하며 반복하는 것입니다. 훈련하기 위해서는 훈련에 방해되는 것들, 즉 "무거운 짐"과 "얽매이기 쉬운 죄"(히 12:1)를 제거해야 합니다. 옛 습관을 끊지 않으면 신앙의 경주로 들어가는 것 자체가 불가능합니다.

넷째, 신앙의 경주는 릴레이입니다. 신앙의 여정은 내 인생으로 끝나지 않습니다. 모두가 하나님의 경륜 안에서 자기에게 맡겨진 구간을 달리는 것입니다. 신앙의 릴레이는 세상의 경주와는 다르게 얼마나 빨리 유능하게 달렸느냐를 묻지 않습니다. 그저 주님과 함께 자기에게 맡겨진 구간을 얼마나 책임 있게 달렸는가에 초점을 둡니다. 각자에게 주어진 경주 구간의 길이와 난이도는 모두 다릅니다. 그러나 그 구간을 능히 감당할 힘을 각자에게 주십니다(고전 10:13). 그 힘을 의지하여 최선을 다한 사람은 모두가 1등입니다. 우리 모두 달려갈 길을 다 간 후에 의의 면류관을 받기 원합니다(딤후 4:7-8).

나는 믿음의 경주에 참여하고 있습니까?

❶ 나에게 맡겨진 구간을 잘 달리고 있습니까?
❷ 내려놓지 못한 무거운 짐과 얽매이기 쉬운 죄는 무엇입니까?

두려움에서 친밀함으로 July 23

• 이사야 55:6-9

어떤 사람은 두려움 때문에 하나님을 떠나갑니다. 아담과 하와가 그랬습니다. 선악과를 따 먹은 후 그들은 그동안 친밀했던 하나님이 두려워졌고, 하나님의 낯을 피하여 나무 사이에 숨었습니다(창 3:8). 하나님은 그들을 부르며 찾으셨지만, 그들은 숨었습니다. 두렵더라도 하나님 앞에 서면 우리 죄를 용서하시는 '하나님의 마음'(사 1:18)을 알지 못했기 때문입니다.

하나님을 바라보기 위해서는 변화가 필요합니다. 악인은 그 길을, 불의한 자는 그 생각을 버려야 합니다(사 55:7). 하나님 앞에서 우리 삶의 패턴과 습관을 바꿔야 합니다. 사람들은 주변 환경이 바뀌기를 원하면서 자신이 바뀌는 것은 싫어합니다. 그러나 하나님은 우리 기도를 들으시고, 환경과 상황을 바꾸기보다는 우리를 바꾸길 원하십니다. 역설적이게도 하나님을 경외하는 마음으로 바라보면, 악한 길에서 떠나고 불의한 생각을 버리게 될 것입니다.

하나님을 두려워하는 사람은 하나님의 눈으로 세상을 바라봅니다. 하나님의 생각이 우리의 생각보다 훨씬 크고 깊다는 것을 인정합니다(사 55:8-9). 그리고 하나님이 원하시고 기뻐하시는 일인지 묻습니다. 하나님이 사랑하는 사람에게 우리도 동일한 애정을 가져야 한다는 것과 보잘것없어 보이는 계획일지라도 하나님이 기뻐하시는 일이라면 분명히 이루어질 것을 기대하게 됩니다. 내가 변화되는 순간, 환경이 다르게 보일 것입니다.

두려움은 필연적으로 '순종'이라는 결과를 낳습니다. 두려움이 순종으로 바뀌면 '친밀함'으로 들어갑니다. "모세가 하나님 뵈옵기를 두려워하여 얼굴을 가리우매"(출 3:6). 모세가 두려운 마음으로 하나님 앞에 나아갔을 때, 그는 하나님의 사람으로 소명을 받았을 뿐 아니라, 소명을 감당할 능력도 받았습니다(출 3-4장). 하나님은 우리를 부르시고 찾으십니다. 하나님을 찾고 부르십시오(사 55:6). 두려움이 곧 친밀함으로 변할 것입니다.

나와 하나님의 관계는 어떻습니까?

❶ 하나님의 시선에 따라 삶의 패턴을 바꿀 준비가 되어 있습니까?
❷ 친밀한 하나님을 경험하고 있습니까?

July 24 믿음의 권세를 나타내십시오

• 사도행전 3:1-10

하나님은 우리에게 주님의 자녀가 되는 권세를 주셨습니다. "영접하는 자 곧 그 이름을 믿는 자들에게는 하나님의 자녀가 되는 권세를 주셨으니"(요 1:12). 문제는 우리 삶에서 자녀로서의 능력이 나타나지 않는다는 것입니다. 권세를 가진 것과 그 권세로 능력을 나타내는 것은 다른 문제입니다. 예수님을 주로 고백하는 사람은 누구든지 하나님의 자녀가 되는 권세를 받았지만, 모두가 동일한 능력을 가지는 것은 아닙니다.

우리가 기도하는 이유는 우리에게 주신 권세를 능력으로 전환하기 위함입니다. 입술로 선포하는 기도를 통해 권세가 능력으로 나타납니다. 야고보는 기도를 통해 나타나는 성령의 능력을 강조합니다(약 5:13-18). 그 놀라운 믿음의 권세를 선포하고 활용해야 합니다. 출애굽 당시 홍해 앞에서 기도하는 모세를 하나님은 꾸짖으셨습니다(출 14:15-16). 입술의 권세를 가지고, 이미 모세에게 주신 능력의 지팡이를 들어 홍해를 향해 내밀라고 말씀하셨습니다.

우리에게 주신 권세를 담대하게 선포해야 합니다. 갈릴리 바다에서 거센 풍랑을 만난 제자들은 두려운 마음에 주무시던 주님을 깨워 살려 달라고 애원합니다. 예수님은 바다를 꾸짖으신 후 제자들을 향해서도 꾸짖으십니다(막 4:40). 위기의 순간에 두려움에 떨며 "주님, 어떻게 할까요?" 하고 기도하기보다는 믿음의 권세를 가지고 능력을 나타내야 합니다. 이것이 믿는 자의 권세요 능력입니다.

겁 많던 제자들은 성령을 받은 후 능력을 행하는 자들로 바뀌었습니다. 베드로와 요한은 미문 앞에 앉아 있는 사람을 보고 "주님, 저 사람이 불쌍합니다. 고쳐주세요"라고 기도하지 않았습니다. 주님이 주신 권세를 가지고 담대하게 선포했습니다. "은과 금은 내게 없거니와 내게 있는 이것을 네게 주노니 나사렛 예수 그리스도의 이름으로 일어나 걸으라"(행 3:6). 우리 기도 또한 권세 있는 선포가 되기를 바랍니다.

나에게 자녀의 권세가 있음을 믿습니까?

❶ 내게 주신 권세로 능력을 나타내고 있습니까?
❷ 나의 기도는 사정하는 기도입니까, 선포하는 기도입니까?

신념인가, 믿음인가 July 25

• 요한복음 11:21-27, 43-44

하나님이 영광을 나타내시는 방법은 참 특이합니다. 우리는 절망이라고 생각하는 가운데서 하나님은 영광을 나타내십니다. 죽은 나사로의 사건이 바로 그렇습니다. 예수님은 절망으로 가득 찬 순간을 역전시켜 하나님의 영광을 드러내길 원하셨습니다(요 11:4).

자기 생각에서 출발하는 신념은 인간의 가능성이 끝나면 사라집니다. 그러나 성령으로 말미암은 믿음은 인간의 가능성이 끝났을 때 시작됩니다. 나사로가 병들었을 때, 그의 누이 마르다와 마리아는 예수님이 오시면 문제가 해결되리라고 생각했습니다. 그동안 주님이 행하셨던 이적들을 떠올리며 예수님은 어떤 병도 고칠 수 있는 분이라는 믿음이 있었겠지요. 그런데 나사로가 죽는 순간, 믿음이 사라지고 말았습니다. 마리아와 마르다는 자신들의 신념을 믿음으로 착각하고 있었기 때문입니다.

죽은 자를 살리실 것이라는 믿음이 없었습니다. 예수님은 나사로가 아프다는 사실을 아시고도 그가 죽은 지 나흘이나 지나서야 나사로의 집에 도착하셨습니다(요 11:17). 예수님이 나사로가 잠들었으니 깨우러 가겠다고 말씀하셨지만, 믿음이 없던 제자들은 예수님의 말씀을 이해하지 못했습니다(요 11:11-16). 마르다와 마리아도 마찬가지였습니다. 그래서 예수님이 오셨을 때 기쁨이 아닌 원망과 후회가 앞섰습니다(요 11:21, 32).

신념에는 한계가 있지만 믿음은 한계 상황에서 새롭게 시작됩니다. 예수님은 마르다와 또한 우리에게 믿음을 확인하십니다. "나는 부활이요 생명이니 나를 믿는 자는 죽어도 살겠고 무릇 살아서 나를 믿는 자는 영원히 죽지 아니하리니 이것을 네가 믿느냐"(요 11:25-26). 그리고 죽은 나사로에게 명령하심으로써 그 믿음을 확인시켜 주십니다(요 11:43-44). 주님이 함께하실 때, 우리는 진정한 믿음을 갖게 됩니다. 신념의 한계로 인한 슬픔과 절망을 넘어 부활과 기쁨을 경험하게 됩니다.

믿음입니까, 신념입니까?

❶ 신념의 한계를 경험한 적은 없습니까?
❷ 나에게는 진정한 믿음이 있습니까?

July 26 예측하지 못한 일들

• 잠언 16:9; 창세기 13:8-18

사람들은 자신이 예측한 대로 살아야 행복하다고 생각합니다. 그러나 정말 그럴까요? 아브라함과 조카 롯은 예상치 못한 상황을 만나게 됩니다. 그들은 가나안으로 가는 도중 하나님의 축복으로 많은 재산을 소유하게 되었습니다(창 13:6). 돌보는 양이 늘어나면서 양을 치던 목자들 사이에서 분쟁이 일어났고, 결국 아브라함과 롯은 헤어지게 됩니다(창 13:8-11). 전혀 예측하지 못했던 이 일이 있은 후 아브라함의 인생이 불행해졌을까요? 그렇지 않습니다.

롯을 떠나보낸 뒤 하나님은 아브라함에게 말씀하십니다. "너는 눈을 들어 너 있는 곳에서 북쪽과 남쪽 그리고 동쪽과 서쪽을 바라보라 보이는 땅을 내가 너와 네 자손에게 주리니 영원히 이르리라"(창 13:14-15). 눈에 보이는 것은 광야뿐이지만, 그곳은 하나님이 무엇이든 만드실 수 있는 무한한 가능성의 땅입니다. 아브라함은 조카 롯을 떠나보냈지만, 하나님은 더 큰 복을 약속하셨습니다. 아들 이삭을 얻게 되었고, 척박한 땅에서 더 큰 부자가 되었습니다. 내 예상을 내려놓고 하나님이 이루실 일에 대해 마음을 열고, 멀리 동서남북을 바라보아야 합니다.

맥스 루케이도는 그의 책 《위로》에서 이렇게 말합니다. "하나님은 우리를 묶는 것에 묶이지 않으신다. 우리를 곤란하게 만드는 것도 그분을 곤란하게 만들지는 못한다. 우리를 피곤하게 하는 것도 그분을 피곤하게 하지는 못한다. … 인간에게는 불가능한 일이 하나님께는 가능하다."

예상치 못한 일들이 닥쳤을 때 불안해하기보다는 기대하십시오. 우리가 계획한 일만 일어난다면 인생이 얼마나 지루하겠습니까? 오히려 예측하지 못했던 일들 때문에 더 즐겁고 감사한 일들이 생길 거라고 기대하십시오. 하나님이 우리 삶을 더 흥미진진하게 이끌어 가시는 방법입니다. 하나님은 우리가 예측했던 것보다 더 크신 분이고, 더 능력 있는 분이고, 우리를 사랑하시기에 가장 좋은 것으로 주길 원하시는 분입니다.

예측하지 못했던 일들 앞에서 나의 반응은 어떠합니까?

❶ 불평하며 하나님을 원망합니까?
❷ 내 생각을 넘어 하나님이 하실 일을 기대합니까?

그리스도인의 습관 July 27

• 베드로후서 1:4-7

찰스 두히그는《습관의 힘》에서 "습관이 우리를 지배한다"라고 말합니다. "습관이란 어떤 시점에는 의식적으로 결정하지만, 나중에는 생각조차 하지 않으면서도 거의 매일 반복하는 선택"입니다. 그는 특히 '핵심 습관'이 우리 삶의 모든 것을 바꾼다고 강조합니다. 신앙적 관점에서 보면, 그리스도인의 핵심 습관이 우리 삶을 그리스도인답게 바꾸어 준다는 뜻입니다. 따라서 우리는 좋은 신앙 습관을 갖기 위해 노력해야 합니다.

습관을 만들기 위해 첫걸음을 떼는 것이 가장 중요합니다. 문제는 우리가 쉽게 결단하지 못한다는 데 있습니다. 하나님이 말씀하실 때 주저하는 모습은 하나님의 은혜를 무효로 만들고, 그 은혜를 누리지 못하게 합니다. 그런 우리를 위해 하나님은 성령을 보내시어 우리를 끊임없이 부르시고 인내하시고 설득하십니다. 우리를 설득하시는 성령의 음성에 귀 기울이는 훈련이야말로 가장 큰 첫걸음입니다.

베드로는 신성한 하나님의 성품에 참여하기 위한 과정을 열거합니다. "믿음에 덕을, 덕에 지식을, 지식에 절제를, 절제에 인내를, 인내에 경건을, 경건에 형제 우애를, 형제 우애에 사랑을 더하라"(벧후 1:5-7). 이 말의 핵심 단어는 바로 '더하라'입니다. 감사한 것은 우리에게 이것들을 '이루라'고 하지 않고, '더하라'고 권면한다는 점입니다. 우리 힘으로는 믿음, 덕, 지식, 절제, 인내, 경건, 형제 우애, 사랑 중에 어느 하나도 이룰 수 없습니다. 단지 하나님의 도우심을 힘입어 한 걸음씩 더해 나갈 뿐입니다.

베드로는 특별히 "더욱 힘써", 즉 모든 노력을 다해 '더하라'고 말합니다. 이는 곧 '더하는' 것이 결코 쉽지 않으며 큰 노력이 필요함을 말해 줍니다. 이 과정에는 끊임없이 자신을 일으키는 의도적인 노력이 필요합니다. 그리스도인으로서 좋은 습관을 만들기 위해 성령의 도우심을 구하며 결단해야 합니다. 결단은 '완성'이 아니라 '시작'입니다. 좋은 습관을 만들기 위해 지금 첫걸음을 떼십시오.

나는 무엇을 힘써 더하고 있습니까?

❶ 나의 좋은 신앙 습관은 무엇입니까?
❷ 좋은 신앙 습관을 갖기 위해 성령의 도우심을 구하십시오.

July 28 경건의 습관이 우상이 될 수 있습니다

• 베드로후서 1:8

작은 습관이 우상이 되는 것을 늘 경계해야 합니다. 정해진 시간에 기도하거나 성경을 읽는 습관도 우상이 될 수 있습니다. 내용보다 형식에 치중한다면, 경건의 습관을 행하고는 있어도 하나님과 함께 있다고는 할 수 없습니다. 단지 우리의 '습관'과 함께 있는 것입니다. 하나님과 함께 있는 것을 방해하는 것은 무엇이든 우상이기 때문입니다. 습관을 의식하지 못하는 단계까지 훈련하지 않으면, 오히려 좋은 습관이 하나님을 예배하는 데 방해가 될 수 있습니다.

규칙 자체가 사람을 선하게 만들지는 못합니다. 그래서 법을 만들고 법으로 규제하려는 방법이 때로는 삶을 더 고달프게 만들기도 합니다. 바리새인과 서기관들은 하나님이 주신 율법을 잘 지키는 사람이 되기 위해 세분화된 규정과 전통을 만들었습니다. 그러나 어느 날부터 율법을 만든 이유와 그 근본정신에는 무관심해지고, 형식에만 얽매이게 되었습니다.

착한 사마리아인 이야기의 제사장과 레위인이 그렇습니다(눅 10:30-37). 강도 만난 자를 보고도 하나님의 마음을 느끼지 못하고 외면한 이유는 그들이 가지고 있던 거룩한 습관 때문입니다. 거룩하고 경건한 일을 한다고 자처한 제사장이 되레 하나님과는 동행하지 못했던 것 같습니다. 레위인 역시 하나님이 주신 소명으로 일한다고 하면서도 정작 하나님의 마음은 상실한 성전 노동자에 불과했던 것은 아닐까요?

반면에 예수님은 어디에서나 하나님 아버지와 하나가 되어 평안하셨습니다. 하나님과 평안한 관계 속에서 하는 행동은 아무 문제가 없습니다. 만일 평안하지 않다면, 하나님을 내 안에 주인으로 모셔야 합니다. 거룩한 습관을 행할 때는 그것을 의식하지 않는 상태가 될 때까지 훈련해야 합니다. 의식하지 않아도 자연스럽게 행하는 습관이 될 때, 우리는 더 이상 습관을 예배하지 않을 것입니다. 하나님과 올바른 관계로 들어가게 될 것입니다.

나의 경건 습관은 무엇입니까?

❶ 그 습관이 내 신앙에 방해가 되었던 적이 있습니까?
❷ 습관이 우상이 되지 않도록 기도하십시오.

선한 양심을 가지라 July 29

• 디모데전서 1:18-19

오스왈드 챔버스는 양심을 "영혼의 눈"으로 표현합니다. 그에 따르면 양심은 "항상 하나님을 향하거나 스스로 최상이라고 간주하는 것을 향합니다." 사도 바울은 하나님과 사람에 대하여 선한 양심을 갖기 위해 끊임없이 노력한다고 고백합니다(행 24:16).

또한 사도 바울은 권면합니다. "믿음과 선한 양심을 가지십시오. 어떤 사람들은 선한 양심을 버리고, 그 신앙생활에 파선을 당하였습니다"(딤전 1:19, 새번역). 선한 양심을 버리면, 인생의 항해에서 실패할 수밖에 없습니다. 반대로 말하면, 선한 양심을 가지면 인생의 항해가 순조로울 것입니다. 성령의 인도하심과 가르침을 따라 양심이 민감하게 반응할 수 있다면, 그 양심이야말로 우리에게 늘 하나님의 존재를 말해 줄 것이기 때문입니다.

양심을 아는 것보다 양심에 따라 사는 것이 더 중요합니다. 선한 양심에 따라 살기 위해서는 어떻게 하면 하나님과 더욱 친밀한 관계가 되며, 어떻게 하면 영적으로 더욱 예민하게 될 수 있는지 씨름해야 합니다. 영적으로 예민할 때, 양심은 예수 그리스도와 하나가 됩니다. 이때 양심을 따라 살면, 하나님의 생각과 어긋나지도 않습니다. 예수 그리스도와 '일치된 상태'에서 우리 영은 "하나님의 선하시고 기뻐하시고 온전하신 뜻이 무엇인지 분별"(롬 12:2)할 수 있게 됩니다.

하나님의 음성을 구별하려고 노력하면, 선한 양심의 습관이 생깁니다. 선한 양심의 습관이란 나 중심의 사고를 버리고, 하나님 중심으로 사고하도록 훈련하는 것입니다. 나아가 굳이 의식하지 않아도 삶에 자동 적용될 때까지 훈련해야 합니다. 우리는 단순히 자아 성취를 위해 양심적으로 살아가는 사람들이 아닙니다. 그리스도인은 선한 양심을 가지고 하나님의 위대한 사역에 동참하는 사람들입니다. 쉽지 않지만, 끊임없이 성령의 도우심을 구하며 의지적으로 순종하면 변화된 삶을 살 수 있습니다.

나는 선한 양심을 가지고 있습니까?

❶ 그 양심에 따라 살아갑니까?
❷ 날마다 선한 양심을 갖는 습관을 훈련하겠습니까?

July 30 역경을 이기고

• 고린도후서 4:8-15

역경이란 환경의 문제라기보다는 마음의 문제입니다. 오스왈드 챔버스는 하나님의 뜻과 우리 생각이 일치하지 않을 때 역경이 찾아온다고 말합니다. 마음의 기준이 주님을 따르는 데 걸림돌이 되면 역경이 찾아옵니다. 아니, 역경으로 느껴집니다. 하나님을 기꺼이 따르는 데 방해되는 것이 가장 큰 역경 아닐까요? 하나님을 기꺼이 따를 준비가 되어 있다면 그 어느 것도 역경이 될 수 없습니다.

"예수의 죽음"(고후 4:10)이란 십자가를 의미합니다. 십자가를 지고 가는 삶이 우리에게는 역경입니다. 그러나 사도 바울은 기쁨으로 자신에게 주어진 십자가를 지고 살았습니다. 십자가를 질 때, 그리스도의 흔적이 나타나고, 예수님의 생명이 드러나기 때문입니다. 사도 바울에게 십자가는 결코 역경이 아니었습니다.

어떻게 하면 우리 마음이 하나님의 마음과 하시는 일에 기꺼이 동의할 수 있을까요? "역경 가운데 참된 자유를 누릴 수 있는 유일한 비결은 주님의 생명이 우리 안에 드러나기를 열망하는 것입니다. 역경이 있더라도 '주님, 저는 이 일에서 주님께 순종하는 것이 기쁩니다'라고 말하는 것입니다. 이렇게 선포하면 주께서 우리 마음을 주장하십니다. 이때 우리 삶을 통해 주님을 영화롭게 하는 일들이 일어날 것입니다."(오스왈드 챔버스)

우리 뜻과 하나님의 뜻이 불일치할 때는 당연히 하나님의 뜻을 따라야 합니다. 이것이 바로 역경에 직면했을 때 걷는 순종의 길입니다. 불일치로 인한 역경을 만들지 않기 위해서는 예수님의 관점으로 바라보는 훈련을 해야 합니다. 선악과는 "먹음직도 하고 보암직도 하고 지혜롭게 할 만큼 탐스럽기도"(창 3:6) 했지만, 그것을 따 먹은 결과 하나님의 심판이 임했습니다. 롯이 보기에 소돔 땅은 "여호와의 동산 같고 애굽 땅과 같았"(창 13:10)지만, 죄로 가득한 곳이었습니다. 우리 선택의 기준은 하나님의 뜻이어야 합니다. 그럴 때 역경이 아닌 하나님이 주시는 즐거움을 맛보는 인생이 될 것입니다.

나는 역경을 이기고 있습니까?

❶ 내가 역경이라고 느끼는 것은 무엇입니까?
❷ 내 선택의 기준은 하나님의 뜻입니까?

시련을 이기는 습관 July 31

• 베드로전서 4:12-14

우리 삶에는 늘 어려움과 시련이 있습니다. 왜 구원받은 자의 삶에 이런 일이 일어날까요? 하나님이 택하신 자녀라고 해서 시련이 면제되지는 않습니다. 하나님은 우리에게 시련 없는 인생을 주겠다고 하신 적이 없습니다. 오히려 시련과 어려움을 적절하게 극복할 능력을 주십니다(고전 10:13). 그리스도인은 시련을 만나면 일어나 대처해야 합니다. 그 대처는 인내입니다.

오스왈드 챔버스는《하나님의 사랑》에서 인내를 현악기 줄에 비유합니다. "바이올린 줄 같은 경우, 가장 높은 음은 가장 강하게 당겼을 때 난다. 인내하는 힘이 셀수록 음이 높다. 이와 마찬가지로 인내하는 성도일수록 하나님을 위한 삶의 소리가 곱다. 주님은 결단코 우리가 견딜 수 없는 시련을 주지 않으신다. 우리가 '슬픔과 재난과 비참'이라고 말하는 것을 하나님은 '연단'이라고 하신다. 우리 귀에는 불협화음으로 들리는데 하나님께는 아름다운 소리로 들린다."

우리는 어떤 상황에서 어떤 시련이 오든지 불평하지 말아야 합니다. 오히려 영적으로 담대하게 모든 것을 마주할 수 있도록 준비해야 합니다. "그리스도인의 목표는 그 인생을 통해 하나님의 아들이 드러나는 것이요 하나님께 명령하려는 마음은 사라지는 것입니다"(오스왈드 챔버스).

'하나님께 명령하려는 마음'은 우리가 원하는 것을 하나님께 요구하는 마음입니다. 예수님은 공생애 동안 하나님께 명령하지 않으셨습니다. 가장 어렵고 힘든 시간에도 하나님의 뜻을 묻기 위해 땀방울이 핏방울이 되도록 기도하셨습니다. 그리스도인이 부름받은 이유는 하나님께 명령하기 위해서가 아니라 순종하기 위해서입니다. 하나님께 순복할 때, 우리가 하는 일을 통해 하나님이 원하시는 것이 이루어집니다. 그러니 시련이 올 때 대항하는 습관을 갖도록 하십시오. 하나님이 능히 이길 힘을 주실 것입니다. 쉽게 포기하지 마십시오.

나는 시련에 대항하고 있습니까?

❶ 시련 앞에서 나의 반응이 불평이나 좌절은 아닙니까?
❷ 시련을 이겨 낼 능력을 주심을 믿습니까?

08월

사역

° 사람이 마땅히 우리를 그리스도의 일꾼이요
하나님의 비밀을 맡은 자로 여길지어다
그리고 맡은 자들에게 구할 것은 충성이니라
_ 고전 4:1-2

부요함 가운데 살기 August 01

• 빌립보서 4:10-13

사도 바울이 빌립보 교인들에게 편지를 쓸 때, 그의 상황은 녹록지 않았습니다. 많은 고난과 시련을 겪었으며, 특히 옥에 갇힌 채로 쓴 편지입니다. 그런데도 그는 열악한 환경 속에서도 부요하다고 말합니다. 그리고 자신이 부요함을 느낄 수 있는 이유를 설명합니다.

8월

"나는 자족하기를 배웠노니"(빌 4:11). 그가 배운 것은 무엇입니까? "비천에 처할 줄도 알고 풍부에 처할 줄도 알아 모든 일 곧 배부름과 배고픔과 풍부와 궁핍에도 처할 줄 아는 일체의 비결을 배웠노라"(빌 4:12). 어떤 상황이나 환경도 그에게는 문제가 되지 않는다는 뜻입니다. 사람들은 가진 것이 없는 그를 측은하게 생각했을 것입니다. 그러나 바울은 자신이 부요하다고 말합니다. 이렇게 고백할 수 있었던 이유는 그가 그리스도와 올바른 관계 속에 있었기 때문입니다.

"내게 능력 주시는 자 안에서 내가 모든 것을 할 수 있느니라"(빌 4:13). 사도 바울의 고백은 자기 연민이 아닙니다. 자신의 형편을 애써 외면하려는 자기 암시도 아닙니다. 풍요함을 누리며 사는 삶의 습관은 능력 주시는 자 안에서 가능합니다. 세상이 말하는 부요함은 늘 우리의 욕구를 채우는 것입니다. 그런데 채우면 채울수록 더 큰 욕망이 일어납니다. 이것이 세상에서 우리가 부요함을 누릴 수 없는 이유입니다.

세상의 것이 지나가면 비로소 하나님의 위대하심과 은혜와 능력이 나타납니다. 진정한 부요함은 세상과 환경에서 오지 않습니다. 하나님이 주시는 것입니다. "하나님이 능히 모든 은혜를 너희에게 넘치게 하시나니 이는 너희로 모든 일에 항상 모든 것이 넉넉하여…"(고후 9:8). 하나님이 주시는 부요함은 하나님의 은혜로 흘러넘치는 것입니다. 우리에게 주시는 부요함이 필연적으로 흘러 다른 사람에게로 옮겨 갑니다. 이것이 바로 신앙의 신비입니다. 우리는 내게 능력 주시는 자 안에서 모든 것을 할 수 있습니다.

나는 부요합니까, 빈곤합니까?

❶ 능력 주시는 자 안에서 모든 것을 할 수 있다고 고백하십니까?
❷ 나의 부요함이 누군가에게 흘러가고 있습니까?

August 02 성장과 성숙의 터전, 소그룹

• 갈라디아서 4:1-7

누구든지 주의 이름을 부르는 자에게는 '하나님의 자녀'가 되는 권세를 주십니다. 이 권세는 하나님 나라를 '유업'으로 받는 특권입니다. 주의 이름을 부르는 모든 사람이 형제자매가 되며 동일한 특권을 가지게 되었습니다. 하나님의 자녀라는 동일성을 가진 사람들이 모이는 소그룹을 통해 우리는 서로를 왜, 어떻게 사랑해야 하는지를 배우게 됩니다. 예배가 하나님과의 관계를 다루는 사역이라면, 교회 내 소그룹 모임은 관계를 통해 성숙해 가는 과정을 다루는 사역입니다.

인간에게 가장 큰 욕구 중 하나가 '소속감'입니다. 어디에 속해 있다는 것만으로도 안정감과 정체성(identity)을 갖게 됩니다. 소속된 공동체를 통하여 관습을 익혀 나가기 때문입니다. 그런 의미에서 교회 소그룹은 하나님의 가족으로서의 관습을 익혀 나가는 현장입니다. 소그룹은 예배로 모인 공동체가 건강하게 성장하게 하는 가장 효과적인 방법입니다. 소그룹은 예배와 훈련과 섬김이 살아있는 구체적인 장소입니다. 예배가 매일의 삶을 하나님께 구별하여 드리는 것이라고 정의할 때, 소그룹은 이 사역의 핵심을 이루는 아주 중요한 매개체입니다.

'삶의 변화'라는 면에서 소그룹은 아주 중요한 의미가 있습니다. 예배 공동체로 모인 익명의 다수는 너무 개인화되어 있습니다. 그래서 자신을 지지해 주는 사람이 없고 소속감이 명확하지 않다면, 예배 공동체를 벗어난 일상에서 혼자 힘으로 구원받은 자의 삶을 유지하기가 결코 쉽지 않습니다.

예배를 통해 하나님과 만나는 감격은 우리를 믿음의 세계로 인도합니다. 그러나 이 믿음이 강력한 영향력을 발휘하기 위해서는 삶의 변화로 나타나야 합니다. 우리가 온전한 신앙을 이루기 위해서는 공동체의 대예배와 삶을 통한 소그룹 예배가 조화를 잘 이루어야 합니다. 이를 통해 우리는 '성화'의 삶을 살게 될 것입니다.

나는 어디에 속해 있습니까?

❶ 삶과 은혜를 나눌 신앙 소그룹이 있습니까?
❷ 내가 속한 소그룹이 주는 유익은 무엇입니까?

• 빌립보서 2:1-4

믿음의 사람들이 모인 소그룹은 하나님의 사랑이 드러나는 현장입니다. 하나님은 우리 모두를 사랑하시고 기뻐하십니다. 누구도 이 사랑에서 제외될 수 없습니다. 믿음의 공동체는 바로 이 사랑에서 출발합니다. 하나님을 사랑한다면, 하나님이 사랑하시는 사람을 사랑할 수 있어야 합니다. "너희가 여기 내 형제 중에 지극히 작은 자 하나에게 한 것이 곧 내게 한 것이니라"(마 25:40). 예수님은 상처 있고, 소외된 사람들을 찾아가셨습니다. 당시 사람들은 이들을 좋아하지 않았습니다. 그러나 예수님은 그들에게 사랑과 자비를 베푸시며 하나님의 사랑을 보여 주셨고, 신앙 공동체가 누구에게 관심을 가져야 하는지를 분명히 보여 주셨습니다.

건강한 공동체를 위해서는 서로에게 정직해야 합니다. 문제를 덮거나 무시하는 것은 결코 옳은 일이 아닙니다. 사도 바울도 형제의 잘못에 관해 서로 짐을 지라고 말합니다(갈 6:1-2). 정직하려면 겸손이 바탕이 되어야 합니다. 독선, 고집, 교만 등은 공동체를 가장 빨리 파괴하는 요인입니다. 교만은 사람들 사이에 벽을 쌓지만, 겸손은 다리를 놓고 관계를 부드럽게 합니다(벧전 5:5). 혹시 나의 정직함이 교만의 옷을 입고 상대방을 정죄하거나 자신을 정당화하고 있지는 않습니까? 이는 공동체를 파괴할 뿐 아니라 자신의 신앙에도 어려움을 야기합니다.

나의 약점을 인정하면 겸손해집니다. 교만은 자신의 약점과 연약함을 숨기려는 부정적인 표현의 수단입니다. 자신의 단점을 숨기고, 더 좋게 보이려고 포장하는 것입니다. 과대 포장된 모습으로 상대방을 보면 결코 겸손한 모습이 나오지 않습니다. 하나님 앞에 나의 나 됨을 바라보고, 하나님의 손길을 기대하는 사람만이 상대방을 겸손하게 바라봅니다. 겸손은 상대방에 대한 이해에서 출발합니다. 사도 바울의 권면을 기억하십시오. "아무 일에든지 다툼이나 허영으로 하지 말고 오직 겸손한 마음으로 각각 자기보다 남을 낫게 여기고 각각 자기 일을 돌볼뿐더러 또한 각각 다른 사람들의 일을 돌보아 나의 기쁨을 충만하게 하라"(빌 2:3-4).

내가 속한 공동체를 통해 하나님의 사랑을 경험합니까?

❶ 내가 속한 공동체는 서로에게 정직합니까?
❷ 내가 속한 공동체는 서로에게 겸손합니까?

August 04 아름다운 소그룹을 위한 원칙

• 전도서 4:9-12

아름다운 공동체, 소그룹은 함께 갑니다. 우리 삶은 늘 누군가와 함께합니다. 소그룹은 서로가 서로에게 의지하고 있으며, 서로에게 영향을 준다는 믿음에서 출발합니다(전 4:10). 혼자라면 할 수 없는 것도 함께하면 가능해집니다(전 4:12). 한 사람이 죄를 지으면 그 영향력이 소그룹 안으로 확산될 수 있습니다. 그러나 모두 함께 갈 때 넘어지지 않습니다. 서로 돌보며 죄의 가능성을 상쇄시키고, 신앙 안에서 바로 서게 됩니다.

아름다운 공동체, 소그룹에는 비밀이 있습니다. 소그룹 안에서는 서로의 슬픔, 고통, 심지어 치부까지도 모두 나눌 수 있어야 합니다. 그리고 그 아픔을 애통해하며 치유에 힘써야 합니다. 그러나 만약 이런 아픔들이 소그룹에서 시작되어 소문이 나면 상처와 균열이 생깁니다. "패역한 자는 다툼을 일으키고 말쟁이는 친한 벗을 이간하느니라"(잠 16:28). 소문은 당사자를 사랑하지 않는 사람들 사이에 퍼지는 것입니다. 지체를 사랑한다면, 소문을 막고 보호해야 합니다.

아름다운 공동체, 소그룹은 자주 만나야 합니다. 초대교회 공동체가 모범적일 수 있었던 이유는 날마다 마음을 같이하여 성전에 모이기를 힘썼기 때문입니다(행 2:46). 만남은 습관입니다. 마지막 때가 가까워 올수록 건강한 만남이 더욱 중요합니다. 건강한 만남을 통해 서로가 성장하며 그리스도께 가까이 가기 때문입니다. 나의 영적인 성장을 위해 건강한 공동체가 필요하다는 것을 기억하십시오.

이런 공동체를 꿈꿉니다. 하나님의 자녀로 부름받은 우리가 하나님의 사랑으로 서로 사랑하며 성숙해 가길 원합니다. 하나님이 쓰고자 하실 때 언제든지 쓰실 수 있는 사람이 되도록 성숙해 가길 원합니다. 하나님의 자녀 됨과 성도들의 형제자매 됨을 경험해 보지 못한 사람도 소그룹을 통해 지속적으로 사랑을 주고받는 것, 이것이 우리가 꿈꾸는 아름다운 공동체, 소그룹입니다.

내가 꿈꾸는 공동체, 소그룹은 어떤 모습입니까?

❶ 정기적으로 자주 모입니까?
❷ 비밀을 지켜 주고 서로를 아낍니까?

하나님의 소원, 선교 August 05

• 고린도전서 2:1-5

사도 바울은 자신이 하고 있는 사역(선교)에 대한 확신이 있었습니다. 누구에게 내놓아도 부끄러움이 없고, 자기 목숨을 걸 만큼 가장 고귀한 가치를 발견했습니다. 가장 아름답고 가장 가치 있는 인생을 산 그의 결정은 "하나님의 소원"과 일치했습니다. 하나님의 마음을 알게 된 후 바울은 결심합니다. "내가 너희 중에서 예수 그리스도와 그가 십자가에 못 박히신 것 외에는 아무것도 알지 아니하기로 작정하였음이라"(고전 2:2).

선교는 하나님의 마음이요 하나님의 소원입니다. 하나님의 마음으로 세상을 바라볼 때 선교가 시작됩니다. 사도 바울이 수없이 매를 맞고, 배척당하며, 자신의 학벌과 기득권을 배설물로 여기면서까지(빌 3:5-8) 목숨을 내놓았던 이유는 하나님의 마음을 알게 되었기 때문입니다. 예수님이 그를 위해 십자가를 지셨던 것처럼, 다른 이들을 위해서도 동일한 마음을 가지고 계심을 깨달았기 때문입니다.

사도 바울은 그리스도 외에는 아무것도 알지 않기로 작정합니다(고전 2:2). 또 그 소원을 이루어 드리기 위해 "성령의 나타나심과 능력으로" 사역하겠다고 말합니다(고전 2:4). 우리 삶과 교회 사역의 가장 큰 능력은 바로 하나님의 사역을 대신할 때 경험하게 됩니다. 하나님의 일을 능력 있게 하는 것은 지혜나 수단이나 돈에 달려 있지 않습니다. 그 일에 하나님의 능력이 임하느냐 임하지 않느냐의 문제입니다.

"너희는 온 천하에 다니며 만민에게 복음을 전파하라"(막 16:15). 하나님은 우리에게 온 천하를 맡기셨습니다. 릭 워렌은 《목적이 이끄는 삶》에서 '세상적인(worldly) 그리스도인'과 '세계적인(world class) 그리스도인' 중 선택해야 한다고 말합니다. 세상적인 그리스도인이란 자기 욕심을 채우기 위해 하나님을 바라보는 자이고, 세계적인 그리스도인이란 자신이 하나님께 구원받고 부름 받은 목적이 누군가를 섬기고, 복음을 전하기 위함이라는 것을 알고 행하는 자입니다. 세계적인 그리스도인들을 통해 성령의 능력이 드러날 때, 세상은 변화됩니다.

선교가 하나님의 소원임을 인정합니까?

❶ 그 선교 사역에 나는 동참하고 있습니까?
❷ 나는 세상적인 그리스도인입니까, 세계적인 그리스도인입니까?

August 06 세계적인 그리스도인

• 마가복음 16:14-18

세계적인(world class) 그리스도인은 자신의 구원과 소명을 아는 사람입니다. 그래서 누군가를 섬기고, 복음을 전하는 일에 기꺼이 나섭니다. 릭 워렌은 《목적이 이끄는 삶》에서 세계적인 그리스도인이 되기 위해서는 사고의 전환이 필요하다고 말합니다.

자기중심적 사고에서 타인 중심적 사고로 전환해야 합니다. 어린아이는 자기만 생각합니다. 어른이 되었다는 증거는 타인을 생각하고 배려하는 것이라고 할 수 있습니다. 인격과 신앙이 성숙하면 하나님을 생각하고 또한 하나님의 자녀들을 생각합니다. 세상을 향해 가슴을 열게 됩니다(빌 2:4). 성령의 도우심을 구하며 묵상하고, 하나님의 뜻을 구하는 삶을 살면 우리 사고에 변화가 일어나기 시작합니다.

지역적인 사고에서 세계를 품는 사고로 전환해야 합니다. 우리는 하나님이 우주 만물을 창조하신 분임을 알고 인정해야 합니다. 하나님은 이 우주를 섭리에 따라 다스리시는 분입니다. 이것을 인정할 때, 우주적인 눈으로 세상을 보게 됩니다. 오늘날 우리는 직접 가 보지 않아도 세계 곳곳을 접할 수 있습니다. 그러므로 우리 기도의 지경도 넓어져야 합니다. "내게 구하라 내가 이방 나라를 네 유업으로 주리니 네 소유가 땅끝까지 이르리로다"(시 2:8). 세계를 품고 기도할 때, 하나님이 우리를 들어 세계를 위해 사용하실 것입니다.

영원한 천국을 바라보는 사고로 전환해야 합니다. 하나님의 사람은 우주적인 시각으로 영원하신 하나님 나라를 바라봅니다. 예수님은 손에 쟁기를 잡고 뒤를 돌아보는 자는 하나님 나라에 합당치 않다고 말씀하십니다(눅 9:62). 하나님 나라를 바라보면 지금 일시적으로 살아가는 '여기' 때문에 영원히 살아가야 할 '그곳'을 놓치지 않습니다. "오직 너희를 위하여 보물을 하늘에 쌓아 두라"(마 6:20). 다른 사람을 위해 베풀고 복음을 전할 때, 하나님이 하늘의 보물을 주십니다.

나는 세계적인 그리스도인 다운 사고를 합니까?

❶ 나는 세계를 품고 기도합니까?
❷ 다른 사람에게 관심을 가지려고 노력합니까?

서로 종노릇하라 August 07

• 갈라디아서 5:13-15

신앙생활에는 우리가 선택하고 누릴 만한 것만 있지는 않습니다. 반드시 수행해야만 하는 명령도 있습니다. 사도 바울은 "서로 종노릇하라"(갈 5:13)라고 권면합니다. 내가 섬겨야 할 사람의 종이 되어서 그를 높여 주라는 뜻입니다. 이는 선택이 아니라 명령입니다. 올바른 신앙생활은 하나님을 예배하고, 그분께 영광 돌리는 것에서 끝나지 않습니다. 서로를 높이고 섬기는 데까지 나아가야 합니다.

하나님은 우리가 신앙적으로 장성하길 원하십니다. 장성함의 기준은 먼저 배려하고 종노릇하는 것입니다. 성도 간의 아름다운 교제는 서로 종노릇할 때 이루어집니다. 중요한 것은 '억지로'가 아니라 '자원하여' 사랑의 마음으로 해야 한다는 것입니다. 억지로 섬겨야 한다면 무척 힘들고 괴로울 것입니다. 하나님은 우리가 자원하는 마음으로 서로를 섬기길 원하십니다. 섬김은 올바른 신앙생활의 척도입니다.

사도 바울은 '사랑으로' 서로 종노릇하라고 권면합니다. 섬김에는 두 가지 모습이 있습니다. 자기 의를 드러내기 위한 섬김과 상대방을 사랑하는 마음으로 하는 섬김입니다. 자기 의를 드러내기 위한 섬김은 늘 자기중심적입니다. 섬기는 자신이 드러나고 인정받아야 만족합니다. 그래서 섬기면서도 다른 사람에게 상처를 주고, 상처받는 사람으로 인해 또 자신이 상처받습니다. 엄밀한 의미에서 이러한 섬김은 진정한 섬김이라고 할 수 없습니다.

사랑이 없는 섬김은 아무 의미가 없습니다(고전 13:3). 사랑으로 섬긴다는 것은 예수님의 방식을 그대로 따르는 것입니다. 이는 세상을 다른 방식으로 본다는 뜻이기도 합니다. 나에게 주신 은사를 통해 사랑이 흘러가는 것입니다. 하나님은 우리의 섬김을 통해 영광 받길 원하십니다. 또한 섬김을 통해 하나님의 공동체가 든든하게 세워지길 원하십니다. 교회의 가장 큰 힘은 사람이 얼마나 모이느냐가 아니라 얼마나 많은 사람이 섬기고 있느냐에 있습니다.

내 섬김의 자리는 어디입니까?

❶ 나는 자원하는 마음으로 섬기고 있습니까?
❷ 나의 섬김은 공동체를 세우는 데 도움이 되고 있습니까?

August 08 사명에 눈을 뜨십시오

• 골로새서 1:24-29

"내가 교회의 일꾼 된 것은"(골 1:25). 바울은 여러 교회에 편지를 보낼 때마다 자신이 누구인지 분명히 밝히곤 했습니다. '사도 된 바울, 예수 그리스도의 종, 복음 전하는 자' 등입니다. 바울은 그가 가지고 있었던 사회적 지위와 타고난 가문을 모두 배설물로 여겼습니다. 그 대신 그가 쓴 편지 곳곳에서 사역에 대한 자신감을 발견하게 됩니다. 또한 그가 하나님께 쓰임 받고 있음을 얼마나 자랑스러워하며 감사하고 있는지도 느낄 수 있습니다. 그가 자신의 사역에 그렇게 자부심과 애정을 가질 수 있었던 이유는 하나님 나라를 보았기 때문입니다. 이처럼 자신이 하나님 나라의 일꾼임을 아는 사람은 그 나라를 위해 기꺼이 섬기며 봉사합니다.

사명이 없는 사람은 늘 눈앞에 있는 일만 생각합니다. 그러나 사명에 눈뜬 사람은 가장 귀한 것이 무엇인지를 생각합니다. 그리고 그것을 위해 최선을 다합니다. 바울은 자신을 일꾼으로 소개합니다. 하나님이 그를 교회를 섬기는 일꾼으로 보내셨다는 확신과 믿음이 있었기 때문입니다. 이것이 사명입니다. 오늘 내가 죽어도 전해야 할 복음이 있고, 해야 할 일이 있음을 아는 것입니다.

그래서 사명자는 순종합니다. 사명자의 정체성을 가장 잘 드러내는 것이 순종입니다. 바울은 자신이 하나님께 보내심을 받아 일꾼이 된 것은 "하나님의 말씀을 이루려 함"(골 1:25)이라고 분명히 밝힙니다. 그는 죽는 순간까지 이 목적을 이루며 살았습니다. 이전에는 자기 생각에 따라 예수를 따르는 자들을 핍박하였으나 사명을 깨달은 후에는 복음을 전하는 일에 순종했습니다. 순종은 하나님 앞에서 자신의 주장을 꺾는 것입니다. 내가 보기에는 잘못된 것 같더라도 하나님이 인도하시는 길을 기대하며 따르는 것입니다. 하나님은 우리의 순종을 통해 섬김의 열매를 맺기 원하십니다. 바울이 일꾼 된 이유는 하나님의 비밀한 계획을 드러내기 위함이지 자신의 능력을 나타내기 위함이 아니었습니다. 하나님의 일꾼으로 부름 받은 사명자로서 오늘도 하나님의 말씀을 이루며 살아가길 원합니다.

나에게 주신 사명은 무엇입니까?

❶ 그 사명에 대한 확신과 믿음이 있습니까?
❷ 사명을 통해 하나님의 말씀을 이루어 가고 있습니까?

하나님이 사용하시는 사람 August 09

• 히브리서 11:1-6

"의인은 믿음으로 말미암아 살리라"(롬 1:17). 종교 개혁자 마르틴 루터의 심장을 울린 한마디입니다. 예수님을 믿는 사람들의 가장 큰 특권은 '믿음으로 산다'는 것입니다. 그러나 안타깝게도 많은 그리스도인이 믿음이 무엇인지도 모른 채 신앙생활을 합니다. 믿음은 성경 지식이나 교리가 아닙니다. 자기가 원하는 것을 얻는 것도 아닙니다.

"믿음이 없이는 하나님을 기쁘시게 하지 못하나니"(히 11:6). 아무리 착하고 성실해도 하나님과 동행하는 모습이 드러나지 않는다면, 믿음 있는 사람이라고 할 수 없습니다. 믿음이 없이는 하나님을 기쁘시게 하지 못할 뿐 아니라 하나님 앞에 나아갈 수도 없습니다. 하나님은 착한 사람이 아니라 믿음이 있는 사람을 사용하십니다.

믿음은 모든 염려를 하나님께 맡기는 것입니다(벧전 5:7). 히브리서는 이미 하나님을 믿고 있는 유대 그리스도인들에게 보낸 편지입니다. 그들 가운데 환경의 어려움 때문에 신앙을 버리려는 사람들이 있었습니다. 예수를 믿는다고 하면서도 믿음이 없었기 때문입니다. 그들은 박해가 쏟아지는 상황에서 믿음의 가치관이 아닌 근심과 불신의 가치관을 품고 있었습니다. 염려와 근심을 이기는 유일한 방법은 내가 염려하는 것보다 더 큰 것을 믿는 것입니다. 하나님을 전적으로 믿는다면, 염려하고 두려워할 것이 없습니다. 믿음의 사람은 행복합니다. 필요가 채워지지 않아도 모든 것의 근원이 되시는 하나님을 믿기 때문입니다(합 3:17-18).

믿음을 갖기 위해서는 이미 우리 안에 계신 예수님을 바라봐야 합니다(히 12:2). 예수님을 바라보지 않는 사람에게 예수님이 어떻게 말씀하시며, 그 사람을 사용하실 수 있겠습니까? 그렇습니다. 예수님을 바라보면 믿음이 생기고, 삶이 변화되며, 모든 염려와 걱정과 불안이 떠나갑니다. 내 안에 계신 예수님을 바라볼 때 하나님이 우리를 사용하십니다.

나는 믿음으로 살고 있습니까?

❶ 내 안에 여전히 남아 있는 염려와 두려움은 무엇입니까?
❷ 내 안에 계신 예수님을 바라봅니까?

August 10 은사로 하나 되는 공동체

• 로마서 12:3-8

교회 공동체 안에서 봉사나 사역하길 주저하는 사람이 많습니다. 무엇을 해야 할지 몰라서 또는 할 수 있는 일이 없다고 여기기 때문입니다. 또 어떤 사람은 봉사하면서도 그 봉사에 대한 확신이나 기쁨을 느끼지 못하기도 합니다.

믿음의 분량대로 해야 합니다(롬 12:3). 각자의 믿음의 분량과 은사를 인정해야 합니다. 봉사가 힘든 이유는 자기가 할 수 있는 일 이상을 하려 하기 때문입니다. 그저 각자 자기에게 주어진 역할을 하면 됩니다. 하나님은 이를 위해 은사를 주셨습니다. "각각 은사를 받은 대로 하나님의 여러 가지 은혜를 맡은 선한 청지기같이 서로 봉사하라"(벧전 4:10). 하나님은 우리에게 주신 은사 이상의 것을 요구하지 않으십니다. 오히려 그 은사를 잘 사용하도록 필요한 것을 채워 주십니다. 예언하는 자는 믿음의 분수대로, 다스리는 자는 부지런함으로, 긍휼을 베푸는 자는 즐거움으로 하면 됩니다(롬 12:6-8).

신앙 공동체는 한 몸입니다(롬 12:4-5). 각기 다른 모습과 다른 기능을 가진 사람들이 모여 한 몸, 하나의 공동체를 이룹니다. 한 몸인 교회는 서로 쓸데없다 할 수 없으며, 서로 잘났다 할 필요도 없습니다. 삶과 죽음을 함께하는 생명 공동체이기 때문입니다. 한 지체의 아픔이 모두의 아픔이며, 한 지체의 즐거움이 모두의 즐거움이 됩니다(고전 12:26). 각자에게 주신 은사로 조화를 이루며 봉사할 때, 교회의 머리 되신 예수님이 기뻐하시는 공동체가 될 수 있습니다.

나에게는 어떤 은사를 주셨습니까? 은사를 받았다는 것은 예수님 사역의 일부가 우리에게 나누어졌다는 뜻입니다. 그리고 그 사명을 이루도록 권세도 주셨다는 뜻입니다. 권세는 사용하는 자의 몫입니다. 기도하지 않으면 기도의 능력을 체험할 수 없습니다. 섬기고 봉사하지 않으면 섬김이 주는 기쁨을 경험할 수 없습니다. 지금 그 은사를 사용하십시오! 이것이 건강한 교회를 세워 가는 일입니다.

나의 사명과 은사는 무엇입니까?

❶ 사명을 감당할 수 있는 은사를 주심을 고백합니까?
❷ 나의 은사를 교회 공동체 안에서 잘 사용하고 있습니까?

성령께 묻는 공동체 August 11

• 요한복음 15:3-4

교회는 하나님의 뜻을 계속해서 물어야 합니다. 하나님과 관계없는 교회는 건물과 모임만 남을 뿐입니다. 지식만 가득 찬 교회에는 어떤 능력도 일어나지 않습니다. 주님께 붙어 있는 교회, 하나님의 뜻을 듣고 행하는 교회라야 열매가 맺힙니다. 교회는 건물이 아니라 살아있는 조직체입니다. 예수 그리스도가 머리 되시며 한 성령으로 한 몸 된 유기적인 공동체입니다.

교회는 끊임없이 '왜?'를 물어야 합니다. '우리가 왜 이 일을 하고 있는가?', '왜 이 길을 가고 있는가?', '하나님이 이 일을 원하시는가?' 하나님은 우리를 이미 깨끗하게 하셨습니다(요 15:3). 교회는 거룩한 사람들의 모임이 아니라 하나님으로부터 의롭다고 여김 받은 사람들, 거룩하게 인침 받은 사람들의 모임입니다. 우리의 자격과 능력이 아닙니다. 하나님 아버지의 은혜로 아버지 안에 속하여 있는 것입니다.

교회는 하나님의 뜻을 이루는 공동체입니다. 예수님은 "내 안에 거하라"고 말씀하십니다. 하나님 안에서 생각하고, 하나님 안에서 행동하고, 하나님 안에서 미래를 계획하라는 것입니다. 예수님은 우리를 돕기 위해 보혜사 성령을 보내셨습니다. 성령께서 모든 것들을 생각나게 하시고, 행할 일을 가르쳐 주십니다. 하나님의 뜻을 묻는 교회는 성령과 동행하는 교회입니다.

나와 우리 공동체는 어떤 교회입니까?

❶ 우리는 모여서 무엇을 하고 있습니까?
❷ 예수님의 사명과 얼마만큼 닮아 있습니까?

August 12 왜 나누어야 하나요?

• 사도행전 2:42-47

초대교회 교인들은 자기 소유를 팔아 다른 사람들에게 나눠 주었습니다. 그러나 중요한 것은 자기 소유를 팔았지만, 자기가 나누고 싶은 대로 나누지 않았다는 것입니다. 성경은 분명하게 "각 사람의 필요를 따라" 나누었다고 기록합니다. 자기 권리를 주장하지 않고, 상대방을 생각하여 나누었습니다. 성령의 임재는 관점을 바꾸어 놓습니다. 공동체와 세상을 보게 하십니다. 특히 부족한 사람들의 필요에 눈을 뜨게 하십니다. 그럼으로써 이전과는 전혀 다른 방식의 나눔이 시작되었습니다. 전에는 내 것을 가지고 베푼다고 생각했는데, 이제는 모든 것을 주님의 것으로 인정하게 된 것입니다. 자신의 것이 주님의 뜻대로 사용되기를 원하는 믿음의 고백이 생겼습니다.

자기 소유에 집중할 때는 어떤 변화나 영향력도 없었습니다. 그러나 성령을 받은 성도들이 하나님의 뜻을 따라 나누기 시작하자 영향력이 나타나기 시작했습니다. 당시 믿지 않는 사람들은 초대교회 성도들을 두려워했습니다(행 2:43). 이 두려움은 영적인 두려움, 경외하는 마음이었습니다. 무서우면 피하지만, 경외하면 도리어 그 존재를 더 의식하게 됩니다. 처음에는 그들을 두려워했던 이들이 후에는 그들을 칭송하기 시작했습니다. 나아가 구원받은 성도의 대열에 들어오게 되었습니다(행 2:47).

하나님을 경험한 사람은 하나님 나라를 소망합니다. 초대교회 교인들은 하나님 나라가 곧 오리라 믿었기에 세상 가치들이 중요하지 않았습니다. 그들에게 물질은 온전히 하나님 나라를 위해 쓰이는 도구였습니다. 이러한 생각이 그들이 사는 세상을 바꾸기 시작했습니다. 교회와 그리스도인들의 나눔 사역은 세상을 바꾸고, 구원을 이루는 일입니다. 나눔이 없었다면, 초대교회 공동체는 성령께 쓰임 받지 못했을 것이고, 사람들은 두려움과 경외심으로 교회를 바라보지 않았을 것입니다. 이들의 나눔을 통해 하나님이 구원받는 숫자를 더하게 하신 것이야말로 교회의 교회다움을 보여 주는 일입니다.

나눔에 대한 나의 생각은 무엇입니까?

❶ 나의 소유는 모두 하나님의 것임을 인정합니까?
❷ 나눔을 통해 세상을 바꿀 수 있음을 인정합니까?

인정 욕구를 내려놓으십시오 August 13

• 사도행전 5:1-11

아나니아와 삽비라가 자신들의 소유를 팔아 제자들의 발 앞에 두었습니다(행 5:1-2). 초대교회 성도들은 자기 소유를 팔아 각 사람의 필요를 따라 나누었는데, 그중에는 바나바도 있었습니다(행 4:32-37). 아나니아와 삽비라는 바나바에 대한 부러움 때문에 그와 똑같이 행동한 것 같습니다. 그러나 그들은 소유를 판 값의 일부만 사도들의 발 앞에 두었습니다.

"사탄이 네 마음에 가득하여"(행 5:3). 당시 초대교회에는 성령의 역사가 강하게 일어나고 있었습니다. 그럼에도 아나니아와 삽비라는 어리석은 행동을 했습니다. 베드로는 그 이유를 사탄이 그들 마음에 가득하기 때문이라고 말합니다. 그들은 인정받고 싶었습니다. 인정 욕구가 생기니 사탄이 그 마음을 이용하여 성령을 속이게 만들었습니다. 성령이 강력하게 임재하시는 현장에서도 마음에 사탄이 가득하면 성령을 속이는 자가 되고 맙니다.

아나니아와 삽비라의 가장 큰 문제는 '거짓말'입니다. 베드로는 그들에게 "사람에게 거짓말한 것이 아니요 하나님께로다"라고 책망합니다. 거짓말은 자신을 숨기거나 과장하기에 가장 용이한 수단입니다. 아나니아와 삽비라에게도 마찬가지였습니다. 그들은 땅을 판 돈의 전부가 아니었는데도 인정받고 싶은 마음에 전부라고 거짓말을 했습니다. 재산을 팔아 어려운 사람을 도우려는 바나바의 선한 마음이 '존경'이라는 결과를 만들어 냈다면, 아나니아와 삽비라는 존경이라는 결과를 만들어 내기 위해 거짓 나눔을 했습니다.

하나님의 사람은 결과보다 동기가 분명해야 합니다. 결과를 바라보며 선행을 하면 실족합니다. 하지만 선한 동기로 한다면 어떤 결과를 얻더라도 의미 있는 일이 됩니다. "네 마음을 다하고 목숨을 다하고 뜻을 다하고 힘을 다하여 주 너의 하나님을 사랑하라"(막 12:30). 이것이 그리스도인의 유일한 동기입니다. 인정에 굶주려 사탄에게 마음을 내주는 일이 없도록 우리의 신앙을 점검해야 합니다.

나는 인정받기를 좋아합니까?

❶ 내가 부러워하는 다른 사람의 은사가 있습니까?
❷ 나는 진심으로 행동합니까, 보여 주기 위해서 합니까?

August 14 타협하지 않는 삶

• 사도행전 7:51-60

스데반의 설교를 들은 유대인들은 그를 돌로 쳐 죽입니다(행 7:58). 스데반의 설교가 마음에 찔렸기 때문입니다. 그들은 스스로 율법을 믿고 따르는 사람들이라고 자부했습니다. 그러나 대대로 하나님이 보내신 선지자들을 박해하더니 하나님의 아들이신 예수 그리스도까지 십자가에 못 박았습니다. 자신들의 죄가 적나라하게 선포되자 그들은 회개하기는커녕 이를 갈았습니다. 귀를 닫고, 마음도 닫고, 강퍅해졌습니다(행 7:57).

스데반은 꼭 그렇게 말씀을 전해야 했을까요? 유대인들이 듣기 싫어할 말이니 정제하여 설교하거나 그 자리를 피할 수도 있었을 것입니다. 그러나 그는 상황이나 환경과 타협하지 않았습니다. 오늘날 그리스도인들은 융통성이 없다는 평가를 받습니다. 변화하는 시대에 적응하지 못하고, 고지식하다고 말합니다. 우리는 세상과 조화를 이루며 살아야 합니다. 그러나 복음은 타협할 수 없습니다.

스데반은 하늘을 우러렀습니다. 성령의 다스림 가운데 있다는 명확한 증거는 하늘을 바라보는 인생이라는 것입니다. 스데반이 하늘을 우러러본 것은 의지적인 행동이었습니다. 의지로써 눈을 들어 하늘을 우러러봤을 때, 그는 하나님의 영광과 하나님 우편에 서신 예수님을 보았습니다(행 7:55). 그는 하늘의 영광을 보았고, 자기가 있어야 할 자리를 보았습니다. 성령이 충만하면 우리 의지가 하늘을 향하고, 복음을 굳게 붙잡습니다. 그러나 성령의 임재가 없으면, 주변 환경이 먼저 눈에 들어오고, 세상과 타협할 수밖에 없는 정당한 이유를 찾게 됩니다.

스데반은 죽었으나 승리했습니다. 그는 패배자가 아닌 영원한 생명을 얻은 승리자의 모습으로 순교했습니다(행 7:59-60). 우리의 신앙과 세상의 가치관은 항상 충돌합니다. 시대에 따라 변화할 수는 있지만, 복음의 본질은 흔들리지 말아야 합니다. 또한 세상과 타협하지 않으려는 자세가 성령 충만한 마음인지, 신앙의 해묵은 관습에 의한 것인지 분별해야 합니다.

나는 확고한 복음의 가치관을 가지고 있습니까?

❶ 세상과 타협하도록 유혹하는 것은 무엇입니까?
❷ 관습에 의해 타협하지 못하는 것은 무엇입니까?

불편한 부르심 August 15

• 사도행전 9:10-20

모든 일은 하나님의 계획 아래 있었습니다. 사울은 그리스도인들을 잡기 위해 다메섹으로 가던 길에 예수님을 빛과 음성으로 만납니다. 부활하신 예수님은 캄캄한 어둠 가운데서 방황하고 있는 사울에게 그를 어떻게 인도하실지 말씀해 주셨습니다(행 9:6). 아나니아에게도 동일하게 인도하심의 사인을 주셨습니다.

"그때"(행 9:10)란 하나님의 계획이 진행되기 시작한 때입니다. 우리는 전혀 예측하지 못한 '그때'에 하나님은 모든 것을 준비하시고, 우리를 부르십니다. 아나니아는 갑작스러운 하나님의 부르심 앞에서 자신의 경험을 앞세워 순종할 수 없는 이유를 늘어놓습니다(행 9:13-15). 성경에서 부르심의 상황은 대부분 이렇게 불편합니다. 모세와 기드온과 요나를 부르셨을 때도 그들은 하나님의 부르심이 갑작스럽고 불편했습니다. 우리도 마찬가지입니다. 그러나 하나님은 이미 모든 계획을 세워 놓고 계십니다. 부르심 앞에서 우리가 해야 할 것은 오직 순종뿐입니다.

순종이 부르심을 평안하게 합니다. 부르심은 하나님과 우리 사이에 갈등을 유발하지만, 순종은 그 갈등을 모두 해소합니다. 하나님의 부르심에 순종하는 것이 옳은 일인 줄 알면서도 우리는 편안한 현실에 안주하고 싶어 합니다. 모세도 기드온도 요나도 아나니아도 불편한 부르심 앞에서 순종할 수 없는 이유를 찾았습니다. 그러나 결국 자신의 고집을 꺾고 하나님의 명령에 순종할 때, 하나님은 우리에게 마음의 평안함을 허락하십니다.

순종은 사람을 세웁니다. 아나니아가 하나님의 명령을 따라 사울의 눈에 안수했을 때, 사울은 다시 볼 수 있게 되었습니다. 하나님의 말씀에 대한 작은 순종이었지만, 사울이 이방인의 사도가 되어 하나님 나라를 세우는 위대한 일에 아나니아도 동참하게 되었습니다. 우리가 순종할 때, 하나님은 나를 사용하는 것에 그치지 않으시고, 더 큰 하나님의 일에 동참하게 하십니다.

나를 향한 부르심은 무엇입니까?

❶ 나를 당황하게 하는 '그때'의 경험이 있습니까?
❷ 하나님의 부르심 앞에서 순종하고 있습니까?

August 16 용납하는 사람

• 사도행전 11:24-26, 15:36-41

사도 바울의 사역에서 바나바는 빼놓을 수 없는 인물입니다. 신학자 폭스 잭슨은 바나바를 이렇게 평가합니다. "바나바는 신약 성경에서 가장 매력 있는 인물 중 하나다. 그는 질투를 모르고, 남의 허물을 용서했으며, 장점을 보기에 빨랐다. 또 그는 형제간의 평화를 위해 타협하기에 주저하지 않았다. 바나바는 초대교회를 살맛 나게 해 주는 사람이었다." 바나바는 착하고, 성령과 믿음이 충만한 사람이었습니다(행 11:24). 사람들이 교회 공동체를 위해 가진 것을 사도들에게 가져와 서로 나눌 때, 그는 자신의 밭을 팔아 사도들의 발 앞에 내려놓았습니다(행 4:36-37).

바나바는 계속해서 사울을 사역의 자리로 이끕니다. 예수님을 만난 후 세례받고 변화된 사울은 무작정 복음을 전하기 위해 나섰다가 유대인들에게 배척받았습니다. 바나바는 신앙의 동료들을 죽이려고 했던 사울을 용납하고, 그가 경험한 은혜와 변화를 사람들에게 대변합니다. 또 여전히 사울을 죽이려는 사람들에게서 피할 수 있도록 도와주기도 합니다. 오랫동안 다소에 피신해 있던 바울을 찾아가 사역의 자리로 다시 부른 것도 바나바였습니다(행 11:25-26). 사도 바울에 비하면 바나바의 존재감은 미약합니다. 하지만 그가 아니었다면 바울의 사역은 불가능했을 것입니다.

바나바는 마가도 용납하고 받아들입니다(행 15:37). 마가는 바나바와 바울과 선교 여행을 하던 중에 대열에서 이탈했던 사람입니다(행 13:13). 사도 바울은 그를 용납할 수 없었습니다. 그러나 바나바는 마가와 함께하기를 고집합니다. 모두가 배척했던 사도 바울을 용납하여 위대한 사도로 만들었던 것처럼 그는 마가 역시 영적으로 돌보길 원했을 것입니다. 결국, 큰 다툼 후에 바나바와 바울은 각자의 길을 갔지만, 바나바가 마가를 품었던 덕분에 마가복음이 기록될 수 있었고, 후에는 마가와 바울의 관계도 회복될 수 있었습니다(골 4:10; 딤후 4:11; 몬 1:24). 사람을 믿지 못해 모두를 잃는 것보다 믿음으로 손해를 보더라도 한 사람을 얻는 것이 훨씬 복된 일입니다.

나는 용납하는 사람입니까?

❶ 내가 용납하고 받아들이지 못하는 사람이 있습니까?
❷ 누군가가 나를 용납해 준 경험이 있습니까?

성공의 길, 승리의 길 August 17

• 사도행전 14:1-10

사도 바울과 바나바는 이고니온에서 두 번의 소동을 경험합니다. 첫 번째는 그들이 회당에서 말씀을 전할 때, 많은 무리가 말씀을 듣고 따르자 '순종하지 아니하는 유대인'들이 사람들을 선동해 두 사도에게 악감정을 품게 한 것입니다(행 14:2). 이러한 핍박에도 불구하고, 그들은 '오래 있어', '주를 힘입어', '담대히' 복음을 전합니다(행 14:3). 사역의 성공적인 결과들이 나타났지만 동일한 이유로 두 번째 소동이 일어납니다(행 14:4-5). 복음의 역사를 보고 사도들을 따르는 자들이 있는가 하면, 사도들을 돌로 쳐서 죽이려는 자들도 있었습니다. 이번에는 바울과 바나바가 루스드라와 더베로 도망갔는데 그곳에서도 복음의 역사가 일어났습니다.

사도 바울은 '변절자'라는 무거운 올무를 벗으려고 무던히도 애쓰던 사람입니다. 먼저는 그리스도인을 핍박하던 자에서 전도자가 되어 유대교의 변절자가 되었습니다. 또 사도 바울의 정체성을 여전히 의심하던 그리스도인들에게는 '박해자'의 이미지가 강하게 남아 있었습니다. 그래서 그는 자신의 정체성을 확인하고, 증명하기 위해 편지를 쓸 때마다 늘 '사도 된 바울'이라고 자신을 소개합니다.

"성공을 추구할 것이냐, 아니면 승리를 추구할 것이냐" 이 질문은 아서 밀러가 《세일즈맨의 죽음》에서 제기한 문제이기도 합니다. 신앙의 관점에서 '성공과 승리'는 얼핏 보면 동일한 것 같지만, 아주 미묘하면서도 중요한 차이가 있습니다. 성공이 당장 눈에 보이는 이득이라면, 승리는 하나님의 계획 가운데 열매 맺는 일입니다. 탄탄대로가 당장에는 성공의 길 같지만, 하나님은 승리를 향해 좁은 길을 걷길 원하십니다.

바울에게 성공의 길이란 박해 가운데서 담대하게 복음을 전하는 것이었습니다. 바울과 바나바에게는 핍박을 피해 도망가는 것이 오히려 더 좁은 길이었을지도 모릅니다. 그러나 그들은 성령의 인도하심에 따라 루스드라와 더베로 도망합니다. 실패의 길인 줄 알았던 그 길이 승리의 길이었습니다.

나는 어느 길을 걷고 있습니까?

❶ 중요한 결정 앞에서 성령의 도우심을 구합니까?
❷ 나는 좁은 길이지만 승리의 길을 선택합니까?

August 18 하나님의 계획

• 사도행전 16:6-10

우리는 하나님의 계획을 다 알 수 없습니다. 그래서 우리 나름의 계획을 세웁니다. 사도 바울도 복음을 전하기 위해 선교 여행을 계획하고 실행합니다. 오늘 본문은 이미 두 번에 걸쳐 소아시아 지역에 복음을 전하고, 세 번째 선교 여행을 준비하고 있을 때입니다. 사도 바울은 복음을 전할 계획을 세워 두었는데, 하나님 역시 그를 향한 계획을 세워 놓고 계셨습니다. 오스왈드 챔버스는《순종》에서 "저는 점점 프로그램이나 계획을 세우는 것이 불가능해지고 있습니다. 그 이유는 하나님만이 계획을 세우시는 분이지, 제 계획은 종종 하나님을 방해하는 성향이 있기 때문입니다"라고 고백합니다.

하나님의 계획은 바울의 계획과 달랐습니다. 그래서 하나님은 바울의 계획을 계속해서 막으십니다. 바울은 처음에는 자신이 세운 계획대로 하려고 애썼지만, 성령이 막으시자 결국 자기 계획을 포기합니다. 하나님이 우리 일을 적극적으로 막으실 때, 우리는 하나님의 뜻을 가장 선명하게 깨닫게 됩니다.

바울의 방황이 확신으로 바뀝니다. 모든 계획이 실패한 후, 바울은 마게도냐 사람이 "건너와서 우리를 도우라"고 말하는 환상을 봤습니다. 이후 그는 성령의 인도하심에 따라 빌립보로 갑니다. 바울을 로마로 보내려는 하나님의 계획이 진행되기 시작합니다. 하나님의 계획을 따르면 순조로우리라 생각하지만, 바울의 여정은 그렇지 않았습니다. 하나님의 계획에 따라 빌립보로 갔지만, 복음을 전하고 기적을 행한다는 이유로 옥에 갇힙니다.

그러나 바울은 확신에 차 있습니다. 감옥에 갇혔지만, 하나님의 계획을 이루어 가는 과정이기에 하나님이 하실 일을 기대하게 되었습니다. 바울과 실라가 옥중에서 찬양할 수 있었던 이유입니다. 이유 있는 인생에는 늘 기대가 있습니다. 하나님의 계획을 따라가다가 만나는 장애물은 기적을 체험하는 디딤돌입니다. 우리 삶이 막힐 때, 절망하기보다는 하나님의 뜻을 살피는 지혜가 필요합니다.

내 계획은 하나님의 계획과 일치합니까?

❶ 내 계획이 뜻대로 되지 않을 때, 나는 어떻게 반응합니까?
❷ 하나님이 나를 향한 계획을 가지고 계심을 인정합니까?

두렵지 않습니다 August 19

• 사도행전 27:20-26

사람들은 풍랑과 같은 고난의 상황을 반가워하지 않습니다. 그러나 인생의 풍랑은 무엇을 버리고 무엇을 붙잡아야 하는지를 알려 줍니다. 풍랑을 만나지 않았다면 알 수 없었던 것들을 알게 해 줍니다. 그런 의미에서 풍랑은 힘들기는 하지만, 우리에게 꼭 필요한 것입니다.

갈 길을 알면 두렵지 않습니다. 사도 바울과 함께 배에 타고 있던 사람들은 모두 동일한 상황을 경험하고 있습니다. 바다 한가운데서 여러 날 동안 큰 풍랑을 만나 구조에 대한 소망도 사라졌습니다(행 27:20). 배 위의 모든 사람이 두려움에 떨고 있었지만, 단 한 명 바울만은 두렵지 않았습니다. 바울은 죽음의 고비를 지나고 있지만, 여기가 종착점이 아니라는 것을 알았습니다. 주의 사자가 나타나 바울에게 확신을 주었기 때문입니다. "네가 가이사 앞에 서야 하겠고"(행 27:24).

바울은 분명한 사명이 있으니 두려워할 이유가 없었습니다. 유라굴로 광풍은 어떤 사건의 종결이 아니라 하나님이 계획하신 여정 가운데 만난 징검다리에 불과했습니다. 그러니 광풍 앞에서 두려워할 것이 아니라 그 징검다리를 딛고 건너게 하시는 하나님의 역사를 기대해야 할 순간이었습니다. "여러분이여 안심하라"(행 27:25). 하나님이 풍랑으로부터 모두를 지키실 것이라고 선포합니다. 분명한 사명은 주변 사람들의 두려움까지도 상쇄시키는 힘이 있습니다.

바울은 풍랑 가운데서 하나님을 바라보았습니다. "내가 사망의 음침한 골짜기로 다닐지라도 해를 두려워하지 않을 것은 주께서 나와 함께하심이라"(시 23:4). 시편 기자는 사망의 음침한 골짜기에 집중하지 않고 나와 함께하시는 하나님에게 집중합니다. 우리가 평안한 때는 푸른 풀밭에 누워 있을 때가 아닙니다. 사망의 음침한 골짜기에 있을 때는 더더욱 아닙니다. 오직 주님과 함께할 때 평안합니다. 인생의 풍랑이 찾아왔을 때 우리가 바라봐야 할 것은 오직 주님과 주님이 주신 사명뿐입니다.

내 인생에서 풍랑과 같은 시기가 있었습니까?

❶ 나는 풍랑 앞에서 무엇을 바라봅니까?
❷ 나의 길을 주님이 인도하심을 믿습니까?

August 20 중보 기도의 능력

• 출애굽기 32:7-14

중보 기도는 다른 사람에게 초점을 맞추어 드리는 기도입니다. '중보'란 다른 사람을 위해서 하나님의 자비와 은혜를 얻기 위해 그 일을 할 수 있는 권리를 가지고, 하나님께 나아가는 행위입니다. 즉 다리 역할입니다.

이기심은 현대인들을 가장 잘 설명하는 말 중 하나입니다. "너는 이것을 알라 말세에 고통하는 때가 이르러 사람들이 자기를 사랑하며…"(딤후 3:1-2). 오늘날 우리가 당하는 고통의 문제들은 바로 자기중심적인 이기심 때문입니다. 다른 사람을 위해 자신을 희생한다거나 양보하는 일이 얼마나 어려운지 모릅니다.

그러나 중보 기도는 인간의 이기심을 뛰어넘습니다. 모세가 이스라엘 백성을 위해 중보하며 하나님께 간구합니다. 하나님이 뜻을 돌이키셔서 백성들에게 화를 내리지 않으셨습니다(출 32:14). 이후 금송아지를 만들어 제사한 이스라엘에 다시 한번 진노하셨을 때도 모세는 또다시 이스라엘을 위해 중보합니다. 모세는 이스라엘을 위해 생명책에서 자기 이름을 지워 버려도 좋다고 말합니다(출 32:32). 그의 기도에서 이기심은 찾아볼 수 없습니다. 이러한 중보 기도는 사도 바울에게서도 발견할 수 있습니다. "나의 형제 곧 골육의 친척을 위하여 내 자신이 저주를 받아 그리스도에게서 끊어질지라도 원하는 바로라"(롬 9:3). 다른 사람을 위해 기도할 때, 우리는 자기 욕심을 내려놓게 됩니다.

중보 기도는 하나님의 뜻을 돌이킵니다. 기도는 하나님의 뜻에 순종하기 위해 내가 죽는 것이지 내 생각대로 하나님의 뜻을 움직이는 것이 아닙니다. 그러나 중보 기도는 하나님의 뜻을 돌이키게 합니다. 나의 정욕을 채우기 위한 기도가 아니며 하나님의 뜻에 합한 기도이기 때문입니다. 하나님을 향한 우리의 사랑과 우리를 향한 하나님의 사랑만이 공의를 넘어선 자비와 용서의 기적을 만들어 냅니다. 우리가 하나님 앞에서 누군가를 위해 중보하며 자비를 구할 때, 하나님은 우리 기도를 듣고 뜻을 돌이키십니다. 그래서 중보 기도는 능력이 있습니다.

나는 중보 기도의 능력을 믿습니까?

❶ 나의 중보 기도 대상자는 누구입니까?
❷ 그를 위해 기도할 때, 내 욕심이나 생각을 보태지는 않습니까?

중보 기도의 중요성 August 21

• 창세기 18:22-33

중보 기도는 성도의 특권이자 의무입니다. 아브라함은 소돔을 멸망시키려는 하나님 앞에 나아가 중보 기도합니다. 하나님은 그의 기도를 들으시고, 심판을 거듭 재고하셨습니다(창 18:22-33). 하나님 앞에 나아가 이웃의 연약함을 탄원할 수 있다는 것은 놀라운 특권입니다. 선지자 사무엘은 중보 기도를 하지 않거나 중단하는 것은 곧 죄라고 말합니다(삼상 12:23). 그리고 중보 기도를 쉬지 않겠다고 결단합니다. 성도로서 기도가 필요한 이들을 외면해서는 안 됩니다. 중보 기도를 통해 그들의 필요를 깨닫고 실제적인 도움을 주는 데까지 나아가야 합니다.

하나님은 중보 기도자를 찾으십니다. "이 땅을 위하여 성을 쌓으며 성 무너진 데를 막아 서서 나로 하여금 멸하지 못하게 할 사람을 내가 그 가운데에서 찾다가 찾지 못하였으므로"(겔 22:30). 예루살렘 지도자들과 성직자들이 타락했을 때, 하나님은 가장 먼저 그들을 위해 중보할 기도자를 찾으셨습니다. 우리는 문제를 보고 지적하기를 즐깁니다. 혹 어떤 이들은 문제를 보고 실망하며 낙담합니다. 그런데 하나님은 문제 앞에서 중보 기도하라고 명령하십니다. 문제가 많으면 많을수록 더 많은 중보 기도자가 필요합니다.

예수님도 중보 기도하셨습니다. 요한복음 17장은 예수님의 중보 기도장으로 불립니다. 십자가에 달리시기 전 예수님은 마지막으로 하나님께 간구하십니다. 예수님의 중보 기도 대상은 사랑하는 제자들(요 17:9-19)과 모든 믿는 자들(요 17:20-26)이었습니다. 하나님이 그들을 보전하시고, 거룩하게 해 주실 것을 간구하셨습니다. "내가 그들을 위하여 비옵나니 내가 비옵는 것은 세상을 위함이 아니요 내게 주신 자들을 위함이니이다 그들은 아버지의 것이로소이다"(요 17:9). 예수님의 기도를 통해 중보 기도의 내용이 어떠해야 하는지를 알 수 있습니다. 기도 대상자의 인간적인 요구를 위해 기도하기보다는 하나님이 그를 보전하시고, 거룩하게 해 주실 것을 간구해야 합니다. 또한 중보 기도의 지경이 모든 믿는 사람, 나아가 온 세계에까지 확장되어야 합니다.

나를 위해 간구하는
중보 기도자가 있습니까?

❶ 나에게 가장 긴급한 기도 제목은 무엇입니까?
❷ 나의 중보 기도 영역은 어디까지입니까?

August 22 중보 기도의 본질

• 로마서 8:26-27

오스왈드 챔버스는 중보 기도란 '그리스도의 남은 고난'을 채우는 것이라고 말합니다. 그는 말합니다. "중보 기도란 당신의 기도 대상 및 당신이 처한 상황을 하나님 앞에 가져가 주님이 그 사람 또는 상황에 대해 어떤 입장을 취하시는지 그 음성을 듣는 것입니다. … 중보 기도는 하나님의 입장에서 당신 자신을 보려고 하는 것입니다." 중보 기도자는 하나님의 뜻을 민감하게 살펴야 합니다. 챔버스는 "중보 기도 사역자들은 언제나 하나님과 보조를 맞추며 하나님과의 실제적인 교통 가운데 머물기를 힘써야 합니다"라고 말합니다. 하나님과 교통한다는 것은 하나님과 교제하는 것이며, 보조를 맞춘다는 것은 보폭을 맞추는 것을 의미합니다. 즉 하나님보다 앞서지 않고, 지금 하나님이 하시는 일을 보면서 기도하는 것입니다.

우리는 하나님의 뜻을 온전히 알 수 없습니다. 하나님이 고난을 통해 어떤 일을 행하실지, 우리를 어떻게 훈련시키실지 알 수 없습니다. 단지 우리가 해야 할 일은 고난의 상황을 하나님께 가지고 나오는 것입니다. 그러면 성령께서 우리를 위해 말할 수 없는 탄식으로 중보하실 것입니다(롬 8:26).

챔버스는 '중보 기도에는 함정이 없다'고 말합니다. 중보 기도는 하나님과 우리 사이를 온전한 관계로 인도하기 때문입니다. 하나님의 마음으로 성령의 도우심을 구하는 기도이기 때문입니다. 또한 중보 기도 대상이 단순히 잘되거나 당면한 문제를 해결하는 데에 중보의 초점이 머물러 있으면 안 됩니다. 중보 기도의 궁극적인 목적은 지금 시간을 통해 하나님과 연합하도록 돕는 것입니다. 그러므로 눈앞의 문제가 해결되었다고 해서 중보 기도를 멈추어서는 안 됩니다.

구속의 은혜와 능력만이 죽어 가는 영혼에 새로운 창조의 역사를 일으킬 수 있습니다. 아무리 기도해도 예수 그리스도의 구속을 의지하지 않는다면 새로운 생명의 변화를 기대할 수 없다는 것을 기억하십시오.

나의 중보 기도는 그리스도와 긴밀하게 연결되어 있습니까?

❶ 중보 기도를 통해 하나님의 마음을 알아 갑니까?
❷ 기도 대상자가 하나님과 연합하도록 기도합니까?

• 에베소서 6:1-20

영적 전쟁이란 하나님 나라와 그 나라에서 쫓겨난 사탄의 세력과의 전쟁입니다. 사탄은 예수 그리스도의 십자가 승리로 이미 패했지만, 완전히 멸망하지는 않았습니다. 이 싸움은 사람, 즉 혈과 육이 아니라 그 배후에 보이지 않는 어둠의 세상 주관자들과 하늘에 있는 악의 영들과의 싸움입니다(엡 6:12). 중보 기도자는 영적 전쟁에 민감해야 합니다.

희생과 헌신이 있어야 합니다. 중보 기도는 삶의 희생과 헌신이 동반됩니다. 그럼에도 중보 기도를 하는 이유는 그만큼 능력이 있기 때문입니다. 내 희생의 기도로 누군가의 생명이 살아납니다. 살아가면서 마주하는 수많은 사회 문제 앞에서 자기 의견을 개진하는 것은 어렵지 않습니다. 그러나 그 문제를 안고 무릎 꿇고 기도하기는 쉽지 않습니다. 누군가 그 문제를 놓고 중보 기도하며 영적 전쟁에 임할 때, 그 수고로 인하여 하나님의 뜻이 승리하게 될 것입니다.

습관화된 훈련이 필요합니다. 전쟁에서 이기려면 훈련이 필요하듯 영적 전쟁에도 훈련이 필요합니다. 영적 전쟁에서 승리하기 위한 가장 강력한 훈련은 기도입니다. 특히 다른 사람을 위한 중보 기도는 특별한 훈련 없이는 불가능합니다. 예수님은 주로 새벽에 한적한 곳을 찾아 기도하셨습니다. 이처럼 지속적인 기도 습관이 필요합니다. 우리가 경험하는 수많은 일과 우리가 만나는 수많은 사람들을 위한 기도가 습관적으로 나올 수 있도록 훈련되어야 합니다.

기도의 능력을 잘 알고 있는 사탄은 늘 우리 기도를 방해합니다. 우리가 기도하려고 할 때마다 기도할 수 없는 수많은 이유를 만들어 냅니다. 그러나 사탄의 권세가 미치지 못하는 곳이 있습니다. 바로 주님의 그림자가 기도하는 사람을 덮고 있을 때입니다. "가장 높으신 분의 보호를 받으면서 사는 너는, 전능하신 분의 그늘 아래 머무를 것이다"(시 91:1, 새번역). 기도의 습관이야말로 평범한 그리스도인과 위대한 그리스도인을 구별하는 하나의 기준입니다(덕 이스트만).

나는 영적 전쟁에 참여할 준비가 되어 있습니까?

❶ 나는 누군가를 위해 희생하고 헌신하며 기도합니까?
❷ 나에게는 기도의 습관이 있습니까?

August 24 하나님의 전신갑주

• 에베소서 6:10-20

전신갑주는 추상적인 것이 아닙니다. 사도 바울은 당시 로마 군인들의 옷차림에 빗대어 영적 전쟁에서 필요한 무기(진리의 허리띠, 의의 호심경, 평안의 복음의 신, 믿음의 방패, 구원의 투구, 성령의 검)를 설명합니다.

사탄의 무기는 '거짓'입니다(마 24:24). 사탄은 믿지 않는 자들의 마음을 혼미케 할 뿐 아니라 믿는 자들이 하나님의 은혜에서 멀어지도록 유혹합니다. '진리의 허리띠'란 하나님을 향해 집중된 마음입니다. 진리로 허리띠를 띠고 중심을 잡은 자들은 요동하지 않습니다. 영적 승리의 기본 원리입니다. 또한 사탄은 우리가 지은 죄를 잊지 않고, 끊임없이 정죄합니다. 그러나 하나님은 우리 죄를 완전히 잊으십니다. 우리는 비록 죄인이지만, 하나님이 의인으로 인정하신 사람들입니다. '호심경'은 상체를 보호하는 갑옷의 가장 넓은 부분으로 '하나님의 의와 십자가의 능력'으로 무장하는 것입니다.

당시 로마 군인들은 신발을 가죽끈으로 단단하게 묶었습니다. 사도 바울은 '복음의 신'을 신고 힘차게 전하라고 말합니다. 사탄의 공격을 막기만 하지 말고, 복음을 선포하며 적극적으로 공격해야 합니다. 사탄은 오늘도 질병, 경제적 어려움, 자녀 문제, 미움, 분노 등과 같은 불화살로 우리를 공격합니다. 문제는 '믿음의 방패'를 가지고 있느냐 없느냐에 달려 있습니다. 생각과 마음을 지키기 위해 필요한 무기가 바로 '구원의 투구'입니다. 구원의 확신이 있으면, 하나님의 인도하심을 굳게 믿습니다.

마지막 '성령의 검'은 유일하게 공격용 무기입니다. 로마 군인들이 사용하던 좌우에 날 선 검은 강력하고도 치명적이었습니다. 성령의 검은 곧 하나님의 말씀입니다(히 4:12). 성령의 기름 부으심을 따라 말씀에 순종할 때, 영적 전쟁에서 승리할 수 있습니다. 사탄이 가장 무서워하는 사람은 성령의 검을 든 사람, 곧 성령의 인도하심을 따라 말씀을 휘두르는 사람입니다.

나는 영적 전쟁을 위한 전신갑주로 무장되어 있습니까?

❶ 나에게 가장 필요한 영적 무기는 무엇입니까?
❷ 오늘도 영적 전쟁에서 이미 승리하였음을 선포하십시오.

• 출애굽기 17:8-15

아말렉과의 전투를 앞두고 모세는 여호수아에게 전쟁에 나가 싸우라고 말합니다. 그리고 자신은 산꼭대기에서 전쟁을 위해 기도하기로 합니다. 아론과 훌은 모세가 피곤하여 더 이상 손을 올릴 수 없을 때 곁에서 최선을 다해 도왔습니다. 모세에게 기도 동역자가 되어 주었습니다. 아론과 훌 같은 기도 동역자가 되기 위해서는 준비가 필요합니다.

먼저, 자기 영혼을 성결하게 해야 합니다. 마음에 죄가 있으면, 올바로 기도할 수 없습니다(시 66:18). 사울이 다윗을 왜 죽이려고 했습니까? 골리앗을 물리치고 돌아온 다윗을 백성들이 "사울이 죽인 자는 천천이요 다윗은 만만이로다"라고 외치며 환영했기 때문입니다(삼상 18:7). 사울의 마음에 사탄의 영이 임하자 시기하는 마음이 생겼습니다. 죄의 마음을 품고 다윗을 바라보니 좋아 보일 리가 없습니다. 죄는 우리 영혼을 갉아먹습니다. 중보 기도의 가장 큰 적은 시기와 질투와 다툼입니다. 그러므로 기도 동역자들은 자기 영혼이 성결하도록 늘 기도해야 합니다. 하나님의 사람들을 축복하며 기도하는 마음을 품을 수 있어야 합니다.

연합을 깨뜨리려는 사탄의 권세를 결박해야 합니다(마 18:18-20). 아론과 훌이 아름다운 이유는 모세의 기도 동역자가 되었기 때문입니다. 모세의 팔을 두 사람이 함께 붙잡아 주었기에 이스라엘이 전쟁에서 승리할 때까지 모세가 손을 들고 기도할 수 있었습니다. 아론과 훌과 모세가 함께한 기도로 전쟁을 승리로 이끌 수 있었습니다. 많은 사람이 '동거'합니다. 그러나 모든 동거가 선하고 아름답지는 않습니다. 선하고 아름답기 위해서는 연합해야 합니다(시 133:1). 기도의 능력은 합심할 때 일어납니다. 합심하는 기도는 사탄의 권세를 결박합니다.

믿음의 지체들과 서로 기도의 동역자가 되어 주십시오. 기도로 서로 의지할 수 있게 하십시오. 우리의 연합이 사탄의 진을 파하고, 하나님의 뜻을 세워갑니다. 함께 기도할 때, 여호와 닛시의 깃발을 높이 올리며 승리를 기뻐할 수 있습니다.

나에게는 기도의 동역자가 있습니까?

❶ 내 마음의 죄로 기도가 막힌 경험이 있습니까?
❷ 한마음으로 함께 기도할 수 있는 믿음의 동역자가 있습니까?

August 26 동역에 방해가 되는 비난

• 요한계시록 12:10-12

사탄은 '참소하는 자', 곧 우리를 비난하는 자입니다. 하나님은 비난을 결코 기뻐하지 않으십니다. 비난은 사탄의 소리이기 때문입니다.

비난의 동기는 '시기'입니다. 유대인은 모두 메시아를 기다렸습니다. 안식일에 모인 사람들이나 바울이나 동일하게 로마에 의해 어려움을 당하고 있었습니다. 안식일에 온 성이 하나님의 말씀을 듣고자 모인 일은 모두가 함께 기뻐할 일입니다. 그런데 유대인들은 "시기가 가득하여" 바울의 말을 변박하며 비방합니다. 사탄은 우리로 끊임없이 비교하게 하고, 나에게 없는 것을 가진 사람을 시기하게 만듭니다. 시기심은 비난과 비판의 말을 하게 하며 깊이 있는 관계를 방해합니다.

비난의 동기는 게으름입니다. "또 그들은 게으름을 익혀 집집으로 돌아다니고 게으를 뿐 아니라 쓸데없는 말을 하며 일을 만들며 마땅히 아니할 말을 하나니"(딤전 5:13). 이 말씀은 사도 바울이 교회의 질서에 관해 지적하는 부분입니다. 자신의 사명은 잊은 채 '일부러 게으른 사람들'이 쓸데없는 말과 하지 말아야 할 말을 하며 여기저기 다닙니다. 자신의 게으름으로 인한 삶의 문제들을 상대방을 깎아내리며 안 좋은 소문을 만들어 내는 것으로 정당화하려는 것입니다. 맡은 일에 최선을 다하며 열심히 사는 사람은 다른 사람에 대한 불필요한 말을 하지 않습니다.

비난은 불과 같은 속성이 있습니다. "이와 같이 혀도 작은 지체로되 큰 것을 자랑하도다 보라 얼마나 작은 불이 얼마나 많은 나무를 태우는가"(약 3:5). 야고보는 혀를 불에 비유합니다. 둘 다 잘 사용하면 유익하지만, 잘못 사용하면 매우 위험합니다. 둘 다 처음에는 별것 아닌 것 같으나 번져 나가기 시작하면 걷잡을 수 없습니다. 또한 혀와 불은 나쁜 곳에 사용되면 많은 사람의 관심을 집중시킵니다. 사람들은 칭찬과 좋은 말보다는 남을 비난하는 소리에 더 귀를 기울입니다. 결국, 비난은 동역을 방해하며 공동체를 무너뜨립니다.

나의 언어 습관은 어떻습니까?

❶ 시기심이나 게으름으로 비난의 말을 내뱉지는 않습니까?
❷ 비난하는 말로 동역자들을 힘들게 하지는 않습니까?

깨끗한 그릇 August 27

• 디모데후서 2:20-26

사도 바울은 성도들을 그릇에 비유합니다. 주인에게 쓰임 받으려면, 어떤 그릇이든 모양이나 재질에 상관없이 깨끗해야 합니다. 마찬가지로 하나님께 쓰임 받는 중보자가 되려면 다음 세 가지를 유념해야 합니다.

내적인 문제인 죄를 해결해야 합니다. 죄는 하나님과의 관계를 가로막는 가장 큰 장애물입니다. 악의 세력을 탐지하고 대적하고 분쇄하려면 먼저 자신이 순결해야 합니다. "여호와의 손이 짧아 구원하지 못하심도 아니요 귀가 둔하여 듣지 못하심도 아니라 오직 너희 죄악이 너희와 너희 하나님 사이를 갈라놓았고 너희 죄가 그의 얼굴을 가리어서 너희에게서 듣지 않으시게 함이니라"(사 59:1-2). 진실한 중보자는 순결한 삶, 거룩한 삶, 구별된 삶을 사는 사람입니다.

관계에 문제를 일으키는 쓴 뿌리를 제거해야 합니다. 사도 바울은 "어리석고 무식한 변론을 버리라"(딤후 2:23)고 권면합니다. 마음의 상처 때문에 잘못 기도하는 중보자가 많습니다. 내면의 쓴 뿌리를 제거하지 않으면, 하나님의 뜻을 따라 바르게 기도할 수 없습니다. "너희는 하나님의 은혜에 이르지 못하는 자가 없도록 하고 또 쓴 뿌리가 나서 괴롭게 하여 많은 사람이 이로 말미암아 더럽게 되지 않게 하며"(히 12:15). 용서는 상대방을 위한 것이 아니라 자신을 위한 것입니다.

사랑에 기초해야 합니다. 다른 사람을 위해 기도하는 동기는 전적으로 '사랑'이어야 합니다. 그렇지 않으면, 중보자가 다른 이들을 쉽게 정죄하거나 잘못된 방향으로 기도하게 됩니다. 중보자의 영적 교만으로 다른 사람들에게 상처를 주기도 합니다. "마음을 같이하여 같은 사랑을 가지고 뜻을 합하며 한마음을 품어 아무 일에든지 다툼이나 허영으로 하지 말고 오직 겸손한 마음으로 각각 자기보다 남을 낫게 여기고"(빌 2:2-3). 이 마음을 품을 때, 우리는 깨끗하게 준비된 중보자가 되어 하나님께 쓰임 받을 것입니다.

나는 중보 기도자로서 깨끗한 그릇입니까?

❶ 나의 죄와 쓴 뿌리는 모두 제거되었습니까?
❷ 다른 사람을 위해 기도할 때, 사랑의 마음으로 합니까?

August 28 기도의 용사

• 디모데후서 2:3-6

누군가를 위하여 중보 기도할 때, 우리는 기도의 용사가 됩니다. 무엇보다 그리스도를 위해 부름받은 용사가 될 수 있습니다. 그리스도인은 평소에 온유하고 정결하며 거룩하고 신사적입니다. 그러나 기도하는 순간만큼은 영적 용사가 되어야 합니다. 그리스도의 군사로 부름받는 순간, 우리는 전투태세를 갖추고, 전투를 준비하는 사람이 되어야 합니다.

용사로 부름받은 자에게 고난은 필연적입니다(딤후 2:3). 사도 바울은 군사로 부름받은 우리에게 "나와 함께 고난을 받자"고 권합니다. 기도의 용사가 되기 위해서는 그리스도와 함께 고난을 받는 이유와 목적을 분명히 알아야 합니다. 중요한 것은 고난이 목적이 아니며 고난을 통한 하나님의 섭리와 계획입니다. 시편 기자는 "사망의 음침한 골짜기를 다닐지라도"(시 23:4) 두렵지 않다고 고백합니다. 왜냐하면 사망의 골짜기에 주저앉지 않고, 그곳을 통과하면서 함께하시는 하나님을 보았기 때문입니다.

용사는 자기를 부르신 분을 기쁘게 합니다(딤후 2:4). 주님의 명령에 순종할 때, 하나님을 기쁘시게 할 수 있습니다. 부르신 목적에 따라 사는 것입니다. 바울은 "자기 생활에 얽매여서는 안 된다"고 말합니다. 용사에게는 지켜야 할 규칙이 있습니다. 용사가 된 후에는 나를 위해 살지 않고, 그리스도를 위해 살며 헌신해야 합니다. 더 나아가 우리 안에 있는 정욕과 죄를 끊어 내야 합니다.

용사는 그분의 법대로 살아갑니다(딤후 2:5). "너희는 가만히 있어 내가 하나님 됨을 알지어다"(시 46:10). 법대로 살기 위해서는 그분 곁에 늘 가까이 있어야 합니다. 어떻게 이 세상을 하나님의 법대로 살아갈 수 있는지를 기록한 설명서가 성경이며, 구체적인 방향과 방법은 여호와 앞에 잠잠히 있을 때 들을 수 있습니다. 길을 헤매지 않고 잘 가기 위한 가장 좋은 방법은 길을 아는 사람과 동행하는 것입니다. 하나님이 가시는 길에 우리는 그저 동행하기만 하면 됩니다.

나는 기도의 용사입니까?

❶ 고난 가운데 함께하시는 하나님을 바라봅니까?
❷ 하나님의 법대로 살아갑니까?

중보자의 실천 사항 August 29

• 디모데후서 4:1-8

중보 기도자로 잘 서기 위해서는 매일 말씀을 읽고 묵상해야 합니다(딤후 3:16-17). “모든 성경은 하나님의 감동으로 된 것으로 교훈과 책망과 바르게 함과 의로 교육하기에 유익하니 이는 하나님의 사람으로 온전하게 하며 모든 선한 일을 행할 능력을 갖추게 하려 함이라”(딤후 3:16-17). 하나님의 말씀이 바탕이 되지 않은 사역은 하나님의 일이라고 할 수 없습니다. 기도도 마찬가지입니다. 하나님의 말씀을 알아야 기도 응답도 깨달을 수 있습니다.

자기 자신을 거룩하게 유지해야 합니다(딤후 2:20-21). 기도하기에 앞서 자신을 정결하게 하는 과정은 매우 중요합니다. 하나님은 거룩하신 분입니다(레 20:7). 거룩하지 않은 모습으로는 하나님과 함께할 수 없으며, 거룩하지 않은 자의 기도는 하나님이 들으실 수 없습니다.

핍박에 대비하고, 그것을 능히 이길 수 있어야 합니다(딤후 3:10-12). 사도 바울은 자신이 당한 고난에 관해 말하면서 경건한 자의 고난은 당연하다고 말합니다. 말씀을 묵상하고, 거룩을 실천하는 사람은 영적 전쟁과 고난도 넉넉히 이겨 낼 수 있습니다.

달려갈 길을 마칠 때까지 선한 싸움을 싸워야 합니다(딤후 4:7-8). 사도 바울은 죽음을 앞두고 선한 싸움을 싸우며 믿음을 지켰던 자기 인생을 돌아봅니다. 중보 기도자는 매일의 삶을 돌아보며 오늘도 선한 싸움을 싸웠다고 고백할 수 있어야 합니다. 그 하루하루가 쌓여 달려갈 길을 마쳤을 때, 면류관을 받습니다.

견고한 진을 무너뜨리십시오(고후 10:4-5). 성령이 우리에게 주신 전신갑주는 하나님을 대적하기 위해 쌓아 올린 견고한 진을 무너뜨리는 데 사용됩니다.

나는 위 내용을 다짐하며 실천합니까?

❶ 나를 중보 기도자로 부름받았음을 믿습니까?
❷ 중보자가 되기 위해 무엇을 실천하기로 다짐합니까?

August 30 약한 자들을 위하여

• 로마서 15:1-7

하나님 앞에 누군가를 위해 기도하는 사람에게는 소망이 있습니다(롬 5:5). 하나님은 우리 소망을 부끄럽게 하지 않으십니다. 오늘도 우리는 누군가를 위해 기도해야 할 사명과 의무가 있습니다. 오늘 말씀은 중보 기도를 할 때 주의할 점에 대해 이야기합니다.

"믿음이 약한 자의 약점을 담당"(롬 15:1)**해야 합니다.** 바울은 작은 일에도 믿음이 쉽게 흔들리는 사람을 가리켜 믿음이 연약한 자라고 말합니다(롬 14:1). 연약한 자들의 약점을 담당하는 방법은 기도입니다. 다른 사람의 부족한 부분을 기도로 채워 주는 것입니다. "너희가 짐을 서로 지라 그리하여 그리스도의 법을 성취하라"(갈 6:2). 서로의 짐을 대신 지는 것이 곧 그리스도의 법을 이루는 길입니다.

짐을 대신 질 때는 기쁜 마음으로 해야 합니다. 그러나 자기를 위한 기쁨이어서는 안 됩니다. 믿음이 약한 자들을 위한 기쁨이어야 합니다(롬 15:2). 그들이 선을 이루고, 덕을 세울 수 있게 해야 합니다. 중보 기도를 통해 나에게 돌아올 어떤 이득도 바라지 마십시오. 중보 기도는 온전히 기도 대상자를 위한 것이어야 합니다. 세상은 주고받음(Give & Take)의 원리를 말하며 내게 돌아올 이익을 위해 베풀라고 합니다. 그러나 성경의 원리, 특히 중보 기도의 원리는 상대방을 기쁘게 하는 것에서 끝납니다. 이것이 선을 이루는 방법입니다.

중보 기도를 통해 덕을 세워야 합니다. 기도할 때는 그 내용이 주님이 원하시고 인정하시는 기도인지 묵상해야 합니다. 중보 기도의 제목이 하나님의 뜻에서 벗어나 있다면, 기도를 멈추어야 합니다. 주님의 뜻을 벗어난 기도는 '중언부언하는 기도'이기 때문입니다. 주님은 우리에게 옳고 그름을 판단할 '이성'을 주셨습니다. 냉철한 이성이 없는 감정은 우리로 하여금 사탄의 유혹에 쉽게 넘어가게 합니다. 믿음이 약한 자들을 기도로 세우는 일에 내 감정이 앞서서는 안 됩니다. 내 감정이 그리스도의 덕을 깎아내리지 않도록 주의해야 합니다.

내가 담당해야 할 연약한 자는 누구입니까?

❶ 그의 짐을 기꺼이 질 수 있습니까?
❷ 그를 향한 주님의 소원을 구하고 있습니까?

응답받는 중보 기도

• 사도행전 12:1-17

하나님은 우리 기도에 응답하십니다. 기도 응답이 때로는 우리가 생각하지 못한 결과일 때도 있습니다. 하나님의 자녀로 살아간다는 것은 택함받은 자로 사는 것이요, 구원받은 자로 사는 것입니다. 하나님을 믿는 것과 하나님의 은혜를 경험하고 사는 것은 엄연히 다릅니다. 하나님은 자기 자녀들이 풍성한 삶을 누리며 살기를 원하십니다. 하지만 연약한 믿음 때문에 풍성한 삶을 누리지 못하는 사람들을 위해 중보 기도가 필요합니다.

베드로가 감옥에 갇혔습니다. 이미 야고보를 죽여 유대인들의 환심을 산 헤롯은 베드로까지 처형하여 자신의 정치적인 입지를 공고히 하고자 했습니다. 그 위기의 순간에 성도들은 마리아의 집에 모여 베드로를 위해 기도합니다. 할 수 있는 것이라고는 기도밖에 없었습니다. 하나님은 성도들의 중보 기도를 들으시고, 베드로에게 천사를 보내 주십니다(행 12:7). 중보 기도에는 하나님이 황급하게 역사하시도록 하는 힘이 있습니다.

중보 기도의 응답으로 베드로는 감옥에서 나올 수 있었습니다. 성도들이 기도하긴 했지만, 하나님은 생각지도 못한 방법으로 응답하셨습니다. 그래서 그들이 모여 기도하는 곳에 베드로가 찾아왔다고 말하는 소녀에게 그들은 "네가 미쳤다"(행 12:15)라고 하며 믿지 못했습니다. 베드로조차도 감옥에서 풀려나면서 환상인 줄 알았다고 고백합니다(행 12:9). 꿈이 아니고서는 불가능한 일이었기 때문입니다.

누군가를 위해 중보 기도를 하고 있습니까? 그 기도는 반드시 응답됩니다. 하나님의 선하심과 인자하심에 기초한 응답입니다. 환난은 우리로 하여금 기도하게 합니다. 성령은 우리가 누군가의 위기를 보았을 때 기도하도록 도우십니다. 우리는 하나님의 응답이 있음을 믿습니다. 절망 가운데 있는 자를 위해 중보할 때 꿈꾸는 것과 같은 역사를 이루실 것입니다.

나는 중보 기도에 대한 응답을 믿습니까?

❶ 나의 중보 기도가 응답받은 경험이 있습니까?
❷ 응답하실 것을 믿고 중보 기도합니까?

가을 :

열매 맺고
추수하다

09월

성품

10월

이웃 사랑

09월

성품

이같이 너희 빛이 사람 앞에 비치게 하여
그들로 너희 착한 행실을 보고 하늘에 계신
너희 아버지께 영광을 돌리게 하라
_ 마 5:16

• 디모데후서 2:20-26

하나님이 우리에게 은사를 주신 이유는 유익을 위함입니다. 하나님 나라와 교회의 성도 간의 유익을 위함입니다. 은사는 다양합니다. 그러나 모든 은사를 주관하시는 분은 하나님입니다. 하나님은 우리를 귀한 곳에 사용하시기도 하고, 천한 곳에 사용하시기도 합니다. 그러나 중요한 것은 모든 그릇, 모든 은사를 하나님이 사용하고 있다는 것입니다. 성경은 우리에게 어떤 특정한 은사를 가져야 한다고 말하지 않고, 다만 깨끗한 그릇으로 '준비되어야' 한다고 말합니다. 준비가 되어 있다면 내가 어떤 그릇이든 하나님의 최고 목적을 위해 귀하게 사용하십니다.

최고 목적을 위해 사용되는 그릇에는 세 가지 특징이 있습니다(딤후 2:21). 먼저, '거룩하게' 됩니다. 거룩은 우리 힘으로는 불가능합니다. 하나님은 준비된 자들을 세상과 구별하여 하나님께 속한 백성으로 삼으십니다. 둘째, 주인의 '쓰임에 합당하게' 됩니다. 예수 그리스도께서 사용하시기에 적당하게 됩니다. 기회는 '준비된 자'에게 찾아옵니다. 나에게 어떤 은사가 있든지 준비되어 있어야 합당한 일에 쓰임 받을 수 있습니다. 셋째, '선한 일을 위해' 준비됩니다. 언제든지 사용하실 수 있도록 준비된다는 뜻입니다. 중보 기도자라는 그릇으로 생각해 본다면, 하나님은 준비된 중보 기도자를 거룩하게 하십니다. 또한 긴급한 기도가 생겼을 때, 준비된 중보 기도자를 찾으십니다. 정결한 마음과 순종하는 마음이 준비되었다면, 누구를 위해서든 기도할 수 있도록 거룩하게 하시고, 언제든지 기도하게 하실 것입니다.

"어리석고 무식한 변론을 버리라"(딤후 2:23). 어리석고 무식한 변론이란 자기중심적이라는 뜻입니다. 무식한 변론은 다툼을 일으킵니다. 영적 교만에 빠져 다른 사람을 당황하게 하고, 분노하게 만듭니다. 여기에는 생명이 없습니다. 그래서 바울은 온유하라고 권면합니다(딤후 2:24). 중보 기도의 생명력은 온유함에서 나옵니다. 온유와 사랑 없이는 중보할 수 없습니다. 끝까지 사랑하는 마음과 온유한 마음으로 세워 주고 품어 주는 것이 중보자의 삶입니다.

나는 준비된 중보 기도자입니까?

❶ 내 안에 온유함이 있습니까?
❷ 중보 기도 제목을 듣고 남을 판단하지 않습니까?

9월

September 02 세상의 소금

• 마태복음 5:13

소금은 여러 가지 특징이 있습니다. 첫 번째로 소금은 음식의 맛을 냅니다. 어떤 음식이라도 소금이 들어가지 않으면, 맛이 나지 않습니다. 두 번째로 소금은 음식에 들어가서 녹아 어우러집니다. 세상의 소금인 우리도 마찬가지입니다. 우리가 하나님을 믿는 사람이라고 아무리 외쳐도 소용이 없습니다. 세상 속에 녹아들어 그리스도의 맛을 내고, 진정한 가치를 드러낼 수 있는 사람이 진정한 하나님의 사람입니다. 세 번째로 소금은 부패하지 않게 합니다.

이처럼 소금은 변화하게 하고, 변하지 않도록 합니다. 부패한 집단에 그리스도인이 들어가면 충돌이 일어나야 합니다. 소금이 들어가는 곳에는 필연적으로 질적인 변화와 존재의 변화가 일어납니다. 빌 하이벨스는 《예수를 전염시키는 사람들》에서 "소금이 된다는 것은 갈증을 유발시키는 것"이라고 말합니다. 그리스도인의 삶을 보면서 하나님에 대한 궁금증이 생겨야 한다는 뜻입니다.

맛을 잃은 소금이 있습니다. 이스라엘에서는 과거에 바다였을 것으로 추정되는 지역의 땅을 파서 소금을 얻습니다. 그런데 빗물로 인해 짠맛이 모두 빠져나가 그저 모양만 소금인 경우도 있습니다. 맛을 잃은 소금은 가치가 없습니다. 예수님은 이렇게 모양만 그리스도인인 사람들을 경계하셨습니다. 세상 속에 살지만, 세상과 같아지는 것이 아니라 세상을 변화시키는 사람, 그런 사람이 바로 예수님이 말씀하신 "세상의 소금"과 같은 사람입니다.

나는 세상 속에서 소금의 역할을 하고 있습니까?

❶ 내가 있는 곳이 나로 인해 변화되었습니까?
❷ 내가 소금의 역할을 해야 할 곳은 어디입니까?

세상의 빛 September 03

• 마태복음 5:14-16

예수님은 "너희는 세상의 빛"이라고 말씀하십니다. 빛은 어두움을 몰아냅니다. 빛 앞에서 어두움은 아무런 영향력이 없습니다. 그리스도인은 어두운 세상을 밝히는 존재가 되어야 합니다. 그저 빛을 보고 따라가는 사람이 아니라 빛이 되어 인도하는 사람이 되어야 합니다.

모든 사람에게 비춰야 합니다. 빛이 된다는 것은 누군가가 바라보고 따라올 수 있는 기준이 되는 것입니다. 무엇이 옳고 그른지 분별할 수 없을 때, 결정을 내려 줄 수 있는 사람이 되라는 뜻입니다. 또한 빛이 된다는 것은 어두움의 영역을 물리치는 것입니다.

빛은 어둠 속에 있을 때 더 가치 있습니다. 밝은 영역을 넓히기 위해서는 빛이 퍼져 나가야 합니다. 이 말씀에 세상을 향한 교회와 그리스도인의 사명이 있습니다. 아름다운 빛을 한곳에 모아 둔다고 해서 그곳이 계속해서 더 밝아지지는 않습니다. 소금이 맛을 낸다고 소금만 먹지 않듯이 밝은 곳에 모여서 더 밝게 할 필요가 없습니다. 빛은 어두운 세상 속에서 빛나야 합니다. 빛이 비치는 곳에서 죄가 드러나고, 어두움에 빛을 비추어야 위험을 알릴 수 있습니다.

빛은 하늘에 계신 아버지께 영광을 돌리게 합니다. 빛은 그 존재만으로도 영광이 되고, 영향력을 드러냅니다. 우리에게서 빛이신 하나님의 형상이 나타나야 합니다. 이것이 바로 하나님이 우리를 만드시고, 자녀로 부르신 이유입니다. 그리스도인이 가는 곳마다 어두움의 영역이 사라져야 합니다. 빛이 되는 것은 개인의 차원을 넘는 교회의 역할이고, 하나님의 이름을 온 세상에 드러내는 일입니다. 우리가 등경 위에 올라가 빛을 발할 때, 온 세상이 자기를 돌아보며 죄를 깨달아야 합니다. 하나님의 말씀 앞에서 어둠이 물러가야 합니다. 죽었던 양심이 살아나야 합니다.

나는 세상의 빛으로 살아갑니까?

❶ 나는 누군가에게 빛의 영향력을 발휘합니까?
❷ 세상의 빛이 되어 하나님께 영광을 돌립니까?

September 04 종교인과 신앙인

• 마태복음 5:17-20

하나님은 이스라엘이 하나님의 백성으로 살아가도록 율법을 주셨습니다. 그런데 어느새 본질이신 하나님은 사라지고, 율법만 남았습니다. 하나님을 잘 섬기면 생명과 자유와 평안이 있어야 하는데, 율법에 얽매인 노예가 되어 버렸습니다. 바리새인들이 보기에는 율법의 본질에 관해 말씀하시는 예수님이 율법을 폐하러 오신 것만 같았습니다. 율법을 지키느라 애쓰는 서기관과 바리새인의 의는 가짜입니다. 하나님이 거룩하신 것처럼 하나님의 자녀인 우리도 거룩하게 사는 것이 하나님의 뜻이요, 율법의 정신입니다.

종교인과 신앙인은 다릅니다. 바리새인은 종교인이었지 신앙인이 아니었습니다. 그저 종교적 신념을 지키는 데 여념이 없었습니다. 하나님을 믿는 즐거움보다는 율법을 지키는 자기 성취에서 만족감을 얻으려고 했습니다. 성전에서 큰 소리로 기도했던 바리새인의 기도는 하나님께 올려드리는 기도가 아니라 주변 사람들에게 외치는 자기 자랑이었습니다(눅 18:11-12). 그들은 자기 의를 한껏 드러냈지만, 예수님은 그들을 의롭다고 하지 않으셨습니다. 종교인은 사람들에게 어떻게 보일까에 신경 쓰지만, 신앙인은 늘 하나님과의 관계에 집중합니다. 하나님을 인격적으로 만나지 못하고, 종교적으로만 사는 것은 곧 자기만의 견고한 성을 쌓는 것입니다. 반면에 신앙적인 삶을 산다고 하면서 하나님을 믿는 자로서 지켜야 할 종교적 행위를 하지 않는 것도 우리가 경계해야 할 모습입니다.

신앙인은 종교인을 능가해야 합니다. "너희 의가 서기관과 바리새인보다 더 낫지 못하면 결코 천국에 들어가지 못하리라"(마 5:20). 진정한 그리스도인은 남의 시선을 의식해서가 아니라 하나님과 친밀한 관계를 이루기 위해 신앙생활을 해야 합니다. 신앙으로 시작했지만, 어느 날 돌아보니 자신의 모습이 종교적으로 변질되어 있지는 않은지, 너무나 종교적인 모습 때문에 하나님과의 관계를 상실하지는 않았는지 점검해야 합니다.

나는 종교인입니까,
신앙인입니까?

❶ 신앙의 본질은 잃어버리고, 형식에 얽매이지는 않습니까?
❷ 꼭 해야 할 성도의 의무를 간과하고 있지는 않습니까?

새로운 기준 September 05

• 마태복음 5:21-26

예수님의 가르침은 이전 가르침들과는 달랐습니다. 율법이나 바리새인이나 율법학자들이 말한 것과는 완전히 다른 기준을 말씀하셨습니다. 율법이 '행위'에 관한 법이라면, 예수님의 법은 그 행위에 앞선 '생각'에 관한 법입니다. 우리 마음과 생각까지도 죄의 범주에 포함하셨습니다. 거룩한 겉모습 이전에 우리 안에 있는 마음과 생각이 거룩해야 하기 때문입니다. 바리새인들은 속으로 어떤 생각을 하든 행위로 드러나지만 않으면 괜찮다고 생각했습니다. 그러나 주님은 행동에 초점을 두지 말고, 눈에 보이지 않는 하나님을 생각하며 마음에 초점을 두라고 말씀하십니다. 생각에 따라 행동이 달라지기 때문입니다.

예수님의 가르침은 관계에 집중하고 있습니다. 종교인들은 속으로는 무서운 죄를 지으면서도 겉으로는 종교적 의무와 선행으로 자신을 포장했습니다. 그러나 겉과 속이 다른 모습이 하나님 앞에서는 통하지 않습니다. 사람들과의 관계를 등한시하고, 하나님과의 관계만 생각하는 모습도 기뻐하지 않으십니다. '형제에게 함부로 말하지 말라(마 5:21-22), 형제에게 원망 들을 만한 말을 했다면 제사드리기 전에 화해하라(마 5:23-24), 너를 고발한 자와 관계를 회복하라'(마 5:25-26)라는 예수님의 세 가지 가르침은 모두 하나님과의 관계와는 큰 연관이 없어 보입니다. 그러나 이웃과의 관계에 대해 구체적으로 가르치신 이유는 우리 삶과 예배가 그리고 하나님의 심판이 아주 밀접하게 연관되어 있기 때문입니다. 이웃과의 관계가 좋지 않은 사람이 하나님과의 관계가 좋을 리 없습니다.

삶과 예배는 하나입니다. 삶과 다른 예배를 하나님은 기뻐하지 않으십니다. 또한 심판이 멀리 있다고 생각하고, 관계를 회복하지 않고 살아가는 우리에게 심판이 얼마나 긴박하고 무서운 일인지를 분명하게 말씀해 주십니다. 예수님의 가르침은 겉모습에 치중하는 우리를 내면화된 신앙으로 인도합니다. 종교적 습관에서 신앙적 관계로 이끌어 갑니다.

나의 인간관계는 어떻습니까?

❶ 언행을 삼가거나 먼저 화해를 요청합니까?
❷ 하나님과의 관계만큼이나 이웃을 위해 노력합니까?

September 06 손해 보고 사십시오

• 마태복음 5:38-42

"눈은 눈으로, 이는 이로 갚으라 하였다는 것을 너희가 들었으나"(마 5:38). 이 말씀은 마치 받은 대로 복수하라는 내용처럼 보입니다. 그러나 이 말씀은 복수를 부추기는 내용이 아닙니다. 오히려 과잉 보복을 금지하는 사랑의 법입니다. 예수님은 이 법이 본래 의도와는 다르게 잘못 사용되는 것을 보완하기 위해 말씀하십니다. "악한 자를 대적하지 말라"(마 5:39). 복수하지 않음이 나의 정당한 권리를 포기하는 것처럼 여겨질 수도 있습니다. 그러나 복수는 복수를 낳습니다. 예수님의 방법은 악을 악으로 갚지 말고, 선으로 대항하라는 것입니다(롬 12:17). 악은 하나님이 갚으십니다(잠 20:22; 롬 12:19; 히 10:30).

때로는 예수님의 법이 버겁게 느껴질 수도 있습니다. "누구든지 네 오른편 빰을 치거든 왼편도 돌려 대며 또 너를 고발하여 속옷을 가지고자 하는 자에게 겉옷까지도 가지게 하며 또 누구든지 너로 억지로 오 리를 가게 하거든 그 사람과 십 리를 동행하고 네게 구하는 자에게 주며 네게 꾸고자 하는 자에게 거절하지 말라"(마 5:39-42). 억울한 일을 당한 것도 힘든데, 그들이 원하는 것보다 더 주라고 말씀하십니다. 당연히 가져야 할 권리를 포기하라고 하십니다. 억지로 시키는 일인데도 기꺼이 하고 더 해 주라고 하십니다. 나를 이용하는 사람들을 거절하지 말고, 너그럽게 대하라고 하십니다.

절대 손해 보지 않으려는 사람들은 이 가르침은 받아들일 수 없습니다. 그럼에도 예수님은 손해 보며 사는 것이 잘 사는 것이라고 말씀하십니다. 예수님의 가르침대로 사는 것은 힘듭니다. 그러나 바보같이 손해 보며 사는 우리 모습을 보고, 누군가는 삶이 변화될 것입니다. 세상을 바꾸는 길은 예수님의 방법대로 사는 것입니다.

나의 사랑의 범위는 어디까지입니까?

❶ 나에게 악을 행한 사람에게 선을 베풀 수 있습니까?
❷ 손해 볼 것 같은 상황에서 나는 어떻게 대처합니까?

원수를 사랑하라 September 07

• 마태복음 5:43-48

'원수'와 '사랑'은 공존할 수 없는 단어입니다. 어떻게 우리가 원수를 사랑할 수 있습니까? 이를 위해서는 먼저 '사랑'이 무엇인지 알아야 합니다. 사랑에 관한 다양한 정의가 있지만, 바울은 사랑을 "모든 것을 참으며 모든 것을 믿으며 모든 것을 바라며 모든 것을 견디는" 것이라고 말합니다(고전 13:7). 즉 하나님의 능력과 은혜로 어떤 상황에서도 소망을 가진다는 말입니다. 이 사랑을 원수를 사랑하라는 말과 연결해 보십시오. 그리스도의 사랑은 원수라도 결코 포기할 수 없습니다.

사랑은 깨어진 관계의 회복을 바랍니다. 나의 죄를 계속해서 용서해 주실 하나님의 은혜를 바라듯이 누군가에게도 끊임없는 용서와 은혜가 임할 것이라고 믿는 것이 사랑입니다. 원수를 사랑한다는 것은 문제를 덮어 주는 것입니다. 마땅히 드러나야 할 것을 감추는 것이 아니라 치유할 시간이 필요한 사람을 보호하기 위해서입니다. 주님은 하나님과 원수 된 우리를 끝까지 참고 기다려 주셨습니다.

참된 믿음은 사랑을 낳습니다. 사실, 믿음보다 사랑이 더욱 소중합니다. 부활하신 주님은 디베랴 바닷가에서 베드로에게 '네가 나를 믿느냐'라고 묻지 않으시고, '네가 나를 사랑하느냐'라고 물으셨습니다. 믿음도 소중하지만, 믿음의 기초는 사랑입니다. 예수님의 방법으로 사랑하며 살아갈 때 나와 내가 만나는 사람들의 삶이 바뀌는 역사가 일어납니다.

가족과 친구 등 마땅히 사랑해야 하는 사람을 사랑하는 것은 누구나 할 수 있습니다. 그러나 원수를 사랑하는 것은 사람의 힘으로는 할 수 없습니다. 그리스도인이라면 가능합니다. "곧 우리가 원수 되었을 때에 그의 아들의 죽으심으로 말미암아 하나님과 화목하게 되었은즉 화목하게 된 자로서는 더욱 그의 살아나심으로 말미암아 구원을 받을 것이니라"(롬 5:10). 하나님의 사랑이 우리 안에 있으면, 원수까지도 사랑할 수 있습니다.

나에게도 사랑할 수 없는 사람이 있습니까?

❶ 죄인인 나를 하나님이 사랑하고 계심을 믿습니까?
❷ 도저히 사랑할 수 없는 사람이 있습니까?

September 08 단순하게 기도하기

• 마태복음 6:5-15

예수님이 기도하는 태도와 마음가짐에 관해 가르쳐 주십니다. 잘못된 기도의 모습을 보여 주시며 기도의 올바른 태도에 관해 말씀하십니다. 이어서 기도의 내용에 관해 말씀하십니다.

외식하는 자들은 뽐내듯 기도하기를 좋아했습니다. 유대인들에게는 정기적으로 기도하는 습관이 있었습니다. 외식하는 자들은 장소를 가리지 않고, 회당이나 큰 거리의 어귀에서도 기도했습니다(마 6:5). 이런 모습 뒤에는 교만이 자리하고 있습니다. 그들이 실제로 좋아하는 것은 기도도, 기도의 대상인 하나님도 아닙니다. 그저 자기 자신과 자랑의 기회를 좋아할 뿐입니다. 그들은 하나님의 응답보다는 사람들의 칭찬을 원했습니다. 예수님은 그들의 모습을 지적하시면서 기도의 자리로 골방을 추천하십니다(마 6:6). 골방은 하나님께 온전히 집중하게 하는 장소입니다. 모세도 엘리야도 예수님도 골방처럼 아무도 없는 장소에서 하나님을 만났습니다. 우리는 골방에서 하나님과 깊은 교제를 경험할 수 있습니다.

이방인들은 무의미한 말을 오랫동안 늘어놓으며 기도했습니다. 그러나 예수님은 중언부언하지 말라고 말씀하십니다. 우리가 기도하는 이유는 자신이 구하는 것이 무엇인지 알기 위해서입니다. 기도는 하나님이 아니라 우리에게 필요한 것입니다.

그리스도인의 기도는 본질적으로 다릅니다. 외식하는 자들과 이방인들은 자신의 욕구를 채우기 위해 기도하지만, 그리스도인은 자기의 필요를 뛰어넘는 기도를 합니다. 하나님을 향한 진실한 믿음이 있기 때문입니다. 우리의 필요는 하나님이 이미 알고 계십니다(마 6:8). 우리는 단지 하나님의 뜻을 구하는 기도만 하면 됩니다. "먼저 그의 나라와 그의 의를 구하라 그리하면 이 모든 것을 너희에게 더하시리라"(마 6:33).

나의 기도하는 모습은 어떻습니까?

❶ 혹시 자랑하거나 중언부언하는 기도를 하고 있습니까?
❷ 하나님을 신뢰하고 그분의 뜻을 구하는 기도를 합니까?

너는 금식할 때에 September 09

• 마태복음 6:16-18

산상수훈 말씀 중에는 반복되는 구절이 있습니다. 그중 하나가 "외식하지 말라"입니다. 외식은 겉과 속이 다른 모습을 가리킵니다. 기도든 구제든 본질은 잊은 채 형식만 남은 종교적 행위들이나 겉모습에만 치중하는 모습이 바로 외식입니다. 예수님은 금식할 때조차 외식하는 자들을 지적하십니다.

금식은 하나님의 명령으로 시작되었습니다. 대속죄일에는 이스라엘 전체가 모든 일에서 손을 떼고, 한자리에 모여 자신의 과거를 돌아보며 죄의 악함에 마음 아파하며 금식했습니다. 이후 유대인들은 몇 번의 금식일 절기를 스스로 만들었는데, 이때도 각각 하루 동안 금식하도록 했습니다.

금식은 하나님의 뜻을 온전히 알기 위해 기다리는 시간입니다. 그러나 외식하는 자들에게 금식은 하나님과 상관없는 것이었습니다. 그들은 일부러 "슬픈 기색을 하고, 얼굴을 흉하게 하여" 다른 사람들의 이목을 자신에게 집중시키고자 했습니다. 그들에게 금식은 단지 자기 의를 드러내고, 사람들에게 인정받기 위한 수단이었습니다. 예수님은 그들이 이미 자기 상을 받았다고 단언하십니다. 그들이 원하는 대로 사람들에게 인정받았으니 하나님께 받을 은혜가 없다는 뜻입니다. 금식하는 시간조차 하나님을 향하지 못하고, 겉모습에만 몰두하는 종교적 신앙을 꾸짖으십니다.

예수님은 금식할 때 "오직 은밀한 중에 계신 네 아버지께"만 보이라고 말씀하십니다. 그리고 다른 사람들이 알지 못하게 더 단정한 모습으로 금식에 임하라고 하십니다(마 6:17-18). 금식은 단순히 먹지 않는 것이 아닙니다. 금식의 목적은 인간의 기본적인 욕구를 내려놓고, 하나님께 집중하는 것입니다. 자기 육신을 비움과 동시에 마음과 생각도 비우고, 하나님과 더 깊은 교제로 들어가는 것입니다. 또한 하나님의 뜻을 구하는 시간입니다. 하나님은 은밀한 중에 우리를 만나 주십니다. 요란하지 않아도 우리 중심을 아십니다.

나는 무엇에 집중하는 신앙생활을 합니까?

❶ 하나님과의 관계에 집중합니까?
❷ 겉모습 때문에 본질을 잃어버린 경험이 있습니까?

September 10 주인은 오직 한 분

• 마태복음 6:19-24

예수님은 물질을 어떻게 사용해야 하는지에 대한 기준을 제시하십니다.
이는 곧 어떻게 살아야 하는지에 관한 가르침입니다.

너희를 위하여 보물을 땅에 쌓아 두지 말라(마 6:19). 이 금지의 핵심은 "너희를 위하여"에 있습니다. 즉 이기적인 욕심으로 재물을 쌓지 말라는 것입니다. 물질 자체는 가치 중립적입니다. 물질의 가치는 쓰임에 있습니다. 문제는 필요가 욕심으로 변할 때가 있다는 것입니다. 예수님은 "네 보물 있는 그곳에는 네 마음도 있느니라"(마 6:21)라고 말씀하셨습니다. 이는 자기도 모르게 물질을 숭배할 수도 있다는 뜻입니다.

"오직 너희를 위하여 보물을 하늘에 쌓아 두라"(마 6:20). 이 말씀은 물질을 내 손에서 떠나게 하고 물질에 대해 주인이 아닌 관리인의 자세를 가지라는 뜻입니다. 즉 나에게 맡겨진 것일 뿐 내 소유가 아니라는 뜻입니다. 하늘에 쌓아 두라는 말은 내게 맡기신 것을 쓰되 자유롭게 그리고 선하게 사용하라는 의미입니다. 어떻게 해야 보물을 하늘에 쌓을 수 있습니까? 남을 위해 사용하면 됩니다.

"너희가 하나님과 재물을 겸하여 섬기지 못하느니라"(마 6:24). 네 주인이 누구인지 분명히 하라는 말씀입니다. 주인이 왜 중요합니까? 우리 삶에서 중요한 결정을 내려야 할 때 가장 큰 영향을 주기 때문입니다. 주인이 정해져야 물질을 어떻게 사용할지 결정할 수 있기 때문입니다. 여기서 "재물"의 헬라어는 '마모나스'인데, 이를 의인화하면 '맘몬', 즉 "돈의 신"입니다. 돈의 신은 끊임없이 우리에게 속삭입니다. 돈만큼 힘을 가진 것이 없다고, 돈만 있으면 못 할 일이 없다고 말입니다. 그러나 돈은 수단에 불과합니다. 하나님을 믿는다고 하면서도 재물에서 자유롭지 않다면, 재물에 종노릇하는 셈입니다. 하나님과 재물(돈의 신) 중 어느 쪽을 주인으로 섬길지 결단해야 합니다.

내 삶의 주인은 누구입니까? ❶ 재물이 아니라 하나님이라고 확실하게 말할 수 있습니까?
❷ 나는 보물을 어디에 쌓고 있습니까?

염려하지 말고 생각하라 September 11

• 마태복음 6:25-34

예수님은 염려하지 말라고 말씀하십니다. 모자라면 '염려'하며 하나님께 구하고, 채워 주시면 감사 제사를 드리는 것이 상식입니다. 그런데 예수님은 아무것도 염려하지 말라고 말씀하십니다(마 6:25). 우리 앞에 있는 문제들이 모두 해결되었기 때문이 아닙니다. "너희 중에 누가 염려함으로 그 키를 한 자라도 더할 수 있겠느냐"(마 6:27). 모두 하나님이 하시는 일이기 때문입니다.

염려하는 대신 생각하십시오. "들의 백합화가 어떻게 자라는가 생각하여 보라"(마 6:28). 여기서 '생각하다'는 헬라어로 '카타 만다노'인데, '자세히 주목하여 보고 배우다'라는 뜻입니다. 즉 믿음으로 생각하라는 뜻입니다. 공중의 새와 들풀과 들의 백합화를 보면서도 우리는 세상을 주관하시는 하나님의 섭리를 배울 수 있습니다.

염려하는 대신 기도하십시오. 이름 없는 풀과 꽃도 돌보시는 하나님의 섭리를 깨달았다면, "먼저 그의 나라와 그의 의"(마 6:33)를 구하는 기도를 해야 합니다. 기도하면 염려를 넘어서게 됩니다. 내 작은 일로 염려하지 말고, 하나님의 일을 위해 기도하십시오. "한 날의 괴로움은 그날로 족하니라"(마 6:34). 지금 우리에게 주어진 일에 최선을 다하고, 그다음은 하나님께 맡기며 염려하지 말라는 말씀입니다. 최선을 다했으면 그다음은 하나님께 맡기십시오.

지금 우리에게 일어나는 모든 일이 염려거리는 아닙니다. 상황은 여전히 똑같습니다. 우리 힘으로는 어찌할 수 없는 일들이 너무 많습니다. 그러나 우리에게는 염려를 이길 수 있는 믿음이 있습니다. 염려할 일이 생길 때마다 하나님의 인도하심을 생각하십시오. 그리고 하나님의 일을 위해 기도하십시오. "그리하면 이 모든 것을 너희에게 더하시리라"(마 6:33).

염려하고 있는 것이 있습니까?

❶ 염려를 하나님께 맡기고 있습니까?
❷ 하나님의 인도하심을 믿습니까?

September 12 비판하지 말라

• 마태복음 7:1-2

"비판하지 말라"(마 7:1). 이 말은 아무 말 말고 그대로 놔두라는 말씀이 아닙니다. 존 스토트는 《존 스토트의 산상수훈》에서 이 부분을 '검열관 같은 비판'을 하지 말라는 뜻으로 해석합니다. 검열관이란 상대방에게서 부정적이고 파괴적인 실수를 적극적으로 찾아내어 흠잡는 것을 즐기는 사람을 의미합니다. 우리는 검열관같이 다른 사람을 평가할 자격이 없습니다. 이는 하나님에 대한 월권행위로 교만입니다. 비판은 하나님을 대신하려는 무서운 교만 죄를 포함합니다.

비판과 심판은 다릅니다. 예수님도 종교 지도자들을 엄청나게 비판하신 일이 있습니다. 그러나 어떠한 경우도 그들을 심판하지는 않으셨습니다. 비판이 옳고 그름을 따져서 잘못된 점을 지적하는 것이라면, 심판은 잘못에 대한 지적을 넘어 상대방을 정죄하거나 저주하는 행위입니다. 유일하게 세상을 심판할 권세가 있으신 하나님의 아들이 오히려 종교 지도자들에게 심판받아 십자가에 달려 돌아가셨습니다.

비판은 꼭 필요합니다. 비판을 두려워하는 개인이나 공동체는 성숙할 수 없습니다. 건전한 비판은 개인에게는 깨달음을 주고, 공동체의 질서를 세워 줍니다. 그러나 원칙 없이 함부로 비판할 때, 그것은 곧 심판이 됩니다. 심판은 개인의 인격과 공동체의 평화를 파괴합니다.

사람들은 왜 비판하기를 좋아할까요? 남의 죄를 이용하여 자신의 의로움을 드러낼 수 있기 때문입니다. 나보다 더 큰 죄인이 있으면, 나는 비교적 괜찮은 사람처럼 보일 수 있기 때문입니다. 그러나 조심하십시오. 누군가를 비판하면, 그 비판이 부메랑이 되어 나에게 돌아옵니다. "그러므로 남을 판단하는 사람아, 누구를 막론하고 네가 핑계하지 못할 것은 남을 판단하는 것으로 네가 너를 정죄함이니 판단하는 네가 같은 일을 행함이니라"(롬 2:1).

나는 비판하기를 좋아합니까?

❶ 누군가에게 비판을 받아 본 경험이 있습니까?
❷ 누군가를 비판할 때, 그 기준을 나에게도 적용합니까?

올바른 비판 September 13

• 마태복음 7:3-6

자기 자신을 정직하게 볼 필요가 있습니다. 사람은 누구나 기본적으로 자기 중심적입니다. 그 때문에 자기 판단이 얼마나 잘못되었는지 알지 못합니다. 자기 잘못은 늘 정당화하고, 남의 잘못은 쉽게 판단하고 정죄합니다. 그러나 그 반대가 되어야 합니다. 상대방은 관용과 사랑의 시선으로 바라보고, 자신은 정직하고 엄격하게 볼 수 있어야 합니다. 예수님은 함부로 비판하는 사람을 "외식하는 자"라고 하셨습니다. 겉으로 보기에는 상대방을 위해서 지적하는 것 같지만, 실상은 그것을 통해 자신의 의로움을 나타내고 있기 때문입니다.

"먼저 네 눈 속에서 들보를 빼어라"(마 7:5). 자기 잘못을 교정하기 전에는 남의 잘못을 나무라선 안 됩니다. 올바로 비판하려면, 내 잘못을 바로잡은 후에야 비로소 "밝히" 보고, 형제의 눈 속에서 티를 빼 줄 수 있습니다(마 7:5). 초대 교부 요한 크리소스톰은 이렇게 말합니다. "그의 잘못을 바로잡으라. 하지만 원수로서 혹은 벌을 강요하는 적으로서가 아니라 의술을 제공하는 의사로서 그렇게 하라."

그다음은 하나님께 맡겨야 합니다. "거룩한 것을 개에게 주지 말며 너희 진주를 돼지 앞에 던지지 말라 그들이 그것을 발로 밟고 돌이켜 너희를 찢어 상하게 할까 염려하라"(마 7:6). 진주는 복음을, 개와 돼지는 부정한 이방인을 가리킵니다. 아무리 설명하고 권면해도 받아들이지 못하는 사람이 있습니다. 그때는 하나님께 맡기고, 겸손히 문제를 내려놓을 수 있어야 합니다.

온유하되 우유부단하지 마십시오. 사람을 대할 때는 최대한 온유하되, 옳고 그름을 판단하는 일에 있어서는 눈치 보지 말고 분명히 판단해야 합니다. 또 죄지은 사람을 너그럽게 대하되 인정에 끌려 죄와 잘못을 묵과하지는 마십시오. 우리는 늘 자기 경험을 바탕으로 비판하곤 합니다. 그러나 내 경험이 아닌 하나님의 마음과 생각으로 바라봐야 합니다.

나는 비판할 자격이 있습니까?

❶ 내 삶에서 바로잡아야 할 부분은 무엇입니까?
❷ 누군가를 비판할 때 하나님의 마음으로 하려고 합니까?

September 14 가장 좋은 것으로

• 마태복음 7:7-11

기도는 하나님과 인간 사이의 통로입니다. 기도는 영혼의 호흡입니다. 우리는 기도를 통해 하나님의 마음을 알게 되고, 살아갈 힘을 얻습니다. 오늘 본문은 기도의 축복을 잘 활용하도록 만들어 주신 실천서라고 할 수 있습니다. 어렵고 힘들 때, 불평하기보다는 하나님께 기도하는 편이 유익합니다. 그러나 오해하지 말 것은 우리에게 없는 것을 하나님께 알려 드리거나 원하는 것을 얻으려면 하나님을 들볶아야 한다는 뜻이 아닙니다. 우리가 기도해야 하는 이유는 하나님을 위해서가 아니라 우리 자신을 위해서입니다. 하나님이 주시는 것을 받을 준비가 되어 있는지 자신을 먼저 살펴보십시오.

우리가 구하기 때문에 얻는 것은 아닙니다. 하나님은 우리 필요를 이미 다 알고 계시지만, 우리가 자기 필요를 인식하고 겸손하게 주님을 의지할 때까지 기다리십니다. 그래서 주님은 "구하라 그리하면 너희에게 주실 것이요"(마 7:7)라고 말씀하십니다. "너희가 얻지 못함은 구하지 아니하기 때문이요"(약 4:2).

기도한 대로 모두 이루어지지는 않습니다. 구하고 찾는 것이 모두 이루어진다면, 우리는 너무나 많은 좌절을 경험해야 합니다. 7절의 말씀만 존재한다면, 우리 신앙은 마치 알라딘의 요술램프와 같을 것입니다. 우리 기도는 불완전합니다. 눈에 보이는 것만 구하고, 그 내면의 일이나 미래의 일을 알지 못하고 구하기 때문입니다.

하나님은 우리에게 가장 좋은 것을 주십니다(마 7:11). "좋은 것"의 헬라어 '아가타'는 '선한 것, 알맞은 것, 최상의 것'을 말합니다. 이 좋은 것은 아직 우리 눈에 보이지 않을 수도 있고 그토록 바라고 찾던 것이 아닐 수도 있습니다. 우리가 구하는 것이 어떠한지는 하나님이 판단하십니다. 그리고 구하는 것의 응답을 자주 경험하다 보면, 무엇을 구해야 하는지도 알게 됩니다. 그러므로 응답하지 않으심에도 감사해야 합니다. 그것은 거절이 아니라 선한 응답이기 때문입니다.

좋은 것을 기대하며 구하고, 찾고, 두드립니까?

❶ 내 뜻대로 되지 않는 것도 응답임을 인정합니까?
❷ 하나님이 주실 좋은 것을 기대하며 구합니까?

뿌린 대로 거둔다 September 15

• 마태복음 7:21-27

내가 너희를 도무지 알지 못한다! 너무나 두려운 말씀입니다. 예수님이 마지막 때에 관해 말씀하십니다. 평생 주님의 이름을 부른 사람들, 주님의 이름을 선포하고, 주의 이름으로 귀신을 쫓아내고, 병자를 고치는 권능을 행한 사람들이 천국 앞에 섰습니다. 그런데 그들에게 하나님이 말씀하십니다. "내가 너희를 도무지 알지 못하니 불법을 행하는 자들아 내게서 떠나가라"(마 7:23).

그들은 입으로는 주의 이름을 부르면서도 주의 말씀대로 살지는 않았습니다. 언행의 불일치입니다. 그들의 말이 삶과 연결되지 않았던 것입니다. "너희는 나를 불러 주여 주여 하면서도 어찌하여 내가 말하는 것을 행하지 아니하느냐"(눅 6:46). 주님의 이름을 부르는 듯했지만, 실은 이용만 했을 뿐입니다. 그들이 행한 수많은 기적이 선하지 않았습니다. 선지자들의 외식은 그중에서도 가장 악합니다.

말씀을 듣고 행하는 자와 듣고도 행하지 않는 자가 있습니다. 말씀을 듣고 행하는 자는 마치 반석 위에 집을 지은 자와 같으며, 듣고도 행하지 않는 자는 모래 위에 집을 지은 어리석은 자와도 같습니다. 평소에는 이 둘의 차이가 잘 드러나지 않습니다. 그러나 비가 내리고 창수가 나고 바람이 부는 날이 오면, 지은 집의 진가가 드러납니다. 우리가 반석 위에 집을 짓는 이유는 언젠가 심판의 때가 올 것이기 때문입니다.

행하는 믿음은 씨를 뿌리는 것과 같습니다. 씨를 뿌린다고 해서 결과를 당장 볼 수 있는 것은 아닙니다. 그럼에도 농부는 씨를 뿌립니다. 시간이 지나면 결실을 볼 것이기 때문입니다. 우리는 저마다 기회를 기다립니다. 기회는 곧 준비의 다른 말입니다. 아직 기회가 오지 않은 때가 가장 좋은 때입니다. 그때가 바로 준비해야 할 때, 곧 하나님의 말씀대로 살아야 할 때입니다. 우리는 모두 하나님의 심판대 앞에 서게 될 것입니다. 그리고 각자 뿌리고 심은 대로 심판받게 될 것입니다.

나는 하나님의 말씀을 실천하는 그리스도인입니까?

❶ 나의 말과 행동은 일치합니까?
❷ 예배와 묵상 등을 통해 들은 말씀을 실천합니까?

September 16 놀랍구나!

• 마태복음 7:28-29

사람들은 예수님의 가르침을 듣고 놀랐습니다. 한편으로는 호기심이었을 것이고, 다른 한편으로는 그들의 양심을 때린 데 대한 놀라움이었을 것입니다. 예수님은 '무리'에게 말씀하셨지만, 이 말씀은 철저하게 제자의 삶을 살려는 사람들에게 맞추어져 있었습니다. 사람들이 이 말씀을 듣고 놀란 이유는 무엇일까요?

가르침에 권위가 있기 때문입니다. "태초에 말씀이 계시니라 이 말씀이 하나님과 함께 계셨으니 이 말씀은 곧 하나님이시니라"(요 1:1). 예수님의 말씀에는 영적 권위가 있습니다. 예수님의 말씀은 심판 앞에서 영원한 생명을 얻게 합니다. 말씀의 결론은 사랑으로 귀결됩니다. 산상수훈은 사랑 없이는 결코 이해할 수 없습니다. 예수님은 하나님 나라의 정의를 세우고자 당시 종교적 위선자들을 비판하셨지만, 깊은 곳에는 사랑이 있었습니다. 사랑보다 더 큰 권위는 없습니다.

당시 서기관들은 성경에 해박했습니다. 그러나 하나님의 마음을 몰랐기에 말씀의 본질을 제대로 전할 수 없었습니다. 공의와 정의를 구현하면 된다고 생각했지만, 정작 하나님 나라가 무엇인지는 몰랐습니다. 약자를 보호하기 위해 법이 필요하다는 것은 알았으나 그들을 어떻게 사랑해야 하는지는 알지 못했습니다. 그러니 하나님의 말씀을 제대로 가르칠 수 없었습니다.

주님의 새로운 가르침에 많은 사람이 놀랐습니다. 수많은 무리가 예수님을 따랐습니다(마 8:1). 그런데 오래지 않아 또 많은 사람이 예수님을 떠나갔습니다(요 6:66). 무리가 떠나는 것을 보시고, 예수님이 열두 제자에게 물으십니다. "너희도 가려느냐"(요 6:67). 그러자 베드로가 단호하게 부정합니다. "주여 영생의 말씀이 주께 있사오니 우리가 누구에게로 가오리이까 우리가 주는 하나님의 거룩하신 자이신 줄 믿고 알았사옵나이다"(요 6:68-69). 이제는 예수님의 말씀을 듣고 놀란 제자들이 삶을 통해 세상을 놀라게 할 차례입니다.

말씀을 읽고, 들은 후
나의 반응은 무엇입니까?

❶ 나의 결단과 실천이 지속됩니까?
❷ 예수님의 가르침에 따라 살아가기로 결단합니까?

종교라는 우상 September 17

• 로마서 3:23-31

'선행'을 통해 하나님의 사랑과 용납을 얻어 내려는 사람들이 있습니다. 그러나 이렇게 생각하는 순간, 종교는 우상이 됩니다. 종교적 우상은 근본적으로 하나님과 복음에 관한 잘못된 이해로부터 출발합니다. 하나님이 아닌 우리가 무엇을 할 수 있다고 생각하는 것이 바로 우상입니다.

이러한 모습은 초대교회 공동체에서도 볼 수 있습니다. 할례를 받지 않는 이방인 성도는 구원을 받지 못한다고 말하는 사람들이 있었습니다(행 15:1). 예수님을 믿기만 하면 구원받는 줄 알았는데, 다른 조건이 있다는 것입니다. 이처럼 예수 믿는 것에 다른 어떤 것을 덧붙이려는 시도는 '종교적이고 율법적'입니다.

종교는 '나'와 같지 않은 것에 대해 틀렸다고 말합니다. 예수님은 십자가에서 죽으심으로써 성소와 지성소 사이의 휘장을 찢으셨고, 이방인과 유대인 간의 담을 허물어뜨리셨습니다. 그런데 할례를 주장하는 유대교 교인들은 예수님이 허무신 담을 다시 쌓으려고 합니다. 이방인의 어깨에 유대교의 멍에를 씌우려고 합니다. 복음이 종교가 되는 순간, 특정한 것에 대한 선호와 전통을 규칙으로 만들어 놓고 강요하기 시작합니다.

종교와 복음은 다릅니다. 종교는 우상 숭배를 낳고, 복음은 변화를 낳습니다. 종교인은 하나님께 순종하면 나를 사랑해 주신다고 믿고, 복음 전도자는 하나님이 십자가 사랑으로 나를 사랑하시기에 기꺼이 순종해야 한다고 가르칩니다. 종교는 도덕적이며 선한 행위가 동기와 목적이 되지만, 복음은 예수님의 선하고 도덕적인 삶을 닮아 가는 것이 목적입니다. 종교는 하나님이 주시는 건강과 재물, 지혜와 권력을 얻으려는 수단이지만, 복음은 '하나님'께 초점을 맞춥니다. 종교는 '할 일'에 관해 말하지만, 복음은 내가 '얻은 것'에 관해 말합니다. 우리는 구원을 얻기 위해 노력할 게 아니라 주님이 주신 구원을 누리며 살아가야 합니다. 이것이 복음입니다.

나는 복음을 제대로 알고 믿습니까?

❶ 내가 하는 종교적 노력은 무엇입니까?
❷ 거저 주시는 복음의 은혜를 온전히 깨닫습니까?

September 18 꿈! 우상인가, 비전인가?

• 창세기 15:1-6

하나님은 아브라함을 불러 약속의 땅으로 가라고 말씀하셨습니다(창 12:1). 그리고 "내가 너로 큰 민족을 이루고 네게 복을 주어 네 이름을 창대하게 하리니 너는 복이 될지라"(창 12:2)라고 약속하셨습니다. 그 약속이 아브라함의 '꿈'이 되었습니다. 그러나 그가 실제로 마주하게 된 것은 '기근'이었습니다(창 12:10). 심각한 재앙 때문에 하나님이 꿈으로 주셨던 땅에서 다시 이사해야 했습니다. 아무리 생각해도 하나님이 약속하신 축복과는 거리가 먼 것 같습니다.

그렇게 10년이 흘렀습니다. 하나님이 10년 만에 나타나셔서 '내가 너의 상급이다'라고 말씀하십니다(창 15:1). 즉 하나님 자신을 아브라함에게 선물로 주셨다는데, 그는 도저히 이해할 수 없었습니다. 그가 기대했던 약속이 아직 이루어지지 않았기 때문입니다. 인생을 실망과 좌절로 보내는 사람이 많습니다. 자신의 '꿈'이 이루어지지 않았기 때문입니다.

아브라함이 받았던 약속이 마침내 이루어집니다. 그는 이삭을 선물로 받았습니다. 하지만 믿음의 마지막 관문이 남아 있었습니다. 아들 이삭을 모리아 산에서 번제물로 바치라는 말씀에 순종하는 사건을 통해 하나님이 큰 교훈을 주십니다. 하나님은 주님에게서 멀어지게 하는 것들은 무엇이든지 빼앗을 정도로 아브라함을 사랑하신다는 것입니다. 아무리 소중한 '꿈'일지라도 말입니다.

하나님은 늘 아브라함에게 "내가 할 것이다"라고 말씀하셨습니다. "네가 할 것이다!"라고 말씀하지 않으셨습니다. 우리가 할 수 있는 가장 확실한 한 가지는 어떤 혼란과 좌절 가운데서도 하나님을 찾기로 결심하는 것입니다. 꿈이 우상이 되지 않기를 바랍니다. 꿈을 좇는 인생이 아니라 부르심에 합당한 삶을 살아야 합니다. 복음을 사는 인생은 꿈이 아닌 하나님 때문에 늘 기대하는 인생을 살게 될 것입니다. 하나님은 나를 위해 일하시는 분이기 때문입니다.

나의 꿈(비전)은 무엇입니까?

❶ 그 꿈이 하나님보다 앞서지는 않습니까?
❷ 하나님 때문에 기대하는 인생을 살고 있습니까?

하나님의 생각과 내 생각이 다를 때 September 19

• 사도행전 10:9-23

고넬료는 매우 모범적인 신앙인이었습니다(행 10:1-2). 그러나 유대인들이 보기에는 율법에는 맞지 않는 '이방인'이었습니다. 복음은 율법이라는 우상을 깨뜨리는 능력이 있습니다. 이 우상을 깨뜨리지 않으면, 은혜를 적용할 수가 없습니다.

베드로는 기도하러 지붕에 올라갔다가 환상을 봅니다(행 10:10). 하늘에서 음식이 담긴 그릇이 내려온 것입니다. 그런데 모두 율법에서 금하는 것들뿐입니다. 하나님이 일어나 잡아먹으라고 하시지만, 그럴 수가 없습니다. 하나님이 깨끗하게 하셨다고 하는데도, 베드로는 자신이 이해할 수 없다는 이유로 하나님의 권위를 인정하지 않으려 합니다. 그러나 결국 말씀에 순종하여 자신의 율법적 권리를 내려놓자 평안함이 찾아오고, 하나님의 역사를 경험하게 됩니다. 그것을 깨닫고 난 후에야 고넬료와 베드로 사이에 진정한 만남이 이루어집니다(행 10:24-48).

고넬료의 집에 성령의 역사가 일어났습니다. 오순절 다락방에서 일어났던 성령의 역사처럼, 그곳에 모인 모든 사람이 성령 충만함을 받고, 예수의 이름으로 세례를 받게 됩니다. 인간의 율법이 아닌 하나님의 능력이 드러나는 순간입니다. "하나님께서 내게 지시하사 아무도 속되다 하거나 깨끗하지 않다 하지 말라 하시기로"(행 10:28). 하나님은 율법의 잣대로 사람을 차별하거나 의심하거나 편견을 가지고 대하지 말라고 말씀하십니다. 하나님과 우리 생각이 다를 때, 우리가 해야 할 일은 자기 생각을 내려놓고 하나님의 생각을 따르는 것뿐입니다.

이해할 수 없는 하나님의 뜻이 있습니까?

❶ 이해할 수 없을 때 나는 어떻게 반응합니까?
❷ 하나님의 생각이 항상 옳다는 것을 인정합니까?

September 20 권력의 욕구

• 빌립보서 2:5-11

사람들이 권력을 가지려는 이유는 좀 쉽게 살고 싶어서입니다. 권력이라는 잣대로 누군가를 정죄하고, 그들과 어울리지 않을 수 있기 때문입니다. 그러나 주님은 그런 잣대를 마음대로 사용하지 말라고 하십니다. 하늘에 거하셔야 할 분이 우리를 위해 친히 이 땅에 오셔서 우리와 함께하심으로 보여 주셨습니다(빌 2:6-8). 예수님은 이 땅에 오신 것으로 사명을 완수했다고 하지 않으셨습니다. "포도주를 즐기는 사람이요 세리와 죄인의 친구"(마 11:19)가 되어 사마리아 우물가에서 한 여인에게 다가가셨고, 귀신 들린 자들을 고치시며 귀신들을 꾸짖어 내쫓되 귀신 들렸던 사람은 사랑하셨습니다. 이처럼 권력이란 휘두르는 것이 아니라 '누군가와 함께하는 능력'입니다.

우상화된 권력은 언제나 '비교 우위'로 귀결됩니다. 권력욕은 최고가 되려는 욕망입니다. 늘 누군가 내 밑에 있어야 만족하고, 나보다 높은 사람이 있으면 시기하고 비방합니다. 지는 것을 못 견디는 사람은 이기기 위해 수단과 방법을 가리지 않습니다. 하나님이 원하시는 일을 생각하기보다는 실패하지 않으려고 안간힘을 씁니다. 권력이 우상화되면 실패를 인정하지 않거나 회피하고, 심지어 교정도 거부합니다. 그에게 가장 현명한 방법은 늘 자신의 방법과 생각이기 때문입니다. "거만한 자는 견책 받기를 좋아하지 아니하며 지혜 있는 자에게로 가지도 아니하느니라"(잠 15:12).

안식은 전능자의 그늘 아래 있습니다(시 91:1-2). 우리는 권력을 가지면 평안하리라 생각하지만, 권력욕이 우리를 얼마나 불안하게 하는지 모릅니다. 불안을 내려놓으면 하나님이 일하십니다. 예수님이 십자가 지심을 앞두고 "나의 원대로 마시옵고 아버지의 원대로 하옵소서"(마 26:39)라고 기도하실 때, 가장 무력해 보였지만 실은 가장 강력한 일을 하고 계셨습니다. 하나님이 일하시도록 자리를 내어 드린 것입니다. 우리를 자유케 하는 것은 권력이 아닙니다. 의지할 대상을 바꾸십시오. 하나님 말씀에 순종하면, 자유함의 은혜를 누릴 수 있습니다.

권력을 동경합니까,
아니면 선용합니까?

❶ 권력을 가지면, 나는 어떻게 사용합니까?
❷ 예수님이 보여 주신 권력의 능력을 본받길 원합니까?

• 마태복음 9:35-38

예수님이 행하신 많은 기적의 현장에 언제나 등장하는 단어가 있습니다. '불쌍히 여기사'입니다. 이는 헬라어로 '스플랑크니조마이'인데, '창자가 끊어질 것 같은 고통으로 마음 아파하며 가엾게 여기다'라는 뜻입니다. 예수님은 어려운 사람들을 보며 이 정도로 마음 아파하셨습니다. "무리를 보시고"(마 9:36), 시각장애인과 나병 환자를 보시고(마 20:30-34; 막 1:40-41), 외아들을 잃은 나인성의 과부를 보시고(눅 7:11-13), 그들을 불쌍히 여기셨습니다. 그 후에는 만져 주시거나 고쳐 주시거나 문제를 해결해 주셨습니다.

하나님의 마음이 있는 곳에는 '생명'이 있습니다. 이것을 아는 우리가 해야 할 일은 하나님의 마음을 세상에 흘려보내는 것입니다. 이것이 바로 나눔입니다. 받기만 하고 흘려보내지 않으면, 잠시 풍족해지는 것 같지만 결국에는 모두 썩어 버리고 맙니다. 우리에게 주신 하나님의 사랑과 축복의 은혜를 끊임없이 흘려보내야 살아 있는 그리스도인입니다.

제이슨 미첼은 연민을 행동으로 옮기는 데 가장 큰 걸림돌은 '종교'라고 말합니다. 기독교는 '종교'이기를 거부하는 '종교'입니다. 하나님은 이웃을 돌아보지 않는 종교인들의 예배를 받지 않겠다고 아모스 선지자를 통해 경고하십니다(암 5:21-24). 예배는 드리지만, 예배자다운 삶을 살지 않기 때문입니다. 그들은 찬양과 제사로 하나님께 나아가는 것에 만족하고, 하나님이 원하시는 대로 자기 삶을 바꾸지는 못했습니다.

진정한 예배자는 말씀에 관한 지식이나 피상적인 기도로 만족하지 않습니다. 지식적 피상성은 사람들로 하여금 기도만 하고, 도움이 필요한 이웃들에게 다가가지 않게 합니다. 그러나 '나눔'은 행동입니다.

이웃을 바라볼 때,
나는 어떤 마음입니까?

❶ 사람들을 불쌍히 여기신 예수님의 마음이 이해됩니까?
❷ 예배자다운 삶을 살고 있습니까?

September 22 마음에서 행동으로

• 마태복음 14:13-21

연민에 그치지 마십시오. 제이슨 미첼은《쉬운 예수는 없다》에서 '연민'의 마음이 행동으로 이어지기 위해서는 다음 세 가지가 필요하다고 말합니다.

첫째, 속도를 늦추어야 합니다. 우리는 바쁘게 사느라 주변을 돌아볼 여유가 없습니다. 혹시 마음을 빼앗길 만한 일을 보게 될까 봐 발걸음을 재촉하곤 합니다. 그러나 예수님은 바쁜 일정 중에도 종종 속도를 늦추시고 주변을 돌아보셨습니다. 그래서 많은 군중 사이에서도 여인이 자기 옷을 만지는 것을 알아채셨고, 무리 뒤편에서 '우리를 불쌍히 여겨 주세요' 하고 외치는 소리를 들으셨으며, 빈 들에서 말씀을 전하시다가도 배고픈 사람들의 마음을 헤아리셨던 것이 아닐까요? 주님이 이 마을, 저 마을을 바삐 다니시면서도 도움이 필요한 사람들을 위해 속도를 늦추셨던 이유는 그들을 불쌍히 여기셨기 때문입니다.

둘째, 힘듦을 각오해야 합니다. 고통스러워하는 사람을 보면, 가까이 다가서야 합니다. 그래야 그의 고통에 동참할 수 있기 때문입니다. 그러나 다른 사람의 고통에 동참하는 것은 무척 힘든 일입니다. 자기 시간과 돈과 마음을 투자해야 하기 때문입니다. 그렇게까지 했는데도 수고를 알아주지 않거나 기대와 다른 반응을 접하면 더욱 힘들어집니다. 기대와 다른 결과들이 우리를 힘들게 할 것입니다.

셋째, 불편을 감수해야 합니다. 누군가의 삶으로 들어가 연민을 행동으로 옮기려면, 불편한 삶을 기꺼이 감수할 각오가 되어 있어야 합니다. 다른 사람에게 맞춘다는 것은 불편한 일입니다. 내가 누릴 수 있는 것이 있음에도 상대방을 위해 기꺼이 포기해야 하기 때문입니다. 그러나 예수님이 바로 이런 모습으로 이 땅에 오셨습니다. 누군가의 삶에 동참하는 것은 곧 하나님이 우리에게 맡기신 일에 뛰어드는 것을 의미합니다.

나는 연민의 마음을 행동으로 옮기고 있습니까?

❶ 분주한 일상에서 주변을 돌아보는 여유를 가집니까?
❷ 불편함을 감수하고, 다른 사람을 돕기로 결단합니까?

예배와 섬김은 하나다 September 23

• 사도행전 2:44-47

누구나 도울 수 있지만, 상대방의 방식대로 돕기는 쉽지 않습니다. 돈을 자기 소유로 생각하면 자기 마음대로 쓸 수 있지만, 내가 가진 것이 본래는 가지지 못한 사람들의 것이라고 생각하면 마음대로 쓸 수 없습니다. 성령을 체험한 사람들은 자기 필요가 아닌 다른 사람들의 필요에 눈을 돌립니다.

영어 단어 '서비스'(service)에는 두 가지 의미가 있습니다. 하나님께 드리는 '예배'와 사람들에게 행하는 '봉사와 섬김'입니다. 하나님께 기쁨이 되는 온전한 예배는 이 둘이 하나 되는 것을 의미합니다. 그 누구보다 거룩하고 은혜롭게 예배드리지만, 세상에 나가서는 남을 위해서 눈곱만큼도 희생할 줄 모르는 사람들이 있습니다. 반대로 세상에서는 온갖 착한 일을 다 하는데, 하나님 앞에 영과 진리로 예배드릴 줄 모르는 사람들도 있습니다. 모두 하나님이 기뻐하시는 예배자가 아닙니다. 예배는 하나님께 드리는 최상의 봉사이며, 봉사는 세상에서 몸으로 드리는 최고의 예배입니다. 우리가 최상의 봉사로 하나님을 예배하고, 최고의 예배로 이웃을 위해 나눌 때, 세상 사람들은 우리에게서 하나님을 발견하고, 하나님께 영광을 돌리게 될 것입니다.

나눔은 '하나님의 방법'입니다. 각 사람의 필요에 따라 나눠 주는 것은 하나님의 사람들이 살아가는 원리요 하나님의 백성들이 세상을 섬기는 방법입니다. 초대교회 공동체의 삶에도 이러한 원리가 적용되었습니다. 초대교회의 나눔은 성령을 체험하고 나서 하나님의 마음을 알게 된 사람들에게서 시작되었습니다. 성령의 역사가 시작되면서 "하나님을 찬미하며 온 백성에게 칭송을 받으니 주께서 구원받는 사람을 날마다 더하게"(행 2:47) 하셨습니다. 기독교 역사를 보면, 부흥의 역사가 일어나는 곳에서는 예외 없이 교회가 세상 사람들의 칭송을 받았습니다.

예배와 봉사를 균형 있게 하고 있습니까?

❶ 예배와 봉사 중 내가 미약한 부분은 무엇입니까?
❷ 나는 세상 사람들로부터 칭송받고 있습니까?

September 24 기다릴 줄 알았기에

• 시편 40:1-17

사울왕은 기다릴 줄 모르는 사람입니다. 전쟁에서 승리한 후 사무엘을 기다리지 못하고, 번제와 화목제를 드림으로써 질책을 들었습니다. 그러나 사울은 "백성은 내게서 흩어지고 당신은 정한 날 안에 오지 아니하고 블레셋 사람은 믹마스에 모였음을 내가 보았으므로 이에 내가 이르기를 블레셋 사람들이 나를 치러 길갈로 내려오겠거늘 내가 여호와께 은혜를 간구하지 못하였다"(삼상 13:11-12)라고 변명합니다. 결국, 이 사건으로 하나님은 사울을 떠나셨고, 새로운 왕을 세우겠다고 말씀하십니다.

반면에 다윗은 기다릴 줄 아는 사람입니다. 사무엘에게서 기름 부음을 받고 난 후에도 그는 조바심 내지 않았습니다. 골리앗을 이기며 국민적 영웅이 된 후에도 다윗은 하나님의 때를 기다릴 줄 알았습니다. 광야에서 10여 년간 사울왕을 피해 다니면서도 결코 서두르는 법이 없었습니다. 다윗은 "내가 여호와를 기다리고 기다렸더니 귀를 기울이사 나의 부르짖음을 들으셨도다 나를 기가 막힐 웅덩이와 수렁에서 끌어올리시고 내 발을 반석 위에 두사 내 걸음을 견고하게 하셨도다"(시 40:1-2)라며 기다리는 자의 축복을 노래합니다.

인생은 내 마음대로 되지 않습니다. 서두른다고 문제가 해결되지 않습니다. 욕심으로 일을 서두르다 보면 사울처럼 '부득이하여, 어쩔 수 없이' 등의 변명을 늘어놓게 됩니다. 하나님의 뜻에서 벗어나지 않도록 주의하십시오. 부정직한 방법으로 정도를 벗어나지 않도록 주의하십시오.

조금 기다리고, 돌아가는 것 같아도 늦거나 실패하지 않습니다. 하나님의 역사는 우리의 조바심으로 이루어지는 것이 아니기 때문입니다. 하나님의 역사는 우리와 상관없이 하나님의 시간표대로 이루어집니다. 다윗처럼 하나님의 때를 기다리며 주어진 상황에서 최선을 다해 준비해야 합니다. 하나님이 쓰시고자 하는 때에 언제든지 사용될 수 있도록 말입니다. 이것이 탁월한 삶을 살아가는 비결입니다.

나는 기다릴 줄 아는 사람입니까?

❶ 기다리다가 조바심이 나면 내 방법대로 하지 않습니까?
❷ 기다려야 하는 때에 하나님을 붙잡으십시오.

위기에서 겸손을 배우다 September 25

• 시편 142편

다윗에게 위기가 찾아왔습니다. 다윗이 골리앗을 죽인 후 그의 인기는 하늘을 찔렀습니다. 사람들은 전쟁에서 돌아온 사울보다 다윗을 더 칭송했고, 이것이 사울의 질투심을 유발했습니다. 이제 사울왕은 다윗을 죽이는 일에 온 힘을 쏟습니다. 그는 첫 번째 전략으로 딸 미갈을 이용합니다. 미갈과 결혼하기 위해 블레셋 사람 100명을 죽이고 오라고 합니다. 다윗이 그의 종과 함께 가서 200명을 죽이고 오자 결과는 더욱 참혹하게 변합니다(삼상 18:29).

이후 다윗은 수많은 죽음의 위기를 만나게 됩니다. 사울이 다윗을 죽이려고 하자 아내 미갈이 미리 알아채고 피하도록 도와줍니다. 도망자가 된 다윗은 자신의 적이었던 골리앗의 동네 가드로 들어갑니다. 그를 알아본 가드 사람들이 블레셋 왕 아기스에게 다윗을 고발합니다(삼상 21:11). 위기에 처한 다윗은 체면을 버리고 미친 척합니다. 그의 자존심은 처참히 무너졌고, 영웅의 풍모는 찾아볼 수 없었습니다. 그 상황에서 지은 시가 바로 시편 142편입니다. "내가 소리 내어 여호와께 부르짖으며 소리 내어 여호와께 간구하는도다"(시 142:1).

다윗과 같은 위기를 맞은 사람들의 반응은 두 가지로 나타납니다. 먼저, 비굴해지면서까지 위기를 모면하고자 하나 끝내 극복하지 못하고 분노하는 사람이 있습니다. 그러고는 다른 사람에게 저주를 퍼부으며 자신의 인생을 망가뜨립니다. 결국, 위기를 극복하지 못하고 실패한 인생을 살게 됩니다. 그런가 하면 위기 앞에서 자신을 돌아보는 사람이 있습니다. 자신을 믿고 문제를 스스로 해결하려던 교만이 깨지면서 하나님을 찾게 됩니다. 다윗이 그랬습니다. 죽음의 위기와 사방을 둘러보아도 도와줄 이가 없는 절망의 상황에서 비굴해지거나 분노하지 않고, 겸손하게 하나님을 인정했습니다(시 142:4-5). 사방이 막혀 있을 때도 하늘을 향한 문은 늘 열려 있습니다. 모든 도움이 끊어져도 하나님과의 줄은 끊어지지 않습니다.

위기 앞에서 나는 어떤 대책을 세웁니까?

❶ 위기 앞에서 분노함으로써 실패한 적은 없습니까?
❷ "나의 도움은 오직 하나님"이라는 다윗의 고백에 동의합니까?

순전함으로

• 사무엘상 24장

다윗은 순전한 성품의 사람이었습니다. 그의 순전함(integrity)은 주변의 많은 사람에게 감동을 주었습니다. 순전함은 사람들에게 신뢰를 줍니다. 신뢰를 주지 못하는 사람은 리더의 자격이 없습니다. 이러한 의미에서 볼 때, 다윗은 성공할 만한 좋은 자질을 가진 사람이었습니다. 무엇보다 다윗은 좋은 성품의 소유자였습니다. 그의 삶의 태도를 보면서 사람들은 그를 신뢰할 수밖에 없었습니다.

엔게디 광야의 굴에서 있었던 사건은 그의 순전함을 그대로 보여 줍니다. 사울이 다윗을 죽이기 위해 삼천 명의 군대를 거느리고 엔게디 광야로 들어갔다가 볼일을 보기 위해 굴에 들어갔습니다. 마침 다윗이 사울을 피해 숨어 있던 굴이었습니다. 무기도 없이 들어온 사울을 단번에 죽일 기회였습니다. 부하들이 사울을 죽이자고 선동했지만, 다윗은 여호와의 기름 부음 받은 자를 칠 수 없다고 말합니다(삼상 24:6-7). 다윗을 따르던 자들이 이 모습을 보고 감동합니다. 사울마저도 감동하여 다윗을 칭찬했습니다(삼상 24:16-17). 다윗의 태도는 이후에도 변함이 없었습니다. "아무에게도 악을 악으로 갚지 말고 모든 사람 앞에서 선한 일을 도모하라"(롬 12:17).

다윗의 순전함은 하나님을 의지했기에 가능했습니다. 하나님을 신뢰하고 의지하는 사람은 조변석개(朝變夕改)하지 않습니다. 다윗은 하나님을 굳게 신뢰했습니다. 다윗은 하나님이 사울에게 기름을 부으신 만큼 하나님의 손으로 그를 처리하시리라고 믿었을 것입니다. 시간이 오래 걸리긴 했지만, 다윗은 결국 많은 사람의 지지를 얻으며 역사에 길이 남을 위대한 왕이 되었습니다.

사울은 호시탐탐 다윗을 죽일 기회만 노렸습니다. 자신이 쥐고 있던 세속의 권력을 다윗에게 빼앗길지도 모른다는 불안감이 들었기 때문입니다. 그러나 다윗은 신앙적인 이유로 사울을 죽이지 않았습니다. 하나님의 기준이 다윗의 기준이 되었기 때문입니다. 이것이 바로 순전함입니다.

나는 세속적입니까,
아니면 신앙적입니까?

❶ 어떤 상황에서도 흔들리지 않는 순전함이 있습니까?
❷ 하나님을 의지할 때, 순전해질 수 있음을 믿습니까?

• 시편 57편

부르짖음을 통해 다윗은 치유를 경험합니다. 대적 블레셋에게 쫓겨나 갈 곳이 없던 다윗은 아둘람 굴에서 은둔 생활을 시작합니다. 이때 그는 철저히 혼자가 되어 하나님만이 유일한 피난처가 되심을 깊이 깨달았습니다. 다윗은 하나님께 이처럼 부르짖었습니다. "나의 부르짖음을 들으소서 나는 심히 비천하니이다 나를 핍박하는 자들에게서 나를 건지소서 그들은 나보다 강하니이다"(시 142:6).

다윗이 있던 아둘람 굴로 사람들이 모여들기 시작했습니다(삼상 22:1-2). 그가 하나님의 도우심을 구하며 울부짖자 하나님이 그에게 동역자들을 보내 주셨습니다. 이것이 그에게 큰 위로가 되었습니다. 그는 자신을 찾아온 "환난 당한 모든 자와 빚진 모든 자와 마음이 원통한 자"(삼상 22:2)들에게서 자신의 상처를 봤습니다. 그들의 상처를 보듬고 돌봐야 한다는 사명감이 생겼으며 그 덕분에 새로운 삶의 의욕을 느끼게 되었습니다.

다윗은 자기 아픔에 몰두하지 않고, 타인의 아픔에 공감했습니다. 그리고 이제 마음을 확실히 정했습니다. 분노하기보다는 주님을 찬송하기로 마음먹었습니다. 패배자가 되기보다는 새벽을 깨우는 자가 되기로 했습니다. 절망적인 상황에서 그는 시편 57편을 지어 노래했습니다. 그의 시에서는 분노나 절망은 찾아볼 수 없습니다. 그는 하나님 앞에서 자기 상처를 깨끗이 씻어 내렸고, 마음속 깊은 곳의 분노 또한 던져 버렸습니다.

우리에게도 아둘람 굴이 필요합니다. 아둘람 굴은 용서를 배우고, 분노를 이기는 법을 배우는 훈련 장소입니다. 비바람을 맞고 자란 나무가 더 튼튼한 법입니다. 나에게(to me) 무슨 일이 일어나는가보다 내 안에(in me) 무슨 일이 일어나는가가 더 중요합니다. 환경이 내 삶의 태도를 결정하게 하지 마십시오. 우리는 하나님으로 말미암아 삶의 태도를 결정하는 그리스도인입니다.

나의 아둘람 굴은 어디입니까?

❶ 나는 환경에 쉽게 흔들립니까?
❷ 하나님으로 인해 삶의 태도를 바꾼 적이 있습니까?

September 28 용서와 자비

• 사무엘하 9:1-4

용서는 상대방이 아닌 나 자신을 위한 것입니다. 그럼에도 용서가 힘든 이유는 자기희생과 결단이 필요하기 때문입니다. 용서를 고민하고 있다면, 우리는 이미 용서받고, 축복받은 사람임을 기억하십시오. 우리에게 상처를 준 사람보다 더 큰 은혜를 입은 사람입니다. 용서하지 못하는 것 또한 일종의 교만입니다. 하나님의 사람이라면 당연히 용서할 줄도 알아야 합니다.

다윗은 온 이스라엘의 왕이 되었습니다. 비로소 왕권을 손에 쥔 그가 제일 먼저 한 일은 용서와 관용을 베푸는 것이었습니다. 다윗은 사울의 집 사람들을 찾았습니다(삼하 9:1). 옛날 요나단과 나누었던 약속을 기억했기 때문입니다(삼상 20:15). 사실, 다윗은 아직 정적들의 공격에서 안전하지 않았습니다. 그러나 다윗은 원수보다는 은혜를 생각하는 사람이었고, 자신에게 닥칠 위험보다는 갚아야 할 은혜를 먼저 생각하는 사람이었습니다.

다윗의 위대함이 드러나는 순간입니다. 진정한 용서는 하나님의 사람만이 할 수 있습니다. 하나님 앞에서 내 죄를 바라보고, 나에게 용서가 필요한 만큼 다른 사람에게도 용서가 필요함을 보는 것입니다. 하나님에게 받은 것이 있는 사람, 은혜와 은총을 경험한 사람만이 관용을 베풀 수 있습니다. 관용은 죄를 용인하는 것이 아니라 죄지은 사람의 연약함을 받아들이는 것입니다. 아픔을 인정하는 것이 아니라 아파하는 사람을 품어 주는 것입니다.

다윗은 사울의 가족을 찾아 하나님의 은총을 베풀겠다고 말합니다(삼하 9:3). 은혜를 받아 보지 않은 사람은 은혜를 베풀 수 없습니다. 다윗은 하나님의 은혜를 경험했기에 용서와 자비를 베풀 수 있었습니다. '그리스도인'은 '그리스도처럼 사는 사람'입니다. '하나님의 사람'은 '하나님의 마음을 품고 사는 사람'입니다. "너희 아버지의 자비로우심같이 너희도 자비로운 자가 되라"(눅 6:36).

나는 용서와 관용의 사람입니까?

❶ 하나님의 은혜를 항상 기억하고 살아갑니까?
❷ 나에게 므비보셋은 누구입니까?

은혜를 받아들이십시오 September 29

• 사무엘하 9:5-13

므비보셋의 이름은 "부끄러움을 해치는 자"라는 뜻입니다. 그는 할아버지 사울왕과 아버지 요나단이 죽던 날, 허둥대던 유모가 그를 떨어뜨려 다리에 장애가 생겼습니다. 평생을 황무지라는 뜻의 '로드발'에서 숨어 지내다가 어느 날 다윗이 자기를 찾는다는 소식을 듣고는 다윗 앞에 나아왔습니다.

다윗이 므비보셋에게 두려워하지 말라고 말합니다. "무서워하지 말라 내가 반드시 네 아버지 요나단으로 말미암아 네게 은총을 베풀리라"(삼하 9:7). 이 말은 아무나 할 수 있는 게 아닙니다. 성경에서는 주로 하나님이 인간을 향해 하시는 말씀으로 사용됩니다. 다윗이 자기에게 주어진 권력을 가지고 처음 찾은 것은 '사랑할 대상'이었습니다. 자기가 가진 힘과 은사를 어떻게 사용할 것인가를 결정해야 할 때, 그가 선택한 것은 용서와 사랑이었습니다.

다윗의 용서와 사랑이 므비보셋에게는 어떤 의미였을까요? 우리는 다윗의 마음이 아름답다고 생각하지만, 정작 므비보셋은 다윗의 호의를 받아들이기가 쉽지 않았을 것입니다. 그에게 다윗은 피해야 할 대상이었습니다. 장애를 가지고도 황무지 같은 로드발에서 평생 숨어 살아야 했던 이유가 바로 다윗에게 있기 때문입니다. 사울왕의 혈육은 당연히 숙청 대상이었습니다. 그는 다윗 앞에 납작 엎드려 자신을 "당신의 종"이나 "죽은 개"라고밖에 표현할 수 없는 처지였습니다. 그러나 므비보셋은 다윗의 호의를 기꺼이 받아들입니다. 그 덕분에 그의 삶이 음지에서 양지로 나오게 되었습니다.

우리는 모두 다윗이나 므비보셋이 될 수 있습니다. 중요한 것은 이 둘이 만날 때 아름다운 역사를 만들어 낸다는 것입니다. 하나님의 은혜가 우리 믿음과 만날 때, 우리에게 평안이 찾아옵니다. 하나님의 사랑과 권세는 우리를 향해 열려 있습니다. 죽은 개와 같은 인생을 살아온 나를 품어 주시고, 왕 같은 제사장으로 삼아 주시는 하나님의 은혜를 받아들이십시오.

나는 하나님의 은혜를 누리며 삽니까?

❶ 절망에 빠져 하나님의 은혜를 잊고 있지는 않습니까?
❷ 하나님의 은혜를 다윗과 므비보셋 중 어느 입장에서 받아들입니까?

September 30 회복된 헌신, 회복된 은혜

• 시편 3:1-8

광야에서 다윗은 하나님의 은혜를 진하게 경험했습니다. 그런데 왕이 되고 난 후 예루살렘에 있는 동안, 그의 신앙이 희미해졌습니다. 자기에게 주어진 권력을 즐기는 사람이 되었습니다. 전쟁 중에 한가롭게 있다가 밧세바를 범하고, 자기 잘못을 은폐하기 위해 충성스러운 부하 우리아를 전쟁터에서 살해하기까지 합니다. 자녀들이 강간과 살인을 저질렀는데도 아무 말 하지 않았습니다. 신실한 다윗, 하나님의 성전을 세우길 원했던 다윗의 모습은 도저히 찾아볼 수 없습니다.

다윗의 문제는 그가 그토록 사모했던 하나님의 말씀이 사라졌다는 것입니다. 본래 다윗은 하나님의 말씀을 소중히 여기던 사람이었습니다. 무엇을 하든지 하나님께 물었습니다. 그런데 언제부터인가 자신의 권위와 사람을 의지하기 시작했습니다. 하나님께 뜻을 묻지 않고, 아히도벨의 계략을 하나님의 응답처럼 여겼습니다(삼하 16:23). 그런 아히도벨이 다윗을 배신하고 압살롬에게 돌아섰을 때, 다윗의 마음은 말할 수 없이 무너졌을 것입니다.

하나님은 다윗을 광야로 다시 몰아내십니다. 압살롬의 반역으로 왕궁에서 쫓겨나게 된 것입니다. 아들과 신하들이 그를 배반했습니다. 그를 더욱 비참하게 한 것은 피난길에서 마주친 저주의 소리였습니다(삼하 16:7-8). 다윗은 자신을 저주하는 시므이를 말씀의 선포자로 삼았고, 고통을 자비와 은혜와 사랑의 하나님을 만나는 계기로 삼았습니다. 자기 정체성이 왕이 아니라 죄인임을 다시금 깨달았습니다. 고통 가운데 있을 때, 우리는 철저하게 죄인의 모습으로 서야 합니다. 그리고 하나님의 말씀을 회복해야 합니다. 말씀이 선포되는 곳에서 회복이 일어납니다.

광야로 돌아온 다윗은 '자기다움'을 회복합니다. 광야에서 하나님의 말씀 앞에 엎드러졌고, 그로 말미암아 삶이 회복되는 은혜를 경험합니다. 그리고 가장 사랑하는 아들의 죽음과 가장 믿었던 사람의 배신 앞에서 헌신의 삶을 회복합니다. 헌신이 멈추는 순간, 은혜도 멈춥니다. 그래서 헌신은 오늘도 계속되어야 합니다.

나의 신앙 그래프는 어떤 상태입니까?

❶ 고난 가운데 하나님의 어떤 은혜를 깨달습니까?
❷ 나를 비난하는 소리에서 하나님의 음성을 듣습니까?

10월

이웃 사랑

예수께서 이르시되 네 마음을 다하고
목숨을 다하고 뜻을 다하여
주 너의 하나님을 사랑하라 하셨으니
이것이 크고 첫째 되는 계명이요
둘째도 그와 같으니
네 이웃을 네 자신같이 사랑하라 하셨으니
이 두 계명이 온 율법과 선지자의 강령이니라
_ 마 22:37-40

• 요나 3장

같은 문제라도 어떤 관점에서 보느냐에 따라 아주 다르게 보입니다. 관점은 '무엇을 보는 태도나 방향'을 말합니다. 요나의 사역과 하나님과의 갈등 문제는 바로 이 관점의 차이에서 비롯되었습니다. 하나님의 말씀을 듣지 못하는 것이 문제가 아니라 하나님의 관점을 수용하지 못하는 것이 문제입니다. 요나가 그랬습니다. 그는 하나님의 명령을 이해하지 못했습니다. 하나님은 요나에게 니느웨로 가라고 명하셨지만, 그는 하나님의 명령을 무시하고 다시스로 가는 배를 탔습니다. 요나의 관점에서 니느웨는 멸망해도 마땅한 도시였습니다. 우리는 하나님의 관점으로 보지 못하고, 우리 관점에서 할 수 있는 일과 할 수 없는 일을 구분하고 결정합니다.

하나님은 도망가던 요나를 다시 부르십니다. 우여곡절 끝에 니느웨에 도착한 요나는 어쩔 수 없이 회개의 복음을 전합니다. 사흘 동안 걸을 만큼 큰 성읍을 하루 만에 돌아다니며 회개를 선포했습니다(욘 3:3-4). 그런데 니느웨 백성들이 그 말씀을 듣고 회개하기 시작했습니다(욘 3:5-6). 하나님이 하시고자 하는 일은 반드시 이루어집니다. 하나님의 관점에서 일하면, 하나님이 기대하시는 일이 일어납니다. 그러나 요나는 매우 분개합니다(욘 4:3). 원수 같은 사람들이 구원받는 것에 대해 화가 치밀어 올랐습니다.

하나님이 요나의 관점을 교정하십니다. 더위를 식히던 박 넝쿨이 말라 버렸다고 분개하는 요나에게 하나님은 "하물며 이 큰 성읍 니느웨에는 좌우를 분변하지 못하는 자가 십이만여 명이요 가축도 많이 있나니 내가 어찌 아끼지 아니하겠느냐"(욘 4:11) 하고 반문하십니다. 요나는 선민의식에 젖은 유대인의 관점에서 니느웨를 바라봤습니다. 그러나 이제는 이방인을 다른 각도에서 볼 수 있도록 하나님의 관점을 알려 주십니다. 이 세상의 모든 존재를 사랑하시는 하나님의 관점은 은혜로만 이해할 수 있습니다. 우리 관점을 내려놓고, 하나님의 관점으로 빨리 전환하는 것이 지혜입니다.

나의 관점은 하나님의 관점과 일치합니까?

❶ 내가 가야 할 니느웨는 어디이며 누구입니까?
❷ 내가 받아들이기 힘든 하나님의 관점은 무엇입니까?

October 02 조건 없는 사랑

• 마태복음 9:9-13

바리새인들은 예수님을 상당히 비도덕적인 분으로 이해했습니다. 그들은 종교의 본질을 도덕적 기준으로 보았기 때문에, 도덕적으로 온전해 보이지 않는 예수가 하나님의 전에 나오고, 하나님과 함께한다는 사실을 용납할 수 없었습니다. 도덕적 행위나 선행이 삶의 기준이 되면, 행위의 잣대를 가지고 사람을 판단하게 됩니다. 그래서 바리새인들은 예수님이 세리 마태의 집에서 세리나 죄인과 함께 식사하는 것도 이해하지 못했습니다.

예수님이 세리 마태를 부르시자 그의 삶에 커다란 변화가 일어났습니다. "나를 따르라"(마 9:9). 이 한마디에 마태는 세관을 박차고 나옵니다. 구원이 임했기 때문입니다. 그는 예수님을 위해 집을 개방하고 자신과 같은 처지에 있는 사람들을 초대하여 예수님과의 식사 자리를 마련했습니다. 자기 시간과 공간과 물질을 투자한 것입니다. 세리 마태의 삶에 '희생'이라는 변화가 일어났습니다. 하나님의 조건 없는 사랑을 경험한 결과입니다.

그는 자기 삶에 일어난 엄청난 변화가 다른 사람에게도 일어나기를 바랐습니다. 이것이 바로 복음을 품은 자들의 특징입니다. 이 변화를 기대하기에 우리는 시간과 돈과 마음을 기꺼이 희생할 수 있습니다. 이 희생을 통해 하나님의 역사가 일어납니다. 이것이 하나님의 역사와 변화를 기대하는 관점입니다. 비전이 있는 사람은 새로운 세상을 보고, 새로운 일을 행하며, 새로운 역사를 경험하게 됩니다. 하나님의 마음으로 세상을 볼 때 나타나는 놀라운 변화입니다.

제자가 된 마태는 '의미 있게 살다가 의미 있는 죽음'을 맞이합니다. 그는 유대인들을 위해 마태복음을 기록합니다. 자신의 평안함만을 추구하며 같은 민족에게 지탄받는 세리였던 그는 인생의 목표가 바뀐 후 성경을 기록하는 사람이 됩니다. 전승에 의하면 그는 복음을 전하다가 순교했다고 합니다. 하나님의 조건 없는 사랑을 경험한 한 그리스도인의 인생입니다.

나는 무엇에 의미를 두고 살아갑니까?

❶ 하나님의 조건 없는 사랑을 경험한 후, 내 삶은 변화되었습니까?
❷ 내가 경험한 변화를 다른 사람에게도 전하기 위해 노력합니까?

성령의 인도하심을 따라 October 03

• 사도행전 8:26-40

성령의 인도하심에 순종하면 성령의 역사를 경험합니다. 빌립의 사역이 그랬습니다. 성령의 인도하심을 따라 가사로 간 빌립은 한 사람을 만나게 됩니다(행 8:26). 바로 에디오피아 여왕의 내시입니다. 빌립과 에디오피아 내시는 절대 만날 일이 없는 관계입니다. 그러나 성령의 인도하심에 순종하자, 이 둘의 만남이 이루어졌습니다. 본문에는 '가다' 형태의 표현이 무척 많이 나옵니다. "일어나서 … 가라 하니"(행 8:26), "가서 보니"(행 8:27), "나아가라"(행 8:29), "달려가서"(행 8:30). 빌립이 성령의 음성에 순종하여 움직였기 때문입니다. 성령의 역사는 이처럼 역동적이고 긍정적이며 진취적입니다.

내시는 마차 안에서 이사야서를 읽을 만큼 경건한 사람이었습니다(행 8:27-28). 그런데 그는 내용을 전혀 이해하지 못했습니다. 성령께서 안타까운 마음에 빌립을 보내셨습니다. 빌립은 내시에게 온전한 복음을 들려줍니다. 내시는 복음을 듣다가 병거를 멈춰 세우고, 세례받길 원했습니다. 빌립이 들려준 복음을 통해 예수님을 주인으로 모셨기 때문입니다. 그동안은 아무리 이해하려고 애써도 머리로 이해되지 않던 말씀이었습니다. 그러나 예수님이 자신을 위해 죽으시고 부활하셨다는 진리를 알게 되자 비로소 이해할 수 있었습니다. 세례를 받은 후 그는 이전과는 전혀 다른 길을 갔습니다. 목적지는 같지만, 삶의 주인이 바뀌었습니다. 이것이 복음의 능력입니다.

에디오피아 내시가 세례를 받은 사건에는 두 가지 의미가 있습니다.
첫 번째는 그가 과거의 죄에서 떠났다는 것입니다. 복음의 능력으로 죄가 드러납니다. 하나님의 정의 앞에서 불의한 것들이 떨며 정체를 드러냅니다. 두 번째는 그가 구원받은 자의 삶을 살게 되었다는 것입니다. 복음의 능력은 새로운 삶을 살게 합니다. 우리 삶에도 복음의 능력이 드러나야 합니다. 성령은 오늘도 우리에게 "가라", "나아가라", "달려가라" 말씀하십니다. 그 성령의 음성에 귀를 기울이십시오. 순종하고 복음을 전하면 성령의 역사를 경험하게 됩니다.

나는 성령의 역사하심을 경험하고 있습니까?

❶ 성령의 인도하심에 순종합니까?
❷ 복음의 능력을 경험합니까?

October 04 삶을 변화시키는 섬김

• 빌립보서 2:1-4

진정한 그리스도인은 구원받은 자의 '삶의 목적'을 생각합니다. 사도 바울은 교회를 향해 아주 명확하게 권면합니다. 이들의 관심은 자신의 편안함과 욕심을 구하는 것이 아닙니다. '하나님이 나를 어떻게 사용하실 것인가'에 초점이 있습니다. 사도 바울은 이상적인 그리스도인의 모습에 관해 이렇게 말합니다. "각각 자기 일을 돌볼뿐더러 또한 각각 다른 사람들의 일을 돌보아 나의 기쁨을 충만하게 하라"(빌 2:4). 예수를 잘 믿는다는 것은 자신뿐 아니라 다른 사람의 일도 돌보는 것입니다. 성숙한 그리스도인이 마땅히 누려야 할 진정한 기쁨은 섬김을 통해 알 수 있습니다.

월드비전의 리처드 스턴스 회장은 인터뷰에서 이렇게 말했습니다. "우리가 가져야 할 질문은 '예수께서 언제 다시 오실 것인가'가 아니라 '왜 예수께서는 이 세상을 떠나셨나'입니다. 만약 우리가 예수님이 왜 떠나셨는지를 이해하지 못한다면, 오늘 우리가 그리스도 안에서 살아가는 것에 대한 중요성을 결코 이해하지 못할 것입니다. 예수님이 세상을 떠나시면서 우리에게 성취하라고 남겨 두신 것은 '하나님 나라를 세우는 것'입니다."

자선 행위가 곧 '섬김'을 의미하는 것은 아닙니다. 돈을 내놓는 것으로 자신이 더 많이 누리는 것에 대한 마음의 빚을 갚자는 뜻이 아닙니다. 하나님이 우리에게 기대하시는 것이 무엇인지를 알아야 합니다. 하나님은 인간적으로 불쌍히 여기는 마음이 아닌 그들을 사랑하시는 하나님의 마음을 품길 원하십니다. 하나님의 마음이 있는 곳에 하나님의 역사가 일어납니다.

"경건의 모양은 있으나 경건의 능력은 부인하니"(딤후 3:5). 교회와 그리스도인이 선한 일을 할 수 있습니다. 그런데 나눔과 섬김을 통해 하나님의 능력이 나타나는가 돌아봐야 합니다. 도움과 섬김은 하나님의 마음을 알 때, '하나님'이 하시는 일입니다. 하나님의 일은 '경건의 모양'이 아닌 '경건의 능력'으로 나타납니다.

나는 섬김을 어떻게 실천하고 있습니까?

❶ 하나님이 나에게 기대하시는 것은 무엇입니까?
❷ 그것을 실천하고 있습니까?

• 신명기 24:19-21

나눔은 우리 기준이 아닌 하나님의 명령에 근거해야 합니다. 제사를 통해 영이신 하나님을 만나는 경험을 하듯, 나눔을 통해서도 영이신 하나님을 만나게 됩니다. 제사뿐 아니라 나눔 또한 하나님이 우리에게 내리신 명령입니다.

우리가 나눔을 하지 못하는 것은 때때로 그 대상을 우리가 정하기 때문입니다. 하나님은 모든 사람과 나누라고 말씀하십니다. 특별히 "나그네와 고아와 과부", 곧 가난한 사람과 그 나라에서 법적 보호를 받지 못하는 거류민을 위해 곡식과 열매를 남겨 둠으로써 나눔을 실천하라고 명령하십니다(신 24:19-21).

중요한 것은 '하나님의 방식대로 나누는가'입니다. 나눌 때 생색내지 말고, 도움을 받는 자의 마음이 상하지 않도록 배려하라고 말씀하십니다. 추수할 때 곡식과 열매를 남겨 두어 필요한 사람이 가져가게 하면 됩니다. 당시 이스라엘 백성이 남겨 둔 몫이 밭의 1/10일 수도 있고, 5/10일 수도 있습니다. 중요한 것은 소득의 많고 적음과 상관없이 누구나 소산의 일부를 가난한 자들을 위하여 내놓았다는 것입니다. 이는 성막에 들어가 하나님과 교제하고, 은혜를 누리며 사는 사람들의 특징입니다.

말씀을 통해 깨닫는 것이 있습니다. 성경은 '경제적인 흐름'에 관해 아주 분명히 설명합니다. 우리가 사는 세상에는 가진 자와 못 가진 자의 구분이 있습니다. 빈부 격차는 어느 시대나 있기 마련입니다. 중요한 것은 가진 자들에게서 못 가진 자들에게로 물질이 바로 흘러가야 한다는 것입니다. 이것이 하나님의 법칙입니다. 성경은 이 흐름의 법칙을 거스르는 것을 '불의'라고 말합니다. 가진 자가 가난한 자를 돌보지 않는 것은 하나님의 법을 어기는 것과 같습니다.

나의 나눔 방식은 어떻습니까?

❶ 받는 이들에게 생색내거나 상처를 주지는 않습니까?
❷ 받는 자들을 배려한 하나님의 나눔 방식을 이해합니까?

October 06 이웃 사랑의 통로, 나눔

• 레위기 19:9-10, 18

"나는 너희의 하나님 여호와이니라"(레 19:10). 하나님은 이스라엘 백성의 부르짖음을 들으시고, 그들을 애굽의 종살이에서 구원하셨습니다. 그분이 우리에게 네 이웃의 아픔을 외면하지 말라고 말씀하십니다. 그 자비하심이 하나님의 속성이며 우리가 그분의 성품을 닮기를 원하시기 때문입니다. 쉽게 말해, 하나님의 은혜를 먼저 입은 자로서의 특권을 나누어 주라는 것입니다. 이것이 은혜를 아는 자의 마땅한 도리입니다.

이웃 사랑은 그리스도인의 정체성(identity)을 가장 명확하게 드러냅니다. 정체성은 우리가 누구에게 속하였는지를 아는 것입니다. 우리는 "그리스도 예수 안에서 선한 일을 위하여 지으심을 받은 자"(엡 2:10)입니다. 그러므로 하나님의 은혜를 입었고 하나님의 사랑을 아는 만큼, 그 사랑이 필요한 사람들에게 손을 내밀어 주어야 합니다. 우리가 먼저 경험한 하나님의 사랑을 나누는 것이 곧 이웃 사랑입니다.

소유도 나눔도 하나님으로 말미암은 신앙 행위입니다. 어떤 사람은 위대한 일을 꿈꾸기 때문에 나눔을 실천하지 못합니다. 그러나 우리가 생각하는 '위대한 일'이 과연 하나님이 보시기에도 위대한 일인지는 생각해 봐야 합니다. 나눔은 그리스도인의 의무입니다. 그 의무를 다하는 것이 곧 하나님의 복을 받는 비결입니다. 나눔이야말로 위대한 일이며 축복입니다. 우리가 가난한 자들을 도울 때, "네 하나님 여호와께서 네 손으로 하는 모든 일에 복을 내리시리라"(신 24:19)고 약속하셨습니다.

레위기는 하나님과 교제하는 방법을 알려 줍니다. 그 방법을 통하여 하나님을 경험하는 축복을 누릴 수 있습니다. 구원받은 자로서 합당한 삶을 사는 사람이 하나님과 교제하는 삶을 살게 됩니다. 자기 소득의 일부를 가난한 자들을 위해 남기는 실천을 통해 하나님을 경험할 수 있습니다. '하나님 때문에', '은혜 때문에' 인내하며 손해 본 흔적이 있어야 합니다. 이것이 그리스도인의 기본적인 삶입니다.

나는 나눔을 실천하고 있습니까?

❶ 나눔이 곧 축복임을 믿습니까?
❷ 이웃 사랑은 선택이 아니라 의무임을 알고 실천합니까?

복음이 능력이다 October 07

• 고린도전서 2:1-3

사도 바울은 자기 지혜와 판단을 의지했다가 낭패를 본 경험이 있습니다. 그 실패의 경험 덕분에 그는 이제 자신이 무엇을 해야 하고, 무엇을 전해야 하는지를 깨닫습니다. 그리스도 안에서 온전하게 되지 않은 지식은 아무것도 아닙니다. 하나님이 우리를 사용하지 않으시면 우리는 아무것도 아닙니다. 우리 비전과 사역의 방향은 '그리스도를 위해' 사용될 때 비로소 빛을 발합니다.

사도 바울은 자기 확신이 무척 강했던 사람이었습니다. 그가 배우고 살아왔던 유대 전통에 따르면, 예수님을 믿는 자들은 잡아 죽여야 할 대상이었습니다. 그러나 다메섹 도상에서 부활하신 주님을 만나고 나선 그의 확신이 여지없이 깨졌습니다. 주님의 부르심을 받은 그는 본성적인 열정으로 사역에 대한 기대감이 컸을 것입니다. 그는 율법에 정통했을 뿐만 아니라 헬라 철학에도 조예가 깊었습니다. 언변에 능해 논쟁에도 자신이 있었을 것입니다. 하지만 아덴(아테네)에서 철학과 논쟁으로 사람을 설득하려다가 참담히 실패하고, "지혜의 아름다운 것"(고전 2:1)으로 전도하려다가 또 철저히 실패합니다.

그는 더 이상 사람의 지혜와 능력으로는 복음을 전하지 않기로 작정합니다. "내가 너희 가운데 거할 때에 약하고 두려워하고 심히 떨었노라"(고전 2:3). 실패를 경험한 후 고린도에 도착한 사도 바울의 상태입니다. 이후 그는 고린도에서 전도할 용기가 나지 않았습니다. 결국, 천막을 깁는 기술을 업으로 삼아 생계를 유지하며 복음을 전하게 됩니다. 약함 가운데 복음을 전한 곳, 실패 후 떨림을 경험했던 곳에서 고린도교회가 시작됩니다.

사도 바울은 십자가 외에는 어떤 것도 전하지 않겠다고 결심합니다(고전 2:2). 십자가의 능력만 전하겠다는 것입니다. 주님께 모든 것을 맡기고, 오롯이 사역에 몰두하기로 한 것입니다. 그제야 비로소 복음의 '단순성'을 깨달은 것입니다. 복음은 아름답게 포장할 필요가 없습니다. 그 자체로 능력이 있기 때문입니다.

복음이 능력임을 믿습니까?

❶ 복음을 포장하려 하지는 않습니까?
❷ 내가 놓지 못하는 '지혜'는 무엇입니까?

October 08 구별된 지혜

• 고린도전서 2:4-9

바울은 십자가의 능력과 세상의 지혜가 다름을 분명히 선언합니다. 자신이 전하는 복음의 본질이 무엇인지를 말하고 있습니다. "이는 이 세상의 지혜가 아니요 또 이 세상에서 없어질 통치자들의 지혜도 아니요"(고전 2:6). 세상의 지혜란 다른 사람의 판단과 내 외적인 모습과 성공에 집착하는 것입니다. 거짓 지혜로 무장된 거짓 자아는 어떻게 해서든지 눈에 띄려고 합니다. 외모가 자신을 나타내는 모든 것이 됩니다.

그러나 우리가 늘 기억해야 할 것은 하나님의 생각입니다. 무엇을 가졌느냐, 무엇을 이루었느냐보다는 어떤 존재로 살아가느냐에 하나님의 지혜가 있습니다. 그런데 우리는 세상의 유혹에 늘 노출되어 있습니다. 어떻게 하면 복음을 더 멋지게 포장할까 고민합니다. 그러나 복음의 능력은 포장할 필요가 없습니다.

복음의 능력은 단순함에 있습니다. 우리가 선포해야 하는 가장 위대한 사실, 곧 하나님이 우리에게 주시는 가장 놀라운 지혜는 우리 주 예수 그리스도께서 십자가에 못 박히심으로써 우리를 하나님의 자녀로 삼아 주셨다는 것입니다.

하나님을 아버지라 부르는 순간 우리는 거짓된 모습을 할 필요가 없어집니다. "무릇 하나님의 영으로 인도함을 받는 사람은 곧 하나님의 아들이라 너희는 다시 무서워하는 종의 영을 받지 아니하고 양자의 영을 받았으므로 우리가 아빠 아버지라고 부르짖느니라 성령이 친히 우리의 영과 더불어 우리가 하나님의 자녀인 것을 증언하시나니 자녀이면 또한 상속자 곧 하나님의 상속자요 그리스도와 함께 한 상속자니 우리가 그와 함께 영광을 받기 위하여 고난도 함께 받아야 할 것이니라"(롬 8:14-17). 그분의 자녀가 되는 순간, 거짓된 모습을 할 필요가 없어집니다. 왜냐하면 하나님 아버지가 있는 모습 그대로 우리를 받아 주시기 때문입니다. 나아가 하나님의 자녀가 되는 순간, 세상 무엇과도 비교할 수 없는 권세를 주십니다. 하나님의 지혜는 바로 이 사실에서부터 출발합니다.

나에게 거짓된 모습이 아직 남아 있습니까?

❶ 하나님이 나의 아버지이심을 믿습니까?
❷ 있는 모습 그대로 받아 주심을 믿습니까?

영에 속한 사람 October 09

• 고린도전서 2:10-16

"성령은 모든 것 곧 하나님의 깊은 것까지도 통달하시느니라"(고전 2:10). 여기서 '통달하다'는 모든 것을 안다는 뜻입니다. 성령께서는 '하나님에 대한 지식'에 통달하십니다. 하나님이 삶의 어떤 부분에 어떻게 관여하시는지를 알게 될 때, 우리는 비로소 영적인 사람이 됩니다. 이는 주님이 세상에 계실 때 이미 약속해 주신 것입니다(요 14:16-17). 그렇다면 "하나님의 깊은 것"에는 무엇이 있을까요? 이 세상을 구원하시기 위해 독생자를 주신 '사랑'이 있습니다. 또한 '거룩하심'이 있습니다. 하나님의 사랑 앞에 무릎을 꿇고, 거룩하심 앞에 겸손하게 머리를 조아려야 합니다. 사도 바울은 그리스도를 알고 난 후 자신이 자랑스럽게 여기던 모든 것을 배설물로 여기고 내버렸습니다.

바울은 육에 속한 사람과 영에 속한 사람을 대비합니다(고전 2:13-14). 육에 속한 사람은 자신의 욕구와 격정의 지배를 받습니다. 성령의 인도하심을 받지 않기에 하나님을 알지 못합니다. 그들은 하나님 없이 생각합니다. 성령께서 하시는 일들을 어리석다고 생각합니다. 그래서 성경은 영적인 일은 영적으로만 분별된다고 말합니다(고전 2:14). 이 세상에서 일어나는 육적인 일들이 하나님의 인도하심 가운데 영적으로 보이기 시작하면, 그때 비로소 영에 속한 사람이라고 말할 수 있습니다.

신앙생활 하면서 가장 어려운 것은 '분별하기'입니다(고전 2:15-16). 영적인 것의 기준은 '하나님의 마음'입니다. 알아들을 수 없는 모호한 이야기가 아닙니다. 영적인 자는 성령을 받아 성령의 지배를 받습니다. 성령이 우리 안에 계셔야 합니다. 사도 바울은 구원받은 성도들을 향해 우리 몸이 곧 '하나님의 거룩한 성전'이라고 말합니다. 구원받은 자의 진정한 고백이 있을 때, 성령께서 우리 안에 계십니다. 성령은 인격적이십니다. 그러므로 하나님의 자녀로서 영적인 삶을 살길 원한다면, 성령을 초청해야 합니다. 그러면 성령께서 우리에게 하나님의 마음을 주사 세상을 분별하게 하실 것입니다.

나는 영적인 사람입니까,
아니면 육적인 사람입니까?

❶ 성령을 받고도 육적인 사람처럼 행동하지는 않습니까?
❷ 내가 하나님의 거룩한 성전임을 압니까?

October 10 하나님이 하십니다

• 고린도전서 3:1-9

고린도교회 성도 간에 시기와 분쟁이 일어났습니다. 서로 아볼로 편이니 바울 편이니 주장하는 분파가 일어났습니다. 이에 관해 사도 바울이 말합니다. "나는 심었고 아볼로는 물을 주었으되 오직 하나님께서 자라나게 하셨나니"(고전 3:6). 우리는 단지 주어진 역할을 할 뿐, 모든 것을 이루시는 분은 하나님이라고 말합니다. 고린도교회 교인들이 이간질해도 사도 바울과 아볼로는 여전히 "우리"입니다. 왜냐하면 누가 심고, 누가 물을 주든 그것을 자라게 하는 이는 하나님이시기 때문입니다. 성도는 하나님이 뿌리시는 대로 자라는 밭이며, 하나님이 거하시는 집입니다(고전 3:9). 이것을 인정할 때, 참된 신앙인이 됩니다.

거짓 종교와 참된 신앙은 완전히 다릅니다. 거짓 종교는 인간의 활동에 중심을 둡니다. 즉 "우리가 하나님을 위해 무엇을 할까"를 고민합니다. 그리고 우리가 한 일에 대해 하나님의 보상을 바랍니다. 만약 보상이 채워지지 않으면 실망하거나 원망합니다. 그러나 참된 신앙은 활동이 아닌 '심령'에 관심을 둡니다. 하나님의 말씀을 묵상하고, 하나님의 마음이 무엇인지 생각합니다. 거짓 종교는 하나님 이외의 것에 우선순위를 둡니다. 기도한 대로 이루어지지 않으면 실망합니다. 하지만 참된 신앙은 하나님이 삶의 중심이 됩니다. 응답이 없어도 기도의 끈을 놓지 않고 계속 기도하도록 권고하심을 깨닫습니다. 참된 신앙은 우리 소원과 하나님의 은혜를 바꾸지 않습니다. 참된 신앙 안에서 우리는 기도가 온전히 하나님의 은혜임을 깨닫습니다. 왜냐하면 주님은 은혜가 은혜 되도록 때로 기도의 응답을 지연시키시고, 때로는 소중한 것을 빼앗아 가기도 하시지만, 구원이야말로 세상 무엇과도 바꿀 수 없는 소중한 것이기 때문입니다.

신앙이란 우리 기도와 삶 가운데 역사하시는 하나님께 순종하는 것입니다. 하나님의 주권을 믿기에 최선을 다하고, 성취하시는 하나님을 기대하며 기다리는 것입니다. 우리는 믿음으로 구원받지만, 신앙인으로서 어떻게 사느냐에 따라 하나님께 쓰임을 받고, 마지막날에는 하나님의 심판을 받게 될 것입니다.

교회 생활에서 '나'가 드러납니까?

❶ 내가 하나님의 밭, 하나님의 집임을 인정합니까?
❷ 이 모든 것을 하나님이 하심을 인정합니까?

지혜로운 자가 되십시오 October 11

• 고린도전서 3:16-23

사도 바울은 고린도 교인들에게 '너희 몸을 더럽히지 말라!'고 권면합니다. "너희는 너희가 하나님의 성전인 것과 하나님의 성령이 너희 안에 계시는 것을 알지 못하느냐"(고전 3:16). 하나님의 성전은 거룩하니 우리 몸도 거룩해야 합니다. 이 권면은 오늘날 우리에게도 동일하게 적용됩니다.

성전은 하나님을 모시고, 하나님과 만나는 곳입니다. 성전은 거룩한 곳이 되어야 합니다. 거룩하신 하나님이 거룩함 가운데 임하시는 곳이기 때문입니다. 사도 바울의 질책을 보면, 고린도 교인들은 성전인 그들의 몸을 거룩하게 지키지 못했습니다. 거룩하지 않은 곳에는 성령이 거하실 수 없습니다. 성령이 거하시지 않으면, 성도는 성령의 뜻대로 살아갈 수 없습니다(고전 3:17).

하나님의 성전으로서 거룩하게 살려면, '지혜로운 자'가 되어야 합니다. 하나님의 지혜는 세상의 지혜와 다릅니다. 사도 바울은 세상에서 어리석은 자가 되는 것이 하나님 앞에서 지혜로운 자가 되는 것이요, 세상에서 지혜로운 자는 자기 꾀에 빠지게 될 것이라고 말합니다(고전 3:18-19). 계획과 기도가 틀어졌을 때, 오히려 하나님께 감사할 일이 얼마나 많았는지를 생각해 보십시오. 하나님의 생각과 지혜는 우리 생각과 지혜를 뛰어넘습니다. 그러므로 형편을 바꾸어 달라고 기도하는 대신에 어떤 환경에서든 하나님이 주시는 지혜로 능히 이길 힘을 달라고 기도해야 합니다.

지혜는 하늘의 하나님으로부터 내려옵니다. 이것을 아는 사람은 하늘을 향해 마음을 열고, 하나님을 향해 귀를 엽니다. "너희 중에 누구든지 지혜가 부족하거든 모든 사람에게 후히 주시고 꾸짖지 아니하시는 하나님께 구하라"(약 1:5). 하나님을 얼마나 신뢰하느냐에 따라 그만큼의 지혜를 경험하게 될 것입니다. "깊도다 하나님의 지혜와 지식의 풍성함이여 그의 판단은 헤아리지 못할 것이며 그의 길은 찾지 못할 것이로다"(롬 11:33).

내가 하나님의 성전임을 인정합니까?

❶ 거룩해지기 위해 노력합니까?
❷ 나는 하나님과 세상 중 어디에서 지혜를 구합니까?

October 12 맡은 자의 충성

• 고린도전서 4:1-8

바울은 사람들이 우리를 '그리스도의 일꾼'으로 여겨야 한다고 말합니다(고전 4:1). 원어에서 '일꾼'이란 '배 밑에서 노를 젓는, 즉 가장 낮은 곳에서 일하는 자'를 말합니다. 사역자는 그리스도의 명령에 철저히 복종해야 하는 위치에 있습니다. 또한 바울은 사역자란 '하나님의 비밀을 맡은 자'라고 말합니다(고전 4:1). '비밀을 맡는 자'란 집을 지키는 청지기라는 의미에서 비밀을 나누어 주는 자로 해석할 수 있습니다. 사도 바울이 자신을 하나님의 종이라고 말할 때는 무조건적인 충성을 의미합니다. 그 충성은 자기만이 아니라 놀라운 비밀을 나누어 주는 일에 대한 충성입니다.

'충성'의 헬라어 '피스티스'에는 믿음이란 뜻이 있습니다. 주인을 믿는 것이 충성입니다. 우리는 하나님을 믿을 때 구원을 얻습니다. 하나님이 우리를 믿으실 때는 복을 주십니다. 다시 말해, 충성이란 하나님이 우리를 믿으실 수 있도록 하는 것입니다.

고린도 교인들이 바울을 판단했습니다(고전 4:3-4). 대부분 부정적인 판단이었습니다. 그러나 바울은 심판은 오직 주께 달려 있다고 말합니다. 판단에는 사람들에게서 얻는 평판이 있고, 자신을 스스로 판단하는 자기 인정이 있으며, 하나님이 보시는 심판이 있습니다. 하나님과의 관계, 나 자신과의 관계, 이웃과의 관계가 잘 이루어져야 합니다. 그 조화를 위해서는 우선순위가 분명해야 합니다.

다른 사람의 평판이나 나의 판단은 불완전합니다. 바울은 고린도 교인들로부터 부정적인 판단을 받았지만, 흔들리지 않았습니다(고전 4:3). 자신을 스스로 판단하지도 않는다고 말합니다. "다만 나를 심판하실 이는 주시니라"(고전 4:4). 하나님만이 온전히 판단하실 수 있습니다. 바울은 우선순위가 분명했습니다. 우리는 하나님의 뜻에 따라 언제든지 변화할 준비를 하고 살아야 합니다. 이것이 겸손이며 충성입니다. "맡은 자들에게 구할 것은 충성"입니다(고전 4:2).

나는 다른 사람이나 자신의 평가에 흔들립니까?

❶ 나를 심판하실 분은 하나님뿐임을 믿습니까?
❷ 하나님의 뜻에 항상 충성하고 있습니까?

욕망 이기기 October 13

• 고린도전서 7:1-5

바울은 결혼한 부부는 서로를 위해 권리와 의무를 다해야 한다고 가르칩니다. 당시 사회에 만연해 있던 노예 개념이나 성적인 향락의 도구로서의 결혼관과는 다른 개념이었습니다. 성적 욕망을 올바르게 다스리는 방법으로 결혼을 제시하고 있습니다. 서로에 대한 '의무'의 관점에서 보는 것입니다. "자기 몸을 주장하지 못하고"(고전 7:4)는 남편과 아내에게 동일하게 적용되는 표현입니다. 말씀 안에서 각자 자신을 주장하지 않고, 서로 배려하고 이해하는 자세가 필요합니다.

유진 피터슨의 《메시지》 성경은 고린도전서 7장을 이렇게 시작합니다. "'성관계'를 갖는 것이 바람직한 일일까요? 물론입니다. 그러나 결혼이라는 확실한 관계 안에서만 그렇습니다. … 여러분이 부부 관계에 대한 기대를 접는 순간, 사탄이 교묘하게 유혹하기 때문입니다." 서로에게서 만족을 찾는다면, 늘 불만족스러울 수밖에 없습니다. 내 만족이 채워지지 않으면, 상대방에게 불평할 수밖에 없습니다. 불평은 하나님과 우리 사이에 틈을 만들고, 그 사이로 사탄이 비집고 들어옵니다. 결혼과 부부 관계가 하나님이 주신 선물이라면 귀하게 다루어야 합니다.

인간에게 욕망은 아주 자연스러운 것입니다. 그러나 그 욕망을 다스릴 때, 참다운 인간이 됩니다. 욕망대로 살면 사람이 아니라 동물입니다. 욕망은 감추기보다 하나님 앞에서 정직하게 드러내야 합니다. 약하고 추한 모습을 하나님께 내어놓고, 도우심을 구하십시오. 자신은 욕망의 문제에서 자유하다거나 이길 수 있다고 주장하는 것은 가장 위험한 착각입니다.

"오호라 나는 곤고한 사람이로다 이 사망의 몸에서 누가 나를 건져내랴"(롬 7:24). 이것은 단순한 탄식이 아니라 하나님을 향한 호소입니다. 바울은 자신의 연약함을 알았기에 늘 하나님의 도우심을 구하는 사람이 되었습니다. 사도 바울의 위대함은 그가 그렇게 위대한 사역을 하고 있었음에도 늘 자신의 연약함을 기억하고, 고뇌하며 기도한 데 있습니다.

나는 욕망(식욕, 성욕, 소유욕 등)에서 자유롭습니까?

❶ 내가 해결하기 어려운 욕망은 무엇입니까?

❷ 하나님 앞에 욕망을 내려놓고 도우심을 구하고 있습니까?

October 14 각자에게 유익한 대로

• 고린도전서 7:6-9

“만일 절제할 수 없거든 결혼하라 정욕이 불같이 타는 것보다 결혼하는 것이 나으니라”(고전 7:9). 무엇보다 사도 바울이 견지하고 있는 태도는 결혼 제도에 관해 논쟁하자는 것이 아니라 현재 자신이 처한 상황을 긍정적으로 바라보라는 것입니다. 모든 사람에게 주어진 은사와 상황이 다르기 때문입니다(고전 7:7). 결혼에 관한 사도 바울의 결론은 이것입니다. “그러나 내가 이 말을 함은 허락이요 명령은 아니니라”(고전 7:6). 옳고 그름의 문제가 아니라 “무엇이 유익한가”의 관점 문제라는 것입니다.

“남자가 여자를 가까이 아니함이 좋으나”(고전 7:1). 이 말은 독신으로 지내는 것이 낫다는 말이 아니라 부르심에 합당하게 살라는 뜻입니다. 그의 말이 ‘명령’이 아니라고 밝힌 이유입니다. “만일 절제할 수 없거든 결혼하라 정욕이 불같이 타는 것보다 결혼하는 것이 나으니라”(고전 7:9). 결혼이 최선은 아니지만, 하나님의 자녀로서 살아가는 안전장치라고 할 수 있습니다.

그러나 모든 사람에게 가정을 허락하신 것은 아닙니다. 가정 없이 살아야 하는 사람과 가정을 희생하고 사명을 감당해야 하는 사람이 있습니다. 이것은 하나님의 부르심에 기인합니다. 그러므로 부르심 때문에 혼자 사는 것은 괜찮으나, 어쭙잖게 누군가를 흉내 내지는 말아야 합니다. 우리 육신은 하나님의 것입니다. 우리가 그리스도와 연합하여 거룩한 성전이 되었으므로 자기 몸을 스스로 지켜야 합니다.

기독교는 금욕의 종교가 아니라 하나님이 주신 것을 선하게 사용하는 종교입니다. 하나님이 지으신 선한 것을 잘못 사용하는 것이 죄입니다. “하나님께서 지으신 모든 것이 선하매 감사함으로 받으면 버릴 것이 없나니 하나님의 말씀과 기도로 거룩하여짐이라”(딤전 4:4-5). 결혼은 태초에 하나님이 허락하신 가장 큰 선물입니다. 생육하고 번성하라고 하신 명령이 결혼을 통해 여전히 이어지고 있습니다.

나의 상황에서 사도 바울의 말은 어떻게 적용됩니까?

❶ 나에게 가정을 허락하셨다면, 내가 맡은 역할은 무엇입니까?
❷ 만약 가정을 허락하지 않으셨다면, 욕구를 어떻게 다스려야 합니까?

• 고린도전서 7:10-17

"명하는 자는 내가 아니요 주시라"(고전 7:10). 율법에서는 음행이 아니고는 남편과 아내를 버릴 수 없습니다. 결혼은 하나님이 우리에게 주신 선물인 동시에 함부로 깰 수 없는 약속이기 때문입니다. 그런데 초대교회에 문제가 발생했습니다. 실제로 사도 바울의 목회 현장에서 갈라선 부부가 생겼고, 신앙 문제로 고민하는 사람들이 있었습니다. 이방인들에게도 복음이 전해지면서 신앙 문제로 가정에 심각한 불화가 초래된 것입니다. 이러한 새로운 상황에서 사도 바울은 고민한 끝에 주의 명령은 아니지만, 자신의 목회적 견해를 제시합니다. 결혼은 원칙적으로 지켜져야 하며 믿지 않는 배우자가 헤어지길 원치 않으면 버리지 말아야 한다고 말합니다. 이유는 분명합니다. 아직 구원받지 못한 배우자를 구원하시려는 하나님의 계획이 있으니 참고 기다리라는 것입니다.

하나님은 결혼을 통해 우리 삶이 아름다워지기를 원하십니다. 아담에게 하와를 허락하신 이유도 혼자 사는 것이 좋지 않다고 여기셨기 때문입니다(창 2:18). 인간은 홀로 온전한 존재가 아니기에 배우자를 주셨습니다. 즉 결혼은 서로의 부족함을 채워 가는 과정입니다. 그렇다고 결혼이 목적이 될 수는 없습니다. 결혼은 부르심의 문제와 함께 다루어져야 할 만큼 중요한 일입니다. 이혼이나 사별의 아픔을 겪은 사람도 있고, 아직 결혼하지 못해서 기도하는 사람도 있을 것입니다. 과거의 선택에 대해 잘잘못을 따지기보다는 지금 상황에서 하나님이 나를 어떻게 부르시고, 어떤 사명자가 되길 원하시는지에 집중해야 합니다.

사도 바울은 결혼의 "거룩성"을 강조합니다(고전 7:14). 결혼의 여부는 은사적인 부분이기도 합니다. 사도 바울은 결혼하지 않고 사도로 사는 삶의 유익을 경험합니다. 그러나 독신이 성적인 충동으로 인해 거룩함을 해친다면 유익한 것이 아닙니다. 결혼해야 하는 이유 중 하나는 거룩함을 지키기 위함이요, 결혼했다면 그 거룩함을 끝까지 유지해야 합니다. 맘에 들지 않는 부분이 있어도 서로 참고, 서로를 위해 존재해야 합니다. 결혼이 선택이라면, 결혼생활은 책임입니다.

결혼이 하나님의 선물이며 약속임을 믿습니까?

❶ 결혼이 거룩하기 위함임을 믿습니까?
❷ 믿지 않는 배우자를 위한 하나님의 구원 계획을 믿습니까?

October 16 부르신 그대로

• 고린도전서 7:18-24

고린도교회에 심각한 문제가 생겼습니다. 부르심의 모습이 각기 달랐던 것입니다. 특히 할례를 받은 유대인과 할례를 받지 않은 이방인 사이에 갈등이 있었습니다. 이들은 복음을 듣고 그리스도 안에서 새로운 피조물이 되었음에 감사하기보다는 다른 사람의 모습을 보며 비교했습니다. 상대방이 나와 같기를 요구하거나 내게 없는 것을 가진 상대방을 부러워했습니다. 이에 관해 사도 바울은 명확하게 말합니다. "각 사람은 부르심을 받은 그 부르심 그대로 지내라"(고전 7:20).

예수님을 먼저 믿은 유대인이 나중에 믿은 이방인을 바라보는 관점이 문제였습니다. 그들은 이방인들도 유대 방식으로 예수님을 믿기를 바랐던 모양입니다. 그러나 이 바람은 사실 독선입니다. 실제로 이것은 가장 심각한 문제 중 하나였습니다. 이방인 중에는 유대인을 따라 할례를 받는 사람들도 있었습니다. 그러나 예수 그리스도 안에서는 세속의 신분이나 육신의 조건은 중요하지 않습니다. 모두가 동등한 특권을 누리기 때문입니다. 그리스도인은 종이라도 주 안에서 자유함을 얻고, 자유인이라도 종 된 삶을 살아야 합니다. 부르신 모습 그대로 있어야 하는 이유는 하나님이 그 모습도 기뻐하시기 때문입니다. 우리는 더 이상 죄의 노예가 아닙니다. 하나님의 종이 된다는 것은 이제 세상에서 자유함을 누린다는 것입니다.

당시 인간의 욕망을 절제함으로 '죄'에서 자유하고자 한 '금욕주의'가 있었습니다. 하나님께 부르심을 받으면, 거룩한 하나님의 백성이 되어 자기 욕망을 절제하는 금욕의 욕구가 자연스럽게 생깁니다. 그러나 솟아나는 욕망을 무조건 억제한다고 죄성에서 자유로워지는 것은 아닙니다. 오히려 죄의 욕망 가운데 죄책감을 더 느끼게 됩니다. 우리는 욕망을 선한 의지로 바꾸는 노력을 해야 합니다. 돈에 대한 욕망은 돈을 선하게 사용할지에 관한 관심으로 돌리고, 성욕은 결혼제도 안에서 해결하고, 명예욕은 하나님의 영광을 위해서 사용하도록 말입니다. 모든 것이 가하나 모든 것이 유익한 것은 아닙니다.

나를 부르신 모습은 무엇입니까?

❶ 다른 사람의 부르심을 부러워하지는 않습니까?
❷ 나를 부르신 모습에서 사명을 찾았습니까?

지식은 교만을, 사랑은 덕을 October 17

• 고린도전서 8장

성경 지식과 믿음의 경험은 반드시 필요하지만, 그 자체가 믿음은 아닙니다. 믿음은 본질적으로 겸손과 자기 포기를 전제로 합니다. 중요한 것은 그 믿음을 어떻게 끝까지 간직하느냐에 있습니다. 자신의 믿음과 지성에 대한 확신은 필요하지만, 그것이 다른 사람을 비판하거나 정죄하는 기준이 되어서는 안 됩니다.

당시 고린도교회는 우상에게 바치는 제물에 관해 풍부한 지식이 있었던 것 같습니다. 그런데 지식만으로는 해결되지 않는 문제들이 있습니다. 진짜 문제는 지식의 결핍이 아닌 사랑의 결핍에 있습니다. 사도 바울은 우리가 이미 알고 있는 진리를 아직 모르는 사람들이 있다고 말합니다(고전 8:7). 하나님을 믿는 우리에게 우상에게 바쳐진 제물을 먹는 것은 큰 문제가 아닙니다(고전 8:4). 왜냐하면 우상은 아무것도 아니기 때문입니다. 그러나 지금까지 우상의 제물을 먹어서는 안 된다고 알고 있던 사람들은 그 모습을 보면서 죄의식을 가질 수 있습니다. 자유함이 없는 사람에게는 죄와 사망의 법이 올무가 되는 법입니다(롬 8:1-2).

양심은 우리 행동이 용인되거나 정죄를 받는 마음의 기준입니다. 양심은 우리가 알고 있는 지식에 근거합니다. 중요한 것은 이 지식이 세상적인 것에 근거하는가, 아니면 영적인 것을 따르는가입니다. 아직 믿음이 약한 사람은 양심이 쉽게 더러워지고(고전 8:7), 쉽게 상처받으며(고전 8:12), 쉽게 실족합니다(고전 8:13). 그러므로 믿음 있는 성도들이 믿음이 약한 성도들에게 양보해야 한다는 것입니다. 더 성숙하고 더 사랑하는 사람이 양보해야 합니다.

이를 위해서라면 바울은 평생 고기를 먹지 않겠다고 선언합니다(고전 8:13). 사도 바울은 자신이 옳다고 생각하는 것을 전파하는 것보다 그것을 받아들일 사람들의 마음을 더 중요하게 생각했습니다. 그는 형제에게 상처를 입히는 것은 곧 그리스도께 죄를 짓는 것과 같다고 말합니다(고전 8:12). 지식보다 더 중요한 것은 사랑과 존중과 겸손한 마음, 그리고 하나님의 마음입니다.

나의 성경 지식과 신앙 경험의 연륜은 어느 정도입니까?

❶ 그것으로 다른 사람을 정죄하거나 상처를 주지는 않습니까?
❷ 믿음이 약한 사람들의 성장을 위해 무엇을 할 수 있습니까?

October 18 끝까지 가야 할 길

• 고린도전서 9:19-27

바울은 세상에서 누리던 모든 자유를 포기하고, 종이 되기로 선택합니다(고전 9:19). 그는 종처럼 살았지만, 진정한 자유인이었습니다. 왜냐하면 그는 마음의 간절한 소원을 따라 살았기 때문입니다. 사도 바울이 승리의 인생을 살 수 있었던 것은 남다른 인생철학과 윤리관이 있었기 때문입니다. 오늘 본문을 요약하면, 운동장에서 모든 선수가 달릴지라도 상을 받는 사람은 한 명뿐입니다(고전 9:24). 이기기를 원한다면 절제하고(고전 9:25), 정확한 방향으로 달려야 합니다(고전 9:26).

사도 바울은 하나님이 주신 거룩한 소원을 이루기 위해 '절제'해야 한다고 말합니다. 그는 자신의 욕망 때문에 늘 고민했습니다. 그에게는 '썩지 않을 승리자의 관'이라는 분명한 목표가 있었습니다(고전 9:25). 그는 하나님의 은혜를 경험했고, 그 은혜로 종으로 살겠다고 결심했습니다. 사도 바울은 이 목표를 이루기 위해 자기 몸을 쳐 복종하게 한다고 말합니다(고전 9:27). 이는 욕망에 꺾이지 않기 위해 끊임없이 애쓴다는 뜻입니다. 그는 자기 본성을 잘 알고 있었습니다. 화와 욕심과 시기와 질투가 있습니다. 칭찬받고 높임을 받으려는 명예욕도 있습니다. 이러한 본성은 끊임없이 다스려야 합니다.

사도 바울은 도리어 버림받을까 봐 두려워했습니다(고전 9:27). 그래서 그는 계속해서 자기 욕망을 쳐서 복종시키고, 올바른 방향으로 가기 위해 노력했습니다. "버림을 당할까"(고전 9:27)에서 '버림'으로 번역된 헬라어 원어 '아도키모스'는 당시 운동경기에서 많이 쓰이던 전문 용어로 '인정받지 못하다, 자격이 없다'라는 뜻이 있습니다. 사도 바울은 자신을 선포자요 경기자로 생각했습니다. 혹 사역에 바빠서 자신을 돌보는 데 소홀히 하여 자격을 잃을까 봐 늘 주의했습니다. 영광스러운 승리는 끝까지 그 길을 정정당당하게 지나온 사람들의 몫입니다. 사도 바울에게 가장 영광스러운 승리는 잃어버린 영혼을 한 명이라도 더 구원하는 것이었습니다. 이를 위해 바울은 개인의 권리를 기꺼이 포기했습니다.

믿음의 승리라는 길을 달려가고 있습니까?

❶ 내가 절제해야 할 것은 무엇입니까?
❷ 올바른 방향으로 가고 있음을 확신합니까?

• 고린도전서 3:10-15

사도 바울은 "내게 주신 하나님의 은혜를 따라 내가 지혜로운 건축자와 같이 터를 닦아"(고전 3:10) 둔다고 말합니다. 여기서 '터'란 건물을 지을 때 놓는 기초를 가리킵니다. 사도 바울은 하나님의 은혜를 따라 고린도에 교회를 세워 터를 닦았는데, 그 위에 다른 사람이 집을 지을 때 신중하게 생각해야 한다고 말합니다. 이 '터'는 곧 '예수 그리스도'이십니다(고전 3:11).

교회와 신앙은 그리스도의 터 위에 지어져야 합니다. 예수님이 터가 되신다는 말은 예수 그리스도를 나의 주로 인정한다는 뜻입니다. 교회의 존재 이유가 그리스도께 있음을 인정하는 것입니다. 사도 바울은 분명 예수 그리스도의 터 위에 교회를 세웠습니다. 그런데 고린도교회 교인들은 하나님의 주권을 인정하지 않고, 자꾸 사람을 인정하려고 합니다. 하나님께 속한 것을 자랑하지 않고, 누구 편에 섰는지를 자랑합니다. 기독교의 가장 큰 타락은 하나님이 아닌 교회와 사람을 주인으로 삼을 때 일어납니다.

교회는 그리스도의 터 위에 세워질 때 교회다워집니다. 온전한 기초 위에 잘못된 것을 올리기 시작하면 교회는 변질됩니다. 우리가 기본으로 돌아가야 하는 이유입니다. 사도 바울이 이야기하는 교회는 오직 그리스도의 터 위에 세워진 교회입니다. "이 닦아 둔 것 외에 능히 다른 터를 닦아 둘 자가 없으니 이 터는 곧 예수 그리스도라"(고전 3:11). 이제는 다른 터를 생각하지 말아야 합니다.

장차 올라갈 건물의 가치와 크기는 터가 결정합니다. 우리 인생에 그리스도의 터가 세워진 순간부터 우리는 그리스도의 형상으로 새로이 빚어져야 합니다. 그 터 위에서 열매가 열리지 않는다면, 우리는 부끄러운 인생을 살고 있는 것입니다. 그리스도의 터 위에서 교회가 복음을 올바로 전하고 있는지 끊임없이 물어야 합니다. 예수 그리스도의 마음이 아닌 내 마음이 교회의 기준이 되어 버렸다면, 빨리 기초인 예수 그리스도로 다시 돌아가야 합니다.

내 인생의 기초가 그리스도이심을 믿습니까?

❶ 나의 신앙은 그리스도의 터 위에 건축되고 있습니까?
❷ 기웃거리고 있는 '다른 터'가 있지는 않습니까?

October 20 디딤돌과 걸림돌

• 고린도전서 10:23-33

사도 바울은 은혜받은 자의 신앙적인 삶의 태도를 보여 줍니다. "모든 것이 가하나 모든 것이 유익한 것은 아니요 모든 것이 가하나 모든 것이 덕을 세우는 것은 아니니 누구든지 자기의 유익을 구하지 말고 남의 유익을 구하라"(고전 10:23-24). 이 구절 뒤로 우상에 바쳐진 제물을 먹어도 되느냐에 관한 문제가 이어집니다. 바울은 세상 만물은 하나님의 피조물이기에 먹어도 된다고 말합니다. 단, 우리가 우상의 제물을 먹는 것을 보고, 믿음이 약한 자가 충격을 받거나 교회를 떠나는 일이 있어서는 안 되니 그럴 때는 먹지 말라고 말합니다.

우상의 제물을 먹을지 안 먹을지를 정하는 기준은 무엇입니까? 주변 사람입니다. 그중에서도 특히 믿음이 약한 사람입니다. 사도 바울은 강한 자가 약한 자의 약점을 담당해야 한다고 말합니다(롬 15:1). 그의 신앙과 신학에는 일관성 있는 원칙이 있습니다. 바로 '하나님 중심, 초신자 중심'입니다. 그는 자신에게 있는 권리를 모두 사용하지 않고 절제하며 자신의 자유를 스스로 속박했는데 유대인과 헬라인을 구원하기 위해서였습니다(고전 9:18).

사도 바울은 '거치는 자'가 되지 말라고 말합니다(고전 10:32). '거치는 자'란 '넘어지게 하는 사람'이란 뜻입니다. 아직 믿음이 약한 사람들이 잘 믿는 자들로 인해 사소한 감정이나 의문에 휩싸여 구원받는 데 방해를 받아서는 안 됩니다. 하나님을 믿는 사람들이 세상 사람들을 구원으로 인도해야 하는데, 오히려 구원의 걸림돌이 되어서야 되겠습니까? 하나님의 영광을 가리는 걸림돌이 되지 마십시오.

"너희가 먹든지 마시든지 무엇을 하든지 다 하나님의 영광을 위하여 하라"(고전 10:31). 한 사람이라도 더 구원하길 원하시는 하나님의 마음으로 이웃을 기쁘게 할 때, 이웃의 신앙 성장에 디딤돌이 될 수 있습니다. 이것이 바로 하나님을 기쁘시게 하는 삶입니다.

무엇을 하든지 하나님의 영광을 위해서 합니까?

❶ 누군가의 신앙 성장에 거치는 자(걸림돌)가 된 적이 있습니까?
❷ 나의 절제로 누군가의 신앙 성장에 디딤돌이 된 적이 있습니까?

변질된 성찬 October 21

• 고린도전서 11:17-22

성찬은 그리스도와의 관계를 점검하고, 그리스도의 사랑을 확인하는 자리입니다. 그런데 고린도교회의 성찬에서는 자기 욕구를 채우는 이들이 있었습니다. "너희의 모임이 유익이 못되고 도리어 해로움이라"(고전 11:17). 성찬에 참여하는 모든 성도가 평등하게 연합해야 합니다. 그런데 성찬의 자리가 분쟁의 자리가 되었습니다. 당시 세계 곳곳에 흩어진 유대인들은 회당을 중심으로 생활했습니다. 이들은 모일 때마다 각자 준비해 온 음식을 나누며 함께 식사했습니다. 이런 식사를 '에라노스'라고 불렀습니다. 그런데 부유한 사람들은 자기들끼리 좋은 음식을 가져와서 먹었습니다. 그 바람에 함께 즐겨야 할 식사 자리가 친한 사람과 덜 친한 사람, 가진 사람과 못 가진 사람으로 나뉘고 말았습니다. 본래 좋은 의도로 시작된 에라노스가 시간이 지나면서 변질되고 만 것입니다.

성령을 받은 초대교회에서는 '에라노스'가 '아가페'로 바뀌었습니다. 예수님이 십자가에 달리셨다가 부활·승천하신 후에 마가의 다락방에 성령이 임하자 성도들이 달라졌습니다. "날마다 마음을 같이하여 성전에 모이기를 힘쓰고 집에서 떡을 떼며 기쁨과 순전한 마음으로 음식을 먹고"(행 2:46). 모두 모여 음식과 가진 것을 함께 나누었는데, 모자란 사람이 없었습니다. 그리스도의 사랑을 나누는 공동체가 된 것입니다. 이런 나눔과 희생 가운데 초대교회는 하나님을 찬미하는 공동체가 되었습니다. 성령이 임하시고, 예수 그리스도를 기념하자 차별과 제한이 있던 '에라노스'의 자리가 모든 것을 감싸는 '아가페'의 자리로 바뀐 것입니다.

사도 바울은 고린도교회의 '변질된 성찬'에 대해 질책합니다. 고린도교회는 어느새 다시 '에라노스'로 돌아갔습니다. "그런즉 너희가 함께 모여서 주의 만찬을 먹을 수 없으니 이는 먹을 때에 각각 자기의 만찬을 먼저 갖다 먹으므로 어떤 사람은 시장하고 어떤 사람은 취함이라"(고전 11:20-21). 예수님을 기억하는 주님의 만찬이 아닌 인간적인 교제와 무질서만 남은 식탁으로 돌아간 것입니다. 그들의 성찬은 그리스도를 모욕하고, 가난한 자를 부끄럽게 하는 변질된 성찬이었습니다.

성찬의 진정한 의미를 알고 참여합니까?

❶ 성찬에 참여할 때 나의 마음가짐은 어떻습니까?
❷ 계속하고 있는 변질된 신앙 습관이 있습니까?

October 22 거룩한 식탁

• 고린도전서 11:23-33

"내가 너희에게 전한 것은 주께 받은 것이니"(고전 11:23). 사도 바울은 예수님이 제자들과 함께하셨던 그날 밤의 식사를 다시 한 번 강조하며 고린도교회 성도들을 초대합니다. 성찬은 주께서 친히 제자들에게 알려 주신 것입니다. 신앙생활하면서 때로는 상황 또는 문화에 따라 우리 나름대로 해석하고 적용하는 부분들이 있습니다. 하지만 성만찬의 의미에 관한 한 어떤 해석의 가감도 있어서는 안됩니다. 예수님이 친히 가르쳐 주신 내용이기 때문입니다. 사도 바울은 성찬을 행하면서도 이기심과 탐욕을 여전히 버리지 못하는, 그래서 진정한 성찬의 의미를 상실한 교회의 모습을 지적합니다.

성찬은 십자가에 달리신 그리스도의 몸을 '기념'하는 자리입니다. 떡을 떼는 것은 예수 그리스도의 몸을, 잔을 나누는 것은 피로 세운 언약을 기념한다는 뜻입니다. 그리스도의 살과 피를 기념하며 자신을 돌아봐야 합니다. 우리는 축복의 수혜자일 뿐 아니라 받은 축복을 나누어 주는 유통자가 되어야 합니다. 이것이 바로 성찬의 의미이고, 복음의 본질입니다.

사도 바울은 성찬에 잘못 참여한 자들에 대해 경고합니다(고전 11:30-32). 고린도교회 교인 중에는 성찬을 더럽힌 문제로 하나님께 벌을 받은 사람도 있었습니다. 그러나 하나님은 우리를 절대 버리지 않으시는 분입니다. 징계는 무섭지만, 하나님은 여전히 우리에게 관심을 갖고 주목하고 계십니다. "이는 우리로 세상과 함께 정죄함을 받지 않게 하려 하심이라"(고전 11:32).

성찬은 단순한 식탁 교제가 아닙니다. 성찬은 다른 사람이 아닌 바로 나를 위해 주님이 친히 베풀어 주신 '거룩한 식탁'입니다. 성찬을 통해 주님이 계시는 곳으로 돌아가야 합니다. 주님이 제자들에게 살과 피를 상징하는 떡과 포도주를 나누어 주며 하셨던 말씀을 기억하고 결단해야 합니다. '주님의 살과 피가 있는 곳에 우리도 있겠습니다!'

성찬식의 모든 순서에 의미가 있음을 인정합니까?

❶ 성찬에 임할 때 그리스도의 살과 피를 경험합니까?
❷ 성찬을 통해 희망을 찾습니까?

은사에 앞서서 October 23

• 고린도전서 12:1-3

바울은 신령한 것에 대해 꼭 알아야 한다고 강조합니다(고전 12:1). 고린도교회에 여러 문제가 일어났던 이유는 성령의 역사를 분별하지 못하고, 다툼과 분쟁을 일으켰기 때문입니다. 자신들에게 나타나는 은사들이 하나님에게서 왔다는 사실을 잊어버리고, 그저 서로 어떤 은사가 더 좋은지를 다투었습니다. 하나님이 깊은 신앙으로 인도하시기 위해 주신 화려한 은사들, 겉으로 드러나는 은사들로 인해 하나님의 진정한 사랑을 오해한 것입니다.

성령이 아니면 예수님을 주로 시인할 수도 없습니다(고전 12:3). 겉으로 드러나는 은사보다 성령으로 예수를 주시라 시인하는 것이 더 중요합니다. 은사는 예수를 주라 고백하는 사람들에게서 나타나는 하나의 '현상'입니다. 그러므로 은사는 자랑이 아닙니다. 은사를 통해 우리에게 주시는 하나님의 은혜를 고백할 뿐입니다. 이런 신앙적 견지에서 본다면, 은사가 많이 드러나면 드러날수록 우리는 더욱 겸손해져야 합니다.

모든 은사는 하나입니다. 한 성령에서 나왔기 때문입니다(고전 12:4). '직분'은 섬기는 일을 말하는데, 우리는 모두 한 주님을 섬깁니다(고전 12:5). '사역'은 하나님을 위하여 하는 일인데, 그 뒤에는 한 하나님이 계십니다(고전 12:5). 하나님은 우리 은사를 '유익하게' 하십니다(고전 12:7). 유진 피터슨의 《메시지》 성경은 '유익'을 "하나님이 어떤 분이신지를 드러내는 일"로 설명합니다.

예수님은 요나의 표적밖에는 보일 것이 없다고 하셨습니다(마 12:38-42). 은사는 마귀도 흉내 낼 수 있습니다. 그러나 주를 믿는 것은 하나님의 영 외에는 불가능한 일입니다. 사도 바울은 누구보다 영적 은사를 많이 체험했고, 그의 사역 가운데 많은 역사가 일어났습니다. 그러나 그는 십자가 외에는 아무것도 알지 않기로 작정했다고 고백합니다(고전 2:2). 예수를 주로 시인하는 역사가 없는 은사는 단지 패역한 세대로 가는 길일 뿐입니다.

내게 주신 은사는 무엇입니까?

❶ 은사보다 먼저 예수를 주로 고백해야 함을 인정합니까?
❷ 내게 주신 은사를 자랑합니까, 아니면 감사합니까?

October 24 은사는 하나다

• 고린도전서 12:4-7

은사는 모두 성령으로 말미암았습니다. 하지만 기능이 모두 같은 것은 아닙니다. 하나님 나라를 위해 얼마나 준비되었는가에 따라 은사도 다르게 주십니다. 준비되지 않은 사람에게 임하는 은사로는 하나님의 선하심을 드러낼 수 없기 때문입니다. 당시 많은 그리스도인이 '기도'와 '열심'이라는 이름으로 자신의 영광을 드러내기를 원했습니다. 우리는 하나님의 영광과 관계없는 영성과 열심과 능력으로 자기 자신을 드러내려 합니다. 열심은 있는데 비인격적이고, 은사는 있는데 교만하며 다툼이 있는 모습은 하나님이 원하지 않으십니다.

한 성령으로 다른 은사를 주신 것은 우리를 향한 하나님의 계획이 다르기 때문입니다. 중요한 것은 모두 '동일한 은사'를 받는 것이 아니라 주신 분이 '동일하신 분'이라는 사실입니다. 그리고 우리가 동일한 분량으로 섬기는 것은 아니지만, 동일한 분을 섬긴다는 것과 하나님이 누구이신지를 드러내지만, 동일하게 드러내지는 못한다는 것을 알아야 합니다.

바울은 성령이 주시는 다양한 은사에 관해 말합니다(고전 12:8-10). 그는 성령의 은사로 아홉 가지를 구분하는데, 확정된 것이라기보다는 고린도교회에 주신 것, 나아가 교회의 유익을 위해 주신 것으로 봐야 합니다. 은사의 우열을 가리기보다는 유익을 위한 기능이 무엇인지를 생각해야 합니다.

'재능'과 '은사'는 다릅니다. 둘 다 하나님이 주신 것이지만, 재능은 자신을 위해 또는 즐기는 데 사용되는 반면에 은사는 하나님의 영광을 위해 쓰임 받고, 또 다른 사람을 드러내는 데 사용됩니다. 은사가 발휘될 때, 하나님의 영광이 나타납니다. 만일 우리가 하나님의 은사를 활용한다고 하면서 교회 지체들에게 상처를 주거나 문제를 일으키고 있다면, 올바른 은사가 아니라는 증거입니다. 재능은 자신이 하고 싶으면 하고 하기 싫으면 안 해도 되는 것이지만, 하나님이 주신 은사는 때로 자신의 호불호에 상관없이 하나님의 마음에 순종해야 하는 것입니다.

모든 은사는 교회의 유익을 위한 것임을 압니까?

❶ 혹 다른 사람의 은사를 부러워합니까?
❷ 나의 재능과 은사를 구분할 수 있습니까?

• 고린도전서 12:8-11

바울은 지혜와 지식이 다 한 성령에게서 나왔다고 말합니다. 지혜는 하나님이 주신 것이고, 지식은 내가 배워서 아는 것이라고 생각하기 쉽지만, 그렇지 않습니다. 지혜는 성령께서 깨닫게 하시는 순발력이고, 지식은 지식적 토양을 갖춘 사람이나 논리적인 사람에게 주시는 선물입니다.

은사로서의 믿음은 일반적인 믿음과는 구별된 '특별한 믿음'입니다. 하나님을 믿고 구원의 확신이 있지만, 어려운 상황이 올 때마다 흔들리는 사람이 있습니다. 하지만 믿음의 은사를 가진 사람은 담대하며 기도의 능력을 누구보다 확실하게 믿습니다. 이런 사람은 어려운 사람들을 권면하는 일을 하거나 혹은 선교사로 부르심을 받아 담대하게 나갈 수 있습니다.

병 고치는 은사는 필요에 의해 나타날 때가 많습니다. 이는 '능력 행함'(miraculous acts)과 연결됩니다. 특히 사도행전에는 즉각적인 병 고침의 역사가 여럿 기록되어 있습니다. 이 은사는 초창기 사역에 강하게 나타났지만, 교회가 체계화되면서 점점 약화되었습니다. 예언의 은사는 단순히 미래 일을 알리는 것이 아니라 복음을 강하게 선포하는 것입니다. 성경 66권이 정경으로 채택되기 전인 초대교회에서는 예언의 은사가 무척 중요했습니다. 예언의 은사는 혼란의 여지가 있으므로 '영적 분별'의 은사와 함께 구해야 합니다. 예언의 은사가 강하게 일어났던 교회에서 혼란과 타락이 일어났던 이유는 영적으로 분별하지 못했기 때문입니다.

각종 방언과 통역의 은사 '방언'은 가장 흔하게 나타났던 은사입니다. 지금도 방언 기도는 우리 영이 하나님과 교통하는 방법의 하나로 유익합니다. 방언이 더 온전하게 사용되기 위해서는 통역의 은사도 같이 구해야 합니다. 모든 은사는 하나님이 전적으로 그분의 뜻대로 주시는 '선물'입니다. 그렇기에 감사하며 받을 수 있고, 성도에게 기쁨을 주지만 필수적인 것은 아닙니다.

성령이 주시는 다양한 은사들을 인정합니까?

❶ 모든 은사에 앞서 사랑이 필요함을 인정합니까?
❷ 사모하는 은사가 있습니까?

October 26 기도의 언어

• 고린도전서 14:1-25

초대교회 당시 방언과 예언은 가장 일반적인 은사였습니다. 방언은 하나님과의 기도에 필요한 것으로(고전 14:2), 하나님과 영적으로 대화하는 것이기에 듣는 사람이, 심지어 자기 자신도 모를 수 있습니다. 그에 비해 예언은 사람들에게 말하여 덕을 세우고 성도들을 권면하거나 위로하기 위한 것입니다(고전 14:3). 방언은 자기의 덕을 세우고, 예언은 교회의 덕을 세웁니다(고전 14:4).

방언은 우리를 깊은 기도의 세계로 인도합니다. 또한 하나님과의 지속적인 영적 교제로도 인도합니다. 방언의 가장 큰 특징은 '자기의 덕을 세우는 것', 즉 '영적인 충전'입니다. 하지만 고린도교회 교인 중에는 방언을 자랑의 도구로 사용하는 사람들이 있었고, 예배 시간에 방언으로 기도하면서 회중을 혼란스럽게 하는 일들도 있었습니다. 이렇게 방언은 자신에게는 유익이지만, 공동체에는 유익을 주지 못하고, 오히려 방해가 되었습니다. 이런 의미에서 바울은 무분별한 방언을 주의하라고 지적합니다.

예언은 하나님이 보여 주신 말씀, 즉 진리를 말하는 것입니다. 예언의 은사는 공예배의 테두리 안에서 이해해야 합니다. 초대교회에는 예배 시간에 말씀을 전하는 사람이 정해져 있지 않았습니다. 사도 바울이 방언보다 예언을 사모하라고 가르친 이유는 예언을 통해 성도들에게 덕을 세우고 권면하고 위로할 수 있었기 때문입니다. 예언은 공적이고 객관성이 있으며 공동체의 인정을 받아야 합니다. 그 인정은 하나님의 계시로 인한 것입니다. 또한 그 사람의 삶 속에서 신앙의 열매를 보고, 그의 예언이 참인지 거짓인지를 판단할 수 있어야 합니다.

모든 은사는 공동체의 유익을 위해 주셨습니다. 고린도교회에는 은사를 받았지만 다른 사람들을 고려하지 않고 마음대로 사용함으로써 상처를 주는 사람들이 있었습니다. 사도 바울은 모든 은사가 중요하지만, 은사에 앞서 사랑이 더 중요하다고 말합니다. 사랑이 없는 은사는 아무것도 아닙니다(고전 13:1-2).

은사라도 사랑이 없으면 아무것도 아님을 인정합니까?

❶ 나의 은사에는 사랑이 있습니까?
❷ 은사를 공동체의 유익을 위해 사용합니까?

품위 있고 질서 있게 October 27

• 고린도전서 14:39-40

바울은 은사에 관한 내용을 마무리하며 이렇게 권면합니다. "모든 것을 품위 있게 하고 질서 있게 하라"(고전 14:40). 바울이 말하는 품위와 질서는 무엇일까요? "내가 그리스도와 함께 십자가에 못 박혔나니 그런즉 이제는 내가 사는 것이 아니요 오직 내 안에 그리스도께서 사시는 것이라"(갈 2:20). 그리스도인은 내 감정과 지성과 의지마저도 모두 십자가에 못 박은 사람입니다. 주님의 뜻과 말씀 앞에 설 때, 신앙이 내 의지의 주체가 되는 것입니다. 판단 기준이 내가 좋으냐 싫으냐가 아니라 이제는 하나님의 말씀이어야 합니다. 이것을 '신앙적 의지'라 합니다.

교회에서 가장 품위 있고 질서 있는 사람은 신앙적 의지가 분명한 사람입니다. 감정과 의지가 자기중심적이고 나를 드러내는 것이었다면, 신앙적 의지는 '덕'을 세우는 것입니다. 덕이란 개인보다 전체를 생각하고, 나보다 남을 먼저 생각하는 것입니다. 우리가 하나님께 받은 모든 은사는 바로 이 덕을 세우는 것입니다. 그래서 사도 바울은 고린도교회 교인들이 가지고 있던 은사들이 개인적인 차원이 아니라 예배 공동체 안에서 어떻게 사용되느냐를 보았던 것입니다.

덕을 세운다는 것은 '다른 사람을 편안하게 만들어 주는 것'을 의미합니다. 특히 신앙생활을 시작하는 사람들에게는 먼저 믿은 성도들의 모습이 큰 영향을 줍니다. 또한 덕을 세운다는 것은 '미래적으로 생각하는 것'입니다. 성숙하고 품위 있는 신앙인은 멀리 내다봅니다. 나의 은사와 신앙을 통해 다른 사람에게나 교회에 어떤 영향을 끼칠지 생각합니다.

품위가 있다는 것은 그리스도의 향기가 드러난다는 것입니다. 품위와 질서는 내 생각이 아닌 성령의 질서를 따라 사는 것을 말합니다. 성령께서 내 심령에 하시는 말씀에 순종하는 것입니다. 교회의 무질서가 무분별한 은사와 자기중심적 생각에 따른 결과라면, 교회의 품위와 질서는 성령께 순종하는 것임을 명심하기 바랍니다.

나는 품위 있고 질서 있는 사람입니까?

❶ 나는 신앙적 의지가 분명합니까?
❷ 내 은사가 다른 사람에게 어떤 영향을 주고 있습니까?

October 28 부활의 감격

• 고린도전서 15:1-20

사도 바울이 전하는 복음의 진수는 부활 신앙입니다. 그는 부활 신앙이 없다면 그보다 더 불쌍한 사람이 없다고 말합니다(고전 15:19). 이 땅의 교회와 복음의 역사는 예수님이 이 땅에 사신 것과 행하신 수많은 이적 때문이 아니라 부활에서부터 시작되었습니다. 예수님을 아는 것으로는 부족합니다. 부활의 주님을 체험해야 합니다.

사도 바울의 모든 설교와 가르침의 중심은 '복음 전도'였습니다. 그는 단순한 지식이 아닌 자신이 듣고 경험하고 믿는 것을 전하고 선포했습니다. 지식을 더하는 것이 신앙이 아닙니다. 그리스도인은 배움으로 되지 않습니다. 예수님을 영접하고, 부활의 주님을 믿음으로 그리스도인이 됩니다. 부활 신앙을 가진 사람의 삶은 이전과 이후로 분명하게 구분되어야 합니다. 사도 바울은 자기 삶이 온통 '하나님의 은혜'라고 고백합니다. 부활의 주님이 다가오셨을 때, 그의 인생이 송두리째 바뀌었습니다. 그는 부활의 주님을 만난 후에야 자기 모습을 바로 보게 되었고, 어떻게 살아야 하는지도 알게 되었습니다.

사도 바울은 자신을 세 가지로 표현합니다. 첫 번째는 "만삭되지 못하여 난 자"와 같다고 말합니다(고전 15:8). 이 말은 헬라어로 '엑트로마티'인데, "혐오스러운 가지"라는 뜻입니다. '차라리 없는 게 나을 사람'을 가리킵니다. 왜 사도 바울은 스스로 이렇게 비하하고 있을까요? 다른 사도들과 다르게 예수님이 살아계실 때 만나지 못했기 때문입니다. 그는 또 자신을 가리켜 "가장 작은 자"라고 말합니다(고전 15:9). 당시 그의 영향력은 점점 더 커져 가고 있었는데, 정작 자신은 가장 작은 자라고 고백합니다. 왜냐하면 모두 하나님의 은혜로 된 것이기 때문입니다. 마지막으로, 그 자신이 "교회를 핍박하던 자"였음을 고백합니다(고전 15:9). 그는 "죄인 중에 내가 괴수"(딤후 1:15)라고 말할 정도로 자신의 아픈 과거를 절대로 잊지 않았습니다. 그때 일이 떠오를 때마다 하나님의 은혜를 생각했습니다. 은혜는 사람을 변화시키는 능력이 있습니다.

나의 신앙고백은 무엇입니까?

❶ 부활하신 예수님을 고백합니까?
❷ 나의 나 된 것이 모두 주의 은혜라고 고백합니까?

성도를 위한 연보 October 29

• 고린도전서 16:1-4

사도 바울은 고린도교회에 보내는 편지의 마지막 권면으로 연보에 관해 말합니다. 예루살렘 교회를 돕기 위해 연보를 제안한 것입니다. 신앙인으로서 돈을 어떻게 사용해야 할지를 알려 주는 대목입니다. 연보와 헌금은 다릅니다. 헌금(offering)은 성도의 기본입니다. 구약시대에는 살아있는 동물의 죽음으로 자기 죽음을 대신했던 것이 신약시대에는 하나님의 사람으로서 예배 때 드리는 봉헌 예물로 발전한 것입니다. 그런데 연보(collection)는 봉헌 예물과는 달리 목적에 따라 필요할 때 모으는 것을 말합니다. 주로 구제를 위해 모으곤 했습니다.

사도 바울은 연보하는 방법을 알려 줍니다(고전 16:2). 먼저, "각 사람이" 참여하라고 말합니다. 헌금이나 연보나 돈이 많고 적음과 상관없이 모든 사람이 '수입에 따라' 동참해야 합니다. 누구든 수입이 생기면, 가난한 사람들을 생각하고 그들을 돕는 것이 마땅합니다. 연보는 생각이나 형편이 아닌 마음에 따라 내는 것입니다. 남을 돕는 것이 믿음의 행위라면, 우리 삶에서 열매를 맺게 될 것입니다.

사도 바울은 "내가 갈 때에 연보를 하지 않게 하라"(고전 16:2)**고 권면합니다.** 당시에도 사람들에게 보여 주기 위해 선행을 하는 사람들이 있었습니다. 사도 바울은 그가 방문할 때 체면을 세우기 위해서 또는 자기 믿음을 드러내고자 연보하려는 사람들에게 미리 경고합니다. 연보는 진심으로 해야지 사람들에게 과시하기 위한 수단으로 하는 것이 아니라는 뜻입니다.

헌금과 연보는 하나님의 은혜를 따라 행하는 신앙적 결단입니다. 복을 받기 위한 수단이 아닙니다. 헌금은 드리는 순간 우리 손을 떠납니다. 제물을 바치는 순간, 그 생명에 관한 권한이 사라지는 것과 마찬가지입니다. 그러므로 이미 드린 헌금에 대해 권리를 주장할 수 없습니다. 헌금이 잘 사용되기를 기도할 뿐입니다. 교회는 성도들이 생명의 제물을 대신하여 드린 헌금을 하나님의 뜻에 맞게 잘 사용해야 합니다.

나는 헌금과 연보를 구분하여 드리고 있습니까?

❶ 희생 제물을 드리는 마음으로 헌금합니까?
❷ 나의 형편과 상관없이 연보에 기꺼이 동참합니까?

October 30 깨어 믿음에 굳게 서라

• 고린도전서 16:10-24

"깨어 믿음에 굳게 서서 남자답게 강건하라"(고전 16:13). 사도 바울이 앞서 지적한 고린도교회의 수많은 문제를 보면, 교회가 금방이라도 무너질 것만 같습니다. 그는 그럼에도 그 자리를 지키는 사람들이 있어 안심하며 핍박의 시간을 지나고 있는 성도들에게 격려의 말을 전합니다. 믿음에 굳게 서라는 것은 흔들리지 말고 믿음을 끝까지 지키라는 뜻입니다. 하나님의 뜻에 맞추어 올바로 결정하며 살라는 것입니다.

"너희 모든 일을 사랑으로 행하라"(고전 16:14). 사도 바울은 다시 한 번 사랑을 강조합니다. 교회에서 일어나는 일들과 봉사로 인해 서로에게 얼마나 상처를 줄 수 있는지 보았기 때문입니다. 아무리 열심히 봉사해도 사랑으로 행하지 않으면, 독선적이고 위선적인 행위가 될 수밖에 없음을 알았기 때문입니다.

고린도교회에는 많은 어려움이 있었습니다. 그러나 사도 바울이 문안하고 교회를 맡길 만한 신실한 동역자들도 있었습니다. 그는 디모데, 아볼로 등의 이름을 언급하며 앞으로의 사역을 알리고, 스데바나, 브리스길라, 아굴라 등에게 감사의 인사를 전합니다. 동역자란 내 편을 뜻하지 않습니다. 하나님의 일을 같이하며 동일한 하나님의 비전을 품은 사람들입니다. 교회는 한 사람을 중심으로 모이는 단체가 아니라 모든 사람이 하나님 중심으로 모이는 공동체입니다.

사도 바울은 마지막까지 사랑을 강조합니다. "만일 누구든지 주를 사랑하지 아니하면 저주를 받을지어다"(고전 16:22). 자기 자랑을 내려놓고, 오직 예수 그리스도만 사랑하며 그 사랑을 널리 전하기를 권면합니다. 주님을 사랑하는 일에 초점을 맞추고 살아간다면, 우리 삶의 기준은 더욱 명확해질 것입니다.

나에게는 믿음의 동역자가 있습니까?

❶ 사랑을 강조한 바울의 마음을 이해합니까?
❷ 믿음의 동역자에게 감사하고 그들을 위해 기도합니까?

소명을 이루는 자리, 직업 October 31

• 히브리서 3:12-19

하나님은 우리의 온 삶을 통해 영광 받기 원하십니다. 또한 사랑하는 당신의 자녀들이 사랑과 유익이 되는 삶을 살길 원하십니다. 그중에서도 '직업'은 삶의 주인 되시는 하나님이 우리에게 주시는 열정과 소명을 발견하는 자리입니다. '하나님이 나를 지으신 목적에 합당하게 살며 하나님을 영화롭게 하고, 다른 사람에게 유익이 되는가?' 이 질문에 긍정적으로 대답할 수 있다면, 옳은 길을 선택한 것입니다.

옳은 길을 선택했다면, 계속해서 노력해야 합니다. 하나님이 가슴 뛰는 소명을 주셨더라도 그 뜨거운 감정은 부정적인 환경이나 사람을 만나면 꺾일 수 있습니다. 선지자 다니엘은 어떤 상황에서도 신앙적으로 흔들리지 않겠다고 굳게 결심했습니다(단 1:8, 6:10). 다니엘처럼 하나님의 사람으로 살아가겠다고 결심하는 순간, 우리도 끊임없이 노력하며 연습해야 합니다.

선택한 길에 대해 하나님의 주권을 인정해야 합니다. 주인의 뜻을 잘 아는 하인은 실패하지 않습니다. 하지만 주인의 뜻을 무시하거나 앞선다면, 아무리 열심히 살아도 소용이 없습니다. 우리를 잘 아시는 그분이 예비하신 삶을 주께 순종하며 살아내야 합니다. 하나님의 주권을 인정한다면, 얼마나 열심히 살아가고 있느냐가 아니라 올바른 방향으로 가고 있는지를 봐야 합니다.

"직업에서는 은퇴할 수 있지만, 하나님이 주신 소명에는 은퇴가 없습니다." 《소명》의 저자 오스 기니스가 한 말입니다. 바로 그것이 우리가 가지고 살아야 할 소명 의식입니다. "하나님께 영광을 돌리는 것은 어떤 위대한 일을 시작하는 것이 아니라 동일한 일을 계속하여 끝날 때까지 하는 것이다"(성공회 기도문 중). "우리가 시작할 때에 확신한 것을 끝까지 견고히 잡고 있으면 그리스도와 함께 참여한 자가 되리라"(히 3:14).

나는 소명으로 일하고 있습니까?

❶ 내가 하는 일을 통해 하나님이 영광 받고 계십니까?
❷ 내 일에 대한 하나님의 주권을 인정합니까?

겨울 :

메마른 가지,
기다리다

11월
광야

12월
기다림

11월

광야

내가 주께 대하여
귀로 듣기만 하였사오나
이제는 눈으로 주를 뵈옵나이다
_ 욥 42:5

말씀 안에서 기다리기 November 01

• 욥기 23:8-10

살다 보면 광야의 시간을 지날 때가 있습니다. 이때는 하나님도 길도 보이지 않습니다. 무엇보다 가장 절망스러운 것은 '하나님의 임재'가 느껴지지 않을 때입니다(욥 23:8-9). 욥은 철저한 고독과 단절의 시간을 보내고 있습니다. 광야에서는 주님 외에는 도움이 없습니다. 하나님과 독대하는 깊은 묵상 외에는 할 수 있는 것이 없습니다. 말씀에 깊이 잠기는 묵상은 당장 응답받기보다 '하나님과 동행하는 것' 자체에 유익이 있습니다.

하나님은 우리를 단련하고 계십니다. "내가 가는 길을 그가 아시나니 그가 나를 단련하신 후에는 내가 순금같이 되어 나오리라"(욥 23:10). 욥은 하나님의 곁을 떠나지 않고, 하나님과 함께 광야를 걷고 있습니다. 다 헤아릴 수 없고 설명할 수도 없지만, 분명한 것은 하나님이 지금 이곳에 계신다는 것입니다. 그것만으로도 우리가 광야에 머물러야 할 이유는 충분합니다. 사실, 우리가 실망하는 이유는 나의 기대 때문입니다. 실망은 '깨어진 나의 기대' 그 이상도 이하도 아닙니다. 하나님은 분명히 일하고 계시지만, 욥은 하나님을 볼 수 없었습니다. 하나님의 '부존재'가 아니라 자신이 원하는 하나님의 존재가 느껴지지 않았습니다.

내 기대를 내려놓고 묵상하십시오. 들려주신 음성대로 하루를 사십시오. 기대를 내려놓고 힘을 빼면, 하나님의 역사가 시작됩니다. 성령께서 나를 유연하게 움직이십니다. 나의 시간과 계획을 하나님의 것으로 바꾸십시오. 묵상은 실수 없으신 하나님의 약속과 말씀을 붙들고 기다리는 것입니다. '기다림'은 아무것도 하지 않는 무기력함이 아닙니다. 확실한 믿음으로 소망하며 살아가는 그리스도인의 삶의 방식입니다.

하나님과 함께 광야 길을 걸어가고 있습니까?

❶ 나를 실망하게 만드는 기대들은 무엇입니까?
❷ 잠잠히 말씀을 묵상하며 하나님의 때를 기다립니까?

November 02 가나안에서 만난 광야

• 창세기 12:1-10

가나안은 젖과 꿀이 흐르는 땅입니다. 하나님이 아브라함을 불러 인도하신 참 좋은 곳, 하나님의 은혜를 경험하는 곳입니다. 그런데 아브라함은 그 땅에서 '기근'을 만났습니다. 보통 기근도 아니고 '심한 기근'을 만났습니다(창 12:10). 하나님이 택하여 주신 땅에도 기근이 찾아올 수 있습니다. 약속의 땅에서 기근을 만난다는 것이 납득하기는 쉽지 않지만, 흉년과 기근은 어디에나 누구에게나 찾아옵니다.

도착한 가나안은 그리 비옥한 땅이 아니었습니다. 아브라함이 처음 정착하여 제단을 쌓은 '벧엘'은 해발 800m에 자리한 곳으로 거의 광야에 가까운 땅입니다. 오히려 아브라함이 떠나온 '하란'이 훨씬 더 비옥합니다. 하나님은 아브라함에게 복을 주겠다고 약속하셨지만(창 12:1-3), 하나님이 주실 땅이 비옥한 땅이라는 근거는 없습니다. 그의 믿음의 여정은 인간이 꿈꾸는 복과 하나님이 주실 복 사이의 괴리로 시작되고 있습니다.

믿음의 여정은 잘 닦인 고속도로를 달리는 것이 아닙니다. 믿음의 조상이자 복의 근원인 아브라함의 삶은 세속적인 형통함과는 거리가 멉니다. 약속의 땅에는 기근이 들었고, 이삭을 기다리던 25년은 각종 고난과 갈등들로 점철되었습니다. 귀한 아들 이삭을 번제로 바쳐야 하는 기막힌 상황 앞에 놓이기도 했습니다. 그럼에도 아브라함은 오늘날까지 믿음의 조상이며 복의 근원으로 불립니다. 끊임없이 계속되는 하나님의 약속 때문입니다. 가나안은 '축복의 땅'이 아닙니다. 하나님이 '축복해 주시려는 땅'입니다. 하나님이 함께하시는 땅이 축복의 땅입니다.

나는 축복의 땅에 거하고 있습니까?

❶ 나에게 축복의 땅은 어떤 곳입니까?
❷ 광야에서도 하나님과 함께하고 있습니까?

왜 광야에 서 있는가? November 03

• 창세기 11:27-32, 22:1-19

왜 우리는 광야의 시간을 지나게 되는 것일까요? 데라의 족보에는 앞으로 펼쳐질 이야기의 복선이 깔려 있습니다. 하란은 아들 롯을 남기고 '그 아비 데라보다 먼저' 죽었습니다. 사래(사라)와 밀가의 이름은 지역에서 섬기던 이방신과 관련이 있었습니다. 사라는 임신하지 못해 자식이 없었습니다. 하나님이 아브람(아브라함)에게 떠나라고 명하신 것은 '포기하라'는 것이 아니라 '복된 삶으로 나와 함께 가자'는 초대였습니다(창 12:1-3). 결핍과 우상 숭배가 만연한 어둠에서 빛으로 옮기신 것입니다(행 26:18).

광야는 거듭남의 자리입니다. 인간의 가능성과 대안들을 철저히 끊어 내는 자리입니다. 아브라함은 '이러지도 저러지도' 못하게 된 100세에 비로소 아들 이삭을 얻었습니다. 인간적인 방법으로는 더 어떤 것도 시도할 수 없는 때에 말입니다. 모든 것이 끝나 죽은 것 같은 때(롬 4:19) 아브라함은 비로소 하나님의 일하심을 경험하게 됩니다. 아브라함은 자신이 기대하며 의지하고 집착했던 모든 것을 내려놓고, 온전히 하나님의 주권을 인정합니다. "내가 이제야 네가 하나님을 경외하는 줄을 아노라"(창 22:12).

광야의 시간은 비움과 채움의 시간입니다. 광야는 절망의 자리가 아닙니다. 절망에서 나를 건지려고 초대하신 복된 삶으로의 현관문입니다. "광야로 나간다는 것은 하나의 새로운 샘을 발견하기 위함이고, 새로운 샘을 발견하기 위해서 우리는 반드시 아래로 깊이 내려가야 한다"(안셀름 그륀). 결핍과 슬픔의 자리를 과감히 떠나십시오. 나를 모두 비워 내고 "아무것도 아니게"(nothing) 될 때, 모든 것 되시는 하나님이 나를 가득 채우십니다.

하나님은 왜 나를 광야에 서게 하셨을까요?

❶ 하나님이 내게 보이시는 땅은 어디입니까?
❷ 나를 무엇으로부터 옮기고 계십니까?

November 04 광야 구덩이에 던져질 때

• 창세기 37:12-24

마치 구덩이에 던져진 것 같은 순간들이 있습니다. 제일 먼저 드는 생각은 '내가 무엇을 잘못했을까?'입니다. 하지만 인생에서 만나는 구덩이는 선악으로 재단할 수 없을 때가 훨씬 더 많습니다. 바른 질문을 해야 방향을 잃지 않습니다. 요셉은 어두운 구덩이, 곧 인생 광야에 던져졌습니다. '던져졌다'는 것은 내 의사와 상관없이 상황이 전개되고 있다는 것을 의미합니다. 우리에게는 우발적이고 불가항력적인 상황이나 사악한 계략에 맞설 힘이 없습니다. 그러나 하나님은 광야의 구덩이까지도 나를 위해 선용하실 수 있는 분입니다.

하나님은 늘 요셉과 함께하셨고, 요셉을 이끌어 가셨습니다. 요셉 이야기는 자수성가 스토리가 아닙니다. 그를 수식할 만한 키워드를 보십시오. 꿈, 성공, 형통함, 모두 하나님이 허락하신 것입니다. '형통'에 해당하는 히브리어 '찰라흐'는 '밟고 건너가다'라는 의미가 있습니다. 산을 넘고, 강을 건너며 앞으로 나아가 걸림돌을 제거하고, 돌진하는 것을 뜻합니다. 성경은 넓은 길을 형통이라고 말하지 않습니다(마 7:13). 구덩이에서 건지시는 하나님의 손길을 경험하는 것이 형통입니다(시 69:15). 하나님으로 인해 유혹을 이겨 내고, 갇힌 삶을 살아내는 것입니다.

요셉의 광야 구덩이는 하나로 끝나지 않습니다. 도단, 보디발의 집, 왕의 죄수를 가두는 감옥, 그리고 형제들과 대면하게 된 총리의 자리 등 다양한 공간과 여러 형편과 지위 가운데 요셉은 또다시 광야 구덩이에 던져졌습니다. 하나님 앞에 철저히 홀로 있게 되는 자리입니다. 하나님의 음성을 듣고 순종해야 빠져나올 수 있는 어둠의 구덩이입니다. 구덩이가 깊으면 깊을수록 머리 위로 보이는 하늘은 점점 더 작아 보입니다. 그러나 하늘은 그대로입니다. 내 눈에만 작게 보이는 것입니다. 하나님이 작아 보입니까? 아예 보이지도 않습니까? 하나님은 여전히 크시며 거기에 계십니다.

나는 어떤 상황 가운데 던져졌습니까?

❶ 어떻게 해야 광야 구덩이에서 빠져나올 수 있을까요?
❷ 나에게 있어 '형통'은 무엇입니까?

광야 구덩이의 은혜 November 05

• 창세기 50:15-21

광야 구덩이는 실패한 자리에만 있는 것이 아닙니다. 성공한 자리에도 광야 구덩이는 있습니다. 요셉은 총리가 된 후 부족함 없는 삶을 사는 듯했으나, 형제들과의 대면을 통해 다시 한번 광야 구덩이에 던져집니다. 육신은 이집트 총리직에 앉아 있으나 내면 깊은 곳의 소년 요셉은 아직도 도단의 구덩이에 앉아 있는 것입니다. 요셉은 다시금 건지시는 하나님의 은혜를 간구해야 합니다.

하나님의 때는 틀림이 없습니다. 하나님은 요셉과 형제들을 각각 새롭게 빚으신 후 하나님의 때에 재회하게 하셨습니다. 요셉이 구덩이에 던져졌을 때, 형제들 역시 각각의 구덩이로 던져졌습니다. 요셉의 형들은 오랜 세월 그 구덩이에 갇혀 어둠과 죄책감에 빠져 있었습니다(창 42:2-22, 43:9, 44:33-34). 하나님은 상처와 원한의 구덩이에서 요셉을 건지셨습니다. 요셉은 그 은혜에 힘입어 형제들을 구덩이에서 건져 올립니다. "당신들은 나를 해하려 하였으나 하나님은 그것을 선으로 바꾸사 오늘과 같이 많은 백성의 생명을 구원하게 하시려 하셨나니 당신들은 두려워하지 마소서 내가 당신들과 당신들의 자녀를 기르리이다"(창 50:20-21).

하나님의 '선'을 바라고 소망하십시오. 시기와 미움으로 구원의 손길을 거부하지 마십시오. 하나님은 나에게 은혜와 사랑 베풀기를 원하십니다. 믿음의 사람은 '잘되는 사람'이 아니라 하나님 안에 거하는 사람입니다(히 11장). 히브리서는 요셉이 믿음이 좋아 결국 총리가 되었다고 말하지 않습니다. 요셉은 하나님과 동행함이 형통이라는 믿음을 갖게 되었습니다. 그는 죽어서 유골로라도 믿음의 여정에 함께하길 원했습니다(창 50:25; 히 11:22). 믿음으로 받는 복은 하나님의 구원을 경험하고, 참 믿음이 무엇인지 깨닫게 되는 복입니다.

나는 광야 구덩이의 은혜를 깨닫습니까?

❶ 하나님이 건져 주시는 은혜를 경험하고 있습니까?
❷ 지체들을 건져 내게 하시는 은혜를 경험하고 있습니까?

November 06 철저히 잊힌 이의 광야

• 출애굽기 3:1-10

모세의 인생은 광야라는 표현이 정적으로 느껴질 만큼 굴곡이 많았습니다. 태어난 지 석 달 만에 갈대 상자에 담겨 나일강에 띄워졌으며, 정체성의 혼란을 겪어야 했습니다. 왕자로 양육되었지만, 출신이나 권세 면에서 뒤처졌던 모세는 살인 후 바로에게 쫓기는 신세가 되었습니다. 모세는 40년간 미디안 광야에 머물러야 했습니다. 그의 신분이나 지식이나 경험은 광야에서 아무런 도움이 되지 않았습니다. 모세는 모두에게 잊힌 사람이 되었습니다.

그러나 하나님은 모세를 잊지 않으셨습니다. 그를 백성의 지도자로 삼으시고, 출애굽을 명령하셨습니다(출 3:10). 하나님은 광야의 시간을 귀하게 사용하십니다. 광야 곳곳을 다니며 양 떼를 돌보던 모세의 평범한 일상을 하나님은 위대한 출애굽 구원에 아낌없이 쓰셨습니다. 모세는 옛 영광을 추억하며 자기 신세를 한탄했을지도 모릅니다. 광야의 시간을 좌천이나 실패로 여겼을지도 모릅니다. 하지만 하나님은 그 시간을 주님의 시간으로 삼으셨습니다. 광야의 시간은 모세를 위한 하나님의 지도자 수업 시간이었습니다.

하나님은 모세에게 신을 벗으라고 명하셨습니다(출 3:5). 신은 거친 광야 길, 뜨겁게 달궈진 모래로부터 발을 보호해 줍니다. 견고하게 발을 감싸 속도를 내어 걷거나 뛸 수 있게 해 줍니다. 신을 벗는다는 것은 내가 주장하는 속도, 내 의지로 움직이고 찾아다니던 모든 권리를 포기한다는 의미입니다. 지금까지 모세는 모든 곳에 가득한 하나님의 임재와 거룩을 의식하지 않고 살았습니다. 이제는 하나님 없이 살아온 과거의 걸음을 내버리고, 하나님과 함께 거룩한 발걸음을 내디뎌야 합니다. 하나님의 속도, 하나님의 방향에 맞춰 주님을 온전히 붙좇아야 합니다.

나를 잊지 않고 부르시는 주님을 경험합니까?

❶ 하나님은 광야의 시간을 통해 나의 무엇을 훈련시키셨습니까?
❷ 내가 벗어 버려야 할 신은 무엇입니까?

광야에서 살아내는 일상 November 07

• 신명기 8:2-4

우리는 평범하거나 일상적인 상황을 '광야'라 부르지 않습니다. 고립과 고난의 시간을 광야라 부르며 '곧 벗어나야 한다'고 생각하는 것이 보통입니다. 그런데 이스라엘은 그 광야에서 40년을 보내게 됩니다. 광야가 곧 일상이 되어 버린 것입니다. 왜 하나님은 이스라엘을 광야에서 속히 벗어나게 하지 않으셨을까요? 이스라엘의 본성을 잘 알고 계셨기 때문입니다. 이스라엘은 하나님 백성으로 거듭나기 위해 진짜 광야로 들어섰습니다.

하나님은 매일의 가장 평범한 일상부터 훈련시키십니다. 일용한 양식인 만나를 통해 기본적인 삶의 태도와 양식을 고치십니다. 만나는 가나안에 입성할 때까지 하나님이 세우신 규칙대로 신실하게 공급되었습니다(수 5:12). 더 많이 모아도 소용이 없었고, 많이 모아야 할 이유도 없었습니다(출 16:18-21). 그들은 매일 구름 기둥과 불 기둥에 따라 움직였습니다. 주님의 보호하심은 밤낮으로 계속되었으며, 주님을 따라가면 절대 길을 잃지 않았습니다. 내가 일방적으로 따라가는 것 같습니까? 하나님이 나에게 맞춰 속도를 조절하며 앞서가고 계십니다.

하나님이 우리에게 요구하시는 것은 단 하나 '믿음'뿐입니다. 하나님은 모세에게 홍해를 가르라고 말씀하지 않으셨습니다. 지팡이를 들고 손을 바다 위로 내밀라고 말씀하셨습니다(출 14:16). 믿음으로 홍해가 갈라진 것이 아닙니다. 하나님이 가르신 홍해를 믿음으로 건너는 것입니다. 광야는 단지 벗어나야 할 곳이 아닙니다. 하나님은 광야에서도 만나와 구름 기둥과 불 기둥의 은혜로 일상을 살아내도록 도우십니다.

나는 광야의 시간을 어떻게 지나고 있습니까?

❶ 모든 것을 멈춘 채 벗어날 궁리만 하고 있습니까?
❷ 믿음으로 주님과 함께 평범한 한 걸음을 내딛고 있습니까?

November 08 이슬비 같은 일상의 은혜

• 신명기 8:2-4; 민수기 14:11-25

본래 하나님이 이스라엘을 위해 정하신 시간은 2년 정도였습니다. 홍해-광야-가데스 바네아-가나안 땅으로 들어가는 코스는 그 정도면 충분한 거리였습니다. 이스라엘은 그 시간 동안 하나님의 백성으로 거듭나는 훈련을 받아야 했습니다. 그러나 하나님은 '가데스 바데아'에서 경로와 기간을 변경하셨습니다(민 14:25). 그곳에서 '다시 광야로 나가' 38년을 헤매게 하셨습니다. 이스라엘의 완악함과 불순종 때문이었습니다.

이스라엘은 번번이 의심하며 하나님께 불순종했습니다. 이적을 보고도 열 번이나 하나님을 시험했습니다(민 14:22). 하나님은 광야의 시간을 연장하셨을 뿐 아니라 20세 이상 된 모든 자의 가나안 입성을 불허하셨습니다(민 14:29). 하나님은 그분의 계획 가운데 우리에게 광야를 허락하시지만, 혹 광야의 시간이 계속된다면 그 이유를 진지하게 물어야 합니다. 하나님 앞에서 나의 과거와 현재와 미래를 성찰해야 합니다. 하나님의 뜻을 오독하거나 내 뜻과 감정에 매몰되어 있지는 않습니까?

이스라엘은 원망과 불평이 일상이었습니다. 우리에게는 매일 반복되는 이슬비 같은 은혜가 있습니다. 하나님은 날마다 은혜를 경험했음에도 원망하고 의심하는 백성들에게 탄식하며 말씀하십니다. "너희의 의복을 보아라! 너희의 발을 보아라!"(신 8:4). 홍해는 매번 갈라지지 않습니다. 40년 동안 단 한 번 있던 기적입니다. 이스라엘의 가나안 입성은 은혜라고 생각하지 못했던 매일매일의 보호하심을 통해서였습니다. 하나님은 홍해를 가르는 한 번의 기적보다 더 세심한 손길로 오늘도 우리를 돌보고 계십니다.

나는 날마다 이슬비같이 임하는 은혜를 깨닫고 있습니까?

❶ 하나님의 일정과 계획대로 훈련받고 있습니까?
❷ 내게 임한 이슬비의 은혜는 무엇입니까?

상실의 광야에서 November 09

• 룻기 1:19-22

나오미는 모압 땅에서 상실의 광야를 만났습니다. 살고자 피해 간 모압 땅이었지만, 그곳에서 사랑하는 남편과 두 아들을 모두 잃었습니다. 나오미는 자신에게 왜 이런 일이 일어났는지를 묻고 또 물었습니다. 나오미는 하나님이 자신을 치셨다는 결론에 도달합니다(룻 1:13, 20-21). 상실의 광야를 만나면 우리 역시 이유를 찾는 일에 매몰되곤 합니다. 이유를 물으면 책임의 소재를 따지게 되어 있습니다. 결국 자책하거나 누군가에게 책임을 전가하거나 하나님의 형벌로 간주하고, 스스로를 괴롭게 만듭니다.

모든 고난에 이유가 있는 것은 아닙니다. 이유를 즉각 헤아릴 수 없는 때가 있습니다. 아마도 '하나님이 나를 괴롭게 하셨다'라는 표현이 현 상황에 대한 나오미의 가장 정직한 감정일 것입니다. 그러나 상황에 대한 명확한 답이라고는 단정할 수 없습니다. 나오미는 '희락, 즐거움'이라는 자신의 이름을 부정하고, '마라'(쓰다)로 불러 달라고 요청합니다(룻 1:20). 나오미는 현재 상황을 곧 자기 존재와 자기 삶의 실패로 결론 내 버립니다.

나오미의 인생은 상실로 끝나지 않았습니다. 며느리 룻과 함께하는 새로운 인생이 펼쳐집니다. 얼핏 보면, 마이너스(-) 인생인데, 하나님은 그녀의 삶을 플러스(+)로 만들어 가고 계십니다. 상실의 광야를 만났을 때, 모든 것을 잃었다고 섣불리 결론 내리지 마십시오. 나의 존재와 삶을 내 기준으로 규정하지 마십시오. 하나님이 상실의 광야에서 무엇을 하고 계신지를 보고, 무엇을 더해 주고 계신지를 영의 눈으로 바라보십시오. 우리는 '이것'을 잃으면 모든 것을 잃었다고 절망하지만, 하나님은 '그것'이 아니어도 내 인생을 충분히 바꾸실 수 있습니다.

나는 상실의 광야에서
무엇에 집중하고 있습니까?

❶ 이유를 찾기 시작할 때, 어떤 일들이 일어납니까?
❷ 하나님은 어떤 일을 하고 계십니까?

November 10 하나님의 플러스(+)

• 룻기 1:6-18

하나님은 우리에게 좋은 사람을 더해 주십니다. 나오미는 불행을 홀로 감수하려 했습니다. 그러나 시어머니를 따르려는 룻의 의지는 진심이었고 결연했습니다. 룻은 어머니의 하나님을 믿겠다고 고백하며 나오미를 '붙좇습니다'(룻 1:14). '붙좇다'는 '존경하거나 섬겨 따른다'는 의미입니다. 불행과 고난 앞에서 사람들은 자기를 먼저 생각하기 쉽습니다. 제자리를 지키기보다 흔들리고 넘어지기 쉽습니다. 불행 당한 사람을 함부로 판단하거나 정죄하기도 합니다. 그러나 룻은 나오미 곁에서 한결같은 사랑과 존경으로 섬깁니다.

하나님은 우리에게 하나님 자신을 주십니다. 나오미는 절망 속에서 복음을 듣습니다. 하나님이 자기 백성을 '돌보셔서' 양식을 주셨다는 소식이 들려온 것입니다(룻 1:6). '돌보다'를 뜻하는 히브리어 '파카드'는 '찾아오다'라는 뜻입니다. 하나님이 백성을 찾아오신 것입니다. 언제 기근이 끝나고, 상실의 광야가 끝날까요? 하나님이 찾아오실 때입니다. 하나님은 나오미의 인생을 다시금 '기쁨'으로 만드셨습니다. 신실한 며느리 룻에게 남편 보아스를 예비해 주심으로써 나오미는 손자 '오벳'을 품에 안게 됩니다.

유대인들은 유월절마다 '아니마민'이란 노래를 부릅니다. '나는 믿는다'라는 뜻으로 아우슈비츠 수용소에서 불리던 노래입니다. "우리는 구세주가 오리란 걸 믿고 있습니다. 그러나 그는 조금 늦게 오십니다. 그래서 우리는 죽고, 절망 앞에 부딪힙니다." 당시 수용소에서 생활하던 젊은 정신과 의사 빅터 프랭클은 가사를 개사해 불렀습니다. "우리 구세주는 약속하신 대로 오신다는 사실을 우리는 알고 있습니다. 그러나 사람들은 그가 늦게 오신다고 불평합니다. 그러나 사실은 우리가 너무 조급해할 따름입니다." 상실의 광야에서 우리는 믿고 기다립니다. 주님이 찾아오시면, 우리는 반드시 웃게 될 것입니다. 이유를 알게 되든지 영영 알 수 없게 되든지 상관없이.

'더해 주시는' 하나님의 은혜를 경험하고 있습니까?

❶ 하나님이 주시는 위로와 사람을 통한 위로를 경험합니까?
❷ 하나님이 더해 주시는 플러스(+)를 발견했습니까?

침체의 광야에서 November 11

• 열왕기상 19:1-4

엘리야는 바알 선지자 450명과 대결을 벌여 승리한 선지자입니다(왕상 18:22). 그는 선지자를 대표하는 인물이었습니다. 이스라엘이 존경하는 선지자로 예수님이 변화산에 오르셨을 때 모세와 함께 나타났던 인물이 엘리야입니다. '믿음이 흔들린다'는 말을 자주 듣지만, 엘리야에게는 해당 사항이 전혀 없을 것 같습니다. 그러나 엘리야도 우리와 성정이 같은 사람이었습니다(약 5:17). 디셉이란 작은 산지 마을 출신의 평범한 사람이었습니다. 그가 침체의 광야를 지나는 것은 특별한 일이 아닙니다.

침체의 광야는 완벽한 승리와 응답 뒤에 찾아왔습니다. 하나님의 놀라운 역사가 일어났음에도 상황과 환경은 전혀 변하지 않았습니다. 엘리야에게 찾아온 것은 아합의 아내 이세벨이 자신을 죽이려고 한다는 소식이었습니다. 엘리야는 브엘세바까지 도망했습니다. 거기서 사환 없이 홀로 광야로 하룻길쯤 더 들어갑니다(왕상 19:4). 엘리야의 목적은 명확했습니다. 죽기를 원한 것입니다(왕상 19:4). 충만한 은혜와 놀라운 승리를 경험할 때는 그 순간이 영원할 것 같지만, 우리는 곧 넘어지고 쓰러지곤 합니다.

그럼에도 엘리야는 하나님과 연결되어 있었습니다. 그는 로뎀 나무 아래서 하나님께 말을 걸었습니다. 비록 앙상하고 덤불에 가까운 로뎀 나무였지만, 엘리야는 그 아래에서 다시금 하나님과 연결되는 은혜를 누렸습니다. 천사를 통해 위로와 새 힘을 공급받았습니다. 잠깐의 쉼과 위로였으나 엘리야는 그 힘을 의지하여 사십 주, 사십 야를 걸어가게 됩니다. 호렙산에서 세미한 음성 가운데 하나님을 만난 엘리야는 마침내 사명을 회복합니다. 로뎀 나무를 만나면, 아주 작은 그늘뿐이어도 멈추어 쉬십시오. 하나님과 다시 연결되어야 살아날 수 있습니다.

나는 로뎀 나무 아래에서 쉬고 있습니까?

❶ 멈추어 앉아서 하나님과 다시 연결되고 있습니까?
❷ 내게도 침체의 광야가 올 수 있음을 인정합니까?

November 12 고난의 광야, 절망의 광야

• 이사야 49:14-15

이스라엘은 '고난의 광야'를 두려워했습니다. 그래서 참 선지자들을 피하고, 거짓 선지자들의 예언만 들으려 했습니다. 그렇다고 고난을 피할 수 있는 것이 아닙니다. 말씀을 통해 상황과 형편을 직시하고, 하나님의 음성에 속히 반응해야 합니다. 불순종한 이스라엘은 결국 멸망했고, 고난의 광야로 들어갔습니다. 귀에 못이 박히도록 들었던 '돌아오라'는 하나님의 말씀을 철저히 무시한 결과였습니다(사 55:7; 렘 25:5).

하나님이 정하신 고난의 시간이 있습니다. 주님이 고난의 광야로 인도하실 때는 겸허히 받아들이고, 마땅한 회개의 과정을 거쳐야 합니다. 광야를 벗어날 방안을 스스로 강구할 것이 아니라 정하신 기간까지 하나님의 손길에 나를 맡겨 새로운 피조물로 빚어져야 합니다. 하나님의 시간을 인정하지 못하면, 고난의 광야에서 '절망의 광야'로 들어가게 되고, '언제까지입니까?'라고 항변하며 스스로 고통을 가중시키게 됩니다. 하나님은 분명 '70년'이 지나야 한다고 말씀하셨습니다(렘 29:10).

하나님은 나를 잊으신 것이 아닙니다(사 49:14). 고난의 광야, 절망의 광야에 나를 방치하거나 버리신 것이 아닙니다. 하나님은 그분의 시간표대로 일하고 계시며, 회복과 위로의 날을 누구보다도 손꼽아 기다리고 계십니다(사 43:1-3). "여인이 어찌 그 젖 먹는 자식을 잊겠으며 자기 태에서 난 아들을 긍휼히 여기지 않겠느냐 그들은 혹시 잊을지라도 나는 너를 잊지 아니할 것이라"(사 49:15). 하나님은 잊어버리신 것이 아니라, 때를 기다리고 계실 뿐입니다.

나는 고난의 광야를 지혜롭게 지나고 있습니까?

❶ 하나님의 음성을 듣고 뜻대로 반응하고 있습니까?
❷ 정하신 시간을 기다리며 하나님의 손길에 나를 맡기고 있습니까?

절망의 광야에서 피어난 꽃, 위로 November 13

• 이사야 40:1, 28-31

절망의 광야에서는 하나님을 바라보아야 합니다. 소망을 잃고 낙심하며 무기력한 나에게 하나님이 새 힘을 주실 것입니다. "내가 산을 향하여 눈을 들리라 나의 도움이 어디서 올까 나의 도움은 천지를 지으신 여호와에게서로다"(시121:1-2). 광야에는 길이 없습니다. 우리가 더욱 절망하게 되는 이유입니다. 하나님을 '앙망'하는 것은 마치 사막에 길을 내는 것과도 같습니다. 하나님이 광야에 길을, 사막에 강을 내리라고 약속하셨기 때문입니다(사 43:19). 하나님은 광야에서 반드시 새 일을 행하실 것입니다.

하나님을 앙망한다는 것은 '나를 내드리는 것'입니다. '앙망'을 뜻하는 히브리어 '카와'는 '참을성 있게 기다리는 것, 위를 쳐다보면서 대망하는 것'을 의미합니다. 우리는 하나님을 믿고 의지한다고 하면서도, 앙망한다고 하면서도 온전히 맡기질 못합니다. 구원을 요청한 후에도 여전히 힘을 빼지 않고 발버둥칩니다. 나를 내드려야 합니다. 제한 구역 없이 모든 영역의 주권을 위임해야 합니다. 오스왈드 챔버스는 어떤 상황에서도 '염려하기를 거절'했습니다. 전쟁 중이던 이집트에 파견되었을 때도 염려 없이 하루를 기쁘게 맞이했고, 하나님의 주권적인 섭리 아래 보냈습니다.

하나님을 신뢰하면 위로받을 수 있습니다. 하나님의 위로는 절망의 광야에서 피어난 꽃입니다. 하나님을 신뢰하지 못하면, 주님이 주시는 그 어떤 말로도 위로받지 못합니다. 은혜의 해가 선포될 것이라는 약속을 믿지 못하면, 절망의 광야는 결코 끝나지 않습니다(사 61:2). 하나님은 광야를 지나는 사람들에게 늘 신실하셨습니다. 마찬가지로 오늘 고난의 광야를 지나는 내게도 여전히 신실하십니다.

나는 하나님의 위로를 받고 있습니까?

❶ 하나님을 앙망하며 나를 온전히 내드리고 있습니까?
❷ 나에게 주신 위로의 말씀은 무엇입니까?

November 14 광야의 식탁

• 출애굽기 16:11-20

이스라엘은 많은 기적을 경험했습니다. 홍해가 갈라지고(출 14장), 쓴물이 단물로 변하고(출 15:25-26), 광야에서 오아시스를 만났습니다(출 15:27). 이러한 일들이 반복되면 이스라엘의 믿음이 견고해져야 하는데, 백성들은 원망과 불평 일색이었습니다. 그러나 그들도 쉽지는 않았을 것입니다. 기적이 많다는 것은 그만큼 인간의 힘으로 해결할 수 없는 일들이 빈번히 일어났다는 방증이기 때문입니다. 문제와 하나님의 구원이 반복될 때, 우리는 무엇에 집중해야 할까요? 문제일까요, 아니면 구원일까요?

이스라엘은 문제에 집중했고, 매사에 원망했습니다. 하나님은 그들의 원망을 들으셨습니다(출 16:12). 그럼에도 그들 앞에 '광야의 식탁'을 차려 주셨습니다. 우리에게 베푸시는 하나님의 은혜는 그분의 신실함에 기반합니다. 우리의 조건과 자격에 따른 은혜가 아닙니다. 하나님 없이는 출애굽도, 가나안 땅을 향한 소망의 여정도 애초에 불가능했을 것입니다. 그런데도 백성은 하나님을 신뢰하지 않았습니다. 하나님은 믿음으로 위임하는 법을 훈련시키려 시험 문제를 내셨지만(출 15:25, 16:4, 20:20), 그들은 출제자의 의도와는 상관없이 문제가 많다며 원망만 했습니다.

백성들은 하나님의 은혜에 제각각 반응했습니다. '만나'는 히브리어로 '이것이 무엇이냐?'라는 뜻입니다. 아람어로는 '선물'이란 뜻도 있습니다. 백성은 사랑과 신실함으로 차리신 하나님의 식탁을 보며 '이것이 무엇이냐?'라고 물었습니다. 누군가는 경멸의 어조로, 누군가는 감탄과 감사의 어조로, 누군가는 시큰둥한 어조로 은혜의 식탁을 받았습니다.

나는 하나님께 어떻게 반응하고 있습니까?

❶ 문제만 바라봅니까, 아니면 문제를 풀어 가실 하나님을 바라봅니까?
❷ 광야에서 허락하신 은혜의 식탁에 어떻게 반응하고 있습니까?

매일의 만나, 매일의 수고 November 15

• 출애굽기 16:11-20; 히브리서 12:15

광야는 메마르고 황폐한 곳입니다. 하나님이 내리시는 만나 없이는 광야의 시간을 지날 수 없습니다. 만나는 내 힘으로 만들어 낼 수 없고, 오직 은혜로만 맛볼 수 있는 양식입니다. 하나님은 자격에 상관없이 모든 사람에게 만나를 내려 주셨습니다. 하나님은 악인과 선인에게 동일하게 해를 비추시며, 의로운 자와 불의한 자에게 동일하게 비를 주시는 분입니다(마 5:45). 그러나 그 은혜를 취하는 것은 각자의 몫이며 선택입니다. "각 사람이 그의 장막에 있는 자들을 위하여 거둘지니라"(출 16:16).

만나는 하나님과의 친밀한 관계를 통해 맛보는 것입니다. 만나는 하나님이 주시는 '일용할 양식'이었습니다(출 16:19). 하나님은 그날그날 우리와 친밀한 관계를 맺길 원하십니다. 매일 만나를 거두며 그날의 식탁을 차려 주신 사랑의 손길을 느끼고, 하나님의 은혜에 감사하는 것입니다. 하나님과 친밀한 관계 맺기 훈련은 가나안에 이르기까지 계속해야 하는 신앙 훈련입니다. 만나의 은혜를 누리면, 당장 내일 먹을 것이 없어도 오늘밤 편히 잠들 수 있습니다. 내일 주님이 또 먹이실 것이기 때문입니다. 믿음의 반대말은 불신이 아니라 염려입니다. 하나님은 우리가 참으로 믿을 만한 신실하신 분입니다.

하나님과 나 사이를 가로막는 것이 있습니까? "너희는 하나님의 은혜에 이르지 못하는 자가 없도록 하고 또 쓴 뿌리가 나서 괴롭게 하여 많은 사람이 이로 말미암아 더럽게 되지 않게 하며"(히 12:15). "쓴 뿌리"는 독 있는 열매를 맺게 하는 근원을 뜻합니다. 영적으로는 우리의 교만한 불신앙과 배교를 가리킵니다. 하나님의 은혜를 누리지 못하게 만드는 쓴 뿌리를 찾아 제거하십시오. 뿌리가 살아있으면, 언젠가는 열매가 맺히게 됩니다.

나는 매일의 만나를 맛보고 있습니까?

❶ 매일 만나를 거두는 기쁨의 수고를 하고 있습니까?
❷ 나에게 있는 쓴 뿌리는 무엇입니까?

November 16 동행 거부의 사랑

• 출애굽기 33:3-5

"나는 너희와 함께 올라가지 아니하리니"(출 33:3). 메마르고 황폐한 광야보다 더 참기 힘든 것이 있습니다. 하나님의 임재를 느끼지 못하는 것입니다. 하나님의 침묵도 견디기 힘든데, 주님이 동행을 거부하신다면 감당할 수 있을까요? 하나님은 이스라엘과의 동행을 거부하셨습니다. 약속을 철회하신 것이 아닙니다. 오히려 약속을 지키기 위해 동행을 거부하신 것입니다(출 33:3). 가나안 땅에 도착하기도 전에 백성을 진멸할까 염려되신다는 것입니다.

백성은 하나님과의 언약을 파기했습니다. 그들은 하나님이 모세를 통해 언약의 증거판을 주시기도 전에 벌써 금송아지를 만들었습니다(출 32:1-4). 쌍방의 합의와 이행 및 의지로 유지되는 언약의 속성상 하나님은 더 이상 이스라엘에 신실하실 이유가 없었습니다. 이스라엘은 동행을 거부하시는 하나님께 배신감을 느껴서는 안 됩니다. 금송아지 사건은 명백한 이스라엘의 동행 거부 의사였기 때문입니다. 하나님이 아니라 백성이 먼저 돌아선 것입니다. 정황상 하나님이 '동행'만 거부하신 일은 은혜입니다. 하나님은 여전히 죽어 마땅한 백성을 살리기 위해 애쓰고 계십니다.

'목이 곧은 백성'은 하나님과 동행할 수 없습니다. 영어 성경 리빙 바이블(TLB)은 '목이 곧은 백성'을 'stubborn, unruly people'로 번역했습니다. 즉, 완고하여(stubborn) 다른 사람의 말을 잘 듣지 않는다는 것입니다. 자신의 시간과 방법에 하나님을 맞추려는 태도로는 하나님과 동행할 수 없습니다. 옛 방식과 태도로는 주님과 동행할 수 없습니다. 하나님과 대등한 관계에서 언약을 맺은 것은 주님의 은혜이지 내 자격 때문이 아닙니다. 광야의 시간은 내 모든 것을 주님께 조정하고 맞추는 훈련의 시간입니다.

나는 하나님과 진심으로 동행하길 원합니까?

❶ 나는 하나님과의 언약을 신실하게 이행하고 있습니까?
❷ 주님과 동행하기 위해 조정해야 할 태도와 방식은 무엇입니까?

동행하는 사랑으로 November 17

• 출애굽기 33:3-5

광야에서 우리는 하나님의 법을 익힙니다. '목이 곧다'의 또 다른 의미는 법을 잘 따르지 않는다(unruly)입니다(출 33:3, TLB). 하나님 나라의 백성은 하나님 나라의 법으로 다스림을 받습니다. 법을 따르지 않는 자들은 자신이 법보다 위에 있다고 생각합니다. 자신이 법을 통제할 수 있다고 여깁니다. 하나님의 법을 따르지 않는 것은 단지 불법의 문제가 아닙니다. 하나님과 그분의 법에 대한 인식이 반영되어 있습니다. 하나님을 경외하는 것과 불순종은 모순됩니다. 불법과 불순종은 곧 교만이며 하나님에 대한 불신입니다.

불법의 사람은 하나님과 동행할 수 없습니다. 불법을 저지를 때마다 하나님이 진노하시고 때리셔야 하기 때문입니다. 동행 거부는 우리를 사랑하시는 하나님의 최선입니다. 심판과 멸망을 유보하고 계시는 하나님의 또 다른 은혜입니다. 하나님은 우리가 충만한 복을 누리길 원하십니다. '동행 거부의 사랑'에서 '동행하는 사랑'으로, '유보'의 은혜에서 '친밀함'의 은혜로 나아가길 원하십니다. 하나님은 우리와 동행하기 위해 우리를 책망하며 훈련시키십니다.

회개에도 때가 있습니다. 하나님의 준엄하신 말씀을 들어야 합니다(출 33:4). 심각하게 받아들여야 합니다. 회개 없이는 동행도 없습니다. 하나님은 사랑의 하나님인 동시에 공의의 하나님이시므로 죄와 함께하실 수 없습니다. 여호와의 날이 반드시 올 것입니다. 모든 인간에게 각자의 종말이 다가오고 있습니다. 하나님께 돌이켜 주님 안에 거하면 이 세상에서도, 이 세상을 떠날 때도 주님과 늘 동행할 수 있습니다.

나는 주님과 동행하고 있습니까?

❶ 떠나야 할 불법과 불순종들은 무엇입니까?
❷ 징계와 훈련에 담긴 하나님의 사랑을 깨닫습니까?

November 18 숨어 계신 하나님

• 이사야 45:5-7, 15

"진실로 주는 스스로 숨어 계시는 하나님이시니이다"(사 45:5). 여기서 '숨어 계시는 하나님'이란 무슨 의미일까요? 하나님이 계시지 않는다는 것이 아니라 눈에 보이시지 않는다는 뜻입니다. 리빙 바이블(TLB)은 이 구절을 다음과 같이 번역했습니다. "Truly, O God of Israel, Savior, you work in strange, mysterious ways." 하나님은 이상하고도 신비한 방법들로 일하신다는 뜻입니다. 우리가 할 수 없는 일을, 할 수 없는 방식들로 행하시는 것입니다. 하나님의 신비한 방식들을 목도하며 그분을 인정할 때, 하나님과 그분의 일들이 보이기 시작합니다.

하나님 안에 모든 것이 속해 있습니다. 빛도 어둠도, 평안도 환난도 하나님이 창조하셨습니다(사 45:7). 유한한 인간은 세상을 이분법으로 바라보지만, 하나님의 섭리는 훨씬 더 섬세하고 다양한 층위로 운영됩니다. 인간은 매일 한 번도 가보지 못한 '오늘'을 맞이하며 두려워합니다. 불확실성과 모호성으로 인해 불안해합니다. 창조주 하나님에 대한 믿음으로 그분 안에 거하십시오. 하나님이 신비로운 방식으로, 순리와 섭리대로 일해 가실 것입니다. 어거스틴은 《고백록》에서 "내가 하나님 품 안에서야 비로소 안식을 찾았노라"라고 말했습니다.

해가 뜨는 곳이나, 해가 지는 곳이나 하나님은 거기 계십니다(사 45:6).
1900년대 초, 중국의 한 선교사가 세계 기독교 회의에서 고백한 말이 있습니다. "나는 그곳에 하나님을 전하려고 갔으나 하나님은 이미 계셨습니다." 우리는 하나님을 찾아다닙니다. 발견하려고 노력합니다. 그런데 하나님은 '여기에' 계십니다. 우리가 가는 모든 곳에 주님이 계십니다. 육의 눈으로 바라보면 볼 수 없습니다. 영의 눈으로 주님을 발견할 때, 우리가 선 곳에서 경외와 겸손함으로 신을 벗게 될 것입니다.

지금, 여기에 계신 하나님을 발견했습니까?

❶ 하나님의 신비로운 방법들을 깨닫습니까?
❷ 하나님의 순리와 섭리를 인정하고 있습니까?

'서두름'의 유혹 November 19

• 창세기 16:1-5

하나님은 이상하고도 신비로운 방식으로 일하십니다. 그러나 사람은 사람의 방식으로 일하길 원합니다. 아브라함은 하나님께 말씀을 받은 당사자임에도(창 12:1-3, 13:15) 아내 사라에 의해 좌지우지되었습니다(창 16:2). 사라는 자신의 방법대로 하나님의 약속을 이루려 했습니다. 하나님이 정하신 때를 기다리지 않고, 자기 방식대로 고난과 절망의 광야를 벗어나기로 결정해 버린 것입니다. 아브라함과 사라는 '서둘러' 이스마엘을 낳았습니다. 그토록 기다렸던 아들은 기쁨이 아닌 화근이 되어 버렸습니다(창 16:4, 25:18).

길이 잘 보이지 않을 때 '서두름'의 유혹이 찾아옵니다. 하나님의 섭리보다 합리적이고 명확한 길을 찾으려 합니다. 초조하고 조바심이 들면 하나님의 방법보다는 차선이라도 빠른 길을 택하게 됩니다. 인생의 복은 서두름에 있는 것이 아니라 정도를 걷는 데 있습니다. 하나님이 정하신 기한이 있고, 각각의 때가 있습니다(전 3:1,11). 참된 지혜는 가장 조화롭고 아름다운 하나님의 순리와 섭리를 기다리는 것입니다.

사라의 관점에서는 하나님이 너무 늦으실 수 있습니다. 그러나 하나님의 때가 아직 이르지 않았습니다. 사라는 낙심과 초조함으로 인해 차선을 택했습니다. 그것이 사라가 생각할 수 있는 최선이었을 것입니다. 생물학적인 조건의 한계가 명확했기 때문입니다. 인간의 유한함에 막히면, 더 이상 앞으로 나아갈 수 없습니다. 믿음은 유한함의 끝에서 비로소 증명됩니다. 시간에 제약이 없으신 영원하신 하나님은 아직 오지 않은 미래를 이미 예비하시고, 우리를 기다리고 계십니다.

길이 보이지 않을 때,
어떤 유혹에 빠집니까?

❶ 조바심과 초조함으로 서두르고 있는 문제가 있습니까?
❷ 내가 생각하는 최선이 진정한 최선이라고 확신합니까?

November 20 서두르면 이스마엘, 기다리면 이삭

• 창세기 16:1-5; 요한복음 11:17-44

"주님, 너무 늦으셨습니다"(요 11:21). 절망의 광야에서 터져 나오는 원망과 탄식의 말입니다. 그러나 주님의 때가 최적의 때(perfect timing)입니다. 인간의 소망이 완전히 끊긴 것 같은 때, 주님은 다시금 생명을 불어넣으십니다(요 11:39, 43). 하나님은 아브라함에게 '아들'만 약속하신 것이 아닙니다. '믿음의 조상, 복의 근원'이 되는 복도 약속하셨습니다(창 12:1-3). 하나님은 아브라함과 사라가 이삭을 '믿음'으로 받을 수 있을 때 뜻을 이루실 것입니다.

충분히 기다려야 충분한 능력이 나타납니다. 아브라함은 하갈을 통해 86세에 이스마엘을 얻고도 이삭을 얻기까지 13년을 더 기다려야 했습니다. 아브라함은 이스마엘로 만족했지만(창 17:18), 하나님은 '네 아내 사라가 아들을 낳을 것'이라며 더욱 구체적인 약속을 주십니다. 흘러가는 시간과 변함없는 상황만 바라보면, 기다림은 영적 공황과 침체로 점철됩니다. 그러나 광야를 지나며 날마다 말씀을 듣고, 일상을 살아내면 그 시간을 예배자로 살게 됩니다.

바울은 여러 번 옥에 갇혔습니다. 선교의 열심이 남달랐던 사람이니 감옥에 있는 시간이 참 안타까웠을 것입니다. 그럼에도 그가 보낸 옥중 서신은 평안과 기쁨, 확신과 기다림으로 가득합니다. "너희 안에서 착한 일을 시작하신 이가 그리스도 예수의 날까지 이루실 줄을 우리는 확신하노라"(빌 1:6). 바울은 갇힌 중에 기도하고 찬송하며 하나님의 때를 기다립니다(행 16:25). 하나님은 바울과 실라를 옥에서 해방시켜 주셨을 뿐 아니라, 그 일을 통해 간수와 그의 가족까지 죄와 사망에서 해방시키셨습니다(행 16:26-34).

나는 서두르지 않고, 하나님의 때를 기다리고 있습니까?

❶ 서두름으로 인해 낳게 된 '이스마엘'이 있습니까?
❷ 예배자의 자세로 '이삭'을 기다리고 있습니까?

그래, 그래, 그래 November 21

• 창세기 19:29; 레위기 26:42; 사무엘상 1:19

하나님은 우리의 기도에 '그래, 그래, 그래' 하고 긍정해 주십니다. 그렇다고 기도한 대로 다 허용하신다는 의미가 아닙니다. 우리의 처지와 형편을 마음에 담아 기억하고 살피시어 일하시는 것입니다. 하나님은 아브라함의 형편을 '생각'(heed)하셨습니다(창 19:29, TLB). 'heed'는 '배려한다'는 의미로 '보살펴 주려고 이리저리 마음을 써 주는 것'을 말합니다. 하나님은 소돔과 고모라를 심판하시기 전, 아브라함의 중보를 기억하셨습니다(창 18장). 그의 기도가 심판을 중단시키지는 못했지만, 그로 인해 조카 롯이 건짐을 받았습니다. "의인의 간구는 역사하는 힘이 큼이니라"(약 5:16).

하나님은 백성과의 언약을 '다시 생각'(remember again)하셨습니다(레 26:42, TLB). 하나님은 신실하시며, 실언하지 않으시고, 실수가 없으신 분입니다. 주님은 약속을 반드시 지키십니다(롬 4:21; 행 13:32). 하나님은 이스라엘 백성의 반복적인 불순종에도 불구하고 조상들과의 언약을 '다시 기억'해 주셨습니다. 백성의 부족함에도 불구하고, '그래'라고 다시 용납해 주셨습니다.

하나님은 한나의 기도를 '생각'(remember)해 주셨습니다(삼상 1:19, TLB). 한나가 성전에 올라가 기도한 것이 한두 번은 아니었을 것입니다. 지속적으로 간곡하게 청원하는 기도를 드렸습니다. 그러나 응답은 오랫동안 이루어지지 않았습니다. 응답이 되지 않는다고 하나님이 못 들으신 것이 아닙니다. 하나님은 그녀의 기도와 통곡과 원통한 심정을 '기억'하셨습니다(삼상 1:10, 15-16). '생각'에 해당하는 히브리어는 '자카르'입니다. '방문하다'라는 의미로도 쓰입니다. 하나님은 우리의 기도를 기억하시며 우리를 찾아오십니다. 주님의 영이 임할 때, 위로와 응답 또한 임합니다.

하나님이 내 기도를 '기억'하심을 믿습니까?

❶ 내 기도를 마음에 두시고, 살펴 일하심을 경험합니까?
❷ 듣고 계시며 찾아와 응답하실 것을 믿습니까?

November 22 믿음이 재산이다

• 야고보서 2:5

하나님은 우리를 부르시어 믿음의 유산을 주십니다. 똑같은 일을 자꾸 생각하면 '걱정'이지만, 하나님의 말씀을 계속해서 생각하면 '묵상'이 됩니다. 주님은 광야의 시간에 묵상의 은혜를 주십니다. 가난한 심령을 주셔서 주님으로 가득 채우게 하심으로써 천국을 상속받게 하십니다. '가난한' 중에도 믿음 안에서 '부요함'을 누리는 것이 자녀 된 자의 특권입니다. 재산은 점차 '쌓여' 가는 것입니다. 믿음도 날마다 작은 것 하나하나를 위임하고 순종해 나갈 때 점점 깊어지고 넓어집니다. 이로써 내 삶에 하나님 나라가 점차 확장되어 갑니다.

믿음은 하나님 앞에 솔직히 드러내는 것입니다. 원망도 슬픔도 모두 드러내십시오. 시편 기자들과 같이 적개심과 분노, 저주와 복수하고 싶은 마음, 두려움과 혼란도 하나님 앞에 모두 내려놓으십시오. 하나님은 우리가 쏟아 놓는 모든 것을 감당하실 수 있는 분입니다. 하나님의 존재를 부정하는 자는 하나님을 향해 울부짖지도 않습니다. 하나님의 살아계심을 믿는 자, '그분이 내 기도를 듣고 계신다'는 확신에 찬 사람만이 하나님 앞에서 애통할 수 있습니다. "하나님이 빛 가운데서 하신 말씀에 대해 어둠 속에서 의심하지 말라"(V. 레이먼드 에드먼).

순종은 이해의 열쇠입니다. 믿음이 있다면, 사망의 음침한 골짜기에서도 두려워하지 않고 찬양할 수 있습니다. 헤아릴 수 없는 가운데서도 순종하게 됩니다. 광야의 시간을 통해 우리는 믿음의 성숙을 이룹니다. 삶의 의미와 기쁨이 소유가 아닌 존재로부터 온다는 사실을 깨닫기 때문입니다. 하나님이 복을 주시기 때문이 아니라 그분의 이름을 부를 수 있고, 그분과 함께 걸을 수 있음이 기쁨입니다. 빈손, 빈 마음에도 풍족히 차오르는 믿음의 부요함이 그리스도인의 특권이요 복입니다.

나는 믿음의 재산을 소유하고 있습니까?

❶ 날마다의 위임과 순종으로 믿음이 쌓여 가고 있습니까?
❷ 소유로 인해 기뻐합니까, 아니면 존재로 인해 기뻐합니까?

접근인가, 접촉인가 November 23

• 마가복음 5:24-34

많은 무리가 예수님 주변으로 몰려들었습니다. 그런데 혈루증을 오래 앓아 온 여인에게만 예수님의 능력이 나갔고, 기적이 일어났습니다(막 5:29-30). 수많은 사람이 예수님 곁으로 가까이 접근했습니다. 그러나 그들은 예수님을 지나쳤습니다. 여인은 무리 가운데 끼어 예수님의 뒤로 다가갔습니다. 여인에게는 기간으로나 그간의 노력으로나 더 이상 방법이 없었습니다. 여인은 절박함으로 예수님께 나아갔습니다.

여인은 예수님께 나아갈 뿐 아니라 '접촉'했습니다. 접촉 불량인 제품들은 기능을 하다 멈추기를 반복합니다. 그러나 여인은 믿음으로 나아가 제대로 접촉했습니다(막 5:28). "대어도"(막 5:28)에 해당하는 헬라어 '하토마이'는 '손을 대다, 닿다'라는 뜻인데, '불을 켜다, 한 물체와 다른 물체를 비끄러매다'라는 뜻도 있습니다. 여인은 예수님과 견고하게 연결되기를 진심으로 소망했습니다. 주님께 닿음으로써 자신의 어두운 인생에 불이 켜지기를 진심으로 바랐습니다.

예수님께 접촉한 순간, 여인은 깨끗함을 입었습니다(막 5:34). 여인은 혈루증으로 인해 누구와도 접촉할 수 없었습니다. 여인의 부정한 것이 옮는다고 여겨졌기 때문입니다(레 15:25). 예수님이 자기 옷에 손댄 사람을 찾으시자 여인은 두려웠을 것입니다. 그러나 예수님은 질책하지 않으시고, 치유와 구원을 선포하며 평안을 기원하셨습니다(막 5:34). 여인의 부정함이 예수님께 옮아간 것이 아니라, 예수님의 정함이 여인을 깨끗하게 치유하였습니다. 주님과 접촉하면 그분의 생명이 내 안에 깃듭니다. 부정한 모든 것이 떠나가고, 죽었던 내 영이 다시 살아납니다.

나는 예수님을 인격적으로 만났습니까?

❶ 접근을 넘어 접촉하며 만나고 있습니까?
❷ 주님의 생명과 정함이 내게 깃들고 있습니까?

November 24 다른 사람, 다른 사랑

• 민수기 14:1-10, 24

"그는 너희들과 다른 사람이다." 하나님이 갈렙을 평가하신 말씀입니다. 갈렙은 원망과 불평 일색인 백성들과 달랐습니다. 갈렙은 '다름'으로 인해 하나님의 '다른 사랑'을 입게 됩니다. 가나안 땅에 들어가는 특별한 은혜를 입게 된 것입니다. 하나님은 그의 마음에 주목하셨습니다. 리빙 바이블은 "마음이 (그들과) 달라서"(민 14:24)라는 부분을 'a different kind of man'으로 번역했고, NIV는 '다른 영'(a different spirit)을 가졌다고 번역했습니다.

갈렙은 하나님의 마음, 하나님의 영을 가진 사람이었습니다. 그는 하나님께 지속적으로 온전하게 순종했습니다. 리빙 바이블은 "나를 온전히 따랐은즉"(민 14:24)을 'he has obeyed me fully'로 번역했습니다. 동일한 광야, 동일한 상황을 지나면서도 갈렙은 남다른 마음과 영으로 하나님의 마음을 흡족하게 해 드렸습니다. 갈렙은 하나님과 지속적으로 교통하며 그분의 뜻과 마음을 살폈습니다. 가나안을 정탐하고 온 이후 백성들은 원망하며 요동쳤지만(민 14:2), 갈렙은 여호수아와 함께 담대했습니다(민 14:9).

갈렙은 하나님과 그분의 약속을 신뢰했습니다. 하나님은 전쟁 계획을 세우라고 정탐꾼들을 보내신 것이 아닙니다. 하나님이 인도하여 들이실 땅을 눈과 마음에 담아 오라고 보내셨습니다. 오직 여호수아와 갈렙만이 주님의 뜻을 헤아렸습니다(민 14:7-8). 지극히 인간적인 마음을 가진 백성들은 문제를 보았지만, 하나님의 마음을 가진 갈렙은 하나님의 계획과 비전을 보았습니다. 다른 마음이 다른 인생을 가져옵니다.

나는 하나님께 '다른 사람'으로 인정받고 있습니까?

❶ 나는 어떤 마음, 어떤 영을 가졌습니까?
❷ 하나님과 지속적으로 교통하고 있습니까?

다른 믿음, 다른 은혜 November 25

• 민수기 14:1-10, 24

갈렙은 다른 마음, 다른 영을 가진 사람이었습니다. 하나님은 다른 마음을 가진 여호수아와 갈렙에게 가나안 입성을 허락하셨습니다. 하나님의 남다른 사랑을 받게 된 것입니다. 그들이 받은 사랑은 '미래 완료형'의 축복이었습니다. 상황은 바뀐 것 없이 여전하지만, 하나님이 반드시 바꾸실 것입니다. "믿음이 없이는 하나님을 기쁘시게 하지 못하나니 하나님께 나아가는 자는 반드시 그가 계신 것과 또한 그가 자기를 찾는 자들에게 상 주시는 이심을 믿어야 할지니라"(히 11:6).

하나님은 남다른 믿음의 사람들에게 은혜를 베푸셨습니다. 그들은 환경이나 재능이나 배경이 특별한 사람들이 아니라, 하나님을 향한 마음이 특별한 사람들이었습니다. 아브라함은 갈 바를 알지 못하고 하나님께 순종하여 믿음의 조상이 되었습니다(히 11:8). 이삭은 사람들에게 우물을 빼앗길 때마다 온유함을 잃지 않고, 믿음으로 새 우물을 팠습니다. 주님은 '르호봇'의 축복, 즉 영역을 넓히고 번성하게 되는 복을 주셨습니다(창 26:22). 백부장, 수로보니게 여인, 혈루증 걸린 여인 등은 모두 남다른 믿음으로 남다른 칭찬과 은혜를 입은 사람들입니다(마 8:10, 15:28; 눅 8:48).

사랑에도 질서가 있습니다. 어거스틴은 "하나님을 먼저 사랑하라. 다음에는 자기를 사랑하며, 그다음에는 세상을 사랑하라"고 말했습니다. 질서 있는 사랑, 특별한 사랑을 하십시오. 세상을 덜 사랑하라는 뜻이 아닙니다. 하나님을 먼저 온전히 사랑할 때, 그분이 사랑하시는 세상도 온전히 사랑할 수 있습니다.

나는 남다른 믿음으로 주님께 나아갑니까?

❶ 미래 완료형의 축복이 반드시 이루어질 것을 믿습니까?
❷ 나는 질서 있는 사랑을 하고 있습니까?

November 26 예수님의 선물

• 누가복음 7:11-17

과부가 하나밖에 없는 아들을 잃었습니다. '슬픔'만으로는 형용할 수 없는 고통과 아픔이 여인을 찾아왔습니다. 여인은 이제 아무런 희망도 기쁨도 소망도 없습니다. 주님은 여인을 불쌍히 여기시며 "울지 말라"고 말씀하십니다(눅 7:13). 여인에게 '마음을 쓰시며'(his heart went out to her, NIV) 그의 상한 심령과 애통한 마음 속으로 들어가신 것입니다. 여인에게 위로와 기쁨의 새 일이 시작될 것입니다.

예수님은 그 아들을 죽음에서 건져 여인에게 '주셨습니다'(눅 7:15). 《메시지》 성경은 이 부분을 'Jesus presented him to his mother'로 표현했습니다. 예수님이 여인에게 아들을 '선물'로 주셨다는 말입니다. 예수님은 슬픔과 아픔으로 가득 찼던 여인에게 기쁨을 주셨습니다. 여인은 선물을 주신 예수님과 개인적이고 친밀한 관계로 나아가게 됩니다. 주님은 우리가 기적과 치유를 통해 회복될 뿐 아니라 주님과 인격적으로 만나 기쁨과 평안 누리기를 원하십니다.

죽음에서 소생한 자도 언젠가 또다시 죽음을 맞게 됩니다. 병 고침을 받았다고 해도 인간은 여전히 유한한 몸을 입은 존재에 불과합니다. 죽음에서 생명을, 질병에서 나음을 입게 하시는 예수님이 우리 삶에 들어오셔야 합니다. 주님은 우리 육신뿐 아니라 영혼이 잘되며 강건하기를 원하십니다(요삼 1:2). 질병에서의 치유만이 아니라 우리 삶도 전인적으로 치유하길 원하십니다. 하나님과 샬롬의 관계를 이루십시오. 하나님은 우리가 그분의 다스림 안에서 영·혼·몸의 온전한 건강을 누리기 원하십니다

나는 예수님이 주시는 선물을 받았습니까?

❶ 죽음과 질병에서 건지시는 치유를 경험했습니까?
❷ 영원한 생명을 주시는 주님을 인격적으로 만났습니까?

• 누가복음 7:11-17

하나님은 자기 백성을 돌보십니다(눅 7:16). 예수님이 여인에게 기적을 베푸신 후 사람들은 하나님께 영광을 돌렸습니다. 그들 가운데서 일하고 계신 하나님을 깨닫고 경배한 것입니다. 무리는 '두려움'으로 하나님께 '영광'을 돌렸습니다. 인간은 초자연적인 역사를 접할 때 두려움을 느끼고 경외하게 됩니다. 위대하신 하나님을 경험한 자들은 주님을 경외하며 그에 합당한 영광을 돌리게 됩니다.

하나님이 일하시는 곳이 거룩한 곳입니다. 사람들은 자신들이 '거룩한 신비의 자리'(《메시지》 성경)에 있음을 깨달았습니다(눅 7:16-17). 하나님이 그곳에 임재하신 것입니다. 하나님을 만난 자들은 자연스럽게 주님을 '예배'합니다. 주님께 영광을 돌리는 것입니다. 하나님의 역사가 일어나는 곳에는 부르심이 있습니다. 거룩한 땅에 선 자들이 주의 음성을 듣습니다. "네 발에서 신을 벗으라"(출 3:5). 거룩하신 하나님의 임재를 경험한 자들은 두려움에 떨지만, 결국 "나를 보내소서"(사 6:8) 하고 고백하게 됩니다.

하나님이 계신 곳에 기쁨과 소망이 있습니다. 예수님은 슬픔의 행렬을 기쁨의 행렬로 바꾸셨습니다. 애통하며 애곡하던 자리를 찬양의 자리로 바꾸셨습니다. 사람들은 여인과 그의 아들을 통해 하나님을 보았고, 주님의 소문이 주변에 널리 퍼지게 되었습니다(눅 7:17). 예수님을 만나 변화된 사람들을 통해 하나님의 '거룩한 소문'이 퍼져 갑니다. 자기 백성을 돌보시는 분에 대한 '복음'이 전파됩니다. 상처가 별이 되게 하십시오(Turn your scar into star). 예수님은 우리 슬픔을 기쁨으로 바꾸십니다. 상처와 아픔을 은사로 바꾸십니다.

애통을 찬양으로 바꾸시는 예수님을 만났습니까?

❶ 내 삶이 노래되게 하시는 주님을 만났습니까?
❷ 하나님의 '거룩한 소문'이 나를 통해 전파되고 있습니까?

November 28 예수님의 심방

• 마가복음 1:29-34

예수님이 베드로의 집을 방문하셨습니다. 가버나움 회당에서 많은 일을 마치고 나오신 직후였습니다. 예수님에 관한 소문이 사방으로 퍼지면서 가시는 곳마다 인산인해를 이루었습니다. 예수님은 쉴 시간과 장소가 필요하셨을 것입니다. 그런 예수님을 모시고 간 곳이 베드로의 집이었습니다. 그러나 그곳에는 열병에 걸린 그의 장모가 있었습니다. 부정과 정결 예법에 민감했던 유대인들의 통념상 쉼이 필요한 예수님을 그곳으로 모신 것은 잘 이해되지 않는 일이었습니다.

야고보와 요한이 예수님과 동행했습니다(막 1:29). 그들은 베드로의 처지를 잘 알고 살피던 믿음의 동역자들로 베드로의 장모를 위해 예수님을 그곳으로 모신 것입니다. 야고보와 요한이 예수님께 상황을 아뢰었습니다(막 1:30). 그리고 예수님이 일하시도록 요청합니다. 그들은 참된 중보자들이었습니다. 예수님은 여인의 손을 잡아 일으켜 열병을 고쳐 주셨습니다(막 1:31).

베드로는 자기 삶 속에서 예수님을 만났습니다. 제자로서 사역의 자리에서 예수님 곁에 서 있던 베드로는 자기 집에서 예수님을 맞았습니다. 남에게 드러내지 못할 가정사를 주님께 드러내며 예수님을 자기 삶으로 모셔 들였습니다. 공적인 장소가 아닌 사적인 장소에서, 제자가 아닌 한 개인으로서 예수님을 만났습니다. 많은 병자를 고치시던 예수님이 이제 '내 삶, 내 사건' 속으로 들어오신 것입니다.

베드로의 장모는 고침을 받은 후 예수님의 수종을 들었습니다(막 1:31). 여인은 평범한 일상으로 돌아가게 되었습니다. 일상으로의 복귀는 병 고침과 맞먹는 기적이며 감격스러운 일이었을 것입니다. 여인은 매일 맞는 가장 평범한 일상에서 예수님의 기적과 은혜를 곱씹을 것입니다. 일상 속의 예배자로서 평범한 모든 것을 사명으로 감당할 것입니다.

내 인생의 모든 곳에 예수님을 모셔 들이고 있습니까?

❶ 예수님께 감추고 내드리지 않으려는 문제가 있습니까?
❷ 예수님이 이미 내 안에 거하고 계심을 깨닫습니까?

네가 낫고자 하느냐? November 29

• 요한복음 5:1-18

베데스다는 '자비의 집, 은혜의 집'이라는 뜻입니다. 그곳에는 각양각색의 환자들이 모여 있었습니다. 문제가 해결된 이들은 '은혜의 집'에 머물 필요가 없었습니다. 자비와 은혜가 필요한 사람들만 그곳에 남아 있었습니다. '38년 된 병자'는 그들의 처지를 대표할 만한 인물입니다. 38년이라는 수식 앞에서는 자비, 은혜, 소망이라는 말마저 빛을 잃는 것 같습니다. 그가 치유 받을 확률, 천사가 물을 동할 때 기회를 잡을 확률은 제로에 가까웠습니다.

베데스다에는 자비나 은혜가 없었습니다. '만약의 기회'를 포착하기 위해 좋은 자리를 선점하고 지켜야 하며, 긴장을 놓지 않고 경쟁해야 하는 곳이 베데스다입니다. 아픔과 절박함이 절망과 예민함으로, 원망과 적개심과 분노로 표출되는 곳이 베데스다입니다. 허황된 전설과 기적이라도 바라야 할 만큼 환자들에게는 남아 있는 다른 선택지가 없었습니다. 그들은 예수님을 보지 못했을 것입니다. 늘 그렇듯 연못물만 쳐다보고 있었을 것입니다.

예수님이 38년 된 환자에게 다가가셨습니다. 자비와 은혜의 근원이신 분, 치유와 회복의 능력을 가지신 주님이 38년 된 환자를 찾아오셨습니다. "네가 낫고자 하느냐"(요 5:6). 그의 의사를 묻는 것이라면, 물을 필요도 없었을 것입니다. 예수님은 질문을 통해 환자의 시선을 연못으로부터 예수님께로 돌리게 합니다. 환자는 낫고자 하는 마음만 있을 뿐 예수님이 누구신지도 몰랐습니다. 병자는 눈을 돌려 예수님을 바라보았고, 말씀을 들었으며, 곧 나아서 자리를 들고 걸어가게 되었습니다.

나는 진심으로 치유와 회복을 바랍니까?

❶ 나는 무엇에 소망을 두고 있습니까?
❷ 자비와 은혜의 근원이신 주님을 바라보고 있습니까?

November 30 일어나 걸어가라

• 요한복음 5:1-18

38년 된 환자는 각박한 삶을 살아왔습니다. 그동안 그는 허망한 것에 소망을 두고 살았습니다. 남들을 탓하고 신세를 한탄하며 살아왔습니다(요 5:7). 녹록지 않은 인생이었지만, 38년간 살아오면서 분명 누군가의 도움을 받았을 것입니다. 그러나 그는 그것을 헤아릴 여유조차 없었습니다. 그의 입술에는 부정과 원망의 언어가 가득했으며, 건강뿐 아니라 평안도 안식도 없었습니다.

예수님은 환자의 삶 전체를 보듬으셨습니다. 그를 고치신 날은 '안식일'이었습니다. 예수님은 그의 병을 낫게 하실 뿐만 아니라 그의 삶에 하나님의 숨결을 불어넣으셨습니다. 주님은 우리가 문제에서 놓이는 것만이 아니라, 지속적인 교제를 통해 새롭게 창조되기를 원하십니다. 마이너스 인생에서 원점으로 돌아간 것에 만족하지 않고, 플러스 인생으로 더 나아가길 원하십니다. 하나님 없이 살면 옛 생활로 회귀합니다. 예수님은 그를 다시 만나자 이렇게 당부하셨습니다. "보라 네가 나았으니 더 심한 것이 생기지 않게 다시는 죄를 범하지 말라"(요 5:14).

"일어나 네 자리를 들고 걸어가라"(요 5:8). 예수님은 근본적이고 내면적인 부분까지 고치기를 원하십니다. 이제 그는 아픈 몸과 부정적인 태도로 주저앉았던 자리에서 일어나야 합니다. 예수님이 주신 새로운 삶과 참 안식을 향해 걸어가야 합니다.

나는 근본적인 치유와 회복을 바랍니까?

❶ 나의 내면에 원망과 부정이 있습니까?
❷ 주저앉았던 자리에서 일어나 나아가고 있습니까?

12월

기다림

° 보라 처녀가 잉태하여 아들을 낳을 것이요
그의 이름은 임마누엘이라 하리라 하셨으니
이를 번역한즉
하나님이 우리와 함께 계시다 함이라
_ 마 1:23

기다림의 비결 December 01

• 누가복음 2:25-35

예수님은 이 땅에 소망의 빛으로 오셨습니다. 인생을 살면서 벼랑 끝으로 내몰리는 경험을 할 때가 있습니다. 내 힘으로는 해결할 수 없는 문제들 앞에서 절망스럽습니다. 자연재해, 대형 참사, 경제 위기, 전쟁 등 거대한 문제 앞에서 인간은 자신이 한없이 연약하고 유한한 존재임을 깨닫습니다. 대강절은 벼랑 끝에서 소망을 경험하는 기간입니다. 절망의 나락에서 주님을 만나는 시간입니다. 기다림의 시간이 길수록 '희망'은 더욱 값지게 다가올 것입니다.

시므온은 하나님의 약속을 붙든 채 평생 기다려 온 사람입니다. 그는 절망적이고 불의한 세상에서 의로운 자로, 위로하심을 바라며 메시아를 기다렸습니다. 자신의 존재 이유와 목적을 절대 잊지 않았습니다. 제자리를 지켜 온 시므온은 마침내 아기 예수님을 만났습니다(눅 2:28). 기다림이 쉬운 사람은 없습니다. 견디는 일은 누구에게나 고통입니다. 그러나 시므온은 기다림의 비결을 터득했습니다. "성령이 그 위에 계시더라"(눅 2:25).

그 시간을 누구와 함께 지나느냐가 중요합니다(시 62:5). 시므온은 성령과 동행하며 매순간 성령의 임재 가운데 살았습니다(눅 2:26-27). 그가 끝까지 기다릴 수 있었던 것은 성령께서 소망을 보증해 주셨기 때문입니다(고후 1:21-22). '보증'을 뜻하는 헬라어 '아라본'은 '보증금'을 나타냅니다. 성령의 역사와 능력을 경험하면서 하나님의 능력과 약속을 더욱 확신하게 되는 것입니다. 성령과 함께할 때 우리는 소망을 잃지 않습니다. 성령은 우리 삶을 그리스도 안에서 더욱 견고케 하십니다.

나는 기다림의 비결을 터득했습니까?

❶ 나의 연약함과 유한함을 깨닫게 하는 문제들이 있습니까?
❷ 나는 누구와 함께 이 시간을 지나고 있습니까?

December 02 예수님을 기다리는가?

• 누가복음 2:25-35; 베드로전서 4:2

나는 예수님을 기다리고 있습니까? 유대인들은 오랫동안 메시아를 대망해 왔습니다. 그러나 예수님이 오셨을 때, 모두가 그분을 기쁨으로 영접한 것은 아니었습니다. 종교 지도자들은 예수님을 배척했습니다. 그들은 하나님을 가장 잘 알고 있다고 자부하며 성전과 말씀에 가장 가까이 있던 사람들이었습니다. 메시아는 그들의 머릿속에 지식이나 전설처럼 남아 있었을 뿐입니다(마 2:4-6).

시므온의 삶은 곧 약속과 기다림이었습니다. 날마다 하나님의 말씀을 묵상하고, 주님의 오심을 고대하며 준비하는 삶을 살아왔습니다. 그리고 마침내 하나님이 약속하신 메시아 예수님을 품에 안을 수 있었습니다. 예수님의 재림이 나에게는 어떤 의미입니까? 머릿속에 지식으로만 담겨 있습니까? 신화나 전설 같은 허황된 이야기로 여겨집니까? 여호와의 날에 주님은 소망의 주요 심판의 주로 다시 오실 것입니다. 예수님을 소망하며 기다린다는 것은 바로 그날을 준비하며 살아간다는 뜻입니다.

나에게도 주님이 '소망' 되십니까? 성령과 동행하며 서로 뜨겁게 사랑하던 초대교회 성도들은 '마라나타!'로 인사했습니다. "주 예수여 어서 오시옵소서!" 나는 어떤 마음과 자세로 육체의 남은 때를 살아갑니까? "그 후로는 다시 사람의 정욕을 따르지 않고 하나님의 뜻을 따라 육체의 남은 때를 살게 하려 함이라"(벧전 4:2). 주님을 기다리는 자만이 이 세대를 본받지 않고 예배자로 살아갈 수 있습니다(롬 12:1-2). 성령의 임재 가운데 빛의 자녀로서 단정하게 살아갈 수 있습니다.

나는 예수님을 기다리며 살고 있습니까?

❶ 나에게 여호와의 날은 구원의 날입니까, 아니면 심판의 날입니까?
❷ 주님이 오실 날을 준비하며 예배자로 살아가고 있습니까?

임마누엘의 믿음으로 December 03

• 마태복음 1:22-23

'임마누엘'은 '하나님이 우리와 함께 계신다'라는 뜻입니다. 임마누엘을 믿는 사람들은 어떠한 상황에서도 소망의 끈을 놓지 않습니다. 마야족은 '소망'을 '무엇에 걸려 있다'라는 의미로 받아들인다고 합니다. 그래서 '하나님 안에서 소망'이라는 말을 '우리가 하나님께 걸려 있다'로 번역합니다. 우리는 하나님께 걸려 있습니다. 임마누엘의 믿음으로 소망하고 인내하며 기다립니다.

하나님은 기다림 가운데 우리를 새롭게 빚으십니다. 주님께 붙어 있으면 하나님이 내게 불필요한 것들을 가지치기해 주십니다. 더 많은 열매를 맺게 하려고 깨끗하게 하시는 것입니다(요 15:2). 우리가 주께 걸려 있으므로 주님께 생명을 공급받고, 주님의 성품을 닮아 갑니다. 기다림과 '소망'을 통해 우리 삶과 인격이 새롭게 빚어지며 변화되고 있음을 보는 것입니다. '소망'은 수동적이고 무기력한 기다림이 아닙니다. 기다림의 시간에도 동행하시는 성령으로 인해 믿음의 역사가 일어납니다.

예수님이 다시 오실 때, 이 모든 것이 완성됩니다. 하나님은 선지자들에게 약속하신 대로 메시아를 이 땅에 보내 주셨습니다(마 1:22). 예수님은 성경에 기록된 대로 다시 오실 것입니다(행 1:11; 살후 1:10). 임마누엘의 믿음으로 견뎌 낸 자들은 여호와의 날에도 임마누엘의 복을 누리게 될 것입니다(계 21:3). "모든 눈물을 그 눈에서 닦아 주시니 다시는 사망이 없고 애통하는 것이나 곡하는 것이나 아픈 것이 다시 있지 아니하리니 처음 것들이 다 지나갔음이러라"(계 21:4).

나는 임마누엘의 믿음으로 기다리고 있습니까?

❶ 나는 주님께 온전히 '걸려 있습니까?'
❷ 나의 삶과 인격이 새롭게 빚어지고 있습니까?

December 04 빈방 있습니까?

• 마태복음 1:22-23

'성탄절' 하면 무엇이 떠오릅니까? 오늘날 성탄절 풍경은 예수님이 태어나시던 때와는 사뭇 다릅니다. 고요하고도 신비한 기쁨은 사라지고, 각종 장식과 모임들로 화려한 날, 분주한 날이 되었습니다. 한 가지 동일한 것이 있다면, 그때나 지금이나 묵을 '방'이 없다는 것입니다. 사람들은 저마다의 방에서 예수님과 상관없는 일들로 즐기느라 바쁩니다. 예수님을 영접할 마음의 빈방이 없습니다. 나의 마음과 인생에는 예수님을 모실 빈방이 준비되어 있습니까?

기쁜 성탄절은 예수님의 탄생에서 비롯되었습니다. 하나님의 독생자 예수님이 이 땅에 오셨습니다. 그분의 이름은 임마누엘, '하나님이 우리와 함께하신다'라는 뜻입니다. 주님이 우리와 함께하시지 않으면 진정한 성탄이라고 할 수 없습니다. 우리가 주님을 잊었다고 주님도 우리를 잊으시는 것은 아닙니다. 성탄절은 여전히 의미 있는 날입니다. 예수님은 세상에서 잊히고 외면당한 사람들을 위해 오셨습니다. "라마에서 슬퍼하며 크게 통곡하는 소리"(마 2:18) 가운데 계셨으며, 밤중에 양을 치며 곤한 삶을 살아가던 목자들에게 "큰 기쁨의 좋은 소식"(눅 2:10)으로 오셨습니다.

고통의 현장 한가운데서도 주님은 '임마누엘'이십니다. 전쟁의 상흔이 가득한 거리, 척박한 노동의 현장, 난민들의 긴 행렬, 아픔과 상처가 가득한 참사 현장 등 사람들이 외면하여 금세 잊히곤 하는 그 자리에 예수님이 함께하십니다. 예수님이 필요 없는 시대, 예수님이 필요 없는 사람은 없습니다. 그러므로 성탄절은 여전히 우리에게 귀하고 복된 날입니다. 임마누엘 주님은 곁에 계실 뿐 아니라 자기 멍에를 내주십니다(마 11:28-30). 나는 임마누엘 예수님을 모실 준비가 되어 있습니까?

나에게 성탄절은 어떤 날입니까?

❶ 나의 마음에 예수님을 모실 빈방이 있습니까?
❷ 오늘날 큰 기쁨의 좋은 소식이 필요한 곳은 어디입니까?

왜 목자들이었을까? December 05

• 누가복음 2:8-14

예수님이 태어나시던 날, 목자들에게 기쁜 소식이 들려왔습니다. 추운 밤, 일상의 자리에서 묵묵히 일하던 사람들에게 메시아 탄생의 소식이 전해졌습니다. 성탄절은 교회 안의 사건이나 교회만의 축제가 아닙니다. 세상 가운데 깨어 있던 사람들에게 성탄의 기쁜 소식이 선포되었습니다. 예수님은 인간의 몸을 입고 '세상 가운데' 오셨습니다. 말씀이 육신이 되어 이 땅에 오셨습니다(요 1:14).

그런데도 예수님과 복음을 교회 안에 가두려 하지는 않습니까? 신앙과 삶은 서로 동떨어진 것이 아닙니다. 거룩한 일을 핑계로 세속적인 일을 무시하지 마십시오. '부정하고 정한 것'과 '성과 속'은 다릅니다. 거룩한 일이나 세속적인 일이나 모두 '정'한 방법과 태도로 대해야 합니다. 세속적인 일뿐 아니라 거룩한 일도 '부정'한 태도와 방식으로 대하면, 하나님이 받지 않으십니다(레 10:1-2). 예수님은 이 땅을 변화시키기 위해 사람의 몸을 입고 세상 한가운데로 오셨습니다. 그런데 우리는 교회만을 변화시키려고 노력하는 것은 아닙니까?

성실한 목자들에게 기쁨의 소식이 전해진 이유가 있습니다. 복음을 받은 자들은 소명이 있습니다. 인간은 본래 기쁜 소식을 속에 감추고 살 수 없는 존재입니다. 결국은 나가서 복음을 전해야 하는 것입니다. 주님은 이 사명에 적합한 사람들을 부르셨습니다. 성실하고 부지런하며 신실하게 제자리를 지키는 사람들입니다. 그런 이들이 전하는 말에 진실의 힘이 담깁니다. 목자들은 기쁨의 소식을 들었고, 거룩한 사명을 받았습니다. 오늘도 주님은 복된 소식을 전할 신실한 '목자'들을 부르십니다.

성탄의 기쁜 소식을 들었습니까?

❶ 예수님이 인간의 몸을 입고 세상으로 오신 뜻을 깨닫습니까?
❷ 전하지 않고는 견딜 수 없는 복음이 내 안에 있습니까?

December 06 Now All is Well!

• 누가복음 2:8-14

목자들에게 전해진 메시지가 무엇입니까? 예수님의 나심으로 하나님께는 영광이요 땅에 있는 모든 백성에게 평화가 임할 것이라는 복음입니다(눅 2:14). 본문 말씀에 기초한 성탄 찬송이 있습니다. '저 들 밖에 한밤중에'라는 찬양입니다. 후렴에 반복되는 가사가 있는데 '노엘, 노엘, 노엘, 노엘'입니다. 노엘은 "Now all is well"의 줄임말입니다. 주님이 '괜찮지 않은' 우리 인생에 오셨습니다. 어둠 속에 살던 죄인들 가운데 오셨습니다. 임마누엘 주님으로 인해 이제는 '괜찮지 않아도 괜찮습니다.' 예수님으로 인해 모든 일이 잘될 것입니다. 성탄의 아침, 이러한 소망과 평안으로 건네는 인사가 노엘, 곧 "Now all is well!"입니다.

주님이 이 땅에 오셨으므로 모든 일이 잘될 것입니다. 임마누엘 주님이 항상 우리와 함께하십니다(마 1:23). 마음 문을 두드리시는 예수님은 내가 그 문을 열 때 들어오셔서 나와 함께 거하십니다(계 3:20). 예수님은 풍랑 속에서도 물 위를 걸으시며 풍랑을 잠재우시는 분입니다(마 14:25,32). 예수님은 무거운 짐 진 나를 쉬게 하십니다(마 11:28). 예수님은 십자가에서 죽기까지 나를 사랑하시며 나를 위해 모든 것을 내줄 준비가 되어 있으신 분입니다(롬 8:32). 예수님은 나를 깨끗하게 치료하시고, 자유하게 하실 뿐 아니라(눅 4:18) 영원한 생명을 주십니다(요일 5:11, 20). 이것이 오늘 우리에게 임한 기쁨의 좋은 소식입니다.

세상을 향해 "Now all is well!"을 선포할 준비가 되어 있습니까?

❶ '괜찮지 않은' 순간에도 임마누엘의 믿음으로 살아갑니까?
❷ 예수님의 존재와 능력이 내 삶을 통해 선포되고 있습니까?

• 베드로전서 1:1-9

초대교회 성도들은 '나그네' 같은 삶을 살았습니다(벧전 1:1). 예수님을 믿는다는 이유로 핍박과 박해를 받았습니다. 큰 화재의 방화범으로 억울한 누명을 쓰기도 하고, 추방 명령을 받아 로마에서 쫓겨나기도 했습니다. 성도들은 믿음으로 인해 화형으로, 참수형으로, 맹수들에게 찢겨 참혹하게 죽음으로써 순교 당했습니다. 나그네는 누구보다 은혜와 평강이 필요한 사람들입니다.

그리스도인은 '산 소망'으로 인내하며 견뎌 냅니다. 성도들은 흩어진 나그네였지만, 동시에 택하심을 받은 자들이었습니다(벧전 1:1-2). 불확실한 삶을 사는 것 같지만, 가장 확신에 찬 사람들이기도 했습니다. 그들은 세상의 핍박과 미움을 참 그리스도인의 삶에 나타나는 표지로 보고, 오히려 크게 기뻐했습니다(벧전 1:6). 환난과 핍박이라도 우리를 하나님의 사랑에서 끊을 수 없습니다(롬 8:39). 하나님의 택하심을 없이할 수 없습니다. 하나님이 당신의 자녀를 능력으로 보호하실 것입니다(벧전 1:5).

예수님이 우리에게 '산 소망'을 주십니다(벧전 1:3). 예수님은 십자가에서 수난을 당하시고 죽으셨습니다. 그러나 부활하셨고 승리하셨습니다. 사순절을 뜻하는 영어 단어 '렌트'(Lent)는 봄을 뜻하는 고대 앵글로색슨어 'lang'에서 유래했다고 합니다. 겨울이 지나면 봄이 옵니다. 죽음이 지나면 부활이 옵니다. 겨울이 지나면 메마른 가지에서 다시금 순이 올라올 것입니다. 생명이 꽃피게 될 것입니다. 고난을 이기신 주님이 우리 소망이 되시기에 광야의 시간 또한 소망으로 지날 수 있습니다.

나는 '산 소망'을 품는 그리스도인입니까?

❶ 인생의 사계절을 임마누엘의 믿음으로 살고 있습니까?
❷ 지금 나는 어떤 계절을 살고 있습니까?

December 08 산 소망이신 예수 그리스도

• 베드로전서 1:1-9; 에베소서 4:22-24

산 소망이 있는 자는 어떠한 상황에서도 찬송할 수 있습니다(벧전 1:3). 예수 그리스도의 부활은 모든 믿는 자의 '산 소망'(living hope)입니다. 부활의 소망은 과거의 일이나 일회적인 사건이 아닙니다. 지금 우리에게도 생생하게 살아 역사하는 소망입니다. 부활하시어 살아계신 주님이 내 안에서 거하고 계십니다. 가장 힘들고 암울했던 시기임에도 베드로전서에는 기쁨과 감사, 소망과 축복의 메시지가 가득 차 있습니다. 성도들 안에 산 소망이신 주님이 계시기 때문입니다.

소망 되신 예수님이 우리의 인생을 바꾸어 놓으셨습니다(벧전 1:3). 베드로는 자기 삶에서 '산 소망' 되신 그리스도를 경험한 바 있습니다. 밤새도록 그물질을 했지만, 빈손이던 낙심의 순간에 주님이 다가오셨습니다(눅 5:5). 예수님을 부인하고 삶의 의미와 사명을 모두 잃어버린 순간에 부활하신 주님이 찾아와 회복시켜 주셨습니다(요 21:15). 베드로는 소망 되신 예수님께 이끌려 제자로 부름 받았으며, 소망 되신 예수님으로 인해 다시금 사명을 회복하게 되었습니다. 예수님의 사랑에 붙들린 베드로는 성도들에게 권면한 그대로 기꺼이 순교의 길을 걸어갔습니다(요 21:19).

거듭난 이들이 산 소망을 품을 수 있습니다(벧전 1:3). 거듭난다는 것은 유혹의 욕심을 따르는 옛 방식에서 벗어나 하나님의 방식으로 새롭게 되는 것을 뜻합니다. 성령과 함께 살아가는 새로운 존재가 되는 것입니다(엡 4:22-24). 믿음의 사람들이라고 시험과 환난과 박해가 달갑겠습니까(벧전 1:6)? 그러나 성령으로 사는 자들은 고난 안에 담긴 하나님의 뜻과 계획을 보고, 십자가를 지고 가시는 예수님의 뒤를 따라갑니다. 현재의 고난은 장차 우리에게 나타날 영광과 비교할 수 없습니다(롬 8:18).

나는 산 소망 되신 예수님을 만났습니까?

❶ 절망 중에 찾아오신 예수님을 만났습니까?
❷ 내 삶에 어떤 변화가 일어났습니까?

하늘에 속한 자들의 소망 December 09

• 베드로전서 1:1-9; 스바냐 3:17

우리는 하늘에 속한 사람들입니다. 곤한 나그네 인생을 살면서도 산 소망을 놓지 않는 것은 "썩지 않고 더럽지 않고 쇠하지 아니하는 유업"(벧전 1:4)을 바라보기 때문입니다. 어디에 가치를 두느냐에 따라 우리 삶이 좌우됩니다. 육에 속하면 욕심으로 늘 시험을 당하게 됩니다(약 1:14). 믿는 자들은 믿음으로 말미암아 하나님의 능력으로 '보호하심'을 받습니다. 보호하심의 헬라어 '프루루메누스'는 '프루레오'라는 군사 용어의 수동태 현재 분사형입니다. 하나님이 사탄의 공격으로부터 방어해 주시되 '계속하여' 막아 주신다는 뜻입니다.

고난은 곧 기쁨과 구원으로 귀결될 것입니다. 주님을 눈으로 보지 못했음에도 믿고 사랑하는 자는 복이 있습니다(요 20:29). 환난 중에도 믿음으로 즐거워하며 기뻐하는 자들은 마침내 영혼의 구원을 받습니다(벧전 1:8-9). 환난 가운데서도 즐거워할 수 있는 이유는 인내를 통해 연단을 받음으로써 결국 소망을 이룰 것을 믿기 때문입니다(롬 5:3-5). 확실한 믿음은 장차 맞게 될 일들을 현재로 가져옵니다. "믿음은 바라는 것들의 실상이요 보이지 않는 것들의 증거"(히 11:1)입니다.

연단을 이기는 믿음은 금보다도 귀합니다. 그들은 여호와의 날, 예수 그리스도께서 다시 오실 때 칭찬과 영광과 존귀를 얻게 될 것입니다(벧전 1:7). "너의 하나님 여호와가 너의 가운데에 계시니 그는 구원을 베푸실 전능자이시라 그가 너로 말미암아 기쁨을 이기지 못하시며 너를 잠잠히 사랑하시며 너로 말미암아 즐거이 부르며 기뻐하시리라 하리라"(습 3:17).

환난과 고난 중에도
기뻐할 수 있습니까?

❶ 나의 가치와 소망을 어디에 두고 있습니까?
❷ 인내와 연단이 가져올 기쁨과 구원을 확신합니까?

December 10 왕으로 나신 이가 어디 계시냐

• 마태복음 2:1-11

여러분은 어떤 인생 여정을 걷고 있습니까? 동방박사들은 별을 발견하고, 페르시아에서부터 사막을 건너 베들레헴까지 향하는 긴 여정을 감행했습니다. 그들은 '진리의 빛'을 보았고, 그 빛의 정체를 알기 위해 서둘러 길을 나섰습니다. 모든 것을 포기하고, 그 빛을 향해 발걸음을 옮기기 시작했습니다.

동방박사는 빛을 따라 움직였습니다. 그들은 이 여행이 인류 역사에 큰 족적을 남기게 되리란 걸 알았을까요? 동방박사들은 위대한 일을 하려고 떠난 것이 아닙니다. 계획하고 계산하여 움직인 것도 아닙니다. 진리의 빛을 발견하고, 그 빛을 따라 움직였을 뿐입니다. 그리고 마침내 예수 그리스도 앞에 도달하게 되었습니다. 빛을 발견하고도 따르지 못하는 이유가 있습니까? "손에 쟁기를 잡고 뒤를 돌아보는 자는 하나님의 나라에 합당하지 아니하니라"(눅 9:62).

그들은 왕이신 예수 그리스도를 만났습니다(마 2:11). 자신의 지식과 학문이 최고인 줄 알았던 동방박사들은 보지도 듣지도 못했던 별을 발견하고 좇다가 선지자들이 예언했던 메시아에 관해 듣게 되었습니다(마 2:5-6). 빛을 좇은 결과, 아기 예수님을 만나게 되었습니다. 진리의 빛, 그 빛 아래 메시아의 정체가 드러났습니다. 온 세상의 왕이신 예수 그리스도! 그들은 왕에게 합당한 황금과 유향과 몰약을 예물로 드렸습니다(마 2:11).

나는 빛을 좇아 예수님을 향해 떠납니까?

❶ 빛을 발견하고도 떠나지 못하는 이유는 무엇입니까?
❷ 예수님은 나에게 어떤 분입니까?

• 마태복음 1:18-23

한 나라에 왕이 둘일 수 없습니다. 왕좌는 하나입니다. 예수님을 왕으로 고백하는 것은 내 삶의 주권과 보좌를 주께 내드린다는 의미입니다. 주님 외에 주도권을 가지려는 모든 것을 끊어 내는 믿음의 과정이 필요합니다. 그러므로 신앙생활에는 크고 작은 갈등이 동반됩니다. "무릇 내게 오는 자가 자기 부모와 처자와 형제와 자매와 더욱이 자기 목숨까지 미워하지 아니하면 능히 내 제자가 되지 못하고"(눅 14:26).

예수님의 아버지 요셉에게는 믿음의 용기가 필요했습니다. 약혼하고 동거하기 전 임신한 아내 마리아와 아들 예수를 받아들이기까지는 많은 갈등이 있었습니다(마 1:20). 마리아에 대한 배신감과 주변의 시선들을 생각하면 괴로웠을 것입니다. 그러나 요셉은 주의 사자가 현몽한 대로 마리아를 데려왔습니다(마 1:24). 아버지로서 마땅히 누릴 권리도 내려놓았습니다. 하나님이 아들의 이름과 사명을 이미 결정하신 것입니다(마 1:21). 팀 켈러는 요셉의 결단에 대해 '내가 결정할 권리를 내려놓는 용기'였다고 말합니다.

예수님의 어머니 마리아에게는 믿음의 확신이 필요했습니다. 어쩌면 아이를 출산할 당사자로서 요셉보다 감수해야 하는 위험이 더 컸을 것입니다. 자신의 순결함을 증명할 길이 전혀 없습니다(눅 1:34). 천사가 직접 하나님의 뜻을 전해 주고, 성령께서 자신을 온전히 덮을 것이라 말씀하시는데도 마리아는 살아갈 일이 막막했을 것입니다. 그러나 마리아는 주님의 뜻에 순종했습니다(눅 1:38). 그럼에도 마리아가 온전히 자신을 내어 맡기는 기쁨을 맛본 것은 엘리사벳을 만난 이후였습니다. 그를 통해 하나님이 하실 일을 재차 확인한 마리아는 비로소 믿음의 확신으로 나아갑니다(눅 1:43, 46-47).

나는 왕 되신 주님을 맞을 준비가 되었습니까?

❶ 내 인생의 왕좌에는 누가 앉아 있습니까?
❷ 여전히 주님께 내드리지 못한 것이 있습니까?

December 12 Yes or No!

• 누가복음 1:38

예수님의 오심은 마리아의 '순종'에서 시작되었습니다. '예수님의 탄생'은 철저히 하나님의 뜻으로 일어난 사건입니다. 마리아는 이해할 수 없는 중에도 '예'로 답했습니다. 하나님께는 중간지대가 없습니다. '예' 아니면 '아니오'뿐입니다. 하나님은 순종하는 자들을 통해 뜻을 이루어 가십니다.

믿음의 원리는 간단하지만, 행하기는 쉽지 않습니다. 하나님의 주권을 온전히 인정하고 나의 권리를 포기해야 합니다. 그러나 분명한 것은 순종의 길에 기쁨과 감사가 있다는 것입니다. "너희 안에서 행하시는 이는 하나님이시니 자기의 기쁘신 뜻을 위하여 너희에게 소원을 두고 행하게 하시나니"(빌 2:13). 권리 포기가 엄청난 희생 같아 보이지만, 나의 유한함을 깨닫고 인정하는 과정일 뿐입니다. "말씀대로 이루어질 것입니다"라는 고백은 자유와 평안의 고백입니다. 근심과 절망과 무거운 짐으로부터의 해방입니다.

단 한 번의 순종으로 끝이라면 얼마나 좋을까요? 도나 오토는《엄마로서 삶의 목적 찾기》(Finding Your Purpose As a Mom)에서 마리아가 어머니로서 해야 했던 순종들에 관해 썼습니다. 만삭의 몸으로 베들레헴에 가야 했고, 마구간에 묵었으며, 경배하러 온 이들에게 갓 태어난 아이를 보이는 등 많은 일을 감당해야 했습니다. 결정적으로, 아들의 십자가 앞에서도 마리아는 하나님께 '예'라고 답해야만 했습니다. 마리아는 하나님의 아들이신 예수님께 '예'로 응답합니다. 자기 아들이 아닌 왕으로 서신 예수님과 새로운 관계로 들어갑니다. "그의 어머니가 하인들에게 이르되 너희에게 무슨 말씀을 하시든지 그대로 하라 하니라"(요 2:5).

나는 하나님의 뜻에 '예'로 답하고 있습니까?

❶ 순종합니까, 불순종합니까? 여전히 중간지대에 있습니까?
❷ 위임과 권리 포기에 담긴 자유와 기쁨을 맛보았습니까?

• 누가복음 1:5-25

사가랴는 부족한 것이 없는 인물이었습니다. 좋은 가문 출신의 제사장으로 학문과 종교와 권력의 중심에 서 있던 사람입니다. 사가랴와 엘리사벳은 계명과 규례대로 행했으며 하나님 앞에 의인이라 인정받았습니다. 그러나 두 사람에게는 아이가 없었습니다. 백성 앞에 서는 제사장으로서 불임은 상당히 큰 결핍과 아픔이었을 것입니다. 엘리사벳은 더 이상 임신과 출산을 바랄 수 없는 나이였습니다. 하나님은 열릴 수 없는 두 태를 여셨습니다. 나이 많은 엘리사벳의 태를 열어 세례 요한을 보내셨고, 처녀인 마리아의 태를 열어 예수님을 보내셨습니다.

사가랴는 하나님께 '예'라고 답하지 못했습니다. "내가 이것을 어떻게 알리요"(눅1:18). 그는 오랜 기간 이 문제를 놓고 기도했음에도 기쁨의 소식에 온전한 순종으로 반응하지 못했습니다(눅 1:13). 그 결과, 세례 요한이 태어나기까지 사가랴는 말을 하지 못합니다(눅 1:20). 사가랴는 아는 것도 많고, 경험도 많은 사람이었습니다. 그는 전체 계획을 상세히 알고 싶어 했습니다. 그래서 하나님의 완벽한 계획이 펼쳐질 때까지 아홉 달 동안 입을 다문 채 기다릴 수밖에 없었습니다.

누가 하나님께 '예'라고 답하며 순종할 수 있을까요? 믿는 자가 순종할 수 있습니다. 누가는 연륜 있는 사가랴와 소녀 마리아를 비교하며 묵상하게 합니다. 하나님의 뜻을 구하는 것과 뜻대로 행하는 것은 별개입니다. 믿음은 합리적 이성과 상식에 의한 확신이 아닙니다. 하나님에 대한 신뢰이며 확신입니다. 하나님의 구원 역사는 오직 주님의 능력으로만 시작됩니다. 인간이 할 일은 '예'로 순종하는 것뿐입니다.

나는 하나님의 뜻에 '예'로 답하고 있습니까?

❶ '예'라고 답하지 못하는 이유는 무엇입니까?
❷ 순종 외에 다른 방법이 있습니까?

December 14 하나님이 세상을 이처럼 사랑하사

• 요한복음 3:16-17

성탄절의 의미를 한마디로 요약하면 '사랑'입니다. 사랑을 빼놓고는 성탄을 이해할 수 없습니다. "하나님이 세상을 이처럼 사랑하사 독생자를 주셨으니 이는 그를 믿는 자마다 멸망하지 않고 영생을 얻게 하려 하심이라"(요 3:16). '사랑'이란 단어가 난무하지만, '사랑한다'는 말을 액면 그대로 받아들이기 어려운 세상입니다. 사랑처럼 보이는 것들은 많지만, 참사랑을 가려내는 것도 쉽지 않습니다. 그래서 사람들은 '하나님이 세상을 이처럼 사랑하셨다'라는 말을 이해하지 못하고, 믿지 못합니다.

하나님의 사랑은 나의 의지와 무관합니다. 세상을 사랑하신 하나님은 독생자 예수님을 보내셨습니다. 우리가 아직 죄인 되었을 때에 예수께서 우리 대신 죽으심으로 우리에 대한 하나님의 사랑을 확증하셨습니다(롬 5:8). 하나님의 사랑에는 조건도, 제한도 없습니다. 우리는 조건적이며 유한한 사랑에 둘러싸여 있고, 때로 이기적이며 폭력적인 사랑으로 상처받습니다. 그래서 사랑하는 것도 사랑받는 것도 주저합니다. 사랑에의 결핍과 상처는 오직 하나님의 사랑 안에서만 온전히 치유될 수 있습니다.

하나님은 당신의 몸을 우리에게 주셨습니다. 성탄이 곧 '사랑'으로 귀결되는 것은 하나님이 인간의 몸을 입고 이 땅에 오셨기 때문입니다. 우리를 사랑하시기 위해 우리와 똑같은 모습으로 오신 것입니다. 예수님은 우리를 사랑하시되 끝까지 사랑하셨으며(요 13:1), 자기 몸을 우리 대신 십자가에 내주심으로 최고의 사랑을 보이셨습니다(요 15:13). 예수님은 자기 몸을 찢어지는 빵과 부어지는 포도주로 삼아 우리에게 영원한 생명으로 친히 나눠 주셨습니다(요 6:53-58).

나는 하나님의 사랑을 받아들이고 있습니까?

❶ 내가 경험해 온 사랑은 어떤 모습들이었습니까?
❷ 내가 경험한 하나님의 사랑은 어떤 모습입니까?

• 마태복음 5:43-48

임마누엘의 믿음으로 사는 사람에게는 어떤 모습이 나타날까요? 하나님께 걸려 있는 사람에게는 그분의 '사랑'이 드러나게 되어 있습니다. 세상 방식대로 살지 않고, 예수님의 방식대로 살며 사랑하기 때문에 외로움은 필연입니다. 주님도 많이 외로우셨습니다. 하나님이신 분이 인간의 몸을 입고, 죄악 된 세상에서 살아가실 때 왜 힘들지 않으셨겠습니까? 그러나 예수님은 죄인들 가운데 계셨습니다. 그들을 초대하셨고, 사랑하셨고, 변화시키셨습니다.

임마누엘의 믿음에는 사랑의 수고가 나타나게 됩니다(살전 1:3). '수고'에 해당하는 영어 단어는 'labor'로 '분만, 해산'이라는 뜻의 의학 용어로도 사용됩니다. 생명을 잉태하고 출산하는 것은 큰 기쁨이지만, 수고와 희생과 위험을 감수해야 하는 일입니다. 생사를 오가는 시간을 지나야만 한 생명이 이 땅에 태어납니다. 한 영혼이 거듭나기까지도 이러한 사랑의 '수고'가 필요합니다. 하나님은 독생자 예수를 이 땅에 보내심으로 자기의 사랑을 확증하셨습니다(롬 5:8). 예수님은 성육신하시어 십자가에서 죽으심으로써 사랑과 수고의 본을 보이셨습니다(빌 2:6).

하나님의 사랑은 악인과 선인을 가리지 않습니다(마 5:45). 선악과 의로움에 대한 사람들의 기준은 상대적입니다. 하나님은 알곡과 가라지를 즉시 가리지 않고, 심판을 유보하셨습니다(마 13:29). 사랑으로 기다리시며 우리에게 열매 맺을 시간을 주고 계십니다(마 13:1-8). 좋은 나무에서 좋은 열매가, 나쁜 나무에서 나쁜 열매가 맺힐 것입니다(마 7:17). 지금은 선악을 판단할 때가 아닙니다. 예수님처럼 사랑하며 좋은 열매를 맺어야 할 때입니다.

내 삶에서 하나님의 사랑이 드러나고 있습니까?

❶ 나는 예수님의 사랑으로 '수고'하고 있습니까?
❷ 사랑하며 좋은 열매를 맺는 데 힘쓰고 있습니까?

December 16 세상의 마음, 예수님의 마음

• 빌립보서 2:5-8

"하나님의 마음을 아프시게 하는 일들로 인해 제 마음도 아프게 하소서." 월드비전의 설립자 밥 피어스의 기도문입니다. 하나님의 마음으로 시작했지만, 하나님의 마음은 사라지고 일만 남는 경우들을 봅니다. 끝까지 하나님의 마음으로 살기는 쉽지 않습니다. "너희 안에 이 마음을 품으라 곧 그리스도 예수의 마음이니"(빌 2:5). 《메시지》 성경(영문)으로 살펴보면 뜻이 좀 더 명확합니다. "Think of yourselves the way of Christ Jesus thought of himself." 예수님이 생각하신 방식으로 생각하라는 것입니다.

세상의 마음은 늘 으뜸이 되기를 원합니다. 섬기기보다 지배하길 원합니다. 섬기는 인생을 실패한 인생으로 여깁니다. 약육강식과 경쟁을 강조하는 모습이 동물의 세계와 별반 다르지 않습니다. 높고 낮음을 따지는 것은 '비교의식'이 전제된 것이며 가장 비신앙적인 태도입니다. 하나님은 각기 종류대로 생물을 만드셨고(창 1:11, 21), 하나님의 형상에 따라 사람을 만드셨습니다(창 1:26). 모든 피조물은 우열을 가릴 수 없는, 고유의 가치와 기능을 지닌 존귀한 존재들입니다. 누군가를 열등한 존재로 보는 것은 창조주 하나님을 모독하는 일입니다.

예수님의 마음은 긍휼과 자비의 마음입니다. 주님은 죄로 인해 우리가 당하는 고통과 아픔을 그냥 두고 보실 수 없었습니다. 예수님은 '억지로'가 아닌 적극적인 선택의 결과로 '종의 형체'를 가지셨습니다. 하나님이신 예수님은 자기를 비우고 낮추시며 죽기까지 복종하셨습니다(빌 2:8). 나는 어떤 마음으로 살고 있습니까? 육신의 생각은 사망이며 영의 생각은 생명과 평안입니다(롬 8:5-6).

나는 어떤 마음으로 살고 있습니까?

❶ 예수님의 마음입니까, 아니면 세상의 마음입니까?
❷ 예수님이 생각하신 방식으로 생각하고 있습니까?

누가 내 형제인가? December 17

• 신명기 15:11

예수님이 이 땅에 오신 이유는 무엇입니까? 예수님은 고통 속에 죽어 가는 이들을 위해 우리가 해야 할 일들을 몸소 보여 주셨습니다. “너는 반드시 네 땅 안에 네 형제 중 곤란한 자와 궁핍한 자에게 네 손을 펼지니라”(신 15:11). ‘형제들’ 중에 특별히 어려운 이가 없습니까? 그렇다면 누가 나의 형제입니까? 주변에 고통당하는 사람이 없는 게 아닙니다. 그들을 나의 형제로 생각하지 않는 게 문제입니다. 우리가 마음을 쓰며 돌보는 대상과 그 범주는 매우 제한적입니다.

어느 때든지 가난한 자가 그친 적은 없었습니다. 특히 성경 시대의 ‘가난’은 소유뿐 아니라 배움과 지위와 힘에까지 영향을 주었으므로, ‘가난한 자’를 사회적 약자 전반으로 보아도 무방할 것입니다. 예나 지금이나 사회적 약자들에 대한 오해가 있습니다. 게으르거나 능력이 없거나 무언가 결함이 있거나 상황을 바꿀 의지가 없어서 그렇다는 편견입니다. 예수님 당시에도 문둥병자, 날 때부터 눈먼 자, 중풍병자 등을 향한 정죄가 만연해 있었습니다.

자기 힘으로 변화시킬 수 없는 상황과 구조가 있습니다. 하나님은 어려운 형제들에게 반드시 손을 펼치라고 명령하십니다. 그들의 힘만으로는 형편과 상황이 나아질 수 없기 때문입니다. 구조 자체를 변화시킬 외부의 도움이 필요합니다. 이 일을 위해 오신 분이 예수님입니다. 하나님은 인간 스스로 해결할 수 없는 상황과 구조를 변화시키기 위하여 하늘로부터 이 땅으로 친히 내려오셨습니다. 사회적 약자들의 노력과 애씀이 결과로 이어지도록 근본적인 문제를 해결하는 일에 동참해야 합니다. 예수님의 오심으로 우리는 구원을 받았습니다. 이제는 주님의 마음과 방식대로 형제들을 향해 손을 펼칠 때입니다.

나는 형제들에게 도움의 손길을 내밀고 있습니까?

❶ 누가 내 형제입니까?
❷ 그들에게 필요한 근본적인 변화는 무엇입니까?

December 18 구멍 난 복음, 온전한 복음

• 누가복음 16:19-21

부자와 나사로의 이야기를 아십니까? 흥미로운 것은 이 이야기에서 부자가 죄를 지었다는 내용이 없다는 것입니다. 그는 자신의 물질과 부와 권리를 누리며 호화로운 생활을 했을 뿐입니다. 그런 그가 죽어 음부에서 고통당하고 있습니다. 많은 물질과 부는 그에게 복이 아니었습니다. 홀로 누리다 결국에는 음부에 놓이게 되었기 때문입니다. 짐 월리스는 동료와 함께 가난, 부, 정의, 억압 등을 다루는 성경 구절마다 밑줄을 친 후 모두 잘라 냈습니다. 그 결과, 성경책은 형태를 간신히 유지할 정도로 너덜너덜해졌다고 합니다. 가난과 정의의 문제를 제외한다면, 온전한 복음이라고 할 수 없습니다.

온전한 복음을 이룬다는 것은 어떤 의미일까요? 찰스 쉘던의 유명한 책 제목처럼 매 순간 "예수님이라면 어떻게 하실까?"를 묻고 행하는 것입니다. 오늘날 많은 그리스도인이 이 질문을 던지는 대신 스스로 필요한 말씀만을 취사선택하곤 합니다. "주님께 내 삶을 드립니다"라는 말의 의미를 제대로 알고 있습니까? 이는 구멍 나고 너덜너덜해진 복음을 주님의 마음과 뜻으로 온전히 메워 나간다는 뜻입니다.

믿음은 우리 삶을 통해 증명됩니다. 행동이 믿는 바를 드러냅니다. 부패한 세상, 불공정한 일들 가운데서도 하나님은 여전히 선하십니다. 우리가 선하신 하나님을 세상에 드러내지 못하고 있을 뿐입니다. 세상 속에서 주님의 뜻대로 살아감으로써 구멍 난 복음들을 하나하나 메워 가야 합니다. 복음은 간직하는 것이 아니라 그대로 살며 선포하는 것입니다. "너희가 여기 내 형제 중에 지극히 작은 자 하나에게 한 것이 곧 내게 한 것이니라"(마 25:40). 하나님은 내 집 앞의 '나사로'에 대한 책임을 물으실 것입니다.

나는 온전한 복음을 이루고 있습니까?

❶ '예수님이라면 어떻게 하실까?'를 묻고 행합니까?
❷ 구멍 난 복음을 온전한 복음으로 메워 가고 있습니까?

책임을 물으실 것입니다 December 19

• 누가복음 16:13-14, 19-23

믿음은 '책임'을 통해 온전히 드러납니다. '책임'을 뜻하는 영어 단어 'responsibility'는 'response'(응답)와 'ability'(능력)가 결합한 것입니다. 즉 '응답하는 능력'을 가리킵니다. 하나님은 우리가 그분의 부르심과 이 세상에 대하여 응답하기를 원하십니다. 우리가 응답하지 못하는 것은 능력이 없어서가 아닙니다. 무감각하거나 무책임하기 때문입니다. 믿음은 하나님과 그분의 뜻에 대해 반응하는 것입니다.

바리새인들은 돈을 좋아하는 사람들이었습니다(눅 16:13-14). 예수님이 두 주인을 섬길 수 없다고 말씀하셨을 때, 그들은 비웃었습니다. 본문의 부자는 바리새인들의 생각을 대변하는 인물입니다. 그들은 돈을 사랑하면서도 하나님을 잘 섬길 수 있다고 생각했을 것입니다. 그러나 주님은 인간의 본성을 아십니다. 결정적인 순간에 누가 그의 주인인지가 드러날 것입니다. 부자가 자기 소유를 누리는 일 자체는 죄가 아닙니다. 문제는 자기 책임에 무감각했다는 데 있습니다. 모든 것이 하나님으로 말미암는다는 사실을 인정하지 않고, 소유의 용법에 대한 주님의 뜻도 묻지 않았다는 데 있습니다.

두 사람은 죽은 후에 처지가 뒤바뀝니다. 거지 나사로는 아브라함의 품에, 부자는 음부의 고통 중에 거하게 된 것입니다(눅 16:23). 두 사람의 삶에 관한 평가는 기록되어 있지 않습니다. 다만 구원은 믿음으로 받는다는 명확한 진리로 볼 때, 부자는 분명 믿음 없는 사람이었을 것입니다. 믿음이 없다는 것은 하나님을 인정하지 않고, 그분의 뜻에 따르지도 않았다는 말과 같습니다. 믿음은 '아는 것'이 아니라 '행동'으로 증명됩니다.

나는 '책임'을 다하고 있습니까?

❶ 하나님과 그분의 뜻에 온전히 반응하고 있습니까?
❷ 나의 소유와 직업과 지위에 대한 하나님의 뜻을 깨닫습니까?

December 20 몽당연필만큼의 책임

• 누가복음 16:19-25; 마태복음 18:12-14

부자의 '대문 앞'에 버려진 나사로는 그의 도움을 간절히 바랐습니다(눅 16:20). 하나님은 우리에게 책임을 무리하게 요구하시는 분이 아닙니다. 주님의 마음으로 내 집 앞의 한 영혼에 반응하길 원하실 뿐입니다. 내 집 대문 앞에는 '나사로'가 없습니까? 없는 게 아니라 눈에 보이지 않을 뿐입니다. 눈을 돌려 '사각지대'를 살펴보면, 거기에는 늘 가난하고 소외된 자들이 있습니다(신 15:11). 우리 '형제'들이 거기 있습니다.

우리가 하는 일이 미미하게 느껴질 때도 있습니다. 사회적인 악, 부조리, 구조적인 문제들과 싸우기에는 턱없이 부족해 보입니다. 단숨에 전체를 바꿀 힘은 우리에게 없을지 모르지만, 내가 행한 작은 일이 한 인생의 가장 절망스러운 순간만큼은 바꾸어 놓을 수 있습니다. 하나님은 한 영혼도 포기하지 않으십니다. 한 생명이 살아날 때, 한 생명이 주께로 돌아올 때 하나님이 기뻐하십니다(마 18:13-14).

예수님은 손님이 아닌 주인으로 내 안에 거하고 계십니다. 내 눈을 열어 영혼을 보게 하시고, 긍휼의 마음을 주시며, 삶의 결단을 요구하십니다. 주님이 아니시면, 나는 결코 선한 일을 생각하거나 행할 수 없을 것입니다. 하나님은 세상을 새롭게 창조하며 가꾸고 계십니다. 우리를 새 창조의 동역자로 부르십니다. "나는 세상을 향해 러브 레터를 적어 보내시는 하나님의 손에 들린 몽당연필입니다"(마더 테레사). 주님은 나에게 '몽당연필만큼의 책임'을 묻고 계십니다.

내 집 앞의 한 영혼에 대해 책임을 다하고 있습니까?

❶ 내가 보지 못한 사각지대는 어디입니까?
❷ 내게 주신 몽당연필만큼의 책임은 무엇입니까?

하나님의 방식대로 December 21

• 마태복음 1:18-25; 에베소서 2:14-18

터툴리안은 신앙이란 "불을 켜 놓고 기다리는 것"이라고 말했습니다. 이 말에는 고통과 노력 그리고 희망을 잃지 않는 인내가 모두 담겨 있습니다. 신앙과 삶에 늘 웃음만 있는 것이 아니지요. 갈등과 고민이 있습니다. 그래서 우리는 평화의 왕이신 예수님을 기다립니다. 막힌 담을 허시고, 진정한 화해를 이루실 예수님을 기다립니다. "그는 우리의 화평이신지라 둘로 하나를 만드사 원수 된 것 곧 중간에 막힌 담을 자기 육체로 허시고"(엡 2:14).

요셉은 정혼한 여인 마리아가 잉태했다는 소식을 듣습니다(마 1:18). 분명 시끄럽고 힘든 일이 될 터였지만, 그는 가만히 해결하고자 했습니다(마 1:19). 그렇다고 마리아를 받아들일 생각은 아니었습니다. 요셉은 '의로운 사람', 즉 원칙적인 사람(a man of stern principle, TLB), 율법적인 사람이었기 때문입니다. 율법에 따르면, 마리아는 돌에 맞아 죽을 처지였습니다(신 22:21). 요셉의 사전에 부도덕한 여인이나 부정한 아내는 없었을 것입니다. 이 일에 개입해야 할 의무나 책임도 전혀 없었습니다. 요셉은 '가만히 끊는' 방식을 택했습니다(마 1:19).

그러나 하나님은 요셉의 방식도 율법의 방식도 택하지 않으셨습니다. 주의 사자를 통해 "네 아내 마리아 데려오기를 무서워하지 말라"고 하셨습니다(마 1:20). 요셉은 하나님의 방식에 순종했습니다. '주의 사자의 분부대로' 마리아를 데려왔습니다(마 1:24). 그는 하나님의 뜻을 최우선으로 하는 참된 원칙의 사람이었습니다. 요셉의 온유한 마음과 순종이 없었다면, 예수님의 오심은 순탄하지 못했을 것입니다. 요셉은 평화의 왕이신 예수님을 가장 합당한 방식으로 맞았습니다.

나는 어떤 방식으로 문제를 해결합니까?

❶ 법대로 혹은 나의 원칙대로 문제를 해결합니까?
❷ 하나님이 말씀하시는 방법에 귀 기울이고 있습니까?

December 22 예수님은 사랑이시다

• 마태복음 1:18-25

요셉은 하나님의 뜻에 순종했습니다. 마리아와의 문제보다 하나님의 음성에 집중했습니다. 그리스도인은 상대방, 상황, 이성, 논리 등을 따져 선택하지 않습니다. 진리이며 지혜의 근본이신 하나님의 선택과 판단을 따릅니다. 우리는 하나님의 음성 앞에 너무 많은 것을 고민하며 질문합니다. 우리는 그 고민과 질문에 스스로 답할 수 없습니다. 주님은 이미 우리에게 말씀으로 답을 주셨습니다. 이제 우리가 해야 할 일은 순종입니다.

순종하지 못하는 이유는 무엇입니까? 문제의 책임 소재나 상대방의 태도를 이유로 들지만, 좀 더 깊은 내면에는 손해 보거나 상처받고 싶지 않은 마음이 있어서가 아닙니까? 복잡한 일에 개입하고 싶지 않고, 나의 평판이나 경력에 해가 되는 일이라 피하는 것은 아닙니까? 성도들의 선택과 결정에 최우선 기준은 하나님의 뜻입니다. "이 모든 일이 된 것은 주께서 선지자로 하신 말씀을 이루려 하심이니"(마 1:22). 우리 결단은 하나님의 사랑과 구원의 역사, 그 위대한 흐름 안에 있어야 합니다.

한 유치원에서 성탄절을 맞아 학예회를 열었습니다. 아이들이 'Christmas Love'라는 노래를 부르며 글자를 하나씩 들고나와 제목을 완성해 갔습니다. 'C. H. R. I. S. T'까지 나왔고, 그다음에 'M'이 나와야 하는데 순서를 맡은 아이가 그만 글자를 거꾸로 들고나왔습니다. 간격도 제대로 맞추지 못해 뚝 떨어져 섰습니다. 뒤이어 나온 아이들이 어쩔 수 없이 그 옆에 붙어 서기 시작했습니다. 아이의 귀여운 실수를 웃으며 바라보던 관중은 곧 새로운 문장을 발견했습니다. "Christ was Love." 예수님은 사랑으로 이 땅에 오셨습니다.

나는 사랑과 평화를 선택하고 있습니까?

❶ 하나님의 선택과 판단을 신뢰하며 따릅니까?
❷ 나의 결정은 하나님의 사랑과 구원의 역사 안에 있습니까?

• 빌립보서 3:1-9

그리스도를 안다는 것은 얼마나 귀한 일입니까? 구원받은 백성으로 살아간다는 것 또한 얼마나 귀한 일입니까? 바울은 부활하신 예수님을 만난 이후, 그리스도를 따라 사는 것이 가장 고상한 일임을 확신했습니다(빌 3:8). 그는 그리스도를 얻기 위해 모든 것을 버렸습니다. 권리도 포기했고, 유익을 줄 수도 있는 소유권 또한 포기했습니다. 그는 하나님을 주인으로 모시는 일에 걸림돌이 되는 모든 것을 다 내려놓았습니다.

바울은 새로운 차원의 인생을 발견했습니다. 그는 진리의 영이신 성령과 날마다 동행하는 삶을 살게 되었습니다. 주님이 일하시는 현장을 붙좇아 다녔습니다. 바울은 주님이 사랑하는 것을 사랑하고, 주님이 소중히 여기시는 것을 소중히 여기며 그의 지정의를 온전히 주님께 굴복시켰습니다. "형제들아 나는 아직 내가 잡은 줄로 여기지 아니하고 오직 한 일 즉 뒤에 있는 것은 잊어버리고 앞에 있는 것을 잡으려고 푯대를 향하여 그리스도 예수 안에서 하나님이 위에서 부르신 부름의 상을 위하여 달려가노라"(빌 3:13-14).

그리스도를 얻는 자는 영생을 얻습니다. 짐 엘리엇은 에콰도르 원주민 선교를 준비하다가 마을에는 들어가 보지도 못하고, 강가에서 죽임을 당했습니다. 세상은 그의 죽음을 어리석고 헛되다고 여길지 모릅니다. 그러나 엘리엇은 생전에 이런 고백을 했습니다. "영원한 것을 얻고자 영원하지 않은 것을 버리는 사람은 결코 바보가 아니다." 영원을 아는 사람의 고백입니다. "나의 간절한 기대와 소망을 따라 아무 일에든지 부끄러워하지 아니하고 지금도 전과 같이 온전히 담대하여 살든지 죽든지 내 몸에서 그리스도가 존귀하게 되게 하려 하나니 이는 내게 사는 것이 그리스도니 죽는 것도 유익함이라"(빌 1:20-21).

예수 그리스도께서 나의 전부가 되십니까?

❶ 하나님 한 분만을 나의 주인으로 고백합니까?
❷ 그리스도를 얻은 후 내 삶에 어떤 변화가 생겼습니까?

December 24 인생의 끝에서 임마누엘

• 마태복음 1:23

'임마누엘'이 우리 인생에 최선입니다. 가장 소중한 것을 잃은 순간, 우리가 할 수 있는 일은 가장 소중한 분의 품에 안기는 것뿐입니다(마 5:4, MSG). 건강이든 소유든 생명이든 그 끝을 본 사람은 반드시 하나님을 바라게 되어 있습니다. '죽음'의 경험은 우리가 한없이 연약하고 유한한 피조물임을 깨닫게 만듭니다. 또 하나님과 그분의 왕 되심을 인정하게 됩니다. 인생의 벼랑 끝에서 예수님을 만난 경험이 있습니까? 지금은 비록 상실의 아픔으로 하나님과 씨름하지만, 그 빈자리가 어느새 주의 은혜로 가득 채워졌음을 발견할 날이 올 것입니다.

성탄절은 바로 그런 날입니다. 우리 인생을 새롭게 채우시기 위해 이 세상 속으로, 우리 안으로 들어오신 주님을 만나는 날입니다. 성탄은 곧 '복음'입니다. 임마누엘의 예수님이 내 곁에서 나와 늘 함께하십니다. 예수님이 이 땅에 오심으로써 하나님의 통치가 이곳에 임했습니다. 하나님이 우리와 함께하시면, 하나님을 경험하고 하나님과 동행하며 살 수 있습니다.

신학자 로이 레신은 '인간에게 가장 필요한 것'에 관해 유명한 글을 남겼습니다. "인간에게 가장 필요한 것이 만약 지식이었다면, 하나님은 세상을 이처럼 사랑하사 우리에게 교육가를 보내셨을 것입니다. 건강이었다면 의사를, 돈과 재물이었다면 사업가를, 쾌락이었다면 연예인을 보내셨을 것입니다. 그러나 인간에게 가장 필요한 것은 죄 사함입니다. 죄의 용서 없이 우리는 편안하게 눈을 감지 못하고, 죄 사함 없이 우리는 마지막날 하나님 앞에 설 수가 없습니다. 죄 사함 없이 우리는 천국을 바라볼 수도 없습니다. 그래서 하나님은 세상을 이처럼 사랑하사 우리에게 구세주를 보내 주셨습니다."

인생의 끝에서도 함께하시는 예수님을 경험했습니까?

❶ 나에게 찾아온 '끝'은 무엇이었습니까?
❷ 나에게 찾아올 '끝'을 준비하고 있습니까?

어떠한 상황에도 임마누엘 December 25

• 마태복음 1:23

바랄 수 없는 중에 선포된 '임마누엘'이야말로 복음입니다. "그래서 내가 너희와 함께하겠다는 말이다!" 성탄의 메시지는 하나님이 우리와 함께하셔서 우리의 든든한 후견인이 되어 주시겠다는 약속입니다. 두려운 상황과 사람들 가운데서도 하나님의 임재를 확신합니까? 성탄절은 우리 가운데 하나님이 임재하심을 다시금 확인하는 절기입니다. "볼지어다 내가 세상 끝날까지 너희와 항상 함께 있으리라 하시니라"(마 28:20). 하나님은 우리에게 사명만 주신 것이 아닙니다. 사명을 감당하는 동안 늘 곁에서, 뒤에서 나와 함께하신다는 약속도 주셨습니다.

이사야 선지자도 임마누엘의 믿음 가운데 살았습니다. 죄가 만연하고 불순종이 난무하는 세상 속에서도, 하나님께 끝까지 신실했던 자들이 붙들었던 소망이 바로 임마누엘입니다. 하나님은 어떠한 환경과 상황 속에서도 끝까지 '남은 자'들과 함께하십니다. 그러나 임마누엘은 복인 동시에 무서운 심판의 메시지입니다. 신실한 자들에게는 하나님의 임재가 은혜요 복이지만, 신실하지 못한 자들에게는 하나님의 임재가 곧 심판이요 멸망이기 때문입니다(사 7:11, 8:9-22, 10:16-34).

주님은 우리 삶이 '메시지'가 되어야 한다고 말씀하십니다. 참 임마누엘의 믿음은 삶으로 드러나게 되어 있습니다. 하나님이 함께하시니 그분의 성품과 능력이 나를 통해 드러납니다. 나의 언행에 성령의 열매들이 맺힙니다. 사망의 음침한 골짜기를 지날지라도 해를 두려워하지 않으며, 원수가 나를 곤하게 하여도 밥을 넘길 만한 평안이 내게 찾아옵니다(시 23:4-5). 내 평생에 선하심과 인자하심이 반드시 나를 따를 것이기 때문입니다(시 23:6).

나의 삶에 임마누엘의 믿음이 드러납니까?

❶ 어떠한 상황에서도 하나님의 임재를 확신합니까?
❷ 임마누엘의 믿음이 삶의 메시지로 드러나고 있습니까?

December 26 오직 은혜

• 로마서 5:20; 누가복음 4:18-19

오늘날 교회 안에 이단만큼 심각한 문제가 '율법주의'입니다. 박정근 목사의 《복음의 자유를 누려라》에 보면, 율법주의를 '나의 어떤 노력으로 하나님의 호의를 얻으려는 생각'이라고 정의했습니다. 신앙이 율법적으로 변하는 순간, 우리는 하나님이 주신 자유를 잃어버리게 됩니다. 하나님의 값없는 은혜로 그분의 자녀가 되었음에도, 어떻게든 나 자신을 증명하려 하지는 않습니까? 행위로 더 큰 사랑을 받으려 하지는 않습니까?

제리 브리지스는 "우리는 기껏 은혜로 구원을 받아 놓고, 자기 행위의 '땀'으로 살아간다"고 말합니다. 처음부터 하나님은 우리에게 초인적인 사랑을 요구하시지 않았습니다. 초인적인 그리스도인이 되라고 요구하시지도 않았습니다. 단지 우리가 받은 사랑으로 사랑하라고 말씀하셨을 뿐입니다. 예수님께 나아오는 것이 은혜이듯, 그리스도인으로 성장하는 데 필요한 것도 은혜입니다. 은혜는 우리를 해방시키지만, 행위는 우리를 다시 감옥에 가둡니다. 중요한 것은 내가 아니라 하나님입니다. 나와 남에 대한 기대치는 낮추고, 하나님과 은혜에 대한 기대치를 높이십시오.

우리는 죄도 미워하고, 죄인도 미워합니다. 죄를 피해 달아나면서 하나님을 피해 달아나기도 합니다. 이유와 목적을 알지 못한 채 율법과 행위에만 열심을 내면, 어느새 본질에서 벗어난 자신을 발견하게 될 것입니다. 성령의 인도하심에 따라 예수님의 말씀을 읽고, 하나님의 뜻대로 살아가십시오. 하나님의 사랑이 예수 그리스도의 은혜를 통해 성령으로 우리를 이끄실 것입니다. 이것이 하나님이신 예수님이 이 땅에 오신 이유입니다. "… 포로 된 자에게 자유를, 눈먼 자에게 다시 보게 함을 전파하며 눌린 자를 자유롭게 하고 주의 은혜의 해를 전파하게 하려 하심이라 하였더라"(눅 4:18-19).

나는 오직 은혜를 의지하며 살아갑니까?

❶ 성부·성자·성령 하나님과 늘 동행하며 살아갑니까?
❷ 내가 봉사/헌신/사역하는 이유와 목적은 무엇입니까?

은혜와 진리가 충만하더라 December 27

• 로마서 5:8; 요한복음 1:14

'버스'라는 뮤지컬이 있습니다. 실화를 바탕으로 한 이야기입니다. 산길을 달리던 버스의 브레이크가 고장 났습니다. 양쪽이 낭떠러지인 데다가 내리막길이었습니다. 기사는 버스를 세우고자 건초더미로 향하던 중 앞에 선 한 아이를 발견합니다. 돌진하면 아이가 죽고, 피하면 버스 안의 승객 7명이 죽습니다. 결국, 기사는 승객들을 살립니다. 그는 죽은 아이를 부둥켜안고 웁니다. 그 아이는 기사의 아들이었습니다. 뮤지컬의 마지막 노래 가사가 이렇습니다. "누군가가 사랑했기에, 누군가가 희생했기에 이제 우린 새로운 삶을 살아갈 수 있어요."

인간은 누구나 하나님의 은혜가 필요합니다. 노아, 아브라함, 이삭, 야곱, 요셉 …. 이들은 위대한 인물이 아니라 하나님의 은혜를 입은 사람들입니다. 하나님은 변덕스럽고 어리석은 이스라엘에도 끊임없이 은혜를 베푸셨습니다(민 6:24-26). 하나님의 은혜는 예수 그리스도를 통해 구체적으로 나타났습니다. 죄로 죽을 수밖에 없던 우리는 예수님의 십자가와 부활에 힘입어 거듭남의 은혜를 입게 되었습니다(요 3:16). 바울은 자신이 새롭게 빚어진 것도 하나님의 은혜요, 새롭게 살게 되는 것도 하나님의 은혜임을 고백합니다(고전 15:10).

은혜와 진리는 예수님 안에서 하나입니다. 진리이신 예수님이 빛으로 오셔서 어둠을 몰아내고 물리치셨습니다. 예수님 앞에서 더러운 죄들이 정체를 드러냈습니다. 그리고 죄 많은 그곳에 '은혜'가 선포되었습니다(롬 5:20). 은혜 없는 진리는 정죄로 흐르기 쉽고, 진리 없는 은혜는 무규범과 방종으로 흐르기 쉽습니다. 우리에게 필요한 것은 '은혜와 진리가 충만'한 것입니다. "말씀이 육신이 되어 우리 가운데 거하시매 우리가 그의 영광을 보니 아버지의 독생자의 영광이요 은혜와 진리가 충만하더라"(요 1:14).

내 삶에 은혜와 진리가 충만합니까?

❶ 하나님의 은혜로 거듭났음을 깨닫습니까?
❷ 주님의 진리로 변화된 삶을 살고 있습니까?

December 28 깊고도 넓은 은혜

• 로마서 5:8; 누가복음 15:17-24

성경은 은혜로 시작하여 은혜로 마칩니다. 아담과 족장들로부터 시작된 하나님의 은혜 이야기는 예수 그리스도를 통한 구원의 은혜에서 절정을 이루며 모두가 그 은혜 누리기를 소망하면서 끝맺습니다(계 22:21). 매 순간 말씀으로 살아간다는 것은 매 순간 하나님의 은혜를 경험한다는 말과 같습니다. 누군가 하나님의 은혜가 필요했다면, 나 역시 하나님의 은혜가 필요합니다. 하나님의 은혜가 나에게 임했다면, 누군가에게도 그 은혜가 임해야 합니다.

하나님의 은혜는 자비와 긍휼보다 더 깊고 넓습니다. 단지 '네가 한 일에 대해 너를 벌하지 않겠다' 정도의 자비에서 그치는 것이 아닙니다. 한 걸음 더 나아가 '완전한 용서'와 '영원한 삶'을 값없는 선물로 주십니다. 하나님의 은혜는 자격 없는 우리에게 아낌없이 넘치도록 주어집니다. 우리 노력으로는 얻을 수 없지만, 원하는 사람은 누구나 받을 수 있습니다. 하나님의 은혜에 대해 우리가 기여하거나 갚거나 공로로 취할 수 있는 여지는 전혀 없습니다.

진정한 은혜는 값없이 선물로 주시는 구원입니다. 이미 공짜인 것에 우리가 값을 매길 수는 없습니다. 그렇다면 하나님은 왜 우리에게 은혜를 베푸실까요? 탕자의 아버지가 아들에게 은혜를 베푼 것은 사랑하는 아들을 되찾기 위해서였습니다(눅 15:24). 아버지는 탕자가 왜 돌아왔는지 이유를 묻지 않습니다. 삶이 교정되었는지 갱생의 여지가 있는지도 심사하지 않습니다. 그저 밖이 춥고, 인생이 힘들고 고달파서 돌아왔다 할지라도 아버지는 기쁨과 사랑으로 아들을 맞이합니다. 이것이 하나님의 은혜입니다. 하나님은 우리와 '사랑의 관계'를 맺길 원하십니다.

나는 깊고도 넓은 하나님의 은혜를 깨닫습니까?

❶ 나는 왜 하나님 아버지께로 돌아왔습니까?
❷ 나를 받아 주신 하나님의 깊으신 뜻을 헤아립니까?

불공평한 은혜 · December 29

• 마태복음 18:21-22

은혜는 값없이 주시는 하나님의 선물입니다. 일곱 번씩 일흔 번이라도 용서하고 받아 주시는 하나님의 사랑에 감격하고 감사합니까? 하나님은 동일한 은혜를 모두에게 무한히 베푸십니다. 티 없이 맑고 착한 어린아이에게뿐 아니라, 어린아이를 살해한 흉악범에게도 사랑과 은혜를 베푸십니다. 잔혹한 전범자들에게마저 하나님의 은혜와 사랑은 제한되지 않습니다.

예수님의 보혈은 무한한 가치가 있습니다. 주님의 보혈 외에 값을 더 치러야 할 만큼 큰 죄는 없습니다. 십자가면 충분합니다. 우리가 보기엔 불공평한 은혜일 수 있습니다. '내게는 저 흉악범에게 임한 은혜의 반의 반만큼이면 충분해!'라고 생각합니까? 크든 작든 죄가 발생하는 원리는 동일합니다. 보이지 않는 곳에서 잉태되어 달수가 차면 세상 밖으로 나오게 되는 것입니다(약 1:15). 아직 드러나지 않은 죄까지 자신할 수 있습니까? "그리스도가 어떤 분인지를 깨닫는다면, 자신이 저지를 일에 대한 아픔이 깊어질 것이다"(라비 재커라이어스).

하나님의 은혜가 우리를 출발선에 다시 세워 줍니다. 자격이 되지 않지만, 의롭다 여기시어 출전하게 하시고, 성령으로 푯대를 향해 달음질할 기회를 주시는 것이 은혜입니다(빌 3:14). 하나님이 가해자에게 베푸신 은혜는 피해자를 위한 것이기도 합니다. 하나님의 은혜를 경험한 자, 참으로 회개한 자에게는 성령의 열매가 맺힙니다. 그의 인생과 관계들이 변화되고, 자백과 진심 어린 사죄와 참회가 뒤따릅니다. 은혜와 사랑, 용서와 화해는 아프고도 힘든 과정입니다. 그러나 하나님의 은혜가 아니고는 계속되는 죄의 고리와 보복의 악순환을 끊을 수 없습니다.

나는 무한하신 하나님의 은혜를 깨닫습니까?

❶ 주님의 은혜가 가해자와 피해자 모두를 위한 것임을 깨닫습니까?
❷ 하나님의 은혜로 죄와 보복의 악순환을 끊어 내고 있습니까?

December 30 내 마음대로 되지 않는 인생

• 전도서 11:1-6

인생을 돌아보면 '헛되고 헛되도다!'라는 전도서 말씀을 수긍하게 됩니다. 계획대로 되지 않는 일이 얼마나 많습니까? 열심히 노력했지만, 결국엔 빈손인 경험도 많습니다. 성령은 실수와 실패를 통해서도 하나님의 뜻을 깨닫게 해 주십니다. 우리는 하나님 안에서 시행착오를 겪어 가며 하나님의 방식대로 사는 법을 배웁니다. "너는 네 떡을 물 위에 던져라"(전 11:1). 얼마나 헛되고 허무한 일처럼 보입니까? 그런데 순종하면 전혀 예상치 못한 시간과 장소에서 그것을 도로 찾는 날이 옵니다. 하나님은 실수가 없으신 분입니다.

내 마음대로 안 될 때, 여러분은 어떤 고백을 합니까? "사람이 마음으로 자기의 길을 계획할지라도 그의 걸음을 인도하시는 이는 여호와시니라"(잠 16:9). 하나님은 죄의 길, 세속적인 길만 막으시는 것이 아닙니다. 때로는 선교를 위한 길도 막으십니다(행 16:7). 내 맘대로 안 될 때도, 임마누엘 하나님이 나와 함께 계십니다. 우리의 예측대로만 된다면, 희망할 일보다 절망할 일이 더 많아지지 않겠습니까? 전도자는 시류에 따라 스펙을 쌓고, 사람에게 줄 서는 것이 얼마나 헛된지를 고백합니다. 세상을 창조하시고 다스리는 모든 주권이 하나님께 있기 때문입니다.

임마누엘 하나님에 대한 전적인 신뢰가 필요합니다. "너를 낮추시며 너를 주리게 하시며 또 너도 알지 못하며 네 조상들도 알지 못하던 만나를 네게 먹이신 것은 사람이 떡으로만 사는 것이 아니요 여호와의 입에서 나오는 모든 말씀으로 사는 줄을 네가 알게 하려 하심이니라"(신 8:3). 문제도 답도, 영적인 것도 육적인 것도 모두 하나님 안에 있습니다. "일의 결국을 다 들었으니 하나님을 경외하고 그의 명령들을 지킬지어다 이것이 모든 사람의 본분이니라"(전 12:13).

돌아보니 은혜임을 깨닫는 순간들이 있습니까?

❶ 내 마음대로 안 된 것이 오히려 다행이었던 경험이 있습니까?
❷ 한참 지난 후에야 하나님의 뜻을 깨닫게 된 경험이 있습니까?

최고의 그리스도인 December 31

• 전도서 3:1-14

우리 신앙에는 비움과 채움이 동시에 일어납니다. 내 것을 비울 때 하나님으로 채워지며, 하나님으로 채워질 때 내 것을 비울 수 있습니다. 엄밀히 말하면, 채움이 먼저입니다. 우리 안에 성령께서 계시지 않으면 어떤 역사도 일어날 수 없기 때문입니다. 예수님이 내 마음의 문을 두드리실 때, 활짝 열어 내 마음과 인생 가운데 모셔 들이십시오(계 3:20). 주님과 동행하며 하나님의 방식대로 살아가는 그리스도인의 삶이 시작됩니다.

비워 낼 것을 모두 비워 내고, 그리스도의 평강으로 채우십시오. 통제할 수 없는 미움과 분노와 욕망 같은 감정들을 주님께 온전히 올려 드리십시오. 오직 하나님의 은혜와 평강으로 옷 입고, 새로운 해를 맞이하십시오. 버려야 할 것을 버려야 새로운 것이 채워지지 않겠습니까? 새로운 것이 채워지면 버려야 할 것이 밀려나가지 않겠습니까? 환경과 상황이 늘 내 편은 아닙니다. 그런데 내 편이 되는 비결이 있습니다. 내가 하나님 편에 서면, 주님이 나를 최선과 최상으로 이끄실 것입니다.

모든 일에는 때와 기한이 있습니다(전 3장). 단지 내가 그 때와 기한을 헤아리지 못할 뿐입니다. 그러나 모른다고 포기하지 마십시오. 모르기 때문에 더욱 신뢰하고 의지해야 합니다. 내 인생의 목표는 무엇입니까? 내 인생의 방향은 어느 쪽입니까? 유한한 내가 목표와 방향을 바라보면 해마다, 달마다, 날마다, 조석으로 흔들리고 갈피를 잡지 못합니다. 매일의 삶이 모여 달과 해와 인생 전체를 이루어 갑니다. 그러므로 오늘이 무엇을 할 '때'인지 시간을 주관하시는 하나님께 날마다 물으십시오. 최고의 그리스도인은 날마다 은혜로 살아가는 사람입니다. 믿음으로 소망하며 사랑하는 사람입니다.

나는 최고의 그리스도인으로 살아가고 있습니까?

❶ 하나님의 은혜가 아니면 살아갈 수 없음을 고백합니까?
❷ 믿음과 소망과 사랑으로 살아가고 있습니까?

소그룹 모임 가이드 4W

⚜ 묵상집을 소그룹 모임의 교재로도 활용하실 수 있습니다.

소그룹의 리더가 전체적인 진행은 하지만 구성원들이 역할을 나누어 각 순서를 맡고 함께 모임을 준비하기를 권장합니다. 전체 60분 정도가 소요됩니다.

환영 Welcome (5분)

① 간단한 인사와 안부를 서로 나눕니다.
② 오늘의 만남과 모임을 위해 짧게 기도를 합니다.

찬양 Worship (10분)

① 주님을 함께 찬양하며 하나님의 임재를 구합니다.
② 찬양곡은 오늘의 말씀과 관련된 곡을 정해서 부르면 더 좋습니다.

말씀 Word (15분)

① 오늘의 성경 본문 말씀을 소리 내어 함께 읽거나 돌아가며 읽습니다.
② 오늘 일자의 묵상글과 묵상질문을 한 사람이 대표로 읽습니다.
③ 질문에 대해 각자 생각하는 시간을 1분 정도 갖습니다.

적용 Work (30분)

① 묵상글과 질문에 대해 느낀 점이나 생각한 것을 돌아가며 나눕니다.
② 나눈 내용을 토대로 개인(혹은 소그룹)의 기도제목을 나누고 서로를 위해 중보하며 기도합니다.
③ 교회 소식을 나누고 헌금을 합니다.
④ 주기도문이나 기도로 마무리합니다.